核心素养实践丛书

基于课前学习诊断的高中物理教学整合研究

张玉峰 等 著

JIYU KEQIAN XUEXI ZHENDUAN DE GAOZHONG WULI JIAOXUE ZHENGHE YANJIU

图书在版编目(CIP)数据

基于课前学习诊断的高中物理教学整合研究/张玉峰等著. —北京:北京师范大学出版社,2018.10(2018.12重印)
(核心素养实践丛书)
ISBN 978-7-303-23951-1

Ⅰ.①基… Ⅱ.①张… Ⅲ.①中学物理课—教学研究—高中 Ⅳ.①G633.72

中国版本图书馆CIP数据核字(2018)第162378号

出版发行:北京师范大学出版社 www.bnupg.com
北京市海淀区新街口外大街19号
邮政编码:100875
印　　刷:北京京师印务有限公司
经　　销:全国新华书店
开　　本:787 mm×1092 mm　1/16
印　　张:27.75
字　　数:400千字
版　　次:2018年10月第1版
印　　次:2018年12月第2次印刷
定　　价:72.00元

策划编辑:邓丽平　　责任编辑:邓丽平
美术编辑:王　蕊　　装帧设计:楠竹文化
责任校对:段立超　陈　民　　责任印制:孙文凯

序

随着2017年版普通高中课程方案和各科课程标准的颁布，学生发展核心素养成为新时代基础教育课程改革的总目标，各学科围绕核心素养重新审视了本学科的教育价值，凝练了学科核心素养这一概念，使学生发展核心素养具体体现在学科课程标准之中。普通高中物理课程标准将物理学科核心素养贯通于课程性质、基本理念、课程目标、课程结构和内容、学业质量和实施建议，引领我们将物理教学的关注点从具体分离的知识与技能、过程与方法、情感态度与价值观聚焦到发展学生的正确价值观念、必备品格与关键能力上来。我们期望，具备物理学科核心素养的学生能用整合的物理观念来看待自然界的物理现象，能用科学的思维方式和探究能力来分析和解决个人和社会发展中遇到的新问题，成为具有科学态度和社会责任感的一代新人。

如何使课程标准描绘的理想愿景真正落实到物理课堂中？物理教育领域的研究者和一线教师都在思考和探索这一问题，本书作者张玉峰博士就是其中之一。他原是北京市西城区的教研员，2011年作为在职博士研究生加入了我的研究团队，开始以中学生为研究对象，围绕核心概念开展物理学科能力和学习进阶的相关研究工作。由于基层教研的丰富经验，加上博士期间理论素养的提升和学术视野的开阔，他的研究具备了理论与实践紧密联系的特色。博士毕业后，他在北京市教研员的岗位上面对如何落实核心素养的挑战，多次和我探讨这一新的课题，并在博士论文的基础上带领北京市的骨干教师开展了大量深入细致的实证研究，本书展现了他近几年思考和研究的成果。他基于长期从事中学物理教研工作的实践积累，从对以往物理教学过程的反思入手，分析概括了当前我国中学物理教学中存在的主要问题，将研究的核心问题聚焦在以学生发展为本的教学整合上。为了从理论上解决这一问题，他以博士期间所做的关于概念整合和学习进阶的研究工作为基础，提出了基于课前学习诊断的教学整合模型，将整合贯穿于课前学习、学习诊断、教学内容、教学方式之中。从围绕学科核心概念的教学内容整合入手，拓展到围绕跨学科概念和科学探究的教学内容整合，再从课前学习指导到学习诊断，聚焦到学生自主学习能力的培养，落实到基于学生发展水平的课堂教学方式和教学结构整合。全书将理论探讨与真实、鲜活的教学设计案例相结合，阐述了如何综合、灵活地选择具体教学方式，呈现了针对学生核心素养发展的课前学习、诊断、教学整合的全部流程。

学习进阶就是对学生发展过程的描述。真正以学生发展为本，围绕核心概念促进学生学习进阶是贯穿全书的主线，也是将理论研究和实践相结合的新视角。从这一角度探索核心素养发展的落地途径与策略，特别是关注“学会学习”这一对学生未来发展起重要作用的核心素养要素，提出教学整合的具体途径与策略，既是本书的创新之处，也是需要进一步深入研究的方向。我祝贺本书的出版，希望能对广大物理教师实施新课程标准有所助益，也希望在促进学生核心素养发展方面，物理教育领域能开展更多的深入研究，有更多更好的研究成果问世。

郭玉英

2018 年 6 月于北京师范大学

目　录
CONTENTS

绪论

基于国际国内经济社会发展背景的课程改革为学科教学改革指明了方向，而对现实教学状况的分析则是学科教学改革的基础与直接动力，各类考试评价则对教学实践改革产生了广泛而巨大的影响，已经发生或者正在进行的教学改进为教学改革提供了有益借鉴。鉴于此，本书聚焦于三个方面：(1)关注课前学习，引导学生学会学习——既是学生终身发展的需要，也是时代和社会对未来人才的呼唤；(2)加强学习诊断，引导教师更有针对性地教学——既是教学实践改进的需要，也是新时代教师专业发展的重要内容；(3)注重教学整合，引导学习内容与方式的变革——既是当下核心素养的落地之举，也是学生未来可持续发展的需求。

一、以核心素养为纲的课程改革呼唤教学内容与方式的变革

当今世界，人类正面临全球环境破坏等前所未有的挑战，也面临人类知识高速增长的现实。从社会角度看，面对现实与挑战，社会不仅需要普通劳动者，更需要创新型人才，以帮助人类摆脱困境，实现人类与自然的和谐发展。从个体角度看，人的寿命是有限的，知识是永远无法学完的，其实也没有必要学完。受限于个体的学习时间，个体不仅需要知识的积累，更需要学会学习、学会创新、学会交流与合作。

从中国的现实情况来看，改革开放以来，中国在融入全球化经济的过程中，逐渐成长为制造业大国，发展为“世界工厂”。作为制造业大国的代价也是沉痛的，环境恶化、资源被过度开发等一系列后果接踵而至，但我们从中获利却寥寥无几。以苹果手机为例，制造手机的原材料和生产的人工绝大部分来自中国，但我们却仅仅分得不足4%的利润，大部分利润被美国、日本等从事研发环节的国家获取。经过改革开放近40年的高速发展，面对国际国内的发展环境，我国经济发展进入“新常态”，已经是不以人的意志为转移的必然选择，“中国制造”必将走向“中国创造”。当今科技最发达的美国、日本等国家一直限制对我国的高技术出口。因此，从中国面临的国际和国内现实看，创新型人才的数量和质量都无法满足国家发展的需要。

在世界多极化、经济全球化、社会信息化、文化多元化、科技新革命的背景下，国际竞争日趋激烈。在我国已快速进入信息时代和知识社会的新时代背景下，实现“大众创业、万众创新”，教育的改革和发展必须与时俱进。随着中国学生发展核心养素框架和以核心素养统领的各学科课程标准的颁布，我国基础教育课程改革进入新的发展阶段：创造信息时代的课程体系。为充分体现新时代个人发展和社会发展的新特点、新需求，教育部一方面立足我国“立德树人”的根本要求，另一方面充分借鉴国际课程改革的先进经验，确立“核心素养”这一观念，将其作为课程改革的出发点和归宿。因此，信息时代的课程体系，亦可称为素养本位的课程体系(张华，2016)。

为了提升本国公民的核心素养，培养数量上充足、质量上良好的劳动者，世界上很多国家都一直在进行基础教育课程改革。

“核心素养”已成为近十年来欧盟各国教育发展的支柱性理念，为欧盟多数国家的课程改革提供了政策框架，引发了一系列教学创新实践，并带动了相应的学习评价工具的开发和评价项目的实施。从2000年起，欧洲国家芬兰在国际学生评估项目(Program for International Student Assessment，PISA)中表现突出，引起全世界的关注，其迅速提升的基础教育质量主要得益于长期的课程改革，学生的核心素养在国家课程标准中有明确规定。欧盟核心素养框架的出台，也吹响了世界范围内政府层面发起课程改革的号角，并为北美和其他国家或地区教育人才素养结构的研究提供了参考，比如美国的“21世纪素养框架”(裴新宁等，2013)。

尽管世界各国和国际组织提出的核心素养所包括的具体内容不尽相同，如“2006欧盟八项核心素养框架”、法国提出的“七项核心素养”、联合国教科文组织提出的“终身学习的五大支柱”、美国的“21世纪素养框架”等，但梳理各个国家提出的核心素养框架可以发现，有三项内容是大家共同的追求：创新精神、合作互动与学会学习。

虽然核心素养是从个体终身发展的要求提出的，但最终还要借助各学科的课程改革和教学实践才能得以落实。通过制定各学科的课程标准和改进教学实践，站在促进学生终身发展的高度整合教学内容、转变教学方式，进一步提升学生的核心素养水平，已是各国课程改革的共识，也是落实核心素养培养的重要途径。

其实，早在20世纪50年代，苏联发射第一颗人造地球卫星后，美国朝野受到极大震动，自此美国便拉开了课程改革的大幕，在半个多世纪的时间里，美国的课程改革从未中断过。20世纪90年代，美国意识到其课程内容设置存在“只有广度，没有深度(a mile wide，an inch deep)”的问题，于是推出“2061计划”，并且制定了《国家科学教育标准》。“2061计划”是由美国科学促进协会实施的一项长期教育促进项目，旨在改进全美国范围内从幼儿园到十二年级的教育，以便提高所有高中毕业生的科学素养水平。美国科学促进协会制定的《科学素养的导航图》(*Atlas of Science Literacy*)一书在“前言”中明确指出，不应该把学习目标仅仅看作对各种主题所构成的概念的集合，而应该把学习目标看作对理解的提高，包括对哪些概念构成了某一特定目标，以及如何达到这一目标。并且进一步指出，研究概念的进展和相互作用对开发《面向全体美国人的科学》(1989)这一重要文献起到了非常重要的作用；不仅单个概念是重要的，而且概念间的相互支持也是非常重要的，有助于获得对所有概念的综合理解。特别是美国颁布的《K—12 科学教育框架：实践、跨学科概念和核心概念》(*A Framework for K－12 Science Education*：*Practices*，*Crosscutting Concepts*，*and Core Ideas*，以下简称《K－12 框架》)中指出，中小学科学和工程教育应着眼于数量有限的学科核心概念和跨学科概念的设计，使学生能在中小学阶段为今后从事科学研究和工程设计，不断地建立和调整他们的知识、技能和实践需求(NRC，2012)。在美国2013 年颁布的《新一代科学教育标准》(*Next Generation Science Standards*，NGSS)中则进一步具体细化了这一核心理念。

21 世纪初，我国进入新中国成立后的第八次课程改革，在 2001 年和 2003 年先后颁布了义务教育阶段和高中阶段各科的课程标准。在第八次课程改革之前，物理教育的目标一直强调“双基”，即基础知识和基本技能。物理课程标准则明确指出，物理课程旨在进一步提升学生的科学素养，从知识与技能、过程与方法、情感态度与价值观三个方面培养学生，为学生终身发展、应对现代社会和未来发展的挑战奠定基础。欧盟“核心素养”建构的历程和结果，对我国学科能力结构研究和课程改进具有启迪意义。反思课程改革，在急需创新型人才和减轻学生负担的呼声中，已经有越来越多的学者在关注学生科学素养的基础上，更加关注核心素养。

2017 年 9 月，由中共中央办公厅、国务院办公厅印发的《关于深化教育体制机制改革的意见》明确指出，要注重培养支撑终身发展、适应时代要求的关键能力。在培养学生基础知识和基本技能的过程中，强化学生关键能力培养。培养认知能力，引导学生具备独立思考、逻辑推理、信息加工、学会学习、语言表达和文字写作的素养，养成终身学习的意识和能力。培养合作能力，引导学生学会自我管理，学会与他人合作，学会过集体生活，学会处理好个人与社会的关系，遵守、履行道德准则和行为规范。培养创新能力，激发学生好奇心、想象力和创新思维，养成创新人格，鼓励学生勇于探索、大胆尝试、创新创造。培养职业能力，引导学生适应社会需求，树立爱岗敬业、精益求精的职业精神，践行知行合一，积极动手实践和解决实际问题。

实质上，“核心素养”与“关键能力”这两个词的内涵是一致的，对应的也是同样的英文词，即“key competencies”。不管大家提与不提、怎么提，一个现实的问题都不容回避：面对知识经济、信息化、全球化的21世纪，为应对复杂、多变、不确定的外部世界，青少年应该具备哪几个“关键少数看家本领”？（褚宏启，2017）

综合比较各个国家的核心素养框架，可以看出，共同的核心素养包括创新能力、交流合作能力和学会学习。因此三者可以称为核心素养的核心。认知科学家基于实证的科学研究表明，创新能力与人的知识结构有关，创新能力强的人所具有的知识是有组织的，也就是说有清晰的概念和表达概念之间联系的认知模型（韦钰，2016）；同时，创新能力强的人对自己的认知过程能够检测，具有反思和元认知能力。有关创新能力的研究还表明：自由、民主、安全的课堂教学环境是一个人发展和展示创新能力的重要保障。交流合作能力无法通过说教式的教学过程获得，需要学生在学习过程中积累丰富的交流合作经验才能逐渐发展起来。同样的，学生的学习能力也要在学生的自主学习实践中，经历不断积累学习体会和不断反思逐渐发展起来，而无法靠教师的直接讲授获得。

因此，站在发展学生核心素养的高度看当前的物理教学，需要整合教学内容，帮助学生建立良好的知识结构；需要转变教学方式，增加学生自主学习的机会，增加包括学生与学生、学生与教师之间的交流讨论机会。

二、教学实践存在的问题需要从内容到结构的重整与改进

当前的教学实践现状是教学改进的起点。反思当前课堂教学实践的现状是获取教学改进方向的重要途径。历经第八次课程改革的十年，课堂教学取得了很多

进步。但是，我们也必须承认，在我国当前经济、社会发展不均衡的状况下，由于长期受到应试教育理念的影响，一线教学中题海战术或者变形的题海战术仍然屡见不鲜、层出不穷，并且有较大的生存空间。不管从教学内容，还是从教学方式的角度看，题海战术显然不能满足时代和社会对人才的需求，无法完成立德树人的根本任务，无法促进人的全面、可持续发展。

我们分别从教师的“教”和学生的“学”两个方面分析总结高中物理教学中存在的主要问题。由于学生“学”显著受到教师“教”的影响，所以两者往往具有明显的一致性，其实是一个问题的两个方面。

(一)从教师“教”的方面看，教学内容的整合与教学方式的转变仍然需要大力加强

1. 从教学氛围看，有些课堂没有真正落实学生的主体地位，教师仍然是课堂的“主角”，学生是“配角”。“以人为本”的教育理念落实不够。课堂开放度不够，教师不是鼓励学生主动参与，而是束缚学生的思维，甚至在有些课堂教学中，学生的真正学习并未发生。

2. 从教学目标看，主要表现为：(1)目标定位不明确，要么不重视学生原有认识基础，定位太高，学生无法接受；要么只是在原有基础上机械重复，学习无法促进学生认知发展。(2)三维目标的各维度落实不平衡，特别是“过程与方法”和“情感态度与价值观”维度落实不够。(3)教学目标的前后连贯性较差，缺乏有效的整体化建构。

3. 从教学内容看，主要表现为：(1)教师更注重“知识点”的教学，忽视知识间的联系，缺乏围绕核心概念整合教学内容的意识。(2)物理学思想方法教学薄弱，方法教育无规划，随机进行；缺乏方法培养载体，学生体验不够，在关键点上教师缺乏明示环节等问题。(3)随意增加教学内容，加重学生学习负担。(4)实验教学需要加强，很多学校，特别是普通校的实验场所、实验器材等相对缺乏，实验师资的专业水平需要继续提升，教师对实验教学的重视程度需要加强。(5)过度关注“考什么、怎么考”，表现为“以考定教”，甚至总结考试模式并提出应试模式。(6)教师普遍重视习题教学，仍然存在习题过多、重复练习等现象。(7)教学内容不能及时更新，教学中的案例比较陈旧，没有反映新课程理念。

4. 从教学策略与方法看，主要表现为：(1)新课程所提倡的自主、合作、探究学习方式应用不够灵活，很多情况下有形式无实质内容，尤其缺乏对多种学习方式的有效整合。(2)教学策略的选择缺乏对学生原有认知基础的精确了解，凭经验进行教学，对学情的研究相对缺乏。(3)促进学生理解深层知识的策略还有待丰富，“以告知替代教学”“以应用替代理解”“有事实无结论”等现象依然存在。(4)探究式教学的质量仍有待提高，更多的探究式课堂学生缺乏主动性，与“牵着盲人上楼”相似。(5)在讲授式教学中“满堂灌”或“满堂问”的现象还比较普遍，学生回答问题的自觉性和主动性呈下降趋势，思维的主动性和积极性不高，思维方法得不到基本的训练，思维水平得不到应有的提高。

5. 从教学过程看，主要表现为：(1)在教学过程的各个环节上都有需要改进的地方，引入新课一般都重视激发兴趣，但学生思维并没有由此展开；新课教学环节，有些教师的提问仍然是无效的，在需要帮助学生突破思维障碍的“点”上用力不够；课后小结往往是学习过程的简单重复，并没有起到总结提升的功能。(2)不少演示实验存在现象不清楚、效果不好、难以操作等问题，甚至存在安全隐患。在演示实验过程中教师经常忙于实验操作，对学生观察的指导和思维的启发往往关注不够。在组织学生进行实验探究时，学生的操作技能和参与程度往往存在很大差异，实验教学的组织与指导缺少有效的策略。(3)有些课堂教学缺乏有效组织，没有调动起学生学习的积极性；对高端学生和低端学生的个性化关注不够。(4)存在大量的无效教学，具体表现为：学生不存在理解困难的内容反复讲解与练习；学生存在理解困难的内容却被教师忽视，一带而过；有些难度大的内容，超出大部分学生的认知能力，教师仍然作为教学的内容，甚至作为重点内容，反复讲解。

6. 从教学评价看，主要表现为：(1)没有围绕教学目标进行评价，评价不能紧紧围绕教学中的重点和难点，甚至“评非所教”的现象仍然存在。(2)评价方式相对单一，仍然以最常用的习题测验为主，新课程所倡导的多样、多元、多维的评价在很多情况下成为束之高阁的理念。(3)没有充分发挥形成性评价的功能，往往以终结性评价替代形成性评价。

(二)从学生“学”的方面看，学生的主体地位仍然需要加强落实

1. 学习动力不足，很多学生缺乏主动性，缺乏兴趣，被动学习比较普遍，好奇心遭到扼杀。一定数量的学生表现为无目标、无兴趣；相当多的学生，是迫于家长、教师的压力而学习，往往将学习作为升学就业途径；很少一部分学生是真正因为对学习感兴趣，对学科内容充满好奇而学习。

2. 学习方法欠佳，或者学习习惯不好。有的表现为学习无计划，学习就是完成老师布置的作业，既没有课前的预习，也没有课后的及时复习；有的表现为课上不认真听课，课下需要花费大量时间自学，甚至熬夜，或者再请家教等；有的表现为只重视知识结论，不关注结论的得出过程等。

3. 从学习过程看，第一，学习缺乏体验，生活中动手机会较少，或者不爱动手，动手能力较差；第二，缺乏对知识的深入理解，往往浅尝辄止，局限于肤浅认识。

4. 从学习方式看，学习方式还有待进一步丰富，自主学习意识有待加强；获取信息的来源主要还是教材，偶尔上网，获取信息的来源还有待进一步拓展。

5. 从学习结果看，第一，学生缺乏从整体上认识学科知识的意识，知识的结构化程度较差，具体表现为知识碎片化、死记硬背；第二，遇到问题时，解决思路单一，更多时候表现为机械模仿、死套公式。

上述问题可以概括起来呈现在表 1 中。

表 1　教学实践存在的问题与学生表现

教学实践存在的问题	学生表现
关注知识学习的结果，而相对忽视知识得出过程的引导，对思维能力、科学探究能力、科学态度与责任的培养缺乏设计与规划。	记忆知识的结果；物理学科能力、科学态度与责任的发展与知识掌握程度不相适应。
教学内容缺乏围绕核心概念的整合，只重视知识点的落实，而忽视知识间的关联整合。	知识碎片化，缺乏大概念统领的概念体系。

续表

教学实践存在的问题	学生表现
实验与思维缺乏有效整合。	实验设计、对实验结果作出解释或者基于实验结果进行论证等方面的能力欠佳。
教学设计主要凭经验，不重视学习情况的诊断，针对性差。	课堂学习效率较低，疑问不能在课堂上有效解决。
大题量，题目不典型，过度训练，强调题目类型，缺乏对学生解决问题过程的反思。	缺乏深层理解，分析问题情境能力差，迁移能力差。
以教师为中心，不给学生留空间，仅关注自身如何讲。	主动性不够，不会选择，不能决策，灵活性差；错误概念不能有效转变。
过分关注解题技巧与具体方法，缺乏对解决问题的普适性认识方式的指导。	倾向于机械模仿，生搬硬套，一旦无法模仿就导致思路缺乏。

结合教学实践经验，以及对教师“教”和学生“学”的观察，分析产生上述教学实践问题的主要原因，可以概括为以下四个方面。

第一，教学设计前缺乏对学生学习情况的精准诊断。对学生学习情况的精准诊断是提高教学有效性的前提。从教学实际看，教师往往习惯于仅凭经验进行教学设计，而缺乏教学前通过测试、访谈等各种诊断手段进行基于实证的学习情况分析与诊断。客观来讲，教师长期积累的教学经验具有证据的性质，可以作为教学设计的重要依据。但是，经验往往是基于过去教授的学生学习情况在教师头脑中形成的具有概括性的认识，而教师现在教学面对的学生已经是新的一批学生，各学校招生情况、初中教学内容与要求等方面均会发生变化，在某种程度上，教学经验并不是完全可靠的。

长期以来，一线教师对学生学习情况的诊断往往停留在表面，主要存在两个问题：一是对某一学习困难只有定性了解，而缺乏对学生存在困难比例的测查，更缺乏对每一个学生学习情况的具体了解；二是只有对学习情况的现状描述，使用“粗心、马虎”“学习能力差”“学习积极性不高”等一些浅层描绘现状的词语，而缺乏对产生这些现状的因果解释，只有诊断出困难产生的原因，才能进行有针对性的矫正。

例如，对于“加速度”一节课，通过课前学习诊断，我们发现关于加速度的基本知识学生可以通过课前学习掌握，不必占用课堂上宝贵的时间，课堂教学内容则可以更多涉及具有整合性、迁移性的运动与相互作用概念体系、速度变化量的矢量运算、加速度的因果解释等有利于高级思维发展的内容。

第二，教学内容缺乏整合。在教学中往往只关注到单个的知识点，认为只有这些知识点才是能抓得住的“真东西”，也能与高考内容真正对得上，往往“只见树木、不见森林”，忽视了围绕核心概念建构概念体系。最终导致学生头脑中有大量的一个个具体概念，而缺乏大概念以及围绕大概念的概念体系。

此外，教学中往往只关注解决问题的具体细节、琐碎的方法、小技巧，而忽视解决问题的一般思路，例如，先定性再定量，从特殊现象到一般规律，先静态分析再动态分析等。学生头脑中最终形成了大量与具体题目对应的解题技巧与方法，而缺乏一般性的、具有普适性的解决问题的“大思路”。那些具体的解题技巧与方法往往只适用于特定的题目，而不具有迁移性，而恰恰是这些“大思路”具有较强的可迁移性。

从科学教育研究的角度看，教学内容整合也是非常有必要的。近年来，在国际科学教育研究领域，学习进阶的相关研究成为研究的热点。伴随学习进阶的研究，围绕大概念的整合学习成为科学教育研究发展的重要趋势，“整合与发展”已逐渐成为当代教育科学课程改革的核心理念(郭玉英等，2013)。从大学教育反观基础教育，也可以发现中学教育的问题。尽管很多进入大学的高中毕业生掌握了很多解题的知识和技巧，但他们对物理概念的定性理解却是非常薄弱的(Stocklmayer et al，1993)。

例如，可以这样安排“加速度”一节的教学内容：从引入加速度的必要性引导学生初步建立围绕运动与相互作用概念的位移、速度、速度变化量等具体物理概念的概念体系；从加速度内涵出发，引导学生认识跨学科概念变化率，变化率相对于物理学的具体概念具有明显的可迁移性；在用加速度描述物体速度变化快慢的基础上，引导学生思考加速度的决定因素，探寻加速度与其他物理量的因果关系，这既是探索客观世界的逐步深入，反映了物理学的认识方式，又体现了加速度作为运动和相互作用关系“桥梁”的重要价值，引导学生逐步建立运动与相互作用观念。

第三，教学方式需要转变。在教学实践中，教师往往喜欢采用“短、平、快”“能看得见、摸得着”的教学方式，认为讲授的方式“效率”最高。不可否认，讲授仍然不失为一种有效的教学方式，但是也应该看到其局限性，例如，不利于发挥学生学习的主动性，不利于培养学生的合作交流能力等。因此，教学实践中不应仅仅关注短时间内知识的掌握效果，而应综合考虑教学内容、条件、要求等各方面的因素，选择对发展学生核心素养最有利的教学方式，从而培养出具有核心竞争力、未来时代和社会发展真正需要的人才。

例如，针对“加速度”一节的教学内容，可以采用这样的教学方式：教师针对加速度课前学习困难、加速度与速度变化等物理量的关系、加速度的决定因素等内容设计大量的学生交流讨论环节，引导学生在交流讨论中相互启发，解决问题。通过交流讨论，不仅促进了对加速度概念的深层理解，还有利于发展学生科学论证、质疑反思等高级思维能力；学生在交流中取长补短，学会交流技巧，发展合作能力，发挥学习主动性，提升学习物理的兴趣。另外，教师引导学生进行课前学习，这是培养学生学习能力的重要实践尝试，也是引导学生“学会学习”的务实之举。

第四，课堂结构需要重构。长期以来，我们把课堂教学看作信息传递的过程，把学生从不会到教会、从不熟练训练到熟练的过程。因此，大量教师习惯了以下教学流程：通过创设宏大、热闹的情境，引入新课；然后讲解新课；再通过习题训练，巩固知识；最后小结。这也可以看作能高效传递信息、快速训练学生解题能力的实用之举。但是，这样的课堂教学结构却带有天然的学生学习被动性，侧重低级的记忆、解题能力，而忽视了包含元认知在内的高级思维能力。其实，在信息化时代，信息来源也趋于多样化与便捷化，课堂教学不应仅仅是接受信息的过程，更应是学会整合信息、学会探索未知世界的过程；课堂教学不应仅仅是学会知识的过程，还应是学会学习的过程，学会自己解决问题，并在解决已有疑问的基础上发现新问题的过程。

另外，我们也需要重新认识课堂容量。在很多人的传统观念中，课堂容量主要指知识点的多少与应用熟练程度等内容，在学生发展核心素养框架下，学生的概念体系、思维、参与、民主过程等不仅是课堂容量，更是容量中的“优质”构成要素。

三、考试评价的方向引导教学实践落实学生发展核心素养

测试不仅可以甄别学生的能力水平，还可以诊断教学实践中存在的问题，从而起到引导教学实践方向的重要作用。

下面以北京高考理综的物理试题为例，分析学生在学习过程中存在哪些不足，以此作为进一步改进教学的依据。

2013 年北京高考理综试卷第 20 题：

以往我们认识的光电效应是单光子光电效应，即一个电子在极短时间内只能吸收到一个光子而从金属表面逸出。强激光的出现丰富了人们对于光电效应的认识，用强激光照射金属，由于其光子密度极大，一个电子在极短时间内吸收多个光子成为可能，从而形成多光子光电效应，这已被实验证实。

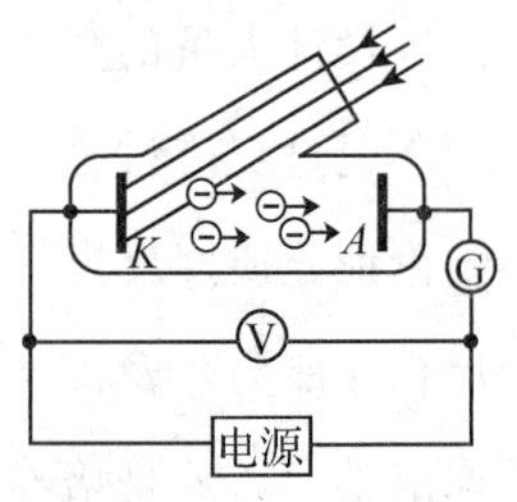

图 1

光电效应实验装置如图 1 所示。用频率为 ν 的普通光源照射阴极 K，没有发生光电效应。换用同样频率为 ν 的强激光照射阴极 K，则发生了光电效应；此时，若加上反向电压 U，即将阴极 K 接电源正极，阳极 A 接电源负极，在 KA 之间就形成了使光电子减速的电场，逐渐增大 U，光电流会逐渐减小；当光电流恰好减小到零时，所加反向电压 U 可能是下列的(其中 W 为逸出功，h 为普朗克常量，e 为电子电荷量)(　　)。

A. $U=\frac{h\nu}{e}-\frac{W}{e}$　　B. $U=\frac{2h\nu}{e}-\frac{W}{e}$　　C. $C=2h\nu-W$　　D. $U=\frac{5h\nu}{2e}-\frac{W}{e}$

分析：从知识上看，本题主要考查功能关系、光电效应方程。由于教材中给出的光电效应方程的前提假设是一个电子一次只能吸收一个光子，即单光子光电

效应。此假设下的光电效应方程为 $E_k = h\nu - W$，式中为 E_k 光电子的最大初动能，$h\nu$ 为一个光子的能量，W 为金属的逸出功。随着强激光技术的进步，一个电子一次可以吸收 N 个光子，因此爱因斯坦光电效应方程变为 $E_k = Nh\nu - W$。从考试说明定义的探究能力看(北京教育考试院，2012)，该题显然是新颖情境下的问题，同时又涉及从题目中获取新信息，因此属于探究能力的考查。从客观难度上讲，本题并不应该成为难题，但学生的作答结果并不是很好。2013 年北京市共有 42 450 份理综科目的有效答卷，该题得分率仅为 0.51，区分度仅为 0.11。考虑到选择题有四选一的猜测机会，对北京市的全体考生而言，只有不到一半的学生是真正会做该题的；区分度非常低，根据科恩对相关系数的划分，属于低相关(相关系数低于 0.29)，说明物理总体成绩比较好的学生在本题上的得分也并没有显著高于总体成绩差的学生。

2013 年北京高考理综试卷第 24 题第(1)题：

对于同一物理问题，常常可以从宏观与微观两个不同角度进行研究，找出其内在联系，从而更加深刻地理解其物理本质。

一段横截面积为 S、长为 l 的直导线，单位体积内有 n 个自由电子，电子电荷量为 e。该导线通有电流时，假设自由电子定向移动的速率均为 v。

(a)求导线中的电流 I；

(b)将该导线放在匀强磁场中，电流方向垂直于磁感应强度 B，导线所受安培力大小为 $F_{安}$，导线内自由电子所受洛伦兹力大小的总和为 F，推导 $F_{安} = F$。

分析：从微观机理解释宏观现象是物理学的一种重要研究思路。本题主要考查了电流、洛伦兹力和安培力三个概念，属于对基本概念的考查，并且考查内容在教材中都有明确呈现，可以看作教材的原文。那么，学生的作答情况如何呢？北京市的全体考生在(a)(b)两题上得分率为 0.80 和 0.76，区分度分别为 0.71 和 0.65。考虑到本题的实际难度和题目出自教材原文，其实得分率并不高，因此学生的概念理解能力还有提升的空间。本题的区分度较好，说明在该题上得分高的学生的总成绩显著高于在该题上得分低的学生，因此概念理解对提高学生物理学科的总成绩具有重要意义。

总体上分析这两道题，可以发现：(1)这两道题的情境都是学生非常熟悉的，要么是教材中原有情境，要么略有变化；(2)解决这两道题所运用的知识也都是教学中基本的知识点，是学生应知应会的内容；(3)解决这两道题对学生物理能力的要求并不高，只需要从题目中提取有用信息，应用熟悉的物理模型便可以解决，并未达到建立新模型的能力要求，只涉及基本的理解能力、推理能力等基础性能力。

从对题目的分析可以看出，这两道题目的作答情况并不理想，特别是2013年北京高考理综第20题，只是把教材中的一次吸收一个光子变成吸收多个光子，结果得分率便如此之低，有点儿出人意料。

因此，对比题目本身的特点与作答情况可以看出，我国科学教育领域对科学概念教学的效果并不理想，学生对科学概念的认识不能达到较高水平。其主要原因在于：一方面，科学概念教学不能让学生实现科学概念的建构(胡文华等，2006)；另一方面，学生的学习能力有待加强，在教学实践中应着重培养学生学会学习。可以把学生作答过程看作一次自主学习的过程，涉及从阅读题目获取信息，选择有用信息，到整合这些信息，运用所学知识解决问题等重要学习环节。通过上述分析可以发现，在排除了题目的情境复杂性与新颖性，物理知识本身难度大与知识的综合程度高，对数学运算能力要求较高等影响因素之后，我们有理由相信，这两道题的得分率比较低与学生的自主学习能力不够高有较大的关系。

四、已有课堂教学改进研究的启发与借鉴

在国内科学教育研究领域，对教学改进研究较多。不同的研究者或者团队分别从不同视角提出课堂教学改进的思路与策略。这些思路与策略具有一定程度的互补性。

1. 北京师范大学学科教育研究团队的教学改进研究

北京师范大学(以下简称北师大)学科教育研究团队在学习进阶研究中紧跟国际前沿，基于“学科能力评价”课题的理论研究成果和学习进阶研究的最新进展，已在物理、化学、生物等学科领域取得可观的教学改进成果(王磊等，2014)。物

理系郭玉英教授团队(2013)提出“整合与发展”的基本认识，确立了基于认知复杂度的学习进阶框架，并完成能量、力与运动、静电场等核心概念的学习进阶研究。郭玉英教授团队从2014年开始在北京的朝阳、海淀、丰台等区完成大规模测试，并于2015年开始以学习进阶改进课堂教学，先后在北京市完成多节课的教学改进，包括机械能、万有引力定律与航天等主题。化学学院王磊教授团队基于具有特色的认识方式的相关研究，近几年来在北京市开展“高端备课”研究，也取得丰富成果。值得注意的是，近两年来，北师大学科教育研究团队在北京市“高精尖”项目中逐步尝试基于互联网的“先学后教”模式，目前处于逐步探索阶段。

北师大团队教学改进项目的主要特点是：基于测试证据，以学习进阶和学科能力研究成果作为教学改进工具。北师大的研究重点是理论模型的建构，有深入实践进行教学改进的案例，但其主要目的还是为修改理论模型提供证据；目前的研究既有聚焦到每一节课的教学设计，也有对一个单元，甚至一个主题的整体规划。在物理学科的教学改进中，引入了前测和后测。通过教学前的诊断，提高教学的有效性；通过前后测对比，检测教学改进的效果。但是，前测的内容主要是侧重学习新课中需要的知识、思想方法与技能等，并未过多涉及新课的关键点与困难等具体内容。

2. 首都师范大学物理教育研究团队的高端备课研究

首都师范大学(以下简称首师大)邢红军教授团队(2015)依据科学方法中心理论和原始物理问题教学理论，提出了物理高端备课的观点：以表达物理教学的基本逻辑，力图使教师的课程准备最大限度地实现学生心理逻辑与物理学科逻辑的统一，从而构建体现物理教学本质并彰显中国特色的高端备课研究范式。近年来，邢红军教授团队已经完成简谐运动、机械能守恒定律、圆周运动、生活中的圆周运动等具体内容的教学设计与改进研究。

首师大团队研究的显著特点是：结合物理学科内容和学生认知发展进行教学设计。首师大研究团队更多的是基于传统物理教学论研究，特别是学科方法的研究，进行教学改进，往往偏重思辨与经验，而缺乏证据支撑，并且只是侧重教学设计环节，而相对缺乏经过教学实施的循环改进环节。

3. 北京教科院团队基于学习进阶的教学内容整合研究

北京教科院团队的研究目的是探索落实以学生为中心和发展学生核心素养基本理念的具体途径和策略。研究的基本思路是基于国内外关于大概念与学习进阶的理论研究成果，结合教师的丰富教学经验，进行教学内容整合研究。主要研究内容包括如下几个方面：(1)提出围绕核心概念建构具体物理概念的基本思路，并在此基础上完善建构具体物理概念间关联的思路，分析物理概念的层级关系；在实践中，以学习进阶为工具，围绕“机械运动与相互作用”“能量”等概念整合高中物理必修内容。(2)基于学习进阶的教学设计研究，促进学生对核心概念的深层理解；完成了高中物理《必修 1》和《必修 2》中“运动与相互作用”全部内容的教学设计。(3)基于学习进阶进行课堂教学改进，先后完成高中物理中加速度、自由落体运动、牛顿第二定律、电场强度、电势等重要内容的课堂教学改进。

北京教科院团队课堂教学改进的主要特点包括：关注以学生为本的教育理念的落实，教师的“教”为学生的“学”服务，促进学生对核心概念的深层理解；注重教育教学理论在教学实践中的实际应用，充分利用一线教师的丰富实践经验；在研究中采取行动研究路线，注重发挥实证的作用，以此促进教师专业发展的意识与自我发展的能力。由于教学内容整合涉及对教材内容基于学习进阶进行重组，对教师的物理学知识与思想方法要求较高，推行难度较大。

4. 上海教科院团队的课堂观察研究

上海教科院顾泠沅教授团队十多年来一直专注于课例研究，从教师教育的视角，深入研究基地，以课例为载体，以课例研修促进教师专业发展。概括起来，顾泠沅教授团队的创新主要有三个方面：一是提出以课例为载体的教师教育模式，即“行动教育”的基本模式(顾泠沅等，2003)；二是以教师和专业研究者合作教学研修为平台，突出“行动教育”，以此促进教师教育质量的提升(上海市青浦实验研究所，2014)；三是建构课堂观察的维度，开发有效的课堂观察技术。另外，华东师范大学的崔允漷教授进一步提出指向教学改进的 LICC 课堂观察模型(崔允漷，2010)。

上海教科院团队的研究主要是以课例为载体，指向教师教育，而非直接指向课堂教学改进；并且大多数研究聚焦在小学阶段的课堂教学，鲜有深入中学阶段，特别是高中阶段的课堂教学改进研究。

综上已有科学教育领域的课堂教学改进研究，可以发现：(1)课堂教学改进应加强对学生学习的研究，只有了解学生原有的学习基础，才能知道如何为学生提供合适的帮助，如何引导学生学会学习等。(2)课堂教学改进应加强诊断，在精准诊断的基础上进行教学设计，并在教学过程中根据诊断的结果，随时调整教学内容与节奏。(3)课堂教学改进中应重视对学习内容的内在逻辑分析，在内容内在逻辑的基础上，结合学生学习的情况，合理选择并整合教学内容。(4)教学方式转变仍然是教学改进中的难点和重点，相对于教学内容整合而言，教学方式转变涉及教学理念的转变，更需要经历持续改进的过程。

五、本书的内容与价值

从以核心素养为纲的课程改革，以及近年来高考与会考的导向视角，反思当前物理教学中存在的主要问题，可以概括为：(1)在教学中对学生学习能力的培养不够，学生学习能力有待提高；(2)教学缺乏诊断，教学效率不够高；(3)教学内容缺乏整合，导致学生的知识与思维往往是碎片化的，缺乏整合；(4)教学方式比较单一，不能基于学生认知现状综合应用多种教与学的方式进行教学；(5)在课堂教学中落实“以学生为中心”理念的程度不够，课堂结构中仍存在以教师为中心的倾向，并未有针对性地解决学生学习中遇到的困难与障碍。

针对教学实践存在的上述具体问题，本书主要讨论如何引导学生进行课前学习，并对学生课前学习进行精准诊断，在此基础上进行教学内容整合、教学方式转变，以及课堂教学结构调整。期待以此实现有效发展学生核心素养的目标，特别是通过课前学习指导能有效引导学生学会学习；通过加强学习诊断，提升课堂教学的有效性，为发展学生核心素养留出课堂空间，而不是课堂上充满记忆、机械训练等对发展核心素养效率低下的内容；通过教学整合，重建课堂教学的内容与秩序。各部分的具体内容如下。

绪论主要讨论以核心素养为纲的课程改革和考试评价对物理课堂教学的导向，并基于核心素养和考试评价的导向审视当前的物理课堂教学，聚焦课堂教学存在的问题、提出课堂教学改革的重点与方向。

第一章在综述学习进阶、课前学习及其诊断、教学方式整合等已有理论和研究的基础上，从以核心素养为纲的课程改革、当前教学实践现状与考试评价引领等视角对当前课堂教学结构进行反思，建构基于课前学习诊断的教学整合模型。提出以加强课前学习、进行精准的学习诊断、整合教学内容、整合教学方式为主要特征的课堂教学结构模型，并进一步说明模型中各要素的内容、模型特征、可能存在的实践困难与解决预案等。

第二章主要讨论如何以学习进阶为工具围绕学科核心概念整合大量具体概念形成概念体系，具体包括整合的依据、内容、思路、结果等若干方面。

第三章从跨学科概念和科学探究两个角度分别进行教学内容整合：以美国2013年颁布的《新一代科学教育标准》提出的跨学科概念为理论框架，主要讨论如何从促进学生对跨学科概念理解的角度整合教学内容；以科学探究的教育价值和要素为线索，主要讨论如何基于物理实验问题、器材等方面从促进科学探究能力发展的角度整合教学内容。

第四章主要讨论如何设计课前学习目标并确定重难点，课前学习的资源有哪些，如何开发并使用这些课前学习资源，如何指导学生进行课前学习等内容，并通过具体课前学习指导的案例对上述内容加以说明。

第五章主要讨论课前学习诊断包含哪些内容，诊断的具体方法有哪些，如何开发学习诊断测试卷，如何对诊断中发现的现象进行因果解释并提出干预策略等，并通过具体学习诊断的案例对上述内容加以说明。

第六章在对当前课堂教学常用的讲授、自主、合作、探究等主要教学方式进行再审视的基础上，主要讨论基于课前学习诊断的教与学的具体方式，并进一步结合具体实践案例阐述如何综合、灵活地选择这些具体教学方式，以提高教学的有效性，真正促进学生的发展。

第七章主要围绕课堂教学中的答疑解惑、整合提升、训练巩固与反馈矫正等环节讨论教学结构整合，侧重从每一个环节的意义、途径、策略等方面进行讨论。

第八章通过不同类型学习内容的教学设计案例，从整体上呈现课前学习、诊断、教学整合的全部流程，目的是为读者提供可参考的具体样例，便于实践操作。

在以核心素养为纲的课程改革和考试评价改革背景下，本书充分结合理论研究和教学实践，力求站在理论的前沿，提出基于课前学习诊断的教学整合模型以及促进学生核心素养发展的教学整合途径与策略，对教学实践具有切实可行的指导价值，具有较强的可操作性。本研究的价值主要体现在以下几个方面。

(1)探索核心素养发展的落地途径与策略，为新课程标准的顺利实施奠定研究基础，特别是关注了“学会学习”这一对学生未来发展起重要作用的核心素养要素，通过教学内容、方式、课堂结构等方面的整合，探索促进学生核心素养发展的可操作路径。

(2)探索教学整合的途径与策略，并基于学习进阶进行教学设计，真正在教学中落实以学生为本的教育理念，促进学生核心素养的发展。

(3)基于精准诊断的问题进行教学，提高教学的有效性，真正促进学生的认知发展。

(4)探索教师专业发展的有效途径，使教师在教学改进中体会教学理念，逐渐转变，做到知行合一。

本研究的创新点集中体现在以下两个方面：(1)建构基于课前学习诊断的教学整合模型，并在实践中整合教学内容和教学方式，厘清核心素养的指向与发展路径，探索核心素养理念落地的可操作途径和策略。(2)从学会学习的视角切入，围绕“学会学习”展开学习能力培养、学习困难诊断与突破等一系列关键问题的研究，是落实核心素养的务实之举。

第一章

基于课前学习诊断的教学整合理论建构

“整合与发展”已经成为当代基础教育阶段科学课程改革的核心理念，其核心观点是，围绕“大概念”来统整科学概念体系的建构，进行科学实践能力培养。“整合”首先是科学课程概念体系的建构，即通过围绕“大概念”组织知识内容，使以往科学课程中的零散概念达成整合；在此基础上组织科学实践活动，使学生的“学”与“做”融为一体，从而在实践中理解和建构科学概念。“发展”是在概念体系的基础上，通过学习进阶的研究与设计，提出适合不同阶段学生认知发展的表现期望，使学生的科学素养随着学习阶段的延伸实现连贯一致的进阶发展。从科学课程的本质来看，“发展”实质上是“整合”的纵向维度，是对不同阶段科学课程的整合，使基础教育阶段的科学课程构成一个有机整体，这是提高学生科学素养的保证。国外研究者亦指出，以整合的概念体系为核心、围绕少数概念进行深入探究的学习进阶，能够有效改变学生“广而浅”的学习现状，最终实现科学素养的发展(郭玉英等，2013)。“大概念”包括“学科核心概念”和“共通概念”。学科核心概念是“组织整合某个自身内容的少数关键概念”，如美国《新一代科学教育标准》中的“物质及其相互作用”“能量”等。共通概念是涉及科学、数学、技术和工程等领域的最基本的、超越学科界限的、反映不同领域内在统一性的概念，例如“系统”“模型”等。大概念的教学有助于促进学生学习内容的横向整合与科学体系的建构；学习进阶与此紧密配合，基于对学生认知发展的研究，实现学习内容的纵向整合，两者相辅相成、互为依托。

本章前四节分别对学习进阶、课前学习教学策略、学习评价、教学方式整合等已有研究进行梳理，提取与本研究相关的理论作为本研究的理论基础。第五节基于物理学科核心素养理念，结合当前物理教学的现状，对物理教学从教学内容、教学方式、课堂教学的结构等若干方面进行反思。第六节根据已有研究和教学现状，建构基于课前学习诊断的教学整合模型。

第一节　作为教学整合工具的学习进阶

“学习进阶”于2004年正式出现在科学教育领域，并由美国国家研究理事会(National Research Council，NRC)首次提出，之后教育界和学术界迅速展开了广泛的学习进阶研究。学习进阶的研究不仅能描述学生学习时的认知发展过程，有助于“应为学生设立怎样的学习路径”这一核心问题的探索；而且是“理论研究者、考试命题者、课程编制者、教育决策者对话的重要渠道，是教育研究和教学实践相结合的桥梁，是联结课程标准、教学与评价，促进三者一致性最具潜力的工具”(NRC，2007)。正如Salinas所说，当今关于学习的研究逐渐趋向于和教学实践的结合，学习进阶无疑是最具潜力的研究方向，因为其实质是在搭建学习研究与课堂实践之间的桥梁。学习进阶已经成为美国《新一代科学教育标准》的编写依据，并且随着研究的深入，被逐渐应用于指导教学设计与开展教学实践的课堂教学研究中。

一、学习进阶的定义与内涵

学习进阶是一个描述学生在知识学习和实践活动过程中连续地、更加熟练地发展的框架。关于学习进阶的定义，一直以来不同研究者根据自己的研究背景提出了不尽相同的表述。例如：史密斯等定义“学习进阶是学生在学习时对一系列概念连续的、逐渐复杂的思维方式”；罗斯曼等认为“学习进阶是从小学延续到高中的一条符合逻辑和学生发展的概念序列”；赛琳娜认为学习进阶是“以实证为基础的、可检验的假说，它阐释了在一段时间内经过适当的教学指导，学生对科学核心概念、科学解释以及科学实践的理解和运用是如何逐渐发展、逐渐深入的”(姚建欣，2016)。美国国家研究理事会于2007年把学习进阶定义为：学习进阶是对学生在一段较长的时间跨度内学习或研究某一主题时，学生的思维方式从新手型到专家型的连续且有层级的发展路径的描述。之后的多数研究者均认可与引用这一定义表述，关于学习进阶的定义可认为已达成一致。

一般认为学习进阶由以下五个要素组成(Tom Corcoran et al，2009)：(1)明确的学习目标或学习终点，这是学习进阶框架中要达到的最高层次；(2)进阶变量，用于测量学生关于核心概念的认知发展情况，通过追踪变量的发展情况可以了解学生整体的学习进程；(3)成就水平，即学习进阶的各个层级，反映学生思维发展过程中普遍存在的阶段；(4)学生的学习表现，即处于某一水平的学生应具有的认知表现，或称为进阶假设；(5)成就评价，即进阶假设的检验，检测学生的认知发展是否随预设的进阶路线发展，检测学习进程随时间的发展情况。

此外，研究者在学习进阶的特征方面达成如下共识：(1)以科学教育和认知心理学的研究为基础，围绕核心概念构建学生认知体系；(2)通过学生的学习表现展现思维、认知的层级发展，并描述不同的能力水平；(3)认可多样的认知顺序及网状发展，因为不同的学生可能有不同的思维路径获取知识体系，认可概念发展的网状结构才能全面刻画学生知识和能力的不同层级；(4)是跨学科的，学习进阶的过程体现多学科间的融合，最终形成涉及多学科的概念体系；(5)要经过实证检验，因为学习进阶是基于实证的假设，必然需要反复修订的多轮完善过程。学习进阶框架的建立一般均满足以上的要素与特征。

二、学习进阶的研究内容和范式

学习进阶的研究内容是了解学生学习逐步发展情况的载体，已有研究中所涉及的研究内容可以分为以下三类。一是以主题(topic)为进阶研究内容，NRC 对学习进阶的定义就是此类的典型代表。二是以大概念为进阶研究内容，例如 Smith、Nichols 等人对学习进阶的描述。主题和大概念有一定的相似之处，不过后者更接近学科本质，更具有概括性，更多的研究者已逐渐将二者结合、统一化，围绕大概念组织课程与教学，例如《K－12 框架》体现了以大概念为线索建构进阶体系。三是以大概念与探究推理共同作为研究内容，例如 Songer 认为学生学习知识的过程中一定伴随着推理探究，二者共存，并且具有内在联系(朱宁宁，2015)。

当前学习进阶的研究分为两种研究范式："验证性进阶研究"和"演进性进阶研究"。"验证性进阶研究"是从教育标准或课程标准出发，自上而下地基于测评结果来检验和修正进阶框架；"演进性进阶研究"强调教学作为关键变量，紧密联系科学概念的建构和科学实践活动，基于测评证据来探索不同模型的有效性，是一种更符合教学实际需要的进阶研究。而当前学习进阶的研究一般是以上两种研究范式的混合体。

三、学习进阶的研究过程和模式

当前关于学习进阶的研究模式一般均是基于反复验证的、稳定可靠的观测结果而得出研究结论。关于研究过程，任何学习进阶的研究都必须经历核心概念的确定，进阶假设的提出、验证、修正等一系列迭代过程，这一过程中包含了预期目标、进阶变量、成就水平、学习表现、成就评价五个要素，如图 1-1 所示(斯海霞，2013)。与研究过程对应，学习进阶的建构模式则包括核心概念的确定、进阶假设的提出、测量模型的选取、测量工具的开发与数据收集、进阶假设的修正与完善、进阶的循环研究等环节，直至得到稳定可靠的研究结论，如图 1-2 所示(姚建欣，2016)。

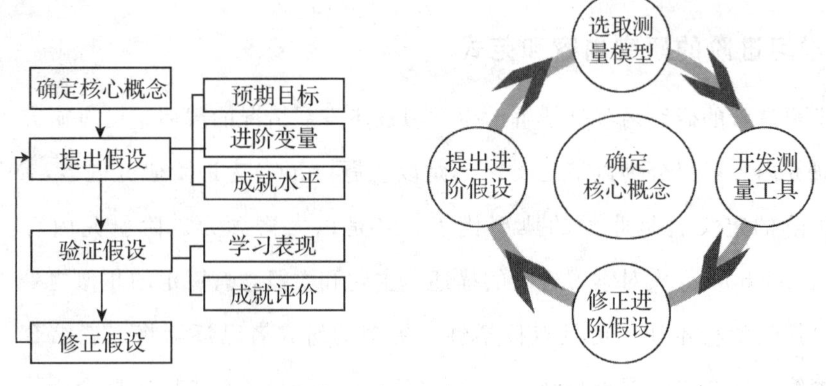

图 1-1　学习进阶的建构过程　　图 1-2　学习进阶的研究循环模式

(一)确定核心概念、预期目标和进阶变量

目前围绕核心概念学习进阶的研究中，逐渐渗透并加入了同时围绕核心概念

和关键能力(指学生的科学实践能力)的学习进阶研究。预期目标一般从课程标准和教育理论出发，根据学生在相应学段毕业时应具备的科学素养而制订。进阶变量一般也根据课程标准设定的要求，再结合具体研究方向而定。

现有研究中进阶变量也日益丰富，主要有以下四种类型(张静，2014)。其一，以知识内容为进阶变量。例如 Kennedy 等人(2007)研究的中学生关于一堂“浮力”课的学习进阶，变量之一就是学生对“物体为什么会下沉或上浮”这一内容从错误到正确、从简单到复杂的认识过程；Mohan 等人(2009)在研究“生态系统的碳循环”学习进阶时，将“碳循环”这一大概念中“碳的吸收”“碳的转化”“碳的氧化”“工程中的氧化－燃烧”四个核心概念作为对应四个维度的进阶变量。其二，以认知为进阶变量。例如 Hui Jin 等人研究的“社会生态系统中能量的学习进阶”中，以学生的推理过程为进阶变量。其三，将知识与认知结合作为进阶变量。例如 Neumann 等人(2013)研究能量的学习进阶时，将能量内容维度(包括能量的形式、转换、耗散和守恒)和内容的认知复杂度(包括事实经验、映射、关联、概念)作为二维进阶变量。其四，将实践要素作为变量。例如在科学实践活动中，有研究者将建模作为实践要素研究了学生在科学建模上的学习进阶。学习进阶变量的不断变化与丰富，说明学习进阶的研究范围在不断深入扩展(刘晟等，2012；陈佩莹，2013)。

(二)创建进阶假设

进阶假设包括进阶的起点、中间层级和终点，由进阶变量将三者串联起来。根据确定的进阶变量搭建学习进阶假设的框架后，设计进阶的起点、中间层级和终点。早期的学习进阶起点一般选择为学生的迷思概念，进阶终点为课程标准的期望，再根据一定的标准尺度划定中间各层级。目前的多数研究中，关于中学阶段的学习进阶研究，起点是“学生入学时的(前)概念和推理”，终点是“期望所有学生在高中毕业时具备的科学素养”，并给出从起点到终点的中间阶段，描述学生对大概念的认识如何不断发展，从而通过一个个的“阶”将起点与终点连接起来。

(三)选择测量模型

关于学习进阶的研究中所使用的测量模型，项目反应理论、认知诊断等测量模型都得到了应用。在这些过程中积累的经验为后续学习进阶研究中测量模型的选择提供了参考。当前学习进阶研究最常用的是 Rasch 模型(魏昕，2014)。

(四)开发测量工具

验证假设环节需要开发测量工具，用于准确获取学生的学习表现，并要求选择合理的进阶假设评价方式。常用的实证检验有如下两种研究取向。第一种取向用于教学研究，方式为开发出针对学生某一学习进阶过程中的教学干预手段，并设计评价工具，评价教学干预是否真正达到预设的进阶水平，如果目标达到，就继续对学习进阶的实证开发出针对下一部分学习进阶的教学干预，反之，则需要对教学干预或框架进行修改与完善。例如 Songer 团队(2009)研究“生物多样性”的学习进阶时，设计了为期 8 周的教学干预活动，并进行活动前后的测试及每周一次的课堂嵌入式评价，并运用 HLM(Hierarchical Linear Modeling)分析测评结果，不断修正进阶框架(刘晟等，2012)。第二种取向是描述学生的进阶现状，一般是通过调查问卷的方法，研究当前学生的实际进阶水平，而不添加教学干预，以便了解当前课程如何影响学生的学习。例如北师大魏昕(2014)的博士论文关于学生能量的学习进阶，就是通过前后三轮的学生实际测试，分析学生的进阶表现现状。

第一种研究取向更指向教学策略，第二种则更适合以学生为中心的学习进阶的研究，能够以学生当前水平和能够发展到达的最高水平为标准划分进阶的层级，有利于研究如何帮助学生提升“阶”。

当前的学习进阶研究主要倾向于了解学生的实际进阶表现，即第二种研究取向。对应测量工具的开发有以下三种代表模式。其一，Wilson 等人使用分层选择题(OMC)来评估学生的学习进展水平，这些选择题对选项设置很有要求，不同于平常见到的选择题，它的每个选项对应着学习进阶的一个水平，这样可以通过学生对一组题目的回答来描述其对所考查概念的理解，通过分析作答选项来获得学生的理解水平。但这种具体的学习进阶方式在试题的开发上具有很大的挑战，因为开发带有能体现学习进阶中不同水平的选项的试题是很难的。其二，Neumann等人(2013)研究“能量”学习进阶时，能量概念测试题(ECA)是基于人们对知识学习理解的复杂程度不同而编制的，他用多选题的形式开发测量工具，针对每个核心概念，在设定背景的前提下，各设计一道复杂程度最高的题，然后通过对试题背景逐渐添加信息的方式，实现依次降低复杂度，设计出复杂度依次降低的另外三道题，使每道题单独指向一个表现水平。Neumann用这种测试题检测了学生在“能量”概念理解上的实际理解水平，然后用Rasch模型分析测试结果并修正框架。其三，直接运用国际上已经成熟的、较为经典的、有考查知识或能力指向的测试题。例如在研究学生关于“力与运动”这一概念的学习进阶时，Alonzo(2009)和Fulmer(2014)均采用了FCI(Force Concept Inventory)测试题作为进阶测量工具，这种方式能保证测量工具的信度。

(五)修正进阶假设

预设的学习进阶假设需要经过实证检验，使其更能有效描述学生的实际情况，提升框架的效度。所以进阶假设的修正有时也被称为学习进阶的验证环节。在实际研究与操作中，实证检验必须是多轮的，才能保证进阶描述的准确性。第一轮研究探查出学生的表现现状后，基于得到的结果进行修正进阶假设，即进行新一轮的迭代研究。也就是说，前一轮学习进阶研究的最后一个环节，同时也是下一轮研究的起点。对进阶假设进行修正时，需要满足以下两个前提条件：(1)实证数据与原进阶假设出现不匹配的情况；(2)研究工具准确反映出了学生的真实情况。所以当实证数据与进阶假设出现偏差时，要谨慎分析其差异原因，再慎重决定是否应该调整进阶假设。

四、学习进阶的呈现方式

Salinas(2009)将学习进阶的建构与呈现方式总结为两种：逐级展开法(escalated approach)和全景图法(landscape approach)。

逐级展开法是根据学生在某一时间跨度内的认知发展，将进阶层级划分为最低水平、中间各水平和最高水平，而不考虑学生所处的具体年级应有的水平，如图 1-3 所示。这种方法聚焦于处于不同理解水平的学生对所研究的核心概念，在理解上有何区别，以及怎样设置路径帮助学生从初级水平向最终目标逐步发展。这种研究方法的一个重要特征是，先预设学生存在的各水平表现，再采用大型的测评工具追踪学生对概念理解的发展变化情况。Smith 等人(2006)用这种方式建构了 K－8 年级学生关于"物质的原子－分子论"的学习进阶，Mohan 等人(2009)研究了小学 4 年级至高中学生的"生态系统的碳循环"学习进阶，Merrit 等人研究了 6 年级学生关于物质的微观模型的学习进阶(刘晟等，2012)。

进阶层级	层级描述
水平 4	学生完成学业时的课标要求、社会预期
水平 3	中间水平
水平 2	
水平 1	学生入学时对具体概念的认知

图 1-3 "逐级展开法"简单图示

年级发展	各阶段对应学生表现期望
9～12 年级	
6～8 年级	
3～5 年级	
K～2 年级	

图 1-4 "全景图法"简单图示

全景图法则基于学生所处的具体年级，将学生从低年级到高年级各学段中对应的具体表现期望划分为不同的水平，以便于规划各学段、各年级的学习目标，如图 1-4 所示。这种方法基于课程标准与社会期望，围绕大概念组织进阶框架，强调注重核心概念在各学段间的联系与发展。最典型的例子就是美国 2061 计划丛书《科学素养的导航图》和美国颁布的《K－12 框架》，不同学段的不同课程内容中，横向体现着各学科相互联系的核心概念，纵向展示着围绕核心概念从幼儿园到高中各个学段的学生预期表现，即各个进阶水平。另外，用这种方式，Cately 等人(2005)描绘了 1～8 年级学生关于"进化"的学习进阶，Roseman 等人(2006)通过联系生物学和化学两个学科描绘了关于遗传的分子基础的学习进阶，Duncan 等人(2009)描绘了 5～10 年级现代遗传学中核心概念的各进阶水平。

这两种呈现方法各有特点，逐级展开法更易于与实证结果建立直接对应关系，且以概念陈述方式呈现出进阶框架，便于进行教学设计；全景图法更能展现内容结构和关键元素间的关系，且以预期表现的方式呈现框架，方便测评。目前已有一些学者综合使用这两种呈现方式进行研究(刘晟等，2012)。

五、学习进阶在教学内容、教学过程、评价中的应用

学习进阶早已成为国际科学教育研究的热点(王磊等，2014；沈健美等，2014)，学习进阶的研究对教学实践的价值亦是不言而喻。前文亦提到，在教学实践上，关于学习进阶的开发方式有两种观点。部分学者认为应该开发在特定教学干预下的学习进阶，这种观点认为学生经过特定教学过程后，进阶路径会发生一定的变化，关注与甄别这些变化可以有效帮助教师改进课堂教学；另一种观点认为学习进阶是为了侦查学生当前的学习水平，认为应该在不干预当前学生学习水平表现的情况下，在教学后期再开发出相关教学材料以供教师在课堂上使用。但综合来看，毋庸置疑的是，这两种观点最终都指向了教学实践。

(一)学习进阶在教学内容上的应用

学生的认知发展必须建立在一定的概念理解基础之上，有限的时间无法应对无限的学习内容，而通过围绕大概念的学习进阶研究，实现整合与构建课程体系，则可解决这一难题。即学习进阶有助于学生形成完整的、系统的概念体系。

概念学习是一个“过程”，学生对概念从碎片化、经验式的认识到向科学概念的转变过程就是学习进阶的过程。而这个“过程”又是伴随着学生的认知不断发展变化的、逐“阶”提升的。比如“力”的概念，在学习该概念之前，学生在生活经验中已存有许多零碎的感性认识。在教学上使用学习进阶，并将进阶的起点选取为“学生主要从生活中的感性认识来初步认识‘力’的概念”，将进阶的终点设定为“高中阶段应达到的理解水平”，从而最终构建起完整的、系统的“力”的概念。这种操作既体现了对“力”这一概念学习的连贯性，又能为“力”这一概念的学习提供有力的实证数据，以支撑概念学习的完整性(翟小铭等，2015)。

为了帮助学生更好地理解与掌握科学概念，教师需要提前围绕“大概念”或“学科核心概念”重组教学内容，实现教学内容的学习进阶整合。以“加速度”的教

学内容为例，学生在学习人教版物理必修 1 第一章“运动的描述”第 5 节《速度变化快慢的描述——加速度》之前，没有构建任何对“加速度”概念的感性认识，在这种情况下，要求学生在短时间内迅速建立起对“加速度”概念的理解是很困难的。这种教学内容组织形式从一定程度上就忽略了学生对概念的学习是一个过程的事实，忽略了学生的认知变化是存在“阶”的。若采用学习进阶的方式组织教学内容，将“加速度”作为“运动的描述”这一章的核心概念，按照核心概念学习的需要组织教学内容，在教学之初就呈现出“加速度”的经验概念，而非严格遵循物理知识的逻辑顺序，等到“位移”“速度”等概念构建出来之后再给出“加速度”概念，这样就使“加速度”概念有了循序渐进的发展过程，最终能实现对这一概念的构建，也保证了教学内容组织的系统性和连贯性。

(二)学习进阶在教学过程中的应用

传统的教学设计侧重物理知识的内在逻辑结构，把教学过程设计为基于碎片化知识的演变过程，教学过程间缺乏一致的主线。基于学习进阶的教学设计更重视和突出了知识教学过程的整体性和连贯性，须明确学生从起点到终点的进阶路径以及该路径上必要的“阶”。在教学中使用学习进阶，不仅能够帮助教师了解学生在对某一教学内容的学习理解过程中存在哪些“阶”，更能明确如何“进阶”。这就要求教师在教学之初，需要侦测学生对某一概念的经验水平，了解学生的理解一般处在学习进阶中哪一“阶”的位置上；明确为达到对科学概念的理解，需要设置哪些“阶”，以及如何“进阶”。需要注意的是，学习进阶中的“阶”有别于传统的教学难点。“阶”是从学生认知角度，基于对大概念理解过程而划分的，“进阶”意味着学生的认知发展上了一个台阶。

(三)学习进阶对教学评价的影响与价值

学习进阶的研究，不仅能够获得学生在学习过程中的认知发展情况，更能帮助教师及时调整教学策略，提高教学实施的效果。在教学过程中，基于学习进阶，教师在准确了解与获得学生的知识与技能发展情况后，能更有针对性地选择教学策略，而不再仅仅根据学生在课堂上的外在表现及具体的教学情境，随时选择与调整一些事先可能无法预估的教学决策。

在教学测评上，当前的多数教学测评都是通过测试考查学生对科学问题的解决能力，同时让学生暴露出一些典型的科学错误，但无法侦查与获得学生出现这些问题、错误的背后原因，以及认知发展的具体水平。基于学习进阶研究结果的教学测评，则能够提供一个测评的尺度，以“阶”为锚点有针对性地进行命题，并根据表现期望设计满足各“阶”表现所对应的试题，然后将学生的实际表现与试题考查能力水平放在相应统一的尺度上，准确评价学生的认知表现现状，从而获得学生具体的发展情况。

第二节　引导学生学会学习的课前学习教学策略

联合国教科文组织国际教育发展委员会在《学会生存》中指出：未来的文盲，不再是不识字的人，而是不会学习的人。学校教育不仅仅需要教会学生知识，更重要的是要教学生学会学习，从而在将来能够适应社会发展的需要。而进行课前学习是学生学会学习的一种重要方式和经历。

一、课前学习的价值与必要性

古人云：“凡事预则立，不预则废。”课前学习是学生在上课之前对课本内容进行预先学习的方法；是学生在学习新课前自觉地运用所学知识和能力，对新知识主动进行了解、求疑和思考的求知过程。课前学习过程中，学生的自主性得到了极大程度的发挥，使之能够独立地、有效地开展学习活动。课前学习的范围，可以是一整节的知识内容，也可以是某一概念或某一段内容。

美国教育心理学家布鲁纳认为，学生的学习是一个主动发现的过程，而非被动接受；学习是认知结构的组织和重建，学习者是主动获取知识，将新旧知识建立联系并进行结合。这一理论观点在学生进行课前学习的必要性和课前学习的价值角度上提供了重要的理论支撑。

同时，新时代教育背景下，培养学生的核心素养已经成为学科教学育人价值的集中体现，各国提出或颁布的核心素养框架中均体现了要重视培养学生"学会学习"的能力，强调了教育中培养学生"学会学习"的重要性与必要性。教学上，课前学习不仅是一种重要的学习环节，更是一种重要的学习方法和自主学习形式，还是一个培养学生"学会学习"能力的过程。

此外，基于当前研究者们关于课前学习的实践研究（孙绍斗，2014；李响，2015；吴志敏，2000；李月霞，2012；梁光平，2014；庞婧，2015；张华等，2014；陈瑞安，2017；黄冠等，2013；李宝华等，2012），下面从教学实践的角度梳理出四个方面，来阐述学生进行课前学习的价值和必要性。

(1)学生进行课前学习能够提高课堂学习效率。通过课前学习，学生可以明确哪些是已经理解的内容，哪些是仍有困惑的知识，能够初步明确本节课要学什么以及为什么学，从而能使学生在听课时做到心中有数，轻松地跟上教师的讲课思路和进度，抓住课堂学习的重点和难点，态度明确，注意力集中。所以学生进行课前学习既能逐渐建立听课学习的信心，又有助于提高学习效率。

(2)学生进行课前学习有助于提高自学能力，培养学习习惯与学会学习的能力。课前学习能让学生在学习新课之前，自主地对新课进行探索，独立思考、自我总结、自主运用知识，充分发挥学习的积极性和主动性。课前学习要想取得良好的效果，学生必须经历认真思考与总结知识的过程，经历缜密的思维活动过程。学生在课前学习时，或是尝试用已有的知识去"同化"教材知识，最后通过"自奋其力"达到"自致其知"；或是通过教师在课堂上的指点和引导解决自己课前学习中出现的困惑。总之，在长期的课前学习—发现问题—分析问题—解决问题的过程中，学生逐渐能够积极思考，尝试从多角度分析问题，其阅读能力、理解能力、分析能力和运用能力等多种能力均会得到锻炼和提高，且这一系列过程正是培养与提升学生"学会学习"能力的过程。

(3)学生进行课前学习有助于进行新旧知识整合，并形成知识网络体系。学生进行课前学习时，首先要了解下节课的大致知识内容，了解将要学习的核心知识点及各知识点之间的大致关联，主动发现理解较为困难之处，同时唤醒自己已有的知识和技能。如此，听课时能使知识构建变被动为主动，在课前学习与课堂听课的整个过程中，逐渐形成知识体系的构建与整合，长此以往，实现概念和能力的发展。

(4)学生进行课前学习有利于教师课堂教学的顺利开展。学生课前学习能使师生在教学过程中的各个环节上更加默契配合，保证了学生在课堂教学中自始至终处于积极参与的主动状态，同时保证了真正使教师的“讲”成为学生所需，讲到学生的困惑处、关键处、深奥处。而且，教师可以借助学生课前学习的效果，及时得到学习效果的信息反馈，挖掘课堂中学生的动态生成。因为每名学生都带着自己独特的背景、阅历和经验出现在课堂上，带着可能特有的课程资源活跃在课堂上，所以课堂教学中，师生、生生之间的互动与合作会不断生成新的知识和经验。

同时，我国2017年版的高中物理课程标准中提出培养学生的学科核心素养，并且明确指出学科核心素养是学科育人价值的集中体现，是学生通过学科学习而逐步形成的正确价值观念、必备品格和关键能力。而学生进行课前学习，在关于学科核心素养的锻炼与培养上，也将会发挥出重要作用。

二、开展课前学习的教学策略

课前学习的形式可以多样，比如传统的预习、安排学生课前自主填写问题清单、翻转课堂、课前微课、阶段考试等。关于课前学习，叶圣陶先生提出过很精辟的论述：“上课之前，学生要切实预习。”“如不教学生学会预习，他们很难体会到学习上很有价值的几个心理阶段。”要求探索指导学生有效预习的方法、途径、策略等。

许多研究者和一线教师的实践研究均表示当前学生没有良好的课前学习习惯和方法，许多关于当前学生进行课前学习现状调查的结果均显示，在课前学习上存在一些比较典型的现象(李响，2015；吴志敏，2000；李月霞，2012；梁光平，2014；庞婧，2015；张华等，2014；陈瑞安，2017；黄冠等，2013；李宝华等，2012；曲志敏，2015；薄延娣等，2014)，包括：(1)学生进行课前学习目标不明确，课前学习被当成一种作业任务对待，学生根本不能理解课前学习的真正目的是什么，该学习什么，如何课前学习，为什么要进行课前学习，没有仔细思考其价值，导致课前学习效率低。(2)课前学习形式单调，多数学生认为课前学习就是将要学习的新课内容简单看一遍，甚至认为课上老师还会讲一遍，所以没必要进行课前学习。(3)课前学习效果没有及时检测与反馈，久而久之导致该环节被淡化，没有养成课前学习的良好习惯。

(一)针对传统教学的课前学习策略

在以讲授式为主的传统物理学习上，关于高中学生进行课前学习的现状以及应对策略建议，李响(2015)进行了全面深入的实证调查研究，其调查研究结果与陈瑞安、梁光平、张华等其他研究者的实践研究结果具有一致性，研究结果具有代表性。调查发现，当前学生在完成高中物理课前学习中存在以下问题：(1)大部分学生能够认可课前学习的必要性和有效性，但并没有把课前学习纳入自身的实际行动中。(2)大部分学生没有足够多的时间开展课前学习。(3)大部分学生对自身的课前学习效果不是很满意，希望得到物理教师更多的指导。他在硕士论文中根据问卷调查与访谈结果指出，产生以上问题的原因是：有些学生自我约束能力不够，不能独立进行物理课前学习；一些成绩稍差的学生没意识到课前学习的重要性；大部分学生认为高中物理难度大、任务重，课前没时间自主学习下一节内容。(4)调查发现教师对学生的课前学习行为，既缺乏方法上的指导，又无法及时做到对学生课前学习的结果进行检查与评价反馈。

基于以上现状，从教师角度分析，教师指导学生进行高中物理课前学习时，应该兼顾以下具体方法策略的建议。

(1)教师布置的课前学习任务，目标要明确。明确的课前学习任务首先具有导向和激励作用，能够引导学生主动进行课前学习；其次具有评价作用，方便学生自我检查课前学习的效果，能够及时获得学习效果的反馈。

(2)教师布置课前学习任务，内容要具体。具体的课前学习内容可操作性强，而且能快速让学生抓住重点和难点，提高课前学习效率。所以教师布置课前学习任务时，要向学生指明课前学习内容的重点和难点，且要参考课前学习目标来设计课前学习内容，课前学习内容要注重基础性和选择性。

(3)教师布置课前学习任务，方式要多样。多样的方式能更好地激发学生课前学习热情，培养多种能力。比如可采取的课前学习方式有：导学案式、问题清单式、总结归纳知识点式、动手实验式和课外活动实践式等。

(4)教师布置课前学习任务，时间要适当。这样既能平衡各科学习时间，又能培养学生的时间管理能力和持之以恒的学习态度。所以教师布置课前学习任务必须要保证学生完成课前学习任务所需要的时间合理，且注重在课余生活中增强学生的时间意识。

(5)教师布置课前学习任务，检查要及时。及时的检查可以督促自主学习习惯差的学生按时地完成课前学习任务，也可以使学生在课前明确自身课前学习的不足，为上课做好准备。而且教师的检查应是多元的、全面的和方式多样的。

(6)教师布置课前学习任务，评价要多元化。评价的方式、内容和具体形式都要多元化。多元化的评价可以使学生看到自己在课前学习中的优势和劣势，明确今后课前学习的侧重点；有助于促进学生发展，使评价过程本身成为促进发展和提高的过程；也有助于形成生动、活泼、开放的课堂氛围。

从学生的角度分析，学生进行物理课前学习时，可以采取以下具体方法策略建议，提高课前学习的效果。

(1)要提高课前学习的意识。因为很多高中学生认为课前学习是可有可无的，甚至是不必要的。意识决定行动，意识上不重视，课前学习就不会落实到学生的实际行动中。

(2)要合理分配课前学习时间。一般认为每次课前学习时间在20分钟左右比较合适。

(3)要明确自身的课前学习目标。每个人的课前学习目标可能不一样；不同类型的课程，课前学习目标也均有所侧重。例如，物理规律课与物理实验课的课前学习目标就截然不同：课前学习物理规律课，学生应该明确该物理规律的得出、适用范围、意义等方面；而物理实验课的课前学习，学生应该更多地关注物理实验的原理、方法、实施、误差分析等方面。同时，不同的学生应该具备个性化的课前学习目标，要明确自身的优势和劣势，不同的学生要朝着自己的课前学习目标努力。

(4)落实课前学习的反馈行动。应明确课前学习时遇到的问题，及时主动地与他人反馈、沟通，把自己不会的、没有弄明白的问题反馈给教师和同学，通过探究和讨论的方式解决问题。这样听课时能重点针对自身课前学习中遇到的问题听讲。课前学习的反馈可看成连接自学与听课的桥梁，只有进行及时反馈，才会提高自身的听课效率。

(5)养成自主学习习惯。要有意识地通过物理课前学习培养自主学习习惯、提升自主学习能力，通过开展课前学习，要培养自身的独立思考问题的能力，养成主动要学、想学的学习习惯，为终身学习打下基础。

高中阶段，学生进行物理课前学习有以下可用方法：(1)读书记录法，即"读""划""写"有机结合的方式。(2)归纳总结法，常用于习题课、复习课的课前学习，既有助于整体上把握物理知识，为灵活运用物理知识解题做了铺垫，又有助于培养自身的归纳总结能力和查找知识漏洞的能力。(3)习题检测法，用在课前学习新知识后，通过做几道题目检测自身的课前学习效果。(4)温故知新法，课前学习时既要"知新"，有时候还需要"温故"，新旧知识结合，不但有助于接受新知识，更有助于形成系统的知识结构。例如课前学习电势能时可对重力势能进行"温故"。(5)动手实验法，在课前学习中出现疑问，或是被教材中的小实验吸引时，若时间和条件允许，可动手验证或是设计一个小实验。例如纸团和纸片自由落体下落快慢的实验，在看似矛盾的实验现象中，思考问题的原因，有助于理解概念和规律。

(二)翻转课堂的课前学习策略

目前随着翻转课堂研究的开展，对课前学习提出了一定的新要求。翻转课堂有别于传统课堂，其一般形式为，让学生提前学习基础知识，从而充分利用有限的课堂教学实践进行师生、生生的互动学习和探索活动。翻转课堂一般通过设计针对具体问题的微视频和导学案来指导学生进行课前学习，比如1998年杜郎口中学的“课前预习导学案模式”，本质就是翻转课堂。

总结当前研究(易立铁，2014；高建霞，2017；唐建华，2016；黄娇，2016；边辉，2017；宋净霖，2016；刘海涛，2017)，翻转课堂的课前学习任务具有以下三点原则。(1)目标导向明确。翻转课堂的课前学习的目标导向是指教师根据课前学习的知识点内容，制定明确的课前学习应达到的目标要求，由目标做向导，引领学生建立学习行动计划，在此基础上开展课前学习。(2)自主学习与协作交流相结合。翻转课堂的课前学习以自主学习为主，为了及时解决学生在课前学习过程中遇到的障碍和问题，提高学习效果；学生应坚持自主学习与协作交流相结合的原则，利用信息技术手段，建立起学生、家长、教师间的协作交流机制，这种交流机制为学生提供必要的指导和帮助。(3)个性化学习。翻转课堂的重要价值之一就是在一定程度上满足了学生个性化学习的需求，所以要求教师在课前为学生提供以视频为主的、多样化的学习资源，允许学生根据自身学习风格，自主选择学习资源、学习方式、学习进度、学习时间和地点，开展学习。基于以上三点原则，研究者们以实践研究的方式提出了翻转课堂的课前学习实施策略。

(1)明确翻转课堂课前学习与传统预习的区别，明确课前学习目标。传统的预习主要凭借的材料是教材，而翻转课堂的课前学习主要依靠以视频为主的资源包，而且二者在对学生学习效果的水平要求上亦有所差异。翻转课堂的课前学习效果水平要求相对较高，要求对新知识的学习达到理解水平，以保证在课堂上的研讨与提升。同时，传统的课前学习阶段一般没有学习效果检测环节，而翻转课堂的课前学习须包含效果检测，并且要完成检测结果的统计与反馈，为接下来的课堂教学提供设计依据。所以要求教师必须制订科学的课前学习目标，并将该目标明确传达给每一名学生，并针对目标开发相应的效果检测。

(2)丰富学习资源，提供多元支撑。翻转课堂的实质是一种教学流程再造，把知识传授、学习放在课外，把知识内化与提升放在课内。课前学习资料不一定必须是微视频。由于学生个体差异，为了使不同学习能力、认知水平的学生均在课前学习阶段达到对新知识的理解水平，需要提供各种类型的、丰富的自主学习资源，满足学生个性化学习需求，比如除了微视频以外的纸质教材文本、电子教材文本或其他参考文本材料等。同时提供包括课件、学科教学平台、专题网站等不同类型的学习支撑工具。

(3)搭建协作交流平台，提供学习帮助。学生的自学能力一般不太强，教师需要搭建协作交流平台，建立多渠道学习支撑体系，对学生的课前学习提供更多的帮助和支撑。一是提出明确的课前学习目标、内容、检测等，并能在学生课前学习遇到困难时及时给予帮助；二是借助家长的督促与帮助，帮助学生提高学习的质量，避免部分学生因意志力薄弱而受到其他因素影响；三是建立网络平台，方便学生间的相互帮助、相互交流。同时教师也可以通过平台了解学生的课前学习情况，从而提高课堂效果的针对性。

(4)重视检测，及时反馈。有针对性的课前练习是翻转课堂课前学习的重要组成环节。课前学习的及时检测既有助于学生明确课前学习应达到的目标要求，也可以帮助教师根据检测反馈，有针对性地进行教学备课，提高课堂教学效果(易立铁，2014)。

(三)微视频形式的课前学习策略

随着微视频逐渐进入教育领域，在课前学习中采用微视频的方式也成为当下课前学习的一种潮流。翻转课堂的基本形式之一就是设计微视频指导学生进行课前学习，但这里需要区分的是，微视频是教师提供给学生的一种重要的课前学习资料，不仅只限定在翻转课堂的模式中使用。更重要的作用是，它促进了教学与学习方式的转变。

微视频具有“短、精、快”等特点，因此在指导学生进行课前学习中具有重要的价值。当前关于课前学习中使用微视频形式的学习策略的实践研究结果均显示，该方式在很大程度上有助于提高学生的课前学习效果，体现出研究结果的一致性。以西北师范大学庞婧(2015)在硕士期间进行的微视频支持下的课前学习质量提升的实践研究为例，研究结果表明：(1)微视频支持下的课前学习，能够有效提升学生的课前学习兴趣。表现为，原来不愿意进行传统课前学习，或行为上不能坚持进行课前学习的学生，在微视频引入后，对课前学习变得很积极，且学习兴趣增加。(2)微视频支持下的课前学习，转变了学生的课前学习动机。表现为，学生能够主动开始课前学习，而非由家长和教师进行外界监督与督促。(3)微视频支持下的课前学习，提升了学生的合作学习意识和能力。表现为，在基于微视频的课前学习中，学生遇到问题时，自己会主动和同学讨论解决，也能上网搜索课前学习过程中遇到的问题。(4)微视频以直观形象的特点，使学生对课本知识的理解更加透彻。(5)微视频在课前学习中的应用，使学生在课堂上的注意力更加集中，课堂表现更加积极。

我们已经了解，在课前学习中使用的微视频方式不等同于翻转课堂，这里需要再次做一区别说明的是，它也不完全等同于物理微课。物理微课是以微型视频为主要载体，针对学生物理学习过程中的某个知识点或疑难问题、实验操作等，开展的简短、完整、可视化、精彩的教学活动(和晓东等，2015)，是对传统课堂学习的重要补充和拓展资源。微课不一定仅针对课前的学习，可以是在学完某个知识后进行的补充讲解，或是疑难解决等；微课的使用时间点也不一定是课前，可以应用于课堂教学的各个环节中，比如课前复习类、新课导入类、知识理解类、练习巩固类的微课等。而指向服务于新课学习的课前学习类微课，则正是这里所强调的微视频形式的课前学习策略。

(四)课前学习策略的相关实践成果简介

许多研究者和一线教师均在课前学习的方法和策略上进行了探索与实践研究。例如常州师范学校的邱雪华老师在1982年提出了“尝试教学法”理论，基本特点可归纳为“先学后教”“先练后讲”，即教师只提出问题，学生在旧知识的基础上，自学课本和相互讨论，初步解决问题，找到问题所在，最后教师有所侧重地教授教学内容。这里对相关研究者取得的一些研究成果进行简单的介绍与综述。

预习作为传统的课前学习的方式，首先得到广泛研究。例如吴志敏在《教学生学会预习——教学生学会学习的研究之一》中提出，要从以下四点逐步教会学生预习：(1)转变“学习是被动听讲”的观念，培养预习习惯，使听课变成主动获取知识的过程；(2)指导学生预习的方法，比如预习时要边读、边想，要做记号、做笔记、做习题等，培养学生学会预习；(3)对学生预习效果进行适时的反馈、检测和客观评价，学生根据反馈信息，知道自己预习行为的缺陷和薄弱环节，从而进行及时改进与调整；(4)改革课堂教学，让学生意识到不预习就听不懂教师所讲，课前非预习不可，“强迫”学生学会预习(吴志敏，2000)。

在课前学习中尝试引入思维导图辅助学习，也是一种提高课前学习效果的方式。这种方式要求教师首先把课前学习指导的思维导图画出来并发给学生，指导学生按照思维导图上的要求进行课前学习，同时，将思维导图补充完整。这样可以使教师在上课的时候就能根据学生的画图情况，直接了解学生课前学习的效果及存在的问题。这种以思维导图辅助的课前学习，使学生在进行课前学习时有明确的学习向导，且思维导图以图片的形式展现新知识框架，既能引导学生一步步地开展课前学习，又能让学生对所学知识产生有效的心理预期，从而降低认知负担，增强自信心。可参考的课前学习指导导向图如图 1-5 所示。思维导图辅助的课前学习不但将书本上烦琐的文字变成了一张简单、易读的图画，同时很好地表征了各相关知识点之间的关系。这种明确的课前学习导向能够有效地唤起学生脑海中已有的相关知识的记忆，完成新旧知识之间的建构，避免学生因为在课堂上没能及时回忆起相关知识点，而影响新知识的学习和理解(张宇姣，2017)。

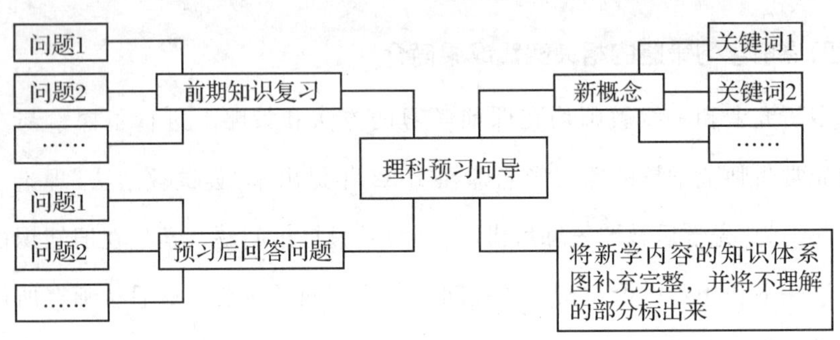

图 1-5　课前学习指导导向图

此外，设计多种方式丰富学生的课前学习形式，可以在一定程度上激发学生进行课前学习的兴趣与热情，从而有助于学生培养课前学习习惯。比如张华等

(2014)在《中学物理研究性学习课前预习探析》中指出，在设计预习题目时，可以妙用生活现象，从而开启学生的探索欲望；在预习素材的选取上，巧用娱乐互动，运用学生喜闻乐见的话题；安排预习任务时，采用各种形式的习题，唤起学生的思维；或是设计多彩的实验，借用缤纷的游戏等。

可见，新课程标准倡导的教学方式从教到学的转变，使研究者们更加关注课前学习的开展与进行。相关的研究成果与对应策略均体现了教师对培养学生自学能力与“学会学习”能力的认识，以及对学生自学之后的反馈评价的关注。这也正是引导学生进行课前学习的重要意义与价值。

第三节　指向精准诊断的学习评价

“诊断”一词来源于医学，1971 年布卢姆将该词引入教育领域，逐渐形成了今天“教学诊断”“学习诊断”等概念。引入“诊断”一词后，布卢姆将评价分为三类，包括诊断性评价、形成性评价和终结性评价。其中诊断性评价主要包含两层含义：一是强调不能只给学生提供一个分数，更应该告诉学生不足和优势所在，以帮助他们改进学习；二是强调不能只满足于提供结果，更应使用多种手段，收集学生背景信息，告诉学生何以如此及如何改进。

课前学习需要有对应的、及时的学习效果检测与反馈的诊断评价，从而提升课前学习的效果。此外，当前许多研究者的研究也都说明了在教学实践中开展诊断性评价研究具有重要意义。

一、学习评价概述

(一)学习评价的内涵

学习评价是教育评价的重要组成部分，其实质是对学生学习的有效结果和发展潜能所进行的成果鉴定和价值判断。“学习评价的根本宗旨是促进人的素质发展。”即通过评价促进学生的学习，通过学习促进人的素质的全面发展，通过人的发展促进社会的发展和进步。应该看到，相对而言，促进学习是途径，促进人和社会的发展才是学习评价的最终目的(王中南，2013)。学习评价最普遍的表现形式是测验、考试，此外也包括依据学生的课堂表现及作业等对学生掌握知识、技能的程度及学习过程和方法进行评判。

(二)学习评价的原则

当前研究者从不同的研究视角(王中南，2013；杨海艳，2012；刘健智等，2013；杨宏，2014；王新民，2010)，对如何进行学习评价提出了各种表述不尽相同的原则，但均包括以下几个方面：(1)明确学习评价的目的是让学生更好地发展，所以与评价目的无关的活动不能纳入评价指标中；(2)进行学习评价要全面且客观公正，既要综合考虑多方面因素，又要尽量减少人为的主观因素；(3)要注重学习过程的评价，只有评价学习过程才能接近学生学习的真实情况，也才可能最客观真实地判断教育的目的是否达到。

(三)学习评价的分类

布卢姆等人根据学习评价在教学过程中开展的不同时间和发挥的不同作用，把学习评价分为诊断性评价、形成性评价、终结性评价三大类。下面分别对这三种评价类型作简短介绍说明。

(1)诊断性评价，也叫作“前测”。它是在教学活动开始之前，对学习者关于知识的掌握程度进行的评价，一般发生在新学期、新学年或者一门课程开始学习之前。诊断性评价的目的是根据学习者的评价结果，制订合理的教学方案和措施，做到因材施教。

(2)形成性评价，也叫作过程性评价。它是学习过程中的动态评价，是在教学过程中为了使教学活动取得更好的效果而不断实施的评价。它能及时掌握学生的学习效果，发现教学中存在的问题，进而不断调整、改进教学方式。

(3)终结性评价，也称“后测”。它是在一个单元、学期或者课程结束后，为了判断学生学到的知识情况而做的评价。其功能是对学生的学习结果作出判断，鉴定成效，为学生的学习提供反馈，证实学生掌握知识的范围、技能的水平等情况。

当前我国一些研究中，从评价与学习活动相互作用方式的视角，把学习评价分为三种类型：对学习的评价、为学习的评价和学习内评价。下面对这种分类方式进行简单介绍(王新民，2010)。

(1)对学习的评价，即对学习的成效作出价值判断的活动过程。评价的目的是甄别和选拔，评价标准是学习目标，评价方式以考试测验和行为记录为主，评价关注的是学习的最终成果。这类评价具有规范性(评价的目的、内容和标准都是统一的，且由专门的组织人员在固定的时间、地点开展评价，具有较强的操作性)、管理性(评价为教学管理提供服务，可甄别教学的有效性以及调整改进教学过程，便于比较和分出等级)、客观性(评价过程与学习过程是彼此独立的)和封闭性(评价按统一的标准、统一的内容、统一的方式进行)四个典型特点。

(2)为学习的评价，即为了支持与改进学生的学习而进行的评价，发挥的是评价的激励功能与发展功能。比如英国学者提出的“学习性评价”、日本所倡导的“教学与评价一体化”评价和我国所倡导的“发展性评价”，均是这种类型。这类学习评价具有融合性(强调评价与学习的相互融合，强调评价过程和教学过程的共时性和同一性。教学与评价不可分离，评价伴随着整个教学的全过程。评价所考查的不是学习过程中的某一些点，而是一个连续不断的过程)、多元性(涉及评价的方方面面，既关注学习结果的评价，又关注学习过程的目标性评价；既关注学习者的知识与技能方面，也关注态度与情感方面等)、参与性(强调学习者既是学习主体也是评价主体，要求学生在学习过程中不断进行自我回顾、考查和反思，进行小组评价，在学会知识的同时也学会评价)三个典型特点。

(3)学习内评价，指学习本身所固有的、内在于学习活动之中的、满足学习自身需要的认识性实践活动。值得注意的是，“学习内评价”不是镶嵌在学习之中的，而是在学习过程中产生的，是学习的一项基本性质，是有效学习的组成部分。比如山东省杜郎口中学的“三三六”教学模式，把评价作为学生学习活动的有机组成部分和重要的学习内容，这种评价可认为是学习内评价。学习内评价具有以下四个特征：第一，它是学习本身所固有的基本性质。第二，它是学习活动的有机组成部分，它伴随着学习活动过程而产生和进行，评价和学习相互融合，学习活动就是评价活动。第三，它是一种认识性的学习实践活动。学习内评价的目的是认识学习及其学习对象的价值，通过判断去认识、发现、生成、感悟价值。学习内评价和学习活动同步进行，具有很强的认知功能和生成功能。第四，评价是学习者自我组织的学习活动，学习者成为评价的主体，评价则作为一种矫正机制，内在于学习活动之中，自发地改进和完善自己的内部知识结构和经验结构。

无论哪种分类方式，评价均是指向获得学生的真实学习情况，从而指导与促进学生的进一步发展。这与学习评价的原则是完全一致的。

(四)学习评价的方式

学习评价方式，一般会认为就是传统意义上的考试或测验，但二者在本质上有所不同。传统的考试或测验是为了甄选"适合教育的学生"，而评价是为了"创造适合学生的教育。"真正的学习评价应该围绕学习者，以学习者的发展为出发点和归纳点。《普通高中物理课程标准(2017 年版)》指出，我们既要强调学习评价在促进学生发展方面的作用，重视学习过程的评价，还要把学生在活动、实验、制作、探究等方面的表现纳入评价范围，不以书面考试的结果作为唯一的评价方式，同时客观地记录学生学习过程中的具体事实，不过分强调评价的标准化等。

目前常用的学习评价方法主要包括总分法和加权平均法。总分法是对要评价的学习者的每一个影响元素给出一个确定的评测分数，然后把所有的分数相加，得到总和，作为最终的评价标准的一种总结性综合评价方法。总分法将影响结果的每个评价因素都放在同样重要的位置上，但是，实际中各个评价因素对学习者最终成绩的影响程度可能不一样。因此，在许多需要进行综合评价的情境中，需要结合实际情况考虑各个因素的影响程度。加权平均法就是根据每个因素对评价结果影响的重要程度，来赋予每个因素一定的权值，将最后的加权平均值作为学习者最终的评价标准的一种评价方法，这也是目前比较常用的评价方法(龚林泉等，2011)。

(五)学习评价的功能

评价的主要目的是让学习者更好地发展，因此导向、改进、激励、选拔、控制、研究等是学生成绩评价的主要功能。导向功能为学习者指明发展的方向；改进功能让学习者在学习过程中去劣存优，让学生变得更有效率和意义；激励功能可以挖掘出学习者学习的无限潜能；选拔功能有助于挑选出综合素质更好的学习者；控制功能意在更好地调控学习者的学习过程；研究功能着重于探索兼具意义和效果的个性化学习(王中南，2013)。

(六)学习评价的设计程序

学习评价的设计程序包括七个步骤(易进，2013)：(1)确定教学的目标。(2)通过学生预期的行为来具体阐释每一条目标。(3)明确能让学生表现出目标行为的情境。(4)设计情境的呈现方式。(5)设计在评价情境中观察和记录学生行为的方式方法。(6)确定对学生行为做出评分的标准和计分方法。(7)设计具体的测试材料，如用什么样的阅读材料，设计怎样的问题，等等。

二、进行精准诊断的价值与方法

(一)精准诊断的重要性

不同研究者均在教学实践中研究了开展学习诊断的作用和意义，并从多种角度提出与总结了进行诊断的价值，这些实践研究均体现了在教学中进行精准诊断的必要性与重要性。基于文献研究，下面分别从教师和学生的视角总结说明诊断在教学与学习中的重要性。

从教师的角度，学习诊断可以帮助教师更加精准地了解学生的学习起点与存在的问题点，从而选择合适的教学策略进行精准的教学设计，改进教学；从学生的角度，学习诊断可以明确自身的知识和学习方法上的缺陷，方便在之后的学习中及时查漏补缺以及改进方法，从而促进自身知识和能力的发展。同时，本章第二节关于课前学习的研究综述中，也阐释了学生的课前学习要有必要的、准确的诊断评价环节，以检测学生课前学习的效果，及时的课前学习效果诊断反馈有助于教师课堂教学活动的高效开展，也有助于学生及时改正问题，积极主动参与课堂，形成良好的课前自主学习习惯。下面以一些研究者的研究成果为例，简要介绍当前关于学习诊断的价值与作用的研究进展。

代天真、李如密(2014)研究认为，课堂诊断的价值主要表现在以下三个方面：(1)诊断可以帮助教师发现课堂教学问题的核心，这些问题遗留在课堂中，往往会影响教师的教学效果。因此诊断教学问题有利于提高教师的教学水平和教学质量。(2)进行教学诊断可以提高教师的问题研究意识，促进课堂教学诊断力的发展。(3)进行教学诊断可以发掘和弘扬教师教学特色，教师可以通过对课堂的改进来实现自己独特的教学特色。

毕凌霄(2011)在其研究中指出，当学习者的学习行为和结果偏离预定目标时，诊断可以及时发现和纠正这些偏差和缺陷。学习的指导离不开诊断，诊断是指引学习者达到预定目标的不可或缺的手段。在学习与评价过程中，诊断具有四点重要作用：(1)导向作用。诊断可以使教师了解学生的特点、优势、偏差和缺陷，为教师进行因材施教提供依据。同时，学生自我进行学习诊断，也可以了解自己在学习和知识上的偏差和缺陷，为制订学习计划提供依据和帮助。(2)强化作用。学生通过学习诊断了解学习的结果，把这种结果与既定的学习目标相比较，能够主动地坚持和巩固正确的学习行为和学习结果，纠正自己错误的学习方法，弥补知识掌握上的缺陷，从而掌握学习的主动权，充分发挥在学习中的主体地位。(3)矫治作用。学生通过诊断了解自己在学习中的偏差和缺陷，明晰问题的性质和产生的原因。教师可以据此选择教学方法策略进行矫治，学生也可以自觉纠正偏差和失误。(4)调控作用。教师可以根据诊断结果，反思自己的教学过程，有针对性地改进自己的教学行为，从而从源头上减少教育教学中的失误，提高工作效率。

刘彬(2015)在硕士论文中对八年级的物理学业成就进行了诊断，他的实践研究指出，诊断具有以下重要意义和价值：(1)对学生的学习进行精准诊断评价，在了解学生学习情况的同时，更能明确学生学习的起点水平，为教师设计教学活动提供依据。由于学习具有连续性的特点，后续学习要建立在先前学习的基础上，因此只有清楚地了解学生的起点水平，才能制订合理的教学目标，选择合适的教学方法，有效地实施物理教学。(2)通过精准诊断可以了解学生的个体差异，有利于教师因材施教，促进每位学生的发展。因为不同学生在学习上存在一定差异，了解学生的差异性后，能更加有利于教师针对学生的不同特点采取相应的教学策略，提高教学效果，从而更加做到因材施教，促进每位学生的发展。(3)由于诊断具有很强的针对性，通过诊断可以了解每位学生在物理学习方面的主要问题，采取适合的补救措施，使每位学生真正在原有的物理学业成就水平上有所进步。(4)通过诊断能够让教师发现教学过程中的问题，促使其反思自己的教学，有利于教师专业水平的提高。

除此之外，当前关于学习诊断的其他研究，也得到了与这些实践研究相一致的结果。通过学生课前学习的评价诊断，可以明确课堂教学中的典型与针对性问题所在，使教师对教学目标和教学策略的选取更合理妥当；也能通过诊断的反馈信息改进物理教学，使其更适合学生的发展，从而提升学生的科学素养；更能在根据诊断检测教学效果和对教学提出改进后，根据应然和实然之间的差距，确立物理教学改进的方向，包括教学目标的调整、教学方法和手段的调整、教学策略的重新选择等方面，使物理教学的各个方面得到切实的改善和应有的提高。所以，为了更好地实现学习诊断的以上价值，我们还需要进一步了解进行诊断时有哪些原则、有效的策略和方法。

(二)进行诊断的原则与方法

在进行诊断时一般会遵循一些通用性的原则：(1)科学性原则，诊断工具的开发要科学规范。(2)全面性原则，诊断对学生知识、能力等的考查要全面。(3)有效性原则，诊断要判断出学生的状态，并根据所诊断的状态改进课堂教学。(4)整体性原则，要对教学活动的多个方面进行诊断，以全面准确地反映教学问题所在。(5)适宜性原则，诊断的内容要难度适当，层层递进，诊断的题目要既能让不同能力的学生表现出不同的鉴别力，又能反映学生学习能力的具体差异。(6)循环往复性原则，诊断要突出过程的发展和变化，突出前、后次诊断的效果对比，以便发现诊断存在的问题并及时找出原因加以解决，然后实践改进循环，直至切实有效地解决问题，这种原则常适用于课堂教学诊断。(7)定性与定量相结合的原则。定性诊断一般是研究者通过观察和访谈，获得第一手诊断结果资料，有利于研究者从整体上把握教学活动，但对研究者的能力要求很高，且诊断结果易受主观因素影响。定量诊断一般通过数据的形式对当前学习结果进行说明，但难以揭示教育活动的内在交互性。所以一般采用定性与定量相结合的方式诊断。

在日常的教学过程中可采用的学习评价诊断方法有观察法、测验诊断法、调查法和录像诊断法等。

(1)观察法指在教学过程中对学生进行观察，从表情中掌握学生对教学内容的反应，是课堂诊断时教师收集诊断信息的主要方式之一。通过观察学生的行为表现来诊断学生的学习兴趣、诊断教学方法等是否得当。但观察法仅仅依靠观察获得信息，很难作出定量判断，且观察者的主观性较大。

(2)测验诊断法指通过编制试题来了解学生的学习水平，是常用的重要诊断方式，该方式提高了诊断结果的定量化程度和可信度，且试题诊断能有效地记录学生的思维轨迹及某些表征学生解题能力的重要指标，进而诊断学生的解题思维过程及思维障碍；而且诊断的功能多、范围广，诊断的结果既适用于学生的学，又适用于教师的教。

(3)调查法包括访谈调查法和问卷调查法。问卷调查法是用书面的形式通过设定标准化的问题或者表格来收集学生信息的一种调查方法，问卷调查的结果易于量化统计，且不易对学生的作答造成干扰，但问卷调查法不灵活，且有些重要问题必须由诊断者亲自在课堂上观察才能了解到，仅靠发放问卷不能发现特定背景下的问题，所以经常与其他方法综合使用。访谈调查法是以口头形式通过向学生提出问题来收集学生的信息，访谈法相对问卷法具有灵活、准确、深入等优点，能够通过简单的叙述收集多方面的资料而备受青睐，但由于主观因素容易对学生的作答造成影响甚至较大影响，对访谈者的访谈技巧有较高的要求。

(4)录像诊断法通常适用于教学诊断，使复杂过程的研究诊断成为可能。因为教学是一个复杂的过程，而录像可以提供教学的不同方面，还可以记录与反复提供同一样本的行为，方便进行详细的分析与细致的诊断，而且可以实现根据不同标准对课堂教学进行多次的重新诊断，从这点来说，录像诊断比其他诊断方式具有更强的生命力。

此外，还有更细致划分的讨论诊断法、问答诊断法、对话诊断法等。讨论诊断法是以小组为单位，围绕某一内容组织课堂讨论，收集相关信息作出诊断。问答诊断法指在课堂上通过师生间问答的方式诊断出学生对有关内容的理解水平。对话诊断法指师生通过对话的形式诊断学生对相关内容的理解水平(张敏，2012；刘彬，2015)。

本书主要诊断的是学生课前学习的效果，所以主要采用的诊断方法是测验法和访谈调查法等。因为测验能够确定学生对课前学习知识的掌握情况，有效反映学生的能力发展水平，以及存在的问题，为教学改进提供依据，是诊断学生学习最为有效的方式之一。辅助以访谈法则能够便于获得更多的用于精准诊断的信息。

第四节　教学方式整合概述

正如将零散的建筑材料按照一定的结构组合后才能筑成大楼一样，学生的物理观念也是由零散的基础知识、概念按照一定的结构组合发展而逐步形成的。教学整合是在传统教学法的基础上，对教学内容、教学手段和教学资源的优化与重组，整合的目的是精简教学内容、突出教学重点、提升课堂教学效率，因而更有利于学生对于所学知识的融会贯通，更有利于提高教学质量。教学整合并非简单地将相同或相近的教学内容合并，而是结合教学特点，结合不同教学模式的可行性和兼容性，进行归纳和整合后融入课堂教学。

从教学内容来讲，教学整合是将不同或同一课程中，方法相同或相近的教学内容进行合并、融合与集成；从教学手段来讲，教学整合是各种教学手段的综合应用；从教学资源上来讲，教学整合可以实现强强联合、资源共享(云美厚，

2013)。具体来讲，可以从三个方面来理解教学整合：(1)教学整合是一种新的教学方式；(2)在教学整合中，教师对教学目标、内容等各要素的整理融合，需遵循各要素内部的层次和结构特征；(3)教学整合的目标是优化学生的综合素质，而不仅仅是促进基础知识和基本技能的掌握(刘洋洋，2016)。

教学整合可分为教学方式整合、教学内容整合和教学结构整合。在中国知网(CNKI)平台以“教学整合”“教学内容整合”“教学结构整合”“教学方式整合”“教学过程整合”等为关键词，搜索当前关于教学整合的研究现状，发现相关文献中一般均未对教学整合的类型进行细致的区分，且大多数研究者的研究视角是信息技术与物理教学整合，研究内容是该教学方式在物理教学上的应用和价值；其他研究也局限于教学方式的整合变化对教学效果的影响。所以本节主要从教学方式整合的视角，对教学整合进行文献的梳理与当前研究的综述。

一、经典教学方式简介

教学方式是教学行为的方法和形式，指依据课程标准所采取的教学方法和教学组织形式。当前，大多数学生觉得物理难学，是因为物理学的任务是探索未知的物质世界，其各种概念、规律、公式、法则之间关系复杂，学生在学习中一时难以掌握，久而久之则产生了畏难情绪。而合理有效的多种教学方式能帮助学生理解物理学，有利于激发学生的学习兴趣和求知欲。

中学物理传统的基本教学方式有讲授法、讨论法、谈话法、阅读法、实验法等。另外，在培养学生科学素养的课程教学理念指导下，自主学习、合作学习和探究式教学逐渐成为当前教学中常用的重要教学方式，下面主要对这三种教学方式分别做简要的介绍说明(张继宏，2009；陈勇，2006；姜连国，2017)。

(1)自主学习。自主学习不是要求教师完全把课堂交给学生，整节课让学生自己学习、自由学习，而是要求学生在进行学习活动前，有自己明确的学习目标、学习计划及对应的学习准备。自主学习要求学生能够在学习过程中进行自我监督、调节与反馈，在学习结束后进行自我检查、总结与评价。由此可见，新课程下自主学习的教学方式对学生的基本能力有了更高的要求，它在引导学生理解物理规律的同时，使学生得到更多的自身能力发展的机会，从而逐渐形成一定的观点和行为习惯，保证自主学习的可持续发展。

(2)合作学习。合作学习是指小组或团队为了完成共同的任务而进行合作探索交流的过程。合作学习的教学方式把生生互动提到了前所未有的地位，强调在整体教学过程中进行生生互动；合作学习同时也注重师生互动，强调教师是课堂活动的组织者、指导者，学生是探索者、合作者。合作学习的实质是，学生间建立起积极的互相依存的关系，即每位学生既要自己学，也要帮助组员一起学。它在物理教学中的重要意义在于，以物理知识为载体，营造开放、民主的教学和学习氛围。但合作学习不等同于小组学习，各学习问题或活动不一定全要通过小组讨论、生生互动的固定形式进行，否则该教学方式将流于形式。

(3)探究式教学。探究式教学追求知识的确定性，同时追求获得知识的过程，有一定的活动程序或阶段。科学探究本是科学家们探索自然、科学的一种研究方法，把科学探究引入教学，目的是使学生经历探究活动的过程，领悟科学的思想观念。在高中物理教学中引入探究教学，使学生从原本被动接受知识的身份变为真理的探索者，该教学方式倡导学生主动参与、探索发现，突出知识的主动建构，强调学生在科学探究活动中的经历、体验和感悟。所以探究教学对于学生理解物理知识的形成过程，培养创新和实践能力有巨大作用，成为了物理学科多种教学方式整合过程中的主导方式。但教学中不能简单地将探究式教学等价于固定的教学套路，否则就失去了探究的真正意义。

二、新兴典型教学方式简介

自 20 世纪 90 年代起到最近几年，随着国内在教育教学上的多种尝试，各地出现了一些典型的教学流派，具有代表性的如洋思中学的“先学后教，当堂训练”、杜郎口中学的“三三六”模式、东庐中学的“讲学稿”(姜连国，2017)。这三所学校均通过教学改革实现了翻天覆地的变化，教学成绩提高显著，学校规模发展迅速，师生精神面貌也焕然一新，对应的教改经验和教学模式也一度引起了教育界的广泛关注。

(一)洋思中学的教学模式

洋思中学的改革思路来源于其首任校长对自己孩子的成功教育经验与心得。该学校坚信人人可教，“没有教不好的学生”，充分发挥学生学习的主动性，在教学中践行“让学生成为学习的主人”的教学理念，极大地提高了学生的学习效率，帮助学生全面且富有个性地发展。

洋思中学的“先学后教，当堂训练”教学模式包括三个主要环节：(1)“先学”，即学生自主看书，然后进行自我检测；(2)“后教”，通常是教师组织、引导学生针对某一个问题展开讨论，学生通过交流进行相互补充，从而在解决问题的同时共同提高认识，即学生更正，学生讨论，最后教师点拨；(3)“当堂训练”，即当堂完成作业，且当堂训练环节中包括了必做题、选做题和思考题三类题，以满足不同层次的学生需求。在这三个主要环节之前，还有一个辅助环节，包括：板书课题、出示目标、自学指导。同时，在学习反馈上，洋思中学提出“堂堂清、日日清、周周清、月月清”的“四清”口号，从而保证了学习的及时评价反馈。

站在新课程的角度审视“先学后教，当堂训练”的教学思想，可以发现其中蕴含着丰富的新课程理念，主要归纳如下：

(1)学生主体、因材施教、分层教学、循序渐进的教育理念。“先学后教，当堂训练”模式的实质是课堂教学的全过程都让学生自主学习，从而改变了传统的教学模式，真正确立了学生的主体地位。教师的角色则变成了组织者，真正发挥了主导作用。

(2)自主、合作、探究性的学习方式。“先学后教，当堂训练”模式是以自主学习为代表的学习方式。合作学习主要体现在“后教”环节，这里的“后教”不是教师讲授，而是主要体现在“生教生”上。在“先学后教，当堂训练”教学模式中，探究学习是隐性的，也是全程性的。学生的整个学习过程都是通过自己的主动探究来获取知识和方法，通过主动探究来提高技能。在这个过程中，发现学习的成分远远多于接受学习，长期锻炼之后，学生的自主探究能力必然得到大幅提高。

(3)课堂生成性资源的开发和利用。“先学”分为自学和检测(板演)两个环节。

检测一般采用一次性板演、练习的形式，因为书面练习最容易暴露理解和运用知识方面存在的问题。让学生充分展示存在的问题，是开发课堂生成性资源的重要手段。“后教”一般分为更正和讨论两个环节。在更正环节，教师引导学生找出板演中出现的错误，并鼓励学生上讲台用红色粉笔写出不同的答案，且不擦去原来学生的板演内容。如果这个学生更正错了，再鼓励别的学生更正，直到所有持不同意见的学生充分发表了自己的见解。讨论时教师面对全体学生提出讨论问题，让尽量多的学生发表自己的见解。这种课堂组织方式，使课堂生成性资源的功能得到了充分的发挥。

(4)多重课堂反馈与评价。“先学后教，当堂训练”模式首先采用了明确的目标评价方式。在课堂教学起始，就向学生出示学习目标，并用学习目标的达成情况作为评价教学效果的重要标准。在教学过程中大量采用学生间的相互评价，教师的评价主要体现在对学生各个环节的表现进行激励和提醒。这种评价淡化了结果，更加注重学生的学习过程，注重每个学生在学习过程中的表现。课堂反馈和形成性评价是高效课堂的必要组成部分，从某种程度上说，“先学后教，当堂训练”模式就是以当堂反馈和形成性评价为代表。

总之，与传统的“以教为主”相比，洋思中学明确把学生的“先学”作为一个重要的教学环节提出，并予以特别强调，使之成为课堂教学的重点，这也是洋思中学的亮点，并在此基础上形成了一种可供操作的模式。而“当堂训练”则明显提高了教学效益。“上课就要像考试一样紧张”“堂堂清，日日清，周周清，月月清”，是洋思中学老校长蔡林森经常挂在嘴边的话，而这也是很多参观者印象最为深刻的话，学生在课堂上争分夺秒，丝毫不敢懈怠，主动参与度极高。

对此，也有一些人提出了不同的看法。一位资深教育记者这样评价他眼里的洋思中学课改：“洋思的课堂教学模式本意也许是想探索‘学生主体’，但在实际的课堂操作中，教师除了是课堂的‘设计者、参与者、合作者’外，还是直接的‘决定者’和‘掌控者’，因为有这样‘角色’的存在，学生的‘主体’地位和作用，并未真正也无法真正得到落实。但洋思带给中国教育的启发作用不容抹杀。”(姜连国，2017；李国秘，2015)

(二)杜郎口中学的教学模式

杜郎口中学的改革源于校长在向学生征集课堂教学意见时，不经意间听到的“教师还不如我们自己教得好”的议论。之后学校进行了以学生自学为主的教学模式尝试，经过8年的实践探究，最终形成了既能保证升学率又能提高学生自我学习能力和综合素质的“三三六”自主学习模式和对应的“10＋35”课堂时间模式。

“三三六”自主学习模式以学生在课堂上的自主参与为特色，课堂的绝大部分时间留给学生，教师用极少的时间(约10分钟)进行点拨。“三三六”自主学习模式的含义如下：首先课堂上课桌的摆放不同于传统的教室，是以小组为单位的组合式摆放方式；然后在此基础上，第一个“三”是以学生活动为中心的立体式、大容量、快节奏的整体有效性教学，教学组织形式以小组活动和学生自主学习为主，体现了杜郎口中学以学生为主体的教育理念；第二个“三”确立了预习课、展示课、反馈课这三种课型，其中预习课是展示课的基础，且学校坚持没有预习或预习不好的课坚决不能上，展示课是预习课的提升，是整个教学活动的灵魂，而反馈课是学生学习质量的保障；“六”指的是课堂展示的六个环节——预习交流、明确目标、分组合作、展现提升、穿插巩固、达标测评。

杜郎口中学的教学模式在当时对于缓解新课程改革与传统教育体制日益尖锐的矛盾，起到了一定的积极作用，其中蕴含着以下理念：

(1)倡导学生自主学习。杜郎口中学明确提出“把课堂还给学生”“以人为本，关注生命”，课堂上采用预习、展示、反馈的教学模式，让学生自学，发挥学生的主动性，学生在教师的指引下自主学习，有助于培养好的学习习惯与思考意识。

(2)重视合作学习。杜郎口中学把课堂35分钟的时间交给学生进行互动合作，且通过教室内随意组合的桌椅摆放，学生可方便地与同学合作共同讨论问题，交流与分享自己的学习成果。

(3)强调预习与课堂反馈的作用。杜郎口中学的预习、展示、反馈三种课型相互需要，缺一不可。学校坚持没有预习的课不准上，预习不好的课不准上，充分肯定了预习在学习知识与发展能力中不可忽视与不可替代的作用；同时，强调当堂反馈所学，体现了教学诊断的地位和意义。

杜郎口教学模式被称为“颠覆”的典型，其改革是彻底的、不留尾巴的。它的创造性在于，把一直以来由教师掌握的课堂真正还给了学生，“学生自己的事情自己做”。杜郎口教学模式的核心其实就是一个“动”字：围绕“动”，多种方式地彰显学生学习的“主权”。学生由“被动”向“主动”转变，课堂教学由一言堂变成了百家争鸣，学生由精英式的学习变成全员式的参与，实现了“以人为本，关注生命”的教育理念。

但同时也有一些研究者提出不同看法。比如，杜郎口中学的教学模式下，学生的课堂表现欲很强烈，学习参与度高，但相比之下主动请教问题的现象不多，求知欲显得不足；或者，学生进行预习时直接查看教科书和教辅资料，容易造成“假知”，从而使学生的课堂展示存在一些虚假成分等。但不可否认，杜郎口教学模式为我国教育教学的启发发挥了不可忽视的作用。（业蓓蓓等，2013；姜连国，2017）

（三）东庐中学的教学模式

东庐中学的“讲学稿”模式是在其前期“导学卡”“同步练习”等教改的基础上发展而来的。东庐中学提出了“关爱学生，让每个学生都得到发展”的口号，主张学生先学后教、以学定教、以学促教。与洋思中学、杜郎口中学类似，东庐中学也是通过自主预习、小组合作学习、困惑讨论解答的方式进行教学。东庐中学同样强调和重视学生的预习，但不同于洋思中学的是，该校强调学生必须进行课外预习，即将讲学稿提前一天发给学生，学生完成预习和对应的预习习题。教师则根据学生反馈回来的讲学稿进行学情诊断，即进行基于讲学稿的诊断性评价；同时作为教师进行二次备课的材料，并及时对教学作出有针对性的调整，以更大地满足学生的实际需要，促进学生的学习。这种“课外预习＋基于讲学稿的诊断性评价”的结合方式，一方面使学生明确自己的困惑，另一方面使教师了解真实的学情，从而保证课堂效率，促进学生的学习。

东庐中学也重视学生学习完成后的反馈诊断，但不同于洋思中学的“四清”口号，该校认为不必将反馈进行得太过频繁，认为“周周清”更为重要。它的功能是帮助教师了解学生学习后的掌握情况，并及时给以指导帮助。每周结束时，教师对当周学生的讲学稿完成情况进行统计与评价，对于掌握得不理想的学生进行及时的补偿性教学。补偿性教学以个别辅导为主，以集中讲授为辅，以学生主动纠错为主，以教师指导为辅，从而保证充分发挥学生的主体地位，锻炼与增强学生的反思能力，促进学生的学习。所以，东庐中学的“周周清”可以看成是一种同时包含了评价与辅导的形成性评价。

在东庐中学，学生终结性评价方式是月考，且月考最大的特色就是基于讲学稿进行原题考查，以此激发学生在平时学习中的学习动力，使人人愿意主动学习，从而促进学习。

东庐中学的成功，体现出以下几点理念：

(1)坚持以人为本。在课前预习、讲学稿的诊断反馈、“周周清”的评价反馈等环节的处理上，均体现了对不同学生的平等对待，允许且接受有差异性的学生，并进行有针对性的辅导，且全程体现学生的主体地位。

(2)重视学生自主学习、小组合作学习和能力的培养。课前预习中，学生主动参与，自主进行；疑难问题的解决中，学生以小组合作的形式，将遇到的问题和困难在小组内得到解决，使学生的学习需求得到及时和有针对性的满足，同时注重了学生获取新知识的能力、分析和解决问题的能力、交流和合作能力等的培养。

(3)重视评价反馈。针对课前讲学稿预习的诊断性评价，有利于教师准确了解学情并进行二次备课；针对一周所学的“周周清”的形成性评价，能让教师获取学生的一周学习情况，并及时予以辅导；针对月考检测的终结性评价，很大程度地激发了学生学习的主动性。这些评价既发挥了检测学生对知识的真实掌握情况的功能，又发挥了培养学生学习、培养学生能力的功能。(洪明等，2011；王枫，2014)

任何教学模式的使用都具有地域或者学校特点的局限性，都不可能在他处被完全复制，所以我们不明确以上三所学校的教学模式应用在其他地方、其他学校、其他学生群体上的效果。下面仅从教学模式本身的角度，对比分析以上三所学校的教学模式(洪明等，2011)，总结其共同特点，而不涉及对这三所学校教学模式及效果的全面评价。

(1)均强调了学生是学习的主体，以学生为本。传统教学中，学生常被看成接受知识的容器，而这三种教学模式将学生的学习放在了教学过程中的中心地位，使学生在学习中的主体地位得到了保障。比如洋思中学的“没有教不好的学生”、杜郎口中学的“以人为本，关注生命”、东庐中学的“关爱学生，让每个学生都得到发展”，充分调动了学生学习的主动性，激发了学习热情，使学生成为学习的主人。

(2)均采用了“先学后教”的教学方式。传统先教后学的教学方式若使用不当，会抑制学生的学习主动性和学习潜能，而先学后教的教学方式体现了学与教的双向互动，而且肯定与保证了学生的主动积极地位和学习热情，有利于培养学生自学和“学会学习”的能力。

(3)均重视合作学习。这三种教学模式均是在课堂上引导学生针对某个问题或困难展开小组讨论，相互交流分享，从而达到解决问题和提高能力的目的。在这一过程中，教师仅仅起到组织和引导作用，深化了学生之间的合作学习。

(4)均促使学生多元发展。这三种教学模式不仅仅只关注学生是否掌握知识，在实现学生多元发展方面也有很大优势。这些模式有利于培养学生的综合素质和自学能力、交流和合作能力、解决问题的能力和反思能力等各种能力。

(四)翻转课堂的教学方式

“翻转课堂”在2007年前后开始出现，近年来已经逐渐成为全球教育关注的热点，2011年还被加拿大《环球邮报》评为“影响课堂教学的重大技术变革”(何克抗，2014)。我国基础教育的“慕课”在一开始就与“翻转课堂”的理念联系在一起，逐渐形成了以微视频为载体的“慕课＋翻转课堂”的先学后教的模式。

“翻转课堂”是指教师创建学习视频，学生在家里或课外观看，回到课堂后师生面对面交流和完成作业的教学过程。翻转课堂中，学生自己可以灵活掌控学习节奏，它是一个个性化、一对一的学习环境；而且在课堂中，教师不再需要像传统教学方式那样进行系统讲授，而是有针对性地进行适度讲解。

关于翻转课堂的作用与效果，目前比较认可的有以下几个方面：(1)翻转课堂能体现混合式学习的优势，既增加了师生活动、学生个性化学习的时间，又是一种课前与课上结合的混合式学习方式。(2)翻转课堂更符合人类的认知规律，它把知识传授的过程放在教室外，让学生根据自己的需要，选择自己合适的方式进行新知识的学习，同时保证了师生、生生之间能够有更多的、有针对性的交流。(3)翻转课堂有助于构建新型的师生关系，改变了传统面对面教学中以教师为中心的、一对多的教学形式；翻转课堂都是以学生为中心，展开各种学习与讨论，学生可以掌控自己的视频学习进度，从而获得学习的主动权。(4)翻转课堂能够促进教学资源的有效利用与研发，它既是促进教学资源利用的理想平台，又是推动教学资源发展的动力。

这里需要说明的是，翻转课堂不是取消课堂，是微视频与课堂教学的结合；翻转课堂不是取消教师，而是对教师提出了更高要求；翻转课堂不是取消探究体验，而是学生从观看视频、独立思考中发现和提出新的问题，查找资料，课堂上更加主动地进行探究，而且是更深层次的探究；翻转课堂不是增加学生的负担，是做减法而不是加法，课堂容量大大增加，大部分作业在课堂上完成，课下作业非常少。翻转课堂一般包括五个环节：视频学习、汇报提问、点拨精讲、合作探究、巩固提升。各环节是相互连接和逐级递进的关系。

同样是先学后教，导学案、讲学稿是基于纸质的预习方案；翻转课堂是基于导学视频的预习方案。翻转课堂的成效取决于两个方面：先学的材料，后教的方法。翻转课堂与导学案的结合，更加有利于提高教学质量。翻转课堂有利于学生思维深化、创新发展，拓展深化；而同时使用导学案，则更有利于学生对知识点的练习和巩固。

传统课堂与翻转课堂的根本区别在于“随教而学”和“依学而教”。传统课堂中的学生在教师的“教”中“学”，而翻转课堂的教师在学生的“学”中“教”。但值得注意的是，若仅有微视频，而课堂没有变，那么就不是真正意义上的翻转课堂。在翻转课堂中，学生带着浓厚的兴趣走进课堂，教师有针对性地进行讲解；互动性强，不但有师生互动，还有生生互动；学生思维活跃，常常提出生成性问题，而不是预设性的问题。

三、教学方式整合的特点

比较以上几种教学方式，可以发现，在形式和内容上，都或多或少有着相似之处：都包括小组合作与展示；都是用导学案、导学视频等进行课前“导学”；都主张当堂训练或检测反馈；都注意关注学生的学习状态；都研究独学、对学、群学；都尽可能控制作业量甚至实施“零作业”，等等。当然，这些方式最大的共同点，是以学生的自学为主，最大限度地体现学生学习的主体性。基于当前在教学中关于教学方式整合的总结，本小节梳理了教学方式整合共同满足的以下几个特点。

(一)师生课堂角色的重新定位

以上介绍的几种方式中，均对教师和学生的课堂角色进行了重新审视和定位。新的定位体现为：教师是组织者、策划者、引导者、调控者，学生是探究者、体验者、合作者、展示者。这种重新定位体现了学校和教师对学生、对教与学关系的尊重。尊重是办好教育的前提，教学中要尊重学生的人格，尊重学生间的差异，尊重学生的情感，尊重学生的个性，尊重学生的心灵自由和精神世界的独特性，这样才能创造更多的条件来激发学生的创造力和潜能，使每个学生都有机会在其“天赋”所及的领域中，充分发展自己的才能。

同时，这种师生课堂角色的重新定位也体现出了教学中师生间的平等、民主关系。平等、民主是发挥学生主体性的保障，把学习的主动权还给学生，可以从根本上激发和调动学生学习的积极性，做到了在教与学的关系中相信学生、发动学生、组织学生，从而有助于利用学生的各自资源，充分实现学生的发展。

这种师生课堂角色的重新定位也对课堂教学活动的组织和情境创设，提出了进一步的要求。教师要正确、恰当地组织学生的学习活动，要精心创设人人都能参与的教学情境，从而发扬学生自主学习的主体性；在课堂活动中，要鼓励并尊重学生独立思考的权利，唤起学生学习的主动性、自尊性、创造性；保证每一个学习者都可以根据不同的知识基础和生活经验，对所学的内容有不同的体验、认识、选择、评价、重组和整合，从而真正把知识变为自己的一种能力。

此外，新的师生角色定位对生生间的合作关系也有了更强的体现。学生要更多地进行合作学习，从而达到资源共享、共同提高的目的；同时，生生合作还体现在，学生可以在任何场景里进行争辩，通过争辩促进相互学习，思维开发，喻事明理。

每名学生都有强烈的表达欲，都渴望得到老师、同学的认可，都愿意成为“主角”，教师要善于给学生提供表达的场景与舞台，“给我一次机会，还您一份惊喜”，“我参与，我快乐；我自信，我成长”，在参与中快乐，在快乐中幸福，在幸福中成长。所以，教学方式整合中师生角色的重新定位，有助于使学生成为学习的主角，获得展示自己的舞台。

(二)以小组合作为载体，以自主学习为支撑

当前研究中展示出的教学方式整合也与新课程提倡的学习方式表现出了强烈的一致性：以自主学习为支撑，以小组合作为载体，提倡多层次、多形式的探究。例如，本节介绍的几个教学方式整合的案例中，均采用了小组合作学习方式，虽在具体操作上有所区别，但均通过独特的桌椅摆放、黑板设置等，改变传统课堂的教学环境布置，从而更加有利于学生主动进行合作学习和小组探讨。

教学方式整合主张以多种学习方式的灵活组合来充实课堂，切实有效地突出学生的主体地位，提高学生的学习主动性和有效性。要求学生在课堂参与中学习、主动地学习、使用正确有效的方法学习。同时，“小组合作＋自主学习”既有助于培养学生良好的学习习惯，又能够多层次地对课堂进行把关，提高课堂教学质量。

(三)课堂评价标准的演变

教学方式的整合要求教师在教育教学的全过程中，采用多样的、开放式的评

价方法，如采用笔试、实验操作、课题研究、行为观察、成长记录档案、活动表现评价等多种方式评价学生。与传统的评价相比，教学方式整合对应的评价理念更着眼于促进学生全面发展，主张定性评价与定量评价相结合，更强调“质性评价”。

(四)关注课堂生成性资源的利用

教学方式的整合更关注课堂生成性资源的利用。有效地开发和利用课堂教学中动态生成的资源，可以拓宽自主、合作、探究等各种学习方式的适应课型，提高课堂教学的实效性，焕发课堂教学的生命活力，对课程改革的深化具有重要的现实意义。

四、教学方式整合的原则

教学方式的整合，是为了实现学生积极主动、高效地学习物理知识，同时在学习过程中促进学生多种能力的全面发展，包括“学会学习”的能力、分析问题的能力、合作交流的能力等。在物理教学中进行教学方式的整合时，要注意以下原则(苏景华，2011)。

(一)科学性原则

在整合的观念下，在高中物理教学的过程中，教学资源的使用，教学活动的安排与设计，都必须以保证教学内容的科学性为前提。教学内容或教学资源在整个教学过程中如何呈现或使用，教学环节怎样设计才能够科学、高效地实现教学效果，都是在教学整合时需要深思熟虑的。

(二)系统性原则

进行教学方式整合时，要从系统论的角度整体上把握各种教学方式的关系，从知识层级的角度逐步具体化，首先明确哪种教学方式在整个教学过程中起到主要作用，哪种或哪些教学方式是用于辅助教学的，并且明确如何做到多种教学方式的有机配合，从而实现最好的教学效果。

(三)问题原则

教学方式整合要体现学生课堂的学习主体地位，促进学生积极主动学习。所以整合后的教学方式，要能够鼓励学生在课堂上大胆发表见解、提出问题；要能够有助于学生通过自主阅读教学内容和思考问题，实现生生之间的各抒己见、合作讨论，从而不断激发学生的质疑动机，使其保持强烈的求知欲望，并诱发创新动机。在这些过程中促进培养学生的科学思维和实践能力。

(四)先学后教原则

教学方式整合的课堂教学中，应当结合教学内容，为学生创造感知问题的环境，让学生参与教学活动，从中发现与教学内容相关的问题，引发学生思考，将学生的自主性和主动性推至教学的核心地位，以充分发挥学生主动学习的作用，实现学生认知与情感的统一，使物理教学更具亲和力，同时在学生主动参与教学活动的过程中，潜移默化地培养与发展学生的多种能力。

第五节　对物理教学结构的反思

从不同视角反思传统的教学结构，沉淀需要继承的长处并进一步发扬，甄别其中的不足并及时改进，是整合甚至重建教学结构的前提。

第八次基础教育课程改革以来，物理课堂教学发生了深刻变化，以学生为本的理念得到很大程度的认同并在实践中得到体现。我们反思教学结构，分析教学中存在的某些问题并不是否定课程改革的成果，并且只有找到不足，才能百尺竿头更进一步。科学只有在质疑中才能获得进步，教育实践亦是如此。

课程改革为宏观的课程教学体系指明了方向，教学也应顺应此趋势，而不是反其道而行之。理解考试评价的导向，实现课程、教学、评价和谐统一，这是能有效“说服”一线教师进行教学结构改革的重要依据，也是当前“以考试倒逼课程教学改革”氛围下的务实做法。

因此，本节从课程改革、考试评价改革的导向等视角反思传统教学结构存在的问题，并提出具体改进举措。

一、重视知识结果的落实，而忽视对知识得出过程与反思的引导

传统的物理教学非常重视知识结果的落实，但评价学习的收获往往以知识的获得作为唯一的标准，而忽视了在知识获得过程中应该伴随的思维发展和实践能力的发展。长此以往，学生往往更加重视“是什么”，而相对缺乏“如何做”，更缺乏“为什么是这样”“为什么这样做”的带有程序性、反省性的问题。课堂教学结构整体表现为：重视记忆与应用，而忽视理解，缺乏对认知结果与过程的反思。这种现象在实际教学中的具体表现多种多样，例如：(1)课程改革所倡导的自主、合作、探究学习方式流于形式，很多情况下有形式无实质内容，尤其缺乏对多种学习方式的有效整合；(2)很多情况下，在教师的课堂教学结构中，没有学生交流讨论的环节，更多的还是教师的“告知”或者告知后的“解题”；(3)促进学生对深层知识理解的策略还有待丰富，“以告知替代教学”“以应用替代理解”“有事实无结论”等现象依然存在；(4)探究式教学的质量仍有待提高，更多的探究式课堂与“牵着盲人上楼”相似。

但以核心素养为纲的课程改革则强调在学习的过程中思维的价值，《普通高中物理课程标准(2017 年版)》对科学思维作出明确界定：“科学思维”是从物理学视角对客观事物的本质属性、内在规律及相互关系的认识方式；是基于经验事实建构物理模型的抽象概括过程；是分析综合、推理论证等方法在科学领域的具体运用；是基于事实证据和科学推理对不同观点和结论提出质疑和批判，进行检验和修正，进而提出创造性见解的能力与品格。上述界定特别强调学习过程中的内化，在内化中形成分析客观世界的物理学视角，发展模型建构、科学推理、科学论证与质疑创新等分析纷繁复杂客观世界的“思维工具”。

2001 年，安德森等人在《学习、教学、评估的分类学・布卢姆教育目标分类学修订版(简缩本)》一书中对布卢姆教育目标分类学进行了修订，把知识分为四类：事实性知识、概念性知识、程序性知识和反省认知知识。安德森等人强调，

把反省认知知识作为第四类知识，主要理由有两点：第一，反省认知控制和自我调节需要运用分类表的另一个维度——认知过程。但反省认知控制和自我调节涉及诸如记忆、理解、运用、评价和创造等过程。因此，把反省认知控制和自我调节过程增加到认知过程维度是多余的。第二，事实、概念和程序性的知识都属于教材内容，反省认知知识指一般认知的知识和有关自我认知意识的知识，其中又分策略性知识、关于任务的知识、自我知识。当然反省认知知识和其他三类知识的地位是不同的。前三类知识都是在科学或者学科的共同体内通过对话达成默契而发展起来的。自我知识显然不是这样，它是基于个体自己的自我意识和知识基础；策略性知识和关于任务的知识是在不同的共同体中发展起来的。

不管是从学生发展核心素养的要求，还是从上述关于知识的分类，都不难看出反思知识的得出过程对学生发展的重要性。

从考试测评来看，近年来的物理高考和会考都在强调对知识得出过程的考查，考查学生在知识得出过程中是否经历了在已有知识基础上经过模型建构、科学推理与论证的过程。因此，在课堂教学结构中应增加知识得出过程以及对此过程反思的要素，特别是引导学生对知识得出过程进行反思，引导学生在反思中发展关键能力，增长智慧。

那么，如何通过课堂结构的调整引导学生进行知识得出过程的反思呢？我们可以从以下几个方面努力：

(1)“拉长”知识得出过程，而不是简单采用“告知”结论的方式进行教学。引导学生经历知识是如何在事实经验的基础上，进行抽象、概括、推理、论证的过程。在这一过程中可以采用有利于学生深层理解的探究、合作交流等多种教学方式，特别是要防止教师因过度启发而导致的思维碎片化。

(2)在教学结构中，增加反省认知的环节。在教学中，学生获取知识固然重要，但反省获取知识的过程同样重要。因为通过反省，学生可以获得反省认知策略，而在解决不同任务时恰恰是这些策略性知识更容易被迁移。基于此，建议在教学结构中，增加学生课前学习的环节。学生通过课前的自主或者合作学习，获得事实性知识、概念性知识与程序性知识；课中教师不断通过追问“如何思考”

“为什么这样思考”“是否还有其他思路”等带有启发反省认知的问题，引导学生反思：“知识是如何得出的”“为什么这样得出”，例如在“自由落体运动”一节的课堂教学中，教师可以设计如表 1-1 所示的环节。

表 1-1　“自由落体运动”课堂教学结构

序号	环节	主要内容
1	基于课前学习的交流讨论	自由落体运动的条件是什么？满足什么规律？加速度多大？
2	教师追问，学生交流讨论、设计	为什么建立自由落体运动模型？如何建立？ 如何设计实验探究自由落体运动的运动规律？ 如何测量自由落体运动的加速度(设计多种实验)？
3	学生实验操作	实验：测量自由落体运动的加速度。
4	教师追问，学生思考	自由落体加速度大小约为 $9.8\ m/s^2$，对此有何启发？一般物体的加速度由哪些因素决定？ 猜想：加速度与物体受力、质量的关系，并设计实验进行验证。
5	教师提出问题，学生实践应用	应用：如何测量人的反应时间？

从表 1-1 中可以看出，本节课教学设计总体上与传统课堂教学设计的主要不同在于：课堂教学的重心不在自由落体运动规律本身，而是隐含在规律得出过程的程序性知识与认知策略上。例如，如何建构自由落体运动模型？为什么建立自由落体运动模型？如何设计实验探究自由落体运动规律？如何设计多种实验方案测量重力加速度？很显然，这些认知策略比知识本身对学生来讲更具有挑战性，有效提升了课堂教学中学生思维的质和量。

二、重视知识点的落实，而忽视知识整合与关键能力提升

长期以来，我国的课程目标一直定位在“双基”(基础知识、基本技能)，因此传统物理教学一直具有重视知识点落实的优良传统，甚至针对一个个的知识点编制了大量习题进行教学。课堂教学往往表现为：(1)教师更注重“知识点”的教学，

容易导致“只见树木不见森林”的状况，忽视知识间的联系，缺乏围绕核心概念的教学内容整合。(2)物理学思想方法教学薄弱，科学方法教育无规划，随机进行；缺乏方法培养载体、学生体验不够，在关键点上教师缺乏明示环节。(3)教学目标的前后连贯性较差，缺乏有效的整体化建构。(4)能力发展缺乏规划，学生能力发展处于“自发”状态。(5)在讲授式教学中“满堂灌”或“满堂问”的现象还比较普遍，学生回答问题的自觉性和主动性呈下降趋势，思维的主动性和积极性不高，思维方法得不到基本的训练，思维水平得不到应有的提高。(6)更多关注实验现象展示、实验操作，忙于得出结论，而忽视在实验设计、操作与数据解释中科学思维能力的发展。例如，在演示实验过程中，教师经常忙于实验操作，对学生观察的指导和思维的启发往往关注不够。

针对上述问题，可以从高中物理课程标准的变迁与要求、考试评价的趋势两个方面进行反思。

从历年来我国颁布的课程标准或者教学大纲中，我们能比较清晰地发现重视知识内容整合的路径。物理课程目标基本可以分为四个阶段：(1)强调“双基”阶段。20 世纪 60 年代的课程目标强调，通过中学教学培养学生掌握基础知识与基本技能，这一阶段可以看作以知识为中心的阶段。(2)强调“能力”阶段。从 20 世纪 80 年代开始，课程目标重点强调，通过物理教学发展学生的观察、实验、思维等各种物理能力，这一阶段注意到了知识、技能学习的目的是形成更加综合性的能力。(3)强调“三维目标”阶段。始于 21 世纪初的第八次基础教育课程改革强调，从“知识与技能”“过程与方法”“情感态度与价值观”三个方面培养学生，这一课程目标不仅强调知识、技能、方法的学习，还注意到了人的情感、态度与价值观，更加强调人的全面发展，这可以说是课程目标的一大进步。(4)强调“物理核心素养”阶段。《普通高中物理课程标准(2017 年版)》提出要从“物理观念”“科学思维”“科学探究”“科学态度与责任”四个方面发展学生的物理学科核心素养。课程目标突出强调了大量概念、规律学习基础上整合而成的物理观念，更加强调科学思维方法的整合，突出具有整合特性的模型建构、科学推理、科学论证、质疑创新等重要的科学思维。

在以核心素养为纲的课程改革背景下，北京的会考和高考一直在探索如何更有效地评价学生核心素养的发展状况。从考试内容看，表现为以下两个特点：(1)围绕核心概念重点考查具体概念之间的关联。例如，2013年北京高考理综试卷第24题考查学生建构一段导体的“柱状模型”，利用电流的宏观表达式推理得出微观表达式，并从安培力入手，推理论证洛伦兹力的表达式；2014年北京高考理综试卷第23题重点考查了重力与万有引力的关系。(2)围绕知识的理解与应用重点考查模型建构、推理论证、质疑创新等关键能力。例如，2016年北京夏季高中会考试题以“地面上的木箱用力推才能运动，不推就停下来”这一真实情景为背景，考查学生基于证据的论证能力。

因此，纵观我国课程目标的变迁和考试评价的趋势，针对当前物理教育中存在的“重碎片化知识点，轻知识整合与能力发展”现状，物理教育的侧重点应向两个方面转变：(1)在落实概念、规律深层理解的基础上，更加突出“少而精”的核心概念在具体知识学习中的统领作用，其中一项基础性工作就是，在物理教学中整合大量具体物理概念形成核心概念统领的概念体系。(2)分析并规划在物理概念、规律学习中可以重点发展哪些关键能力。

要实现上述侧重点的转变，从课堂教学结构调整的角度看，在教学结构中，除了答疑解惑，解决学生已经发现的学习困难之外，还应该进一步挖掘教材，引导学生发现在课前学习过程中没有发现的、更高认知层级的问题，并引导学生通过探究、交流讨论、讲授等多种教与学的方式，逐渐整合提升，在建构概念体系的基础上内化形成物理观念，在经历科学探究、推理论证的基础上发展关键能力。

三、重视知识的讲授，而忽视引导学生学会学习

随着新课程理念在教学实践中逐步得到教师的认同并在教学实践中得以落实，在课堂教学中，大一统的“教师讲，学生听”的局面已被颠覆，但仍不乏教师为了提高所谓教学效率，而对最容易“看得见”知识学习效果的讲授法情有独钟；这些教师往往以让学生“易学易懂”为由把知识碎片化，主要通过讲授的方式进行

教学，而忽视学生在学习过程中的自主性，为了提高知识传授的效率而不让学生经历独立或者合作克服学习困难的过程，从而不利于引导学生学会学习。

我国在 2016 年 9 月发布的中国学生发展核心素养框架中明确提出，“学会学习”是中国学生发展核心素养的重要内容。“学会学习”主要是学生在学习意识形成、学习方式方法选择、学习进程评估调控等方面的综合表现，具体包括乐学善学、勤于反思、信息意识等基本要点。从国际上看，“学会学习”是各国家、各地区和各国际组织具有较大程度共性的素养。

从学习的角度看，测试过程可以看作在规定的时间内自主学习并按要求完成一份答卷的过程。根据学生在一些测试项目上的表现，例如有些题目所用的知识并不复杂，对物理能力的要求也并不太高，情景也是常见的，测试结果却并不理想，分析可以发现：学生的学习能力比较弱，主要是因为无法读懂题目或者误解题意而出现解答错误。下面以 2015 年北京高考理综试卷第 19 题为例说明。

如图 1-6 所示，其中电流表 A 的量程为 0.6 A，表盘均匀划分为 30 个小格，每一小格表示 0.02 A；R_1 的阻值等于电流表内阻的 $\frac{1}{2}$；R_2 的阻值等于电流表内阻的 2 倍。若用电流表 A 的表盘刻度表示流过接线柱 1 的电流值，则下列分析正确的是(　　)。

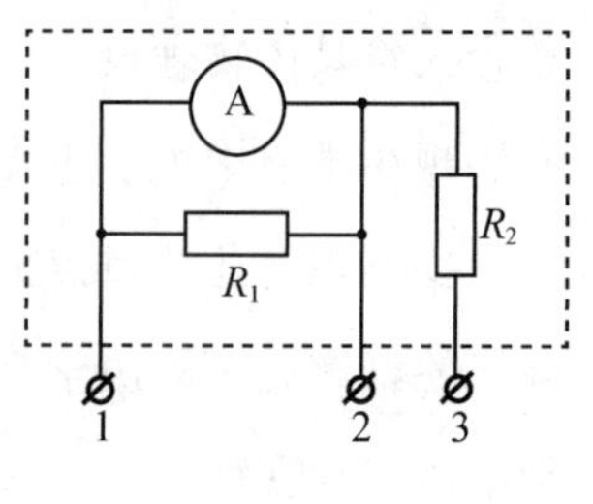

图 1-6

A. 将接线柱 1、2 接入电路时，每一小格表示 0.04 A

B. 将接线柱 1、2 接入电路时，每一小格表示 0.02 A

C. 将接线柱 1、3 接入电路时，每一小格表示 0.06 A

D. 将接线柱 1、3 接入电路时，每一小格表示 0.01 A

本题答案为 C。测试样本为 2015 年参加全国高等学校统一招生考试的全体北京学生，样本容量为 37 361 人。本题的难度系数为 0.48。由于本题的题型是单项选择题，考虑到部分学生可能猜测答案等因素，本题应该算作难度较大的题目。但是，从考查的知识内容看，这道题目主要涉及串并联电路的电流关系，在考试说明中属于比较简单的知识点；从考查的物理能力看，这道题主要涉及理解能力与推理能力，在考试说明的能力分类中，这两种能力也只能算作基础能力。考查的知识和能力都是基础性的，为什么难度又比较大呢？根据高考后对学生的访谈，并结合教学实践经验分析，发现：之所以学生觉得本题难度较大，是因为当前物理教学中对学生学习能力培养不够，导致学生的学习能力较差，在高考的考场上不能在限定的时间内提取题目的有用信息，联系已有的物理知识与方法进行作答。

综上所述，在物理课堂教学中应该加强对学生学习能力的培养。引导学生学会学习的具体过程包括：引导学生独立阅读学习内容并准确描述物理情境，针对要解决的问题提取有用信息，整合信息并与已有知识建立联系，质疑已有知识或者信息而提出创造性想法等。上述每一个过程都不是通过教师说教可以完成的，都必须建立在学生亲身经历自主学习过程的体验之上，并经过充分的反省内化才可逐渐学会学习。在反省内化阶段，教师的引导也可发挥较好的效果。也就是说，只有学生在学习过程中经历真实的自主学习过程，学生的学习能力才可能真正得到发展。因此，在课堂教学结构中应该增加引导学生学会学习的具体环节，为学生经历自主学习过程创造有利条件；还应该增加在学习体验的基础上教师引导学生反省内化的环节，以更有效地提升学生的学习能力，为其终身发展奠定坚实的基础。

四、因缺失学习诊断而无法有针对性地解决学习困难与障碍

每一次课程改革都会引入新的理念，并且对一线教学实践发挥重要的引领作用。但也不可否认，很多课堂教学存在因新理念的引入而产生机械僵化的模仿现象，并未根据学生实际需要和现实的教学条件有选择性地设计课堂教学思路。例如，在把科学探究的要素机械理解为教学环节的误导下，在科学探究过程中采用提出问题、猜想假设、设计实验等固定的程序；在课堂教学中忽视知识的前后连接，不考虑学生的认知能力与兴趣，一律采用创设新颖情境的方式引入新课，创设的情境与所学内容往往并不具有清晰明了的关系，学生听下来一头雾水，有的引入新课时即使关注了激发兴趣，由于过分强调情境的“热闹”程度，而忽视了情

境背后的理性成分，学生思维并没有由此展开。凡此种种，往往是因为教师把课堂看作了教师表演的舞台，而不是解决学生实际学习困难与障碍并在此基础上帮助学生提升认识的平台。在这种情况下，教师的角色定位出现了问题，更倾向于把自己看成是“新闻联播”的播音员。

从教育的实际情况看，仍然存在大量的无效教学。概括起来，主要表现有三类：(1)学生已经掌握了或者通过阅读教材等方式就可以自己学会的内容，教师仍然要采用多种方式进行教学。(2)超出学生认知能力的内容，也就是教了学生也不会真正理解的内容，教师仍然教。(3)学生容易学会的重点教，而学生存在疑问的地方却不教或者重视不够，例如在人教版高中物理必修1《运动快慢的描述——速度》一节中，本来如何定义速度对学生来讲并不难理解，教师重点讲；但是学生不理解的往往是，初中用在一段时间内的路程与时间之比来定义速度，而高中却又引入了在一段时间内的位移与时间之比定义速度，这是为什么？教师对这一学习困难往往不够重视或者干脆在课堂上不讲。这些无效教学的主要原因可归结为教学前缺乏精准诊断。诊断不仅仅是发现学生存在的学习困难或者障碍，还应对其产生原因作出因果解释。只有分析清楚困难或者障碍的产生原因，才能采取有针对性的教学干预。

因此，从提升教学有效性的角度看，课堂教学前教师应加强对学生学习情况的了解，增加诊断环节。在诊断的基础上，教师为学生设计能提升认识并且能落实的学习目标，为学生选择适合的学习活动。从课堂教学结构的角度看，在课前学习诊断的基础上，课堂教学结构中应增加“答疑解惑”环节，有针对性地解决学生在学习过程中遇到的困难与障碍，从而提高教学的效率。

五、课上学习知识、课后巩固的固化模式使得学习过程枯燥无趣

长期以来物理教学采用的主要模式可以归结为“课上学习知识、课后巩固”的固化模式。在课堂上通过教师的细致讲解，把知识掰开了、揉碎了，变成学生易学易懂的一个个碎片化知识点；教师布置大量的课后习题，学生通过课后的复习巩固，强化记忆，掌握在课堂上所学的知识。毋庸置疑，从知识学习的角度看，

这一模式让学生的学习效果“清晰可见”，学生有充足的“获得感”，课堂教学的效率是非常高的。

但是，从促进学生发展的角度看，这一教学模式却存在明显的缺陷：由于教师的过度启发引导，学生在认知上甚至人格发展上过度依赖教师，学生的思维碎片化，学生不会主动学习，不会提出问题，不会独立思考，遇到事情不会依据具体情况进行分析判断，继而作出合适的决策；在机械呆板的训练模式下，学生长期经历被动学习的枯燥过程，缺乏主动学习的过程，必然导致学生的学习兴趣消退，好奇心无法得到鼓励，求知欲望逐渐丧失；教学过程中缺乏自由、民主的氛围，而充斥着权威与服从，不利于学生健全人格的发展，不利于学生未来参与社会并成为一个能有效行使各项民主权利的公民。

例如，人教版高中物理必修1《牛顿第二定律》一节，教师完全可以在一节课内让学生在从日常生活中体验到的物体运动的加速度与受力的关系、加速度与质量的关系基础上，得出牛顿第二定律，然后通过习题让学生掌握解题的程序。但是，在这一过程中，却缺乏了一系列有利于促进学生思维、科学探究能力发展的环节，例如学生与教师一起发现加速度与哪些因素有关的问题并提出猜想与假设，设计实验方案验证加速度与相关因素的关系，处理数据得出结论，师生一起交流讨论等。也正是这些环节有利于发展学生的创新能力、合作意识、学会学习等各项核心素养。

从发展学生核心素养的角度看，自主发展与社会参与是中国学生发展核心素养的重要构成。自主发展要求学生学会学习、愿意学习；社会参与要求学生有参与社会管理的意愿和平等参与社会管理的能力。课堂教学对培养学生乐于学习、善于学习，促进学生提升自主发展的能力责无旁贷；从某种程度上讲，课堂也可以看作一个“小社会”，课堂教学也是学生真正进入社会之前的“预备”，教师应有意识地培养学生的科学精神、民主意识与自由精神。

因此，应该改变固定僵化的、不利于学生身心发展的课堂教学程序，在课堂教学的结构中增加有利于学生主动学习、激发学习兴趣的要素。具体来说，课堂教学结构可以进行适当调整：从提高学生学习自主性的角度看，可以增加学生课前学习的环节，针对学生的个性特点，提供有针对性的个性化指导方案；基于学生的学习需求，可以增加针对疑难问题进行讨论的环节，让学生在交流合作与相互质疑中，加强理性思维，体会民主过程。

第六节　基于课前学习诊断的教学整合模型

在核心素养视角下对课堂教学进行再认识，更加凸显了建构基于课前学习诊断的课堂教学整合模式的必要性。那么，促进学生核心素养发展的课堂应该是什么样子呢？

课堂教学是落实课程目标的具体手段与过程。要实现从双基目标到核心素养目标的转变，首先需要从发展学生核心素养的角度重新认识课堂教学的定位、目标、内容与方式。

课堂是属于全体学生的，是促进全体学生发展的平台，其主角既不是教师，也不是个别表现优秀的学生。课堂不是教师表演的舞台，而是解决学生在学习过程中遇到的困难和障碍的平台，这样的课堂更容易唤醒学生内心深处的求知欲望与内在学习动机，为他们带来更多、更持久的“获得感”。从根本上讲，课堂教学的评价视角应该是学生“学”的过程与结果，而不是教师“教”，评价内容应是学生观念、思维、合作、态度与责任等方面是否得到充分发展。课堂应该是全体学生在原有基础上获得充分发展的平台，既要关注全体学生共性的发展，也要关注学生个性化的发展。因此，应该把课堂这个舞台还给全体学生，学生是课堂的主人，教师仅仅在学生需要的时候提供必要的帮助，是学生学习的陪伴者或者助手。

课堂教学内容不仅包括基础知识与基本技能，还应该包括伴随知识学习过程的价值观念、必备品格与关键能力。具体来说，除了基础知识与基本技能外，课堂教学的内容还应该包括：知识之间的联系，知识的适用条件，以及知识与情境之间的联系；伴随事实性知识和概念性知识学习以及在知识的迁移应用过程中的“如何做”的程序性知识与“为什么这样想”的反省认知策略性知识，如思想方法、认知策略等，这些知识的获得比了解事实性知识和概念性知识更有利于促进学生认识方式的发展；伴随知识学习与应用过程的抽象概括、模型建构、科学推理与论证、质疑与创新、科学探究等各种能力；沟通交流、合作的技能，以及获取信息、整合信息、学会学习的能力；正确的价值观，如对国家、集体的看法，以及科学态度、科学本质观等。因此，课堂教学内容应该从发展核心素养的高度进行整合，合理规划课堂教学内容的各类要素及其比重，课堂教学的重点应该从知识传授转到核心素养与关键能力的发展上来。

教学内容类型的多样化决定了教学方式多样化，针对特定的教学内容应该采用合适的教学方式，方可实现预期教育目标。课堂教学方式应是灵活多样的，本身无优劣之分。任何一种教学方式都有其优势，也有其短处。例如，讲授法有利于基础知识的传授，提高知识传授的效率，但不利于学生交流表达与合作能力的发展，不利于学生探究能力的发展，不利于学生形成正确的科学态度与社会责任感等；探究式教学有利于学生科学探究能力、合作意识的发展，有利于学生对科学本质的理解和科学态度的形成，但知识传授的效率却不高。因此，在课堂教学中应彻底改变单一的教学方式，特别是仅仅指向知识传授高效率的教学方式，应基于教学内容的特点和学生的实际学习情况采取有针对性的、指向核心素养发展的教学方式。

课堂教学的内容与方式并不是相互独立的，而是相互联系、相互作用的。课堂教学内容的特点决定了教学方式，因此教学内容从基础知识与基本技能拓展到思维、沟通交流、学会学习等领域必然推动教学方式的转变与多样化；反过来，教学方式也拓展了教学内容，同一教学内容采用不同的教学方式，学生的参与方式与程度就不同，学科的育人价值自然也有差异。应从促进学生核心素养发展的角度选择合适的教学方式，进一步通过教学方式转变，促进教学内容整合，为学生的交流合作创造环境。例如，探究式教学，与讲授式相比，教学内容增加了引导学生提出问题并猜想、设计实验并获取证据、解释数据并得出结论、反思与交流等。但两者的目标却是一致的，都服从并服务于教学目标的实现，即发展学生核心素养。

在反思传统物理课堂教学结构存在的问题的基础上，本节首先提出基于课前学习诊断的教学整合模型，然后进一步分析模型的内容、特点与功能，最后结合当前物理教学的现状和实践经验对整合模型的实践困难作出一系列预设并提出相应的解决方案。

一、基于课前学习诊断的教学整合模型及其说明

基于上述对课堂教学的再认识，合理汲取翻转课堂、慕课等教学模式的优点，结合物理教学的实施条件，本研究提出基于课前学习诊断的教学整合模型(preschool learning and diagnosis-based teaching integration model，PLDTIM)，如图 1-7 所示。

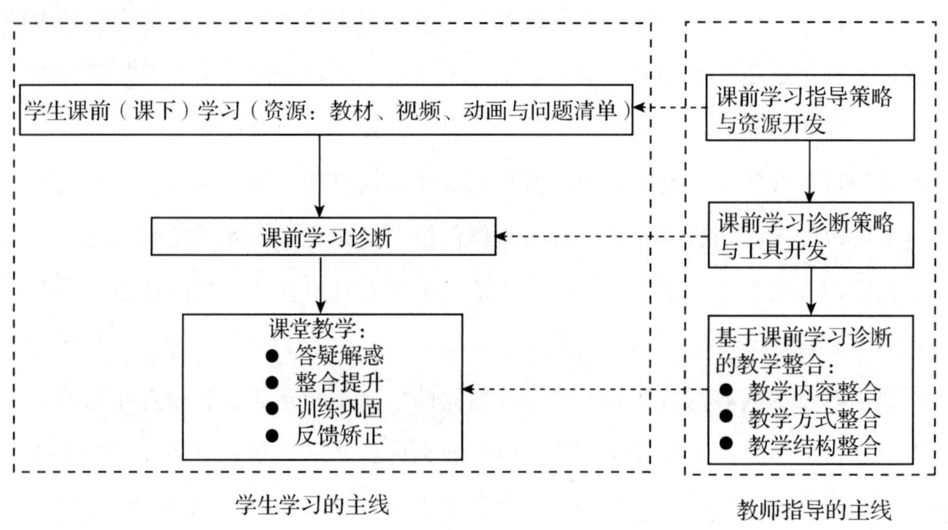

图 1-7　基于课前学习诊断的教学整合模型

1. 对 PLDTIM 的整体认识

PLDTIM 是教学结构的若干环节及其连接方式的形象化表达。模型主要包括图 1-7 虚线框内的两部分内容，分别是学生学习的主线和教师指导的主线。在这两个虚线框内分别包括一些实线框，实线框的内容表示学生学习的具体活动或者教师指导的具体活动。

PLDTIM的学生学习主线和教师指导主线包括环节要素及其连接方式。学生学习主线中的环节要素包括学生课前学习，课前学习诊断，课堂教学的答疑解惑、整合提升、训练巩固与反馈矫正等。这些环节的连接方式主要是线性连接。教师指导主线中的环节要素包括课前学习指导策略与资源开发、课前学习诊断策略与工具开发、基于课前学习诊断的教学整合。其中教学整合部分主要包括教学内容、方式、课堂结构三个方面。上述学生学习主线内的各环节之间、教师指导主线内的各环节之间是分别按照学习或者指导的先后顺序展开的，用实线箭头表示。

学生学习主线内的环节与教师指导主线内的环节具有对应关系，在图中用虚线箭头表示，虚线箭头体现了教师对学生学习过程的全程指导。

特别需要说明的是，图1-7表征的教学整合模型是广义的，这是因为在模型中不仅包括了课上的教学环节，还包括了课下的学生课前学习、教师课前学习诊断等若干环节。

2. 对PLDTIM各个环节的说明

PLDTIM中学生学习的主线和教师指导的主线的各环节是紧密联系的，并不是孤立的，共同构成了围绕学生学习的教师指导系统。下面从课前学习指导策略与资源开发、课前学习诊断策略与工具开发、基于课前学习诊断的教学整合三个方面进行说明。

(1)课前学习指导策略与资源开发

从学生学的角度看，该环节就是学生在教师指导下利用各种学习资源进行课前学习；从教师教的角度看，该环节就是开发课前学习指导资源并指导学生进行课前学习。

学生在教师指导下完成教师布置的课前学习内容。教师依据学生的学习水平和课下时间分配情况等因素拟定课前学习目标，并根据课前学习目标布置相应内容和难度合适的课下学习作业。根据学生的自主学习能力，可以进行整章或者单元的课前学习，也可以进行整节或者某一段落的课前学习。总之，课前学习任务的布置应该量力而行，不能超出学生学习能力和精力的限制，不能增加学生学习负担。

学生根据教师布置的课前学习内容，可以采用多种形式进行学习，例如可以独立完成，也可以几个学生组成学习小组合作完成课前学习。课前学习借助的材料也可以多种多样，可以是教材、微课、课前学习导学案等。课前学习不是目的，而是促进学生学会学习、提高课堂教学效率、提升学习兴趣、对学生进行个性化教学的具体手段。需要注意的是，这里的课前学习不是简单的预习，课前学习可以在课下完成，也可以在教师正式讲课前的课上完成；课前学习不单纯是课堂教学开展前的预备性学习，为上课做好准备，而是有计划、有目标、在教师指导下的自主学习或者合作学习；课前学习不是碎片化的，而是对学习内容进行系统性思考、进行有意义的学习的过程；课前学习不是完全由学生决定学习内容的深度、广度，而是在教师指导下确定课前学习目标，并由教师提供问题清单、导学案、微课等丰富的学习资源。

从教师教的角度看，课前学习指导策略与资源开发主要包括两部分：一是教师针对学生的学习实际指导学生进行课前学习的策略，既有针对全体学生的共性策略，也有针对个别学生的个性化策略，目的就是引导学生通过获取信息、整合信息并与已有知识建立实质性联系的过程学会学习；二是为学生课前学习开发各种学习资源，包括拟定课前学习的导学案、编制问题清单、制作微课等。

(2)课前学习诊断策略与工具开发

课前学习诊断是紧跟课前学习之后的一个重要环节。学习诊断的目的是精准了解学生在课前学习中遇到的困难、障碍，并进一步作出因果解释。学习诊断是提升课堂教学有效性的关键环节。诊断的手段多种多样，例如测试题、访谈、观察、查看课前学习笔记或者导学案等。课前学习诊断既包括教师采用诊断工具对学生的诊断，也包括学生对自己学习过程的自我诊断。

课前学习诊断策略与工具开发主要包括两部分：一是结合学生实际学习情况和学习内容拟定合适的课前学习诊断策略，这是诊断学生课前学习情况和开发诊断工具的基础性工作；二是围绕课前学习目标开发有针对性的课前学习诊断工具，诊断工具不仅要诊断学生学习存在哪些困难或者障碍，更侧重诊断产生这些困难和障碍的原因有哪些，为进行有针对性的矫正提供依据。

(3)基于课前学习诊断的教学整合

基于课前学习诊断的教学整合分为教学内容、教学方式与教学结构三个方面，可以用图 1-8 表示这三个方面之间，以及它们与课前学习诊断之间的关系。

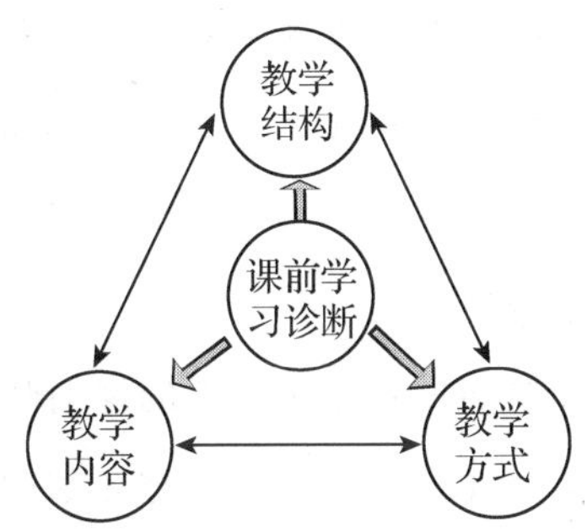

图 1-8　基于课前学习诊断的教学整合各要素之间的关系

从学生学习的角度看，学生在课堂上主要经历答疑解惑、整合提升、训练巩固和反馈矫正四个环节。下面分别说明这几个环节。

①课堂教学的答疑解惑。答疑解惑的目的是解决学生在课前学习中遇到的基础性、共性的困难与障碍。这个过程是基于学生需求的重点教学环节，也是培养学生学习兴趣的重要阶段，学生在这一过程中认识获得充分发展，获得较高的成就感。相比仅仅通过新奇的实验现象或者动手操作，这一过程可以培养学生持续、稳定的认知兴趣。

②课堂教学的整合提升。这个阶段是在解决学生课前学习遇到的困难和障碍的基础上，教师引导学生创造新需求的阶段，帮助学生在具体学习内容基础上形成整体认识，包括围绕学科核心概念和跨学科概念建构概念体系、实验内容的整合等。

③课堂教学的训练巩固。训练巩固是学习的必要环节，其内容既包括在答疑环节的基础性内容，也包括整合提升阶段的发展性内容。同时训练巩固在某种程度上也具有诊断反馈的功能，教师可以通过课堂观察学生在训练巩固阶段的表现，发现学生学习中存在的问题，并为及时矫正提供依据。

④课堂教学后的反馈矫正。这是对课前学习、课堂教学的最终检验阶段，是

对学习结果的全面诊断反馈。经过诊断反馈，如果达到教学预期目标，则直接进入下一内容的学习；如果没有达到目标，则需要进一步进行教学。

需要说明的是，并不是每一节课一定要固定不变地经历这四个环节，教师可以根据学生学习实际和教学内容的特点灵活处理。例如，对学习基础比较差的学生，在学习一些内容时能把教材内容完全弄明白就可以了，没有必要再进一步针对这一内容进行整合提升；相反地，对于学习基础比较好的学生，在学习有些内容时有可能不需要答疑解惑的环节。

从教师指导的角度看，教师需要基于学生的课前学习诊断对教学内容进行整合，围绕学生的学习对教学方式进行整合，并在此基础上建构解决学生已有问题并促进学生认识发展的课堂教学结构。下面对教学内容整合、教学方式整合与教学结构整合三个方面分别进行说明。

①教学内容整合主要围绕学科核心概念、跨学科概念和科学工程与实践等方面展开，旨在通过具体知识的学习理解与实践应用促进学生物理学科核心素养的发展。

②教学方式整合主要围绕学生的“学”整合教的方式与学的方式，旨在通过正确的学习方式和教学方式发展学生物理学科核心素养。

③教学结构整合主要指基于课前学习诊断，在教学内容整合和教学方式整合的基础上改造传统的课堂教学结构，教师围绕学生在学习过程中存在的问题展开具有针对性的教学，即教师从“播音员”角色转变为“访谈节目主持人”角色。应该说，教学结构整合是教学内容整合和教学方式整合的直接结果。

二、PLDTIM 的特点与功能

1. PLDTIM 的整体特点

在 PLDTIM 中，突出“课前学习”“学习诊断”与“教学整合”等主要特征。

在本模型中，课前学习是指在课堂教学行为之前学生借助阅读文本、实验、微课等途径或者手段获取信息，并把这些感知到的信息与已有的知识经验建立实质性联系而引起知识、行为、能力和心理倾向等方面比较持久的变化过程。课前学习具有以下几个特征：第一，课前学习发生在课堂教学行为之前；第二，课前学习的途径或者手段是多样的；第三，课前学习强调将感知到的信息与已有知识建立实质性联系，能引起比较持久的变化，而不是暂时的变化；第四，课前学习的结果是不仅引起知识的变化，还引起包括行为、能力与心理倾向等多方面的变化；第五，课前学习行为并未强调是个人行为还是集体行为。

在本模型中，学习诊断是指基于教师经验与实证数据发现、描述学习者学习的过程与结果中存在的具体问题及其表现，并对具体问题产生的根源作出因果解释的过程。

在本模型中，教学整合是指按照一定的要求和方式重组教学内容，综合使用多种教学方式，调整课堂教学结构的广义教学设计活动。从整合的内容看，教学整合主要包括教学内容整合、教学方式整合和课堂教学结构整合三个方面。

教学内容整合主要包括围绕核心概念的概念体系建构、促进具体概念学习的因素分析、以具体概念为载体的核心素养发展途径分析、基于学生课前学习诊断的疑难问题归类等。需要特别强调的是，教学内容不仅包括具体知识与技能，还包括概念体系、观念、思维、情感、态度、价值观、责任等内容。

教与学的方式主要指探究、讲授、讨论等多种教的方式与自主、合作、探究等多种学的方式。教学方式整合是指将这些教的方式与学的方式根据教学的实际需要按照一定的方式组合并综合应用在教学过程中。

教学内容与教学方式共同呈现在一系列课堂教学环节之中，把这些教学环节以学生认知由简单到复杂为线索组合起来就是教学结构整合。教学设计是教学结构整合的结果，是教学结构在一定程度上的丰富与外显。

除了上文提到的强调“课前学习”“学习诊断”“教学整合”等主要内在特征之外，从整体上看，PLDTIM 还具有如下主要特征。

(1)系统性。本模型整合了影响教学的教学内容、教师、学生、教与学的方式等各个要素，形成既相互独立又相互联系的教学环节，各部分相互作用，形成有效完成教与学任务的结构，因此本模型具有系统性。

(2)可操作性。本模型的各个要素并不是全新的，一线教师并不感到陌生，在传统教学中都是存在的，只是没有以本模型中的方式连接起来。因此，本模型容易被一线教师理解并进行实践。

(3)连接课堂内外。本模型打通了课堂内外，有利于挖掘不同潜能的学生学习的积极性和主动性，促进不同类型学生的发展；有利于充分利用课外学习资源，课堂内外相结合，丰富了学习内容与途径。

(4)可变性。本模型并不是一系列固定不变的程序或者环节，而是可以根据学生的实际学习情况、课程整体安排、教学进度安排等因素而灵活应变的。“教无定法，贵在得法。”可变性主要体现在以下几个方面：①并不是每一节课一定要具有所有环节。②环节之间可以拆分与组合，例如答疑解惑与整合提升环节，既可以把全部疑惑解决完了，再进行整合提升，也可以围绕某一疑惑，边答疑解惑、边整合提升，然后再进入下一个具体问题。③每一个环节要求的程度不是固定不变的，应根据教学实际情况灵活应对，例如课前学习的难度与内容多少、诊断的精准程度等，甚至可以根据实际情况，重点突出一个方面。但相对于变化而言，不变的是：①学生一定要经历课前学习，带着自己的疑问和需求进入课堂。②教师在教学前一定要有诊断环节，并且诊断越精准，越有利于教学效率的提升。③教学中一定要体现教学整合，不管是教学内容，还是教学方式，以整合促进学生的发展。

(5)普适性。PLDTIM 具有较普遍的适用性，既可以适用于概念课与规律课，也适用于实验课、习题课等不同类型；既可以适用于新授课，也适用于复习课；既适用于经验比较缺乏的年轻教师，也适用于经验丰富的教师；既适用于教学条件较好的学校，也适用于教学条件一般的学校。

2. PLDTIM 的主要功能分析

结构决定功能，有什么样的结构就具有什么样的功能。不管是从学生学习的角度看，还是从教师教学的角度看，PLDTIM 都具有不同于传统教学的结构，使用得当在教学实践中可实现如下主要功能。

(1)引导学生学会学习。在本模型中，安排了学生的课前学习环节，学生或者独立完成课前学习，或者与其他同学组成小组合作完成，或者在教师指导下完成。期望学生经历课前学习过程，并进一步反思学习过程，形成关于如何学习的反省认知策略，逐步学会学习。课前学习是打通课内课外的重要环节，对提升学生的学习能力，培养学生的学习习惯具有重要价值。课前学习诊断也为学生反省自身学习能力提供了有效反馈信息，帮助并引导学生进一步提升学习能力，完善学习习惯，为学生的终身学习和发展奠定基础。

(2)提高课堂教学效率。在本模型中，安排了教师对学生课前学习的诊断环节，目的是使教学在精准诊断的基础上进行，真正解决学生学习过程中实际存在的问题。课前学习诊断是承接课前和课堂的中介，既是对课前学习的诊断与总结，也是后续开展课堂教学的直接依据。

(3)促进学生主动学习，提高学习兴趣。本模型试图改变固化呆板的教学程序，通过灵活多变的教学方式或者活动，引导学生发挥学习主动性，增加成就感，在真实的“获得感”中，提升学习兴趣与动机。

(4)促进学生知识整合与关键能力发展。本模型中设置了课堂教学的整合提升环节，目的就是促进学生知识整合与关键能力提升。

(5)实现学生的个性化发展。本模型打破了在规定时间内完成规定内容的固化模式，促进不同类型学生发展，挖掘学生的潜能。

另外，从教师专业发展的角度看，PLDTIM是落实以学生为中心的教学理念的有力抓手，可以有力促进教师从研究教师的教到研究学生的学，从基于经验到基于证据进行教学的转变，从而为在教学实践中发展学生核心素养提供可操作的策略。

三、采用PLDTIM的教学实践困难预测与解决预案

结合物理教学实践，通过对PLDTIM的理论分析，可以预设采用PLDTIM的教学实践的若干困难并提出解决方案。下面仅举几例以供实践参考。

问题一：面对学生学习能力比较差，学生很难独立完成课前学习的情况，如何采用PLDTIM进行教学？

越是面对学习能力较差的学生，越需要耐心培养他们的学习能力。只有学习

能力强的学生才能面对未来复杂的、不确定世界中的真实情境，因为解决未来世界面临的复杂问题很难套用学生今天所学的基础知识和基本技能。教师可以从两个方面努力解决这个困难：一是对学生进行学习方法指导和学习习惯培养，引导学生认识到学会学习对终身发展和当前学科学习的重要性，并且尽力争取家长配合；二是分解学习任务，可以首先引导学生课前学习一节的内容，甚至学习一节内的某一部分，在学生的学习能力增强、学习习惯固化之后，逐步增加课前学习的内容。

问题二：对于探究类型的学习内容，学生经过课前学习后已经知道了探究问题、猜想假设与实验方案设计等内容，如何采用 PLDTIM 进行教学？

对于探究类型的学习内容，仍然可以采用 PLDTIM 进行教学。在教学中，注意引导学生反思：探究过程中从什么角度提出科学探究的问题？提出猜想与假设的依据是什么？除了已知的实验方案可以获取证据外，是否还有其他的实验方案？是否还有其他的处理数据方式？从数据中除了能得出本研究的结论之外，是否还能提出其他探究问题或者猜想假设？表 1-2 所示为“自由落体运动”一节采用 PLDTIM 进行教学的基本思路。

表 1-2 “自由落体运动”的基本教学活动与问题设计

教学环节	基本教学活动与问题设计
1	基于课前学习的交流：自由落体运动的条件是什么？满足什么规律？加速度多大？
2	为什么建立自由落体运动模型？如何建立自由落体运动模型？
3	如何设计实验探究自由落体运动的规律？还有哪些替代方案可以用来探究自由落体运动的规律？
4	如何测量自由落体运动的加速度？是否可以设计多种方案进行测量？每一种实验方案该如何进行操作？
5	选择一种实验方案进行实验：测量自由落体运动的加速度。
6	不管重的物体还是轻的物体，做自由落体运动时的加速度都是相同的。对此你有何启发？一般物体的加速度由哪些因素决定？ 提出猜想：加速度与物体受力、质量的关系，并设计实验验证猜想。
7	应用：如何应用自由落体运动规律测量人的反应时间？

问题三：采用 PLDTIM 进行教学需要学生进行课前学习并进行诊断，是否会增加学生学习负担与教师教学负担，特别是教师进行教学设计需要在进行课前学习诊断之后，必然造成备课时间不充分，该如何解决？

传统课堂的基本安排是：课堂学习知识——信息输入的过程，课下进行巩固练习——信息输出的过程。采用 PLDTIM 进行教学的基本安排是：学生通过课前学习学会部分内容，这部分内容在学生自主或者合作学习能力范围内；其他内容在课上通过教师指导完成学习。因此，采用 PLDTIM 进行教学可以节省课堂教学时间，从而在课堂上完成整合提升、训练巩固等内容，既提升了课堂教学效率，也实现了提升课堂教学思维品质的目标。

从教师备课的角度看，从学习诊断完成到进行课堂教学往往时间不是很长，有时可能只有一天甚至半天的时间。建议教师采用二次备课的方式：首先根据教师长期积累的教学经验对学生可能存在的学习困难或者障碍进行预判，在此基础上进行备课，称作第一次备课；其次，根据学习诊断的结果进行修正或者完善，称作第二次备课。

最后，需要进一步强调的是，在教学实践中并不要求每一节课都要课前学习，都要精确诊断；本模型是开放的，根据不同学生情况，整合深度、课前学习深度都是可以不同的，也就是说，并不要求采用固定的课堂教学模式，一定要根据学生学习实际情况和教学内容的难度与容量进行合理的教学设计，而不能机械刻板死套模式。但是无论谁上课、上什么课、怎么上课，都一定要引导学生学会学习(课前学习)，根据学生实际情况(诊断)进行合适(教学方式、课堂结构)的教学，促进学生知识的结构化(教学内容)，促进学生核心素养与关键能力的发展，为学生参与未来社会生活和终身发展奠定认知基础。

第二章

围绕核心概念的教学内容整合

以核心素养为纲的课程改革已经拉开序幕。围绕“少而精”的核心概念整合教学内容，促进学生深度学习，并在深度学习中发展学生核心素养与关键能力，已是科学教育研究的共识。纵观我国基础教育课程改革的课程目标，从“双基”(基础知识、基本技能)，到“三维目标”(知识与技能、过程与方法、情感态度与价值观)，再到当下的学科核心素养，无不重视知识学习。但是，对知识的学习要求却是不同的，从“以知识为本”的理念逐渐走向在知识学习过程中促进学生全面发展的“以人为本”的理念(史宁中，2016)。但是，我国的科学教学长期以来存在过度重视“知识点”教学，而忽视与之对应的概念体系建构的不良倾向，使得学生核心素养发展长期缺乏规划，处于“自发”生长状态。因此，在发展学生核心素养的要求下，科学教学需要突破“以知识为本”的桎梏，合理整合教学内容，通过知识学习，实现发展核心素养的课程目标。

在促进学生物理核心素养发展的课程改革背景下，围绕核心概念建构具体物理概念，以及建构具体物理概念之间的关联，显得尤为重要。并且从中学物理教学实践看，这两个问题也是有待加强的，教师普遍感觉比较困难，缺乏明确而有力的理论指导，以及具体可操作的途径。

第一节　概念教学内容整合的依据

物理学是一门以实验为基础的自然科学，有其自身严密的理论体系。因此，物理学习过程中应该以实验现象与事实作为认识客观世界的基础，这就决定了教学内容需要整合知识学习与物理实验，以实验促进知识理解，同时，知识的理解也反作用于实验。数学知识是物理学的重要工具，而物理学的认识工具不仅仅是数学，物理学还是一门带有方法论性质的学科，与哲学有着密切关系。在物理学发展过程中，物理学家们不仅继承和发展了物理学概念体系，还继承和发展了具有学科特点的思想方法。物理学作为基础学科，其思想方法还被迁移到了其他科学领域。因此，在物理教学中，应该整合概念体系与物理思想方法，既要分析物理概念体系中包含的物理思想方法，又要分析哪些物理思想方法有助于物理概念理解，同时还要分析这些物理思想方法是如何促进物理概念理解的。

物理学与工程、技术相互依赖，紧密联系；科学、工程、技术对社会和自然世界具有正反两方面的影响。技术直接服务于人类的生活与工作，物理学知识可以直接用来解释日常生活中的现象，与人们的生产、生活实际紧密联系，并可用来解决人们遇到的实际问题，如环境污染等。美国在 1996 年颁布的“国家科学教育标准”中提出 STSE(science，technology，society，environment)教育观念，随后多数国家在制定课程标准或教学大纲时将 STS(science，technology，society)进一步发展为 STSE 教育思想(于晶明，2000)。早在 2001 年，加拿大安大略省科学课程标准就已经相应地增加了 STSE 内容，即注重科学、技术、社会和环境与科学教育的联系，要求学生能够正确处理科学对社会和环境(包括自然环境和工作环境)的影响，并且这一理念在后来的课程标准中得到延续。因此，教学中渗透 STSE 的教育内容，这是由物理学科的特点决定的，并且已经在各国课程标准中得到体现。

中国科学院院士周光召先生曾指出：“科学教育不应该传授给孩子支离破碎、

脱离生活的抽象理论和事实，而是应当慎重选择一些重要的科学观念，用恰当、生动的方法，帮助孩子们建立一个完整的对世界的理解。”

一、课程标准与教材是教学内容整合的内容依据

课程标准中具体规定了学生在特定学段的学习内容及其学习的程度与要求；而教材则是对内容标准的具体化，提供达到课程标准要求的具体学习素材。因此两者往往具有较高的一致性。课程标准的要求是学校日常教学的主要依据，也是评价的依据。因此，课程标准与教材应是教学内容整合的内容依据。

二、以核心素养为纲的课程改革要求是教学内容整合的现实依据

从国际、国内课程标准看，跨学科概念和科学实践已成为各国课程标准的重要内容，并且围绕跨学科概念组织课程内容已成为趋势。跨学科概念是指那些本质上不随时间变化且对各文化观念都普遍适用的概念，为所有科学知识的深入理解提供了一个框架。跨学科概念搭建了不同学科之间沟通的桥梁，使学生能够看清科学的各分支之间、科学与其他学科之间的联系。比如，2008 年加拿大安大略省的课程标准共提出了“物质”“能量”“系统和相互作用”“结构和功能”“可持续发展和管理”“变化及连续”六个跨学科概念。这些跨学科概念在 1～12 年级科学课程中是不变的，但随着课程内容的展开，学生的理解将会逐渐深入。再比如，2012 年，美国国家研究理事会正式发布了新版的《K－12 框架》，将科学定位于既是一套概念体系，又是一种基于实证的模型，同时又是一个不断完善、修正的理论建构过程。从这样的科学观出发，《K－12 框架》形成了科学教育的三个维度：学科核心概念、跨学科概念、科学与工程实践。我国 2003 年颁布的《普通高中物理课程标准(实验)》则明确把科学探究及物理实验、各模块知识内容并列作为物理课程的内容标准，并且强调科学探究作为学生学习的主要方式。

课程标准之所以如此强调科学探究，是有其研究基础的。研究表明：科学探究与物理知识的建构是统一的过程(胡孝栋，2004)。

因此，从国际、国内课程标准看，概念教学内容的整合不仅包括建立概念之

间的关联，围绕核心概念建构概念体系等内容，还应该包括概念与跨学科概念的整合，以及概念与科学实践活动的整合。其中，科学实践活动包括科学探究、科学实验等与实践相关的学习活动。

三、国内外概念教学相关理论是教学内容整合的理论依据

整合与发展作为当代基础教育阶段科学课程改革的核心理念，已经体现在发达国家的课程文件中（郭玉英等，2013）。以教学内容的整合促进学生认知发展，是教学内容分析的立足点。郭玉英等人(2013)指出，整合首先是科学课程概念体系的建构，即通过围绕“大概念”组织知识内容，达成以往科学课程中零散概念的整合。在此基础上组织科学实践活动，使学生的“学”与“做”融为一体，在实践中理解和建构物理概念。基础教育阶段科学课程的学习应力图通过少数大概念来整合学科知识，促进学生参与科学工程实践，实现对重要原理的深入探索，发展学生的整合理解能力，并在其中渗透科学本质教育和 STSE 教育。大概念包括跨学科概念和学科核心概念，跨学科概念侧重跨学科内容的组织，而学科核心概念多用来整合某一学科内的知识。

当代的科学课程设计正在尝试围绕大概念组织课程内容，建立整体一致的概念体系，帮助学生形成良好的知识结构。例如加拿大安大略省科学课程以核心概念为纽带，向上承接跨学科概念，向下按其三维目标展开总体期望和具体期望，在每门课程开篇附表说明该课程的核心概念与跨学科概念的关系。同时，概念体系的整合也是学习进阶设计的必备条件，学习进阶实质上就是对核心概念理解的逐级深入和持续发展。

四、物理概念层级结构与物理概念学习进阶研究是教学内容整合的操作依据

物理概念层级结构模型与物理概念学习进阶研究具有较强的实践价值，可以用来指导教学内容整合实践。

1. 物理概念层级结构模型

物理概念层级结构模型以物理概念的包摄性水平作为变量，描述具体物理概念之间的层级与关系。该模型明确界定了物理概念之间的层级关系，详细说明了不同层级物理概念的特点，以及概念之间的关系。物理概念层级结构模型如表 2-1所示。

表 2-1　物理概念层级结构模型

层级水平与名称	层级说明
层级 4：学科核心概念	涵盖学科内多个主题，可以组织整合学科内容的少数关键概念。例如“运动与相互作用”。
层级 3：主题核心概念	组织整合某个主题内容的少数关键概念。例如“机械运动”。
层级 2：重要概念	构成科学理论体系的基石，是构成科学知识的最重要的元素。例如“加速度”。
层级 2.2：关系概念	把两个或者两个以上的基本概念或者基础概念连接在一起，反映基本概念之间的关系。例如匀速运动的“位移—时间关系”。
层级 2.1：基本概念	在人类探索自然规律的过程中，为了描述客观事物某一方面的本质属性而定义的物理概念。例如“速度”。
层级 1：基础概念	通常是从学习者的知觉感受直接概括出的，是人类建构的物理概念，并以此作为认识客观世界的起点或者工具。一般与生活、生产实践中的现象、事实直接对应或者紧密联系。例如“位置”。

从总体上看，物理概念层级结构模型的构成要素包括四个层级的物理概念，以及它们之间的联系。按照抽象概括水平从低到高依次为“基础概念”(fundamental concepts)、“重要概念”(key concepts)、“主题核心概念”(topic core concepts)和“学科核心概念”(discipline core concepts)，其中重要概念层级分为基本概念(basic concepts)和关系概念(relation concepts)两个亚层级。之所以把重要概念层级分为两个亚层级，主要是因为：第一，一个学科的重要概念构成了这个学科的知识主体，重要概念数量较多；第二，大量的重要概念之间具有一定的层级结构。下面分别说明各层级概念的特点。

(1)学科核心概念

学科核心概念在物理概念层级结构模型中处于最高层级，属于包摄性水平最高的物理概念。从涉及的领域看，学科核心概念跨越学科内单一主题，几乎涵盖学科内各个主题，如能量概念涉及物理学科的力学、电磁学、热学、光学、原子物理等主题。

从物理概念的重要程度看，学科核心概念是组织整合学科自身内容的少数关键概念，是当代科学教育研究关注的热点，是学生科学认识发展的核心。这些内容能够展现当代学科图景，是学科结构的主干部分。科学教育领域中的学科核心概念，是指四个具体科学研究领域(物质科学，生命科学，地球和空间科学，工程、科技与科学应用)中处于核心地位的科学概念或观念。学科核心概念超越了那些孤立而散乱存在的事实或技能，对减轻学生的认知负荷、促进学生形成对自然界的整体认识具有重要作用，能有效促进学生理解学科知识、建构学科体系。比如，经过美国科学教育界多年研究、讨论，美国2013年颁布的《新一代科学教育标准》最终确立了物质科学的四个学科核心概念：物质、运动与相互作用、能量、波及其在技术领域的应用——信息传递。

(2)主题核心概念

主题核心概念是学科核心概念在主题中的具体化，在物理概念层级结构模型中介于学科核心概念与重要概念之间，抽象概括程度也介于两者之间。

从物理概念涉及的领域看，主题核心概念是组织整合某个主题内容的少数关键概念，而学科核心概念则是在学科范围内贯穿各主题的科学概念。显然，相对于学科核心概念，主题核心概念涉及的领域较狭小。例如“运动与相互作用”作为学科核心概念涉及物理学科内全部主题，而“机械运动”作为这一学科核心概念下的主题核心概念仅涉及宏观物体的机械运动。从主题核心概念在概念体系中的地位看，主题核心概念具有承上启下的功能。主题核心概念是对若干重要概念具有统领价值的概念；同时，主题核心概念又是构成学科核心概念的主要成分，支撑学科核心概念。

(3)重要概念

重要概念是学科核心概念在研究对象上的具体化。在物理概念层级结构模型中处于主题核心概念和基础概念之间，抽象概括程度也介于两者之间。重要概念是构成科学理论体系的基石，是科学知识的主要组成部分。学科核心概念和主题核心概念不是孤零零的，它们统领着大量重要概念及其关系。学习这些重要概念及其关系能促进对核心概念的理解。根据重要概念对客观事物描述的角度不同，可将其分为：基本概念和关系概念。

基本概念往往是在探索自然规律的过程中，在学科核心概念范围内为了描述研究对象的单一属性而人为定义的物理概念。许多基本概念可以量化，在物理学中一般称为物理量。例如，将加在导体两端的电压 U 与流经导体的电流 I 之比，定义为导体的电阻 $R\left(即 R=\dfrac{U}{I}\right)$，用来描述导体阻碍电流的本领。基本概念往往是从学科核心概念的角度描述客观事物的某种属性，例如，从力的角度描述电场的性质可以用电场强度，从能的角度描述电场的性质可以用电势。

关系概念把两个或者两个以上的基本概念联系在一起，以达到对客观事物进行更加全面描述的目的。它既反映了基本概念之间的关系，又反映了不同学科核心概念之间的联系。关系概念常常可以用数学方程式表达，例如，在匀强电场中，沿电场方向两点间的电势差等于场强与两点沿电场线方向的距离的乘积，即 $\varphi_A-\varphi_B=Ed$，这样就将分别从力和能量两个角度描述电场性质的物理量——电场强度和电势建立了关系。需要指出的是，关系概念中两个基本概念是彼此独立的，不同于基本概念的定义式。例如，速度 v 定义为在一段时间内物体的位移 s 与这段时间 t 的比，即 $v=\dfrac{s}{t}$，在这里位移和时间都不能单独用来描述物体运动的快慢，而只能用它们的比来描述，把这一比定义为物体的速度。因此，速度是基本概念，用来描述物体运动快慢这一单一属性，而并没有描述不同属性之间的关系，不属于关系概念。

一般来说，基本概念描述的是直接观测到的事物客观属性，而关系概念描述的则是事物客观属性之间的关系。事物客观属性之间的关系一般不能通过直接观测得出，需要通过科学推理得出。因此，一般来说，关系概念比对应的基本概念具有更高程度的抽象概括水平。

在同一主题核心概念下的若干基本概念之间也可能表现出不同层级，如位移、速度与加速度之间具有较明显的层级：位移是对质点位置变化的直接描述；速度则是在位移基础上建立的，目的是描述位置变化快慢；而加速度又是建立在速度基础之上的，目的是描述速度变化快慢。因此，位移、速度、加速度三个概念的抽象概括水平依次递进。

有些基本概念的外延并不一定局限于某个特定主题。例如，波长本是机械波主题下引入的基本概念，同时也是描述电磁波性质的基本概念。也有些基本概念甚至跨越学科，成为各学科共同关注的基本概念。例如，物理学中的熵这一基本概念，已经渗透到经济学、社会学等领域。

(4)基础概念

基础概念是不局限于主题核心概念甚至学科核心概念的科学概念，处于物理概念层级结构模型的最低层级，是通过学习者的知觉或感受直接概括出的概念。基础概念是人类建构物理概念，并以此认识客观世界的起点或者工具。例如，时间是若干学科核心概念统领下的基础概念，是人类认识客观世界的重要工具。

基础概念一般与生活、生产实践中的现象、事实直接对应或者紧密联系，有些基础概念则来自数学等基础学科。基础概念是定义基本概念的基础和前提，抽象概括程度显然低于基本概念。大部分基础概念是定性的，并且具有较高的直观性。例如，运动学主题下的基础概念包括参考系、质点、位置等，这些概念与人们在日常生活中的知觉有密切关系，是认识位移、速度、加速度等基本概念的基础和前提，也是认识运动现象的起点。

综上所述，重要概念和基础概念都是连接核心概念的，并且促进对核心概念的理解。因此，重要概念和基础概念都属于具体概念范畴。

2. 物理概念学习进阶模型

物理概念学习进阶模型具有物理学科特色，并充分反映学生认知从简单到复杂的过程。物理概念学习进阶各层级的名称和对各层级的描述与说明，如表 2-2 所示。

表 2-2　物理概念学习进阶模型

概念学习层级	层级描述
1. 事实经验	碎片化的事实或者经验。
2. 映射	事实经验与科学术语之间的简单对应。
3. 关联	事实经验中相关物理量与概念之间的联系。
4. 概念	概念与多个事实经验本质特征之间的定量关系。
5. 整合	在核心概念下的概念体系整合；概念与跨学科概念之间的联系；反思概念理解过程获得的反省知识。

下面分别对物理概念学习进阶模型的各层级作出详细说明。

(1)事实经验

事实经验是未加任何抽象、概括的客观现象或者是曾经经历过的事物在头脑中留下的感性认识，其显著特征是碎片化，相互之间没有建立联系。这些事实与经验是指个体头脑中已有的日常生活经验与先前学习的结果，也包括在课堂教学中即时观察到的实验现象与事实。但这里的事实与经验是指头脑中符合客观事实的、正确的认识，不包括头脑中已有的错误概念。比如，运动中的篮球具有能量，两辆汽车高速行驶时相撞要比低速行驶时相撞产生的后果更严重，这些都属于事实或经验，但它们之间并没有建立联系。

(2)映射

映射是事实经验与科学术语之间建立的简单对应，一般情况下是建立在客观事物表面现象基础上的，限于现象的描述而不涉及对现象的解释和事物的本质特征，也不涉及对科学术语的深层内涵理解。有时映射可能只是对客观现象进行类比的结果，比如重力对应重力场，那么静电力则可能对应静电场，因此便可把大量的静电现象与静电场建立对应关系，但并未揭示静电场的内涵。科学术语是对事实经验的最初步概括，甚至术语有可能并不是最终科学共同体所选择的科学术语，如伽利略提出的“自然加速运动”。但此层级的简单对应关系一般可以揭示物理概念的意义或者科学中引入此物理概念的必要性。

(3)关联

关联是指事实经验中相关概念之间的联系，但并未整合这些联系，这些联系可能是定性的，也可能达到了定量关系，是认识客观世界的重要一步。定性关系主要是指因变量随自变量的变化趋势，定量关系是指两者之间的数量关系。比如，建立物体的加速度与质量的定量关系，以及加速度与合力的定量关系，但并未整合这两个关系。联系水平既可能是定性的，即质量一定时，合力越大，则加速度越大，合力一定的情况下，质量越大，加速度越小；也可能是定量的，即加速度 $a\propto$ 合力 F，加速度 $a\propto$ 质量的倒数 $\frac{1}{m}$。从事实经验中排除无关因素并抽象概括出与概念相关的物理量，是建立概念关联的第一步。比如，建立密度概念时需要排除物体的性质、材料、形状等无关因素，建立密度与质量和体积的定性关系。物理量的方向包含约定的成分，属于因变量与自变量之间的定性关系，因此属于关联层级。

(4)概念

概念是对事实经验的本质特征的反映，是对事实经验的本质概括。因此，概念是对若干关联的整合，比如在加速度 a 与合力 F 成正比关系，以及加速度 a 和质量 m 成反比关系的基础上，整合得出牛顿第二定律，即 $F=ma$。建立定量关系是对事实经验本质的深刻把握。反映事实经验本质特征的因变量和自变量之间定量关系的方式可以是数学表达式，也可以是图像、表格等其他形式。比如，速度概念是对各种物体(不管大小、形状、质量等)运动快慢这一本质属性的反映，可以用数学表达式表达，也可以用图像等其他形式表达。

(5)整合

整合是建立概念与对应的大概念(包括学科核心概念和跨学科概念)的实质性联系，在核心概念统整下建立概念之间的逻辑关系，以及从事实经验、映射、关联，直到概念，对整个认知过程的反思基础上形成反省知识，因此整合比理解物理概念本身具有更高程度的认知复杂性，是物理概念理解的最高认知层级。“整合”层级的内容主要包括四个方面：具体概念与对应核心概念的关联、具体概念与跨学科概念的关联、围绕大概念建立的具体概念之间的关联、对头脑中认知概念过程进行反思所形成的反省知识。

第二节　概念教学内容整合的思路

学习进阶是学生在各学段学习同一主题概念时所遵循的连贯的、典型的学习路径的描述，一般呈现为围绕核心概念展开的一系列由简单到复杂、相互关联的概念序列(刘晟等，2002)。学习进阶已被科学教育研究者广泛应用在课程、教学、评价等各个领域，正在成为整合教学内容，进行教学设计、学习评价和教师培训等的强有力工具。

本节以物理概念层级结构模型和物理概念学习进阶模型作为教学内容整合工具，结合具体实例，说明科学概念教学内容整合的对象、策略与目标。教学内容整合是指以科学的逻辑和认识的发展为线索重组教学内容，以有利于学生围绕核心概念建构概念体系、在知识学习中发展科学思维与科学探究能力等核心素养目标的实现。从整合的时间跨度看，既有较长时间跨度内学习一个单元或者主题，也有较短时间内学习一个具体概念。从整合的时间点看，既有教学前作为教学内容分析的整合，以此作为进行教学设计的重要依据之一；也有教学中基于学生课堂表现的教学内容整合，以此及时调整课堂教学的节奏和难度等。从整合的层面看，既有对概念体系、概念学习过程的描述，又有对概念学习影响因素的分析，甚至有对某一节课内具体内容调整的因果解释。

一、从宏观层面规划单元或主题教学内容，形成核心概念统领的科学概念体系

研究表明：与新手比较，专家的知识往往不仅仅是对相关领域的事实和公式的罗列，而是围绕核心概念或者“大概念”组织的，这些概念引导他们去思考自己的领域(约翰·D. 布兰斯福特，2013)。而物理观念是物理概念和规律等在头脑中的提炼和升华。物理观念既不是物理概念、规律本身，也不是物理概念的简单堆砌，但其形成却也离不开具体物理概念、规律，需要在大量具体物理概念相互关联的基础上围绕核心概念建立概念体系，并在头脑中进行提炼和升华。大概念

并不是孤立的，是与一个个具体概念连接在一起的(韦钰，2016)。因此，在一段较长时间跨度内围绕核心概念规划教学内容，形成核心概念统领的概念体系，并具体分析每一个发展阶段上有哪些具体的物理概念促进核心概念体系的发展，是帮助学生建构物理观念的可操作性途径。同时，在建构概念体系的过程中，必然涉及具体概念、规律等内容之间的内在逻辑联系，这些联系是促进学生理解跨学科概念、形成思想方法的重要载体。例如，在中学阶段，在理论上根据动量定理推理得出动量守恒定律，从而建立两者的逻辑关系，体现了系统模型和物理学中"追寻守恒量"的科学思想。

在学习进阶研究的初期，学者们更多聚焦于描述学生在较长一段时间内对核心概念理解由简单到复杂的思维路径，例如对"物质""能量""运动与相互作用"等核心概念，其变量可以是知识或者能力，也可以是两者的综合体。"运动与相互作用"是中学物理的一个核心概念，也是发展学生运动和相互作用观念的重要载体。下面以"运动与相互作用"为例，说明如何以学习进阶为工具从宏观层面规划较长一段时间内的教学内容(例如一个单元或者一个主题)，形成核心概念统领的科学概念体系。

首先，查阅文献，了解关于"运动与相互作用"学习进阶的已有研究，并结合课程标准所要求具体内容的深度和广度，建构"运动与相互作用"学习进阶假设，如图 2-1 所示。

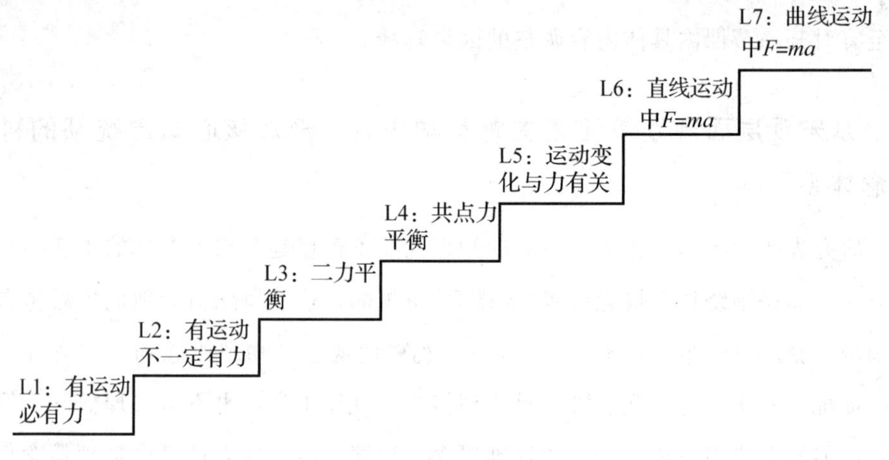

图 2-1 "运动与相互作用"核心概念学习进阶

上述“运动与相互作用”核心概念学习进阶假设以认知复杂度为变量，描述了学生对“运动与相互作用”的理解从简单到复杂、由浅入深的一般路径。总体来看，复杂度的增加主要体现在以下几个方面：(1)从对事物粗浅的表面现象的认识到对事物本质规律的揭示。“有运动必有力”是基于对大量日常生活现象的观察而总结得出的错误结论，而“有运动不一定有力”是伽利略、笛卡儿等物理学家们在实验现象的基础上，进行推理得出的。(2)从质点处于平衡状态到质点处于非平衡状态。质点处于平衡状态时，运动情况比较简单，在参考系的基础上，只需要位移、时间、速度等概念即可描述；而质点的非平衡状态则相对复杂，不仅需要描述平衡状态的上述物理概念，还需要进一步引入加速度概念，甚至需要进一步引入角速度、周期等物理概念，才能较准确地描述物体的运动情况。(3)对运动与相互作用关系的认识从定性上升到定量。从“有运动不一定有力”到“运动变化与力有关”都属于对运动与相互作用的定性认识，而牛顿第二定律 $F=ma$ 则是对运动与相互作用关系的定量认识。(4)从直线运动上升到曲线运动。相对于直线运动而言，曲线运动在运动情况、受力情况等方面都是复杂程度更高的运动形式。“运动变化与力有关”这个层级中可以体现从直线运动到曲线运动的运动状态的变化与力的定性关系；同时，在从“直线运动中 $F=ma$”层级到“曲线运动中 $F=ma$”层级中也体现了从直线运动到曲线运动的复杂度增加。(5)质点受力情况由简单到复杂。从不受力到受两个力，在两个力作用下处于平衡状态；再到受多个共点力作用，在共点力作用下处于平衡状态，合力为零；再到在共点力作用下处于非平衡状态，合力不为零。从物体做直线运动时所受合力与运动方向在一条直线上，到物体做曲线运动时所受合力方向随时间变化。

其次，根据课程标准所确定的教学内容和教材中呈现的教学内容，以及对这些教学内容所要求的深度和广度，分析并确定学习进阶中每一个层级所包含的具体内容。例如，“二力平衡”层级下包含了若干具体物理知识，如表 2-3 所示为“L3：二力平衡”层级的教学内容整合。

表 2-3 “L3：二力平衡”层级的具体教学内容整合

学习层级	具体知识
L3：二力平衡	1. 质点、参考系、坐标系
	2. 时间和位移
	3. 速度
	4. 匀速直线运动
	5. 重力
	6. 弹力

最后，对具体内容进行适度拓展，为后续学习进行适当铺垫，渗透知识间的联系。每一节具体的内容都进行适当拓展，并建立前后内容的内在联系，这也是学生建立良好概念体系的过程。例如，在完成“速度”基本教学内容之后，可以进行如下内容拓展：在直线运动中如何求在一段时间内的速度变化量？经过相同时间，如果速度变化量不同意味着什么？在曲线运动中如何求在一段时间内的速度变化量？如何测量物体运动的速度？如何用图像描述物体做直线运动的速度？等等。

对每一节教学内容进行适度拓展的意义在于：(1)每一节课后为学生留下值得进一步思考的问题，可以激发学生的学习兴趣，可能会引导学习能力较强的学生进行自主学习，还可以为学习暂时落后的学生学习后续内容做好铺垫，降低后续学习的难度，从而有利于促进全体学生的发展。(2)每一节课的内容拓展，以及这些拓展与后续学习内容逐渐建立联系的过程就是学生概念体系建构的过程。这正是我们当前物理教学有待解决的问题。当前物理教学中普遍更重视“知识点”的教学，而缺乏建构概念关联的教学过程，导致知识碎片化，不利于学生物理观念的形成，也阻碍了学生问题解决能力的发展。(3)拓展内容往往是更上位的知识，可能涉及学科核心概念，甚至涉及跨学科概念，这些知识更容易在不同领域迁移，所以拓展也是帮助学生形成物理观念、发展科学思维的重要环节。

特别需要指出的是，拓展教学内容要考虑学生的实际认知水平，要注意适度拓展。因为拓展内容往往会超出本节课的教学内容要求，不能不顾学生实际情况而一味强调拓展内容的深度和广度。

二、从微观层面整合课堂教学具体内容，厘清课堂教学内容的主线

从微观层面整合课堂教学具体内容，是特指围绕某个具体的教学内容(例如一个概念或者一个规律等)按照认识从简单到复杂的发展路径组织较短时间内(例如一节课)的学习内容，是相对于从宏观层面整合较长时间跨度的学习内容(例如一个单元或者一个主题)而言的。从教的角度看，其主要意义在于，以此作为课堂教学内容的主线是尊重学生原有认知水平和认知发展规律的可操作路径，以对课堂教学内容的认知复杂度分析作为教学设计的重要依据，改变长期以来课堂教学设计仅凭教师经验的缺陷，从而增加教学设计的科学性。从学生学习的实际情况看，学生对科学概念缺乏深层理解往往表现在以下几个方面：如何在事实经验的基础上认识到科学概念的意义？如何从定性角度理解科学概念？如何从定性角度上升到定量角度理解科学概念？科学概念跟其他哪些科学概念之间是关联的？这些科学概念之间具有怎样的逻辑关系？建构概念使用了哪些科学思想方法或者认知策略等思维工具？这几个方面是相互联系的，并且伴随着学生对具体概念的认识由浅入深、由简单到复杂的过程(张玉峰，2018)。

下面以"速度"一节教学内容为例，介绍如何基于学习进阶整合一节课的教学内容，从而厘清教学内容的主线，并以此作为教学设计的依据。

首先，依据物理概念学习进阶模型，结合"速度"一节的具体教学内容，建构速度概念理解的发展层级模型，具体思路包括：(1)结合课程标准和教材从物理学本体角度分析概念的内涵、外延与具体特点；(2)以物理概念学习进阶模型(表2-2)作为理论框架，确定理解层级；(3)结合已有研究文献和教师自身的教学经验对确定的概念理解层级进行修正和完善，最好是经过多位教师研讨，达成共识。

其次，分析建立概念的事实经验有哪些，如何分类。不仅要重视事实经验数量的丰富程度，更应重视事实经验类别的多样化。传统教学中一直重视事实经验，但往往更侧重事实经验的数量，而忽视事实经验类别的多样化。事实经验至少应包括以下几类：(1)在一段时间内，两个物体运动的位移和路程分别相同；(2)在一段时间内，两个物体运动的位移相同，但路程不同；(3)在一段时间内，两个物体运动的路程相同，但位移不同；(4)在一段时间内，两个物体运动的平

均速度相同，但运动情况却不相同。上述几类实例中，前三个实例是为在初中用路程与时间之比定义速度基础上，引入位移与时间之比定义速度作铺垫；最后一个例子则是为引入瞬时速度的必要性作铺垫。

再次，分析促进概念理解从低层级向高层级“跃迁”的科学思维有哪些。科学概念教学中，要强化科学思维作为连接事实经验与科学概念的纽带作用。科学概念既是科学思维的形式，也是科学思维的结果。事实经验是形象的，而科学概念是抽象的，正是科学思维完成了从形象化事实经验向抽象科学概念的认识飞跃。从科学思维发生的时间点看，强化科学思维应注意如下两个时机：(1)在演示得出科学概念的实验现象与事实之前，教师引导学生猜想实验的现象或者事实应该是怎样的，这是基于朴素概念的思维过程，有助于唤醒学生头脑中的前概念，这些前概念有正确的，也有错误的。唤醒错误的前概念，有助于后续学习中转变错误概念；唤醒正确的或者含有正确成分的前概念，则有助于直接形成科学概念。(2)在演示实验现象与事实之后，注意引导学生进行分类、建模、解释与推理等思维过程，在此基础上形成科学概念。也就是说，在这一过程中，科学思维充当了从实验现象或结果到科学结论的“桥梁”。这座“桥梁”的牢固程度正是事实经验与科学概念之间实证性联系的紧密程度的体现。

最后，在分析具体教学内容拓展的基础上，重点整合建构具体教学内容与对应的大概念(包括跨学科概念和学科核心概念)之间的关系。这里的整合从两个方面进行：一方面，要通过物理概念的学习促进学科核心概念的发展，这就要求重新审视应如何建构物理概念才能促进对学科核心概念的理解；另一方面，要注重用学科核心概念统领物理概念的建构，这就要求从学科核心概念视角重新审视建构物理概念的内容与方式。例如对速度概念的整合：一方面需要明确速度是描述物体运动状态的物理量，物体的速度是否变化与其所受合力是否为零相对应，这无疑对运动与相互作用关系这一核心概念的理解有重要意义；另一方面，从运动与相互作用视角看，需要明确速度是在位移基础上，为了进一步准确、全面描述运动而引入的，并且仅用速度描述运动还不够，还需要进一步用加速度描述速度变化的快慢，物体的速度是否变化是判断物体所受合力是否为零的依据，从矢量的角度看，需要明确速度是矢量，并且速度的变化量运算遵从矢量运算法则。

三、从因果解释层面分析“阶”的产生原因，组织影响概念学习的相关因素

学习进阶是对学生思维方式从简单到复杂、由浅入深发展路径的描述。学习进阶中的“阶”则形象地刻画了认识发展路径上的一些关键节点。“阶”的形成一定是由多方面因素造成的。因此，只有弄清学习进阶中“阶”的产生原因，才能抓住影响概念学习的关键因素，组织合适的教学内容，采取合理的教与学的方式，顺利实现学习进阶，促进学生认知发展。

学习进阶的变量可以是知识或者能力，也可以是两者的综合（张玉峰，2016）。因此，“阶”的产生既有知识本身复杂程度的原因，也有学生认知能力水平等方面的原因。分析“阶”产生原因的思路主要来自两个方面：一是物理学自身的特点，例如，物理学是以实验为基础的、自身具有严密的逻辑体系、与数学有紧密的联系、带有方法论性质等；二是一般的认知规律和物理学习过程的分析，例如，原有认识是学习新知识的重要影响因素，对事物的认识总是从感性认识上升到理性认识等。概括起来，产生“阶”的原因主要包括以下几个方面。

(1)原有知识或者事实经验不足。原有知识或者事实经验是经历抽象、概括、推理等思维活动，得出新概念的认识基础。例如，加速度概念的建立需要学生具有速度、速度变化量等知识基础，需要学生具有不同物体速度变化快慢不同的事实经验。如果学生的原有知识或者事实经验不足，将难以建立概念。

(2)概念本身的抽象程度高。概念与规律的得出离不开事实经验，是在事实经验基础上经过抽象、概括、推理等思维过程得出的。例如，加速度概念是在位移、速度、速度变化量等一系列概念基础上抽象而来的，抽象程度是比较高的，不容易理解。

(3)科学思想方法或者研究方法等思维工具不足。物理学与方法论具有天然的联系，蕴含着丰富的思想方法与研究方法等方法类的思维工具，例如，类比、等效等思维方法对电动势、力的合成等概念的理解具有重要影响。

(4)数学工具缺乏。物理是一门高度定量的学科，与数学紧密联系，数学工具往往是影响概念理解的重要因素，例如，极限思想是理解瞬时速度概念所必需的。

(5)跨学科概念缺乏。例如，系统模型对理解能量概念，变化量概念对理解速度、加速度等概念具有重要影响。

需要指出的是，产生“阶”的可能原因远不止这些，比如学生对科学本质的理解程度，对科学与技术、社会、环境等因素关系的理解等都是影响学生深层理解概念的原因。

一个概念的学习进阶往往受到上述诸多因素的影响，例如，速度概念的学习与学生对变化率的理解、极限思想、等效思想、速度测量的设计、生活中的红外线遥感测速仪等内容具有密切联系。

为了有效突破科学概念学习过程中认知发展的制约，实现对科学概念认识的“进阶”，根据以上对产生“阶”的原因的分析，结合科学概念学习过程的分析和教学实践经验，需要整合的教学内容主要包括以下几个方面。

(1)原有知识或者事实经验。原有知识不仅包括已经学习过的具体物理概念、规律等，还应该包括在学习概念、规律等内容基础上学生头脑中形成的概念体系；事实经验包括日常生活中与学习内容相关的现象，以及基于现象获得的体验，物理实验现象与结果等。

(2)数学工具。随着物理学习内容越来越复杂，所需要的数学工具也越来越复杂。在中学阶段涉及的数学工具包括代数、几何、微积分等。

(3)物理思想方法。在物理学发展过程中，物理知识的积累过程也是物理思想方法的积累过程。物理思想方法是物理学家在创造知识的过程中所经常采用的研究方法、思维方法等智力工具的总称。物理教育界对物理思想方法的界定，以及物理思想方法包含的具体内容，目前并未达成共识。从已有关于思想方法的研究入手，结合中学物理教学实际，本研究确定与教学内容整合密切相关的物理思想方法主要包括理想化方法、图像法、比较与分类法、等效替代法、类比法、微积分思想、对称思想和守恒思想等八种方法和思想。

(4)跨学科概念。对跨学科概念的理解往往是伴随对学科核心概念的理解而逐渐深入的。两者往往交织在一起，相互促进。我们以美国《K－12 框架》中提出的跨学科概念作为本研究中教学内容整合的跨学科概念，具体内容包括：模式(patterns)，因果——机制与解释(cause and effect: mechanism and explanation)，规模、比例和数量(scale，proportion，and quantity)，系统和系统模型(systems and system models)，能量与物质——流动、循环和守恒(energy and matter：flows，cycles，and conservation)，结构与功能(structure and function)，稳定与变化(stability and change)。

(5)科学本质与 STSE。不管是科学家的科学研究过程，还是学生学习科学的过程，必然涉及对科学本身的理解，以及科学与技术、社会、环境的相互影响。这便是科学本质与 STSE 教育的内容。科学教育研究者吸收当代科学哲学的科学本质认识，从不同的研究视角，提出了科学教育中科学本质的内容或结构，这些观点所涉及的具体内容或表述略有不同。我们选择 McComas 等人的研究结果作为科学本质的整合内容。McComas 等人(1998)通过对美国、加拿大、澳大利亚、新西兰和英国五个国家八份科学课程标准的归纳，总结出相关的科学本质内容：科学知识同时具有持久性和暂定性；科学知识基于观察、实验证据、合理的争论及怀疑态度，但不限于此；科学的途径并非只有一条(因而不存在一种普适的按部就班的科学方法)；科学是解释自然现象的一种尝试；定律和原理在科学中扮演了不同的角色，因而学生应该意识到再多的证据也不能使原理变成定律；来自各种文化的人都对科学有贡献；新的知识必须被清晰和公开地报道；科学家需要保存精确的记录，以供同行评议和重复实验；观察中承载理论；科学家是有创造力的；科学史既表现出演进特征，也表现出革命性；科学是社会及文化传统的一部分；科学和技术相互影响；科学思想受社会和历史背景的影响。分析发现：从总体上看，上述科学本质的内容大致包含科学知识、科学探究、科学事业三个方面。

在我国，STSE 教育相对于教育发达国家提出并实施较晚，科学教育标准中尚未系统阐述其教育内容。我们以 2001 年加拿大安大略省科学课程标准中的 STSE 内容作为教学内容整合的主要内容。具体包括：注重科学、技术、社会和环境与科学教育的联系，要求学生能够正确处理科学对社会和环境(包括自然环境和工作环境)的影响。

(6)实践活动。不管是物理学家探索自然规律、获取物理知识的过程，还是学生学习物理知识的过程，都离不开物理实践活动。依据物理课程标准，结合中学物理教学实践，本研究认为，与教学内容整合有关的物理实践活动主要包括物理量的测量、探究性实验、验证性实验、小制作等。

下面以图 2-1“运动与相互作用”核心概念学习进阶中的“L3：二力平衡”层级为例，在表 2-3 的基础上，说明影响概念学习的因素有哪些，其中，限于篇幅，略去了“原有知识与事实经验”和“数学工具”等影响因素。

表 2-4　L3：“二力平衡”层级教学内容整合

学习层级	具体概念	跨学科概念	物理思想方法	物理实践活动	科学本质、STSE
L3：二力平衡	1. 质点、参考系、坐标系	理解坐标系，体会尺度、比例和数量的概念	通过把物体抽象成质点的过程，体验理想化模型的建构	用坐标系确定某位置	北斗导航、GPS 等
	2. 时间和位移	比较位移与路程，体会标量与矢量的概念	通过位移—时间图像，体会运用图像描述物理量的变化	使用秒表等计时仪器； 使用刻度尺等测量长度	出租车计费方式
	3. 速度	通过定义平均速度，体会稳定与变化的概念	通过定义速度，体会比较与分类的方法； 通过平均速度，体会等效思想； 从平均速度推导瞬时速度，体会极限思想	使用打点计时器(或者光电门)测速度	红外线测速仪
	4. 匀速直线运动	通过匀速直线运动，体会平衡与均匀变化的概念	通过速度—时间图像，学会用图像描述物理过程并从图像中提取信息	设计实验测量匀速直线运动的速度	—
	5. 重力	通过比较不同地方的重力体会稳定与变化的概念	通过定义重心、利用力的示意图描述力，体会等效替代的方法	通过实验确定任意物体的重心位置	手机中的重力感应器
	6. 弹力	通过对胡克定律的学习体会比例和数量的概念	通过胡克定律的探究过程体会运用图像法发现物理规律的方法	探究弹簧弹力与伸长量之间的关系	—

四、从概念理解层级的具体表现层面诊断学习水平，适时调整课堂教学内容

教学的针对性是教学有效性评价的重要指标。这就要求在教学过程中对学生概念理解水平进行精准诊断，并依据诊断结果及时调整课堂教学内容。这也是真正落实以学生为中心的课程理念的有效手段。所谓“尊重学生”并不是表面的，而是应该尊重学生的原有认知水平，并基于其原有认知水平进行引导并促进其提升。对学生认知水平的精准诊断是在学科教学研究中进行实证研究的重要内容，也是提升学科教学科学化水平的重要途径。

概念理解层级是对概念理解从简单到复杂、由浅入深的客观标定，标定的依据则是对概念理解任务的复杂度分析。概念理解层级的具体表现则是对学生是否达到某一概念理解层级作出主观判断的依据，是评价学生是否达到相应理解层级的显性化量尺。相对于其具体表现而言，概念理解层级则是内隐的。内隐的概念理解层级只有通过外显的具体表现刻画出来，才能在教学实践中得到有效应用。

表 2-5 是在概念学习层级描述基础上，拟定的学习进阶具体表现（张玉峰，2016）。

表 2-5 概念学习进阶的具体表现

概念学习进阶	层级描述	具体表现
1. 事实经验	碎片化的事实或者经验	·确认事实或者经验； ·提取已有的事实或者经验。
2. 映射	事实经验与科学术语之间的简单对应	·能基于事实说出科学术语的物理意义； ·举例说明科学术语； ·依据科学术语对事实经验分类，或区分事物不同属性，或者辨别事物不同属性。
3. 关联	事实经验中相关物理量与概念之间的联系	·能说出科学术语与事物的哪些本质特征有关； ·基于事实或者经验推断科学术语与事物本质特征的定性联系。

续表

概念学习进阶	层级描述	具体表现
4. 概念	概念与多个事实经验本质特征之间的定量关系	·推导出事物本质特征的定量关系，或者通过定量实验验证定量关系； ·能借助数学表达式、图像等表征概念。
5. 整合	概念与在核心概念统领下的概念体系的关系；概念与跨学科概念间的联系；概念理解过程中涉及的思想与方法等策略性知识	·说明具体概念与核心概念的关系，对核心概念的意义和价值； ·说明具体概念涉及的跨学科概念； ·说出概念得出过程涉及的研究方法、思想方法等智力工具类知识。

那么，如何拟定概念学习进阶的具体表现，并基于对学生学习水平的诊断适时调整课堂教学内容呢?

首先，拟定各理解层级的具体表现。拟定具体概念的层级具体表现时，不仅要依据表 2-5 所示的概念学习进阶具体表现，还需要结合学生的认知水平和课程标准等教育纲领性文件对教学内容的具体要求。需要强调的是，在这个过程中，教师的经验是非常重要的，特别是不同教师的一致性经验对拟定各层级的具体表现具有较高的价值。

其次，检验具体表现的效度，并进一步进行修改、完善。具有丰富教学实践经验的教师和研究者共同拟定的概念理解层级具体表现还只能算作假设，还可以从两个途径收集信息，并进一步完善。一是请较大范围的有经验的教师进一步充分讨论，提出修改和完善意见；二是进行课堂教学实践，搜集学生的课堂表现并进行分析，适当作出调整。

最后，依据课堂教学过程中学生的学习进阶具体表现，及时调整课堂教学内容。具体做法是：根据学习进阶具体表现设计合适的问题，再根据学生的应答情况，增加或者删减课堂教学内容。例如，在“速度”课堂教学中，如果学生能借助表达式、图形、图像等手段表征平均速度和瞬时速度之间的关系，则说明学生能借助于具体情境，感知“通过无限分割，化变为不变”的思想，在教学中可以进一步引导学生通过反思瞬时速度的得出过程，获取对这种思想的提炼与升华，并能举例说明该思想在其他问题中的应用。

本节以学习进阶作为工具，实现了对概念从宏观到微观层面的教学内容整合，实现了从对概念层级结构的描述到进阶的因果解释。经过整合，可以清晰地看到具体概念在概念体系中的地位，可以厘清具体概念在事实经验基础上建立的逻辑线索，可以明确建立具体概念的影响因素，还可以基于学生课堂中的具体表现及时调整教学内容。因此，基于学习进阶的教学内容整合为教师进行教学设计提供了证据，以理性认识作为教学实践的基础可以较大程度地提升课堂教学设计的科学化水平。

科学概念教学是个复杂系统，教学内容的深度和广度受到各方面因素的制约。学习进阶为科学概念教学内容整合提供了分析框架，但在具体教学内容整合中还需要考虑到具体教学内容自身的特点和学生原有认知水平、认知能力等方面的实际情况，从系统角度综合把握各方面的关系。

第三节　围绕核心概念建构具体物理概念

从促进学生科学素养发展的角度看，之所以重视学科核心概念在课程与教学中的作用，主要是因为：(1)重视学科核心概念是面对知识爆炸的必然选择。当代科学知识迅猛增加，而学校的教学内容和时间有限。围绕学科核心概念组织知识内容有助于课程整合，减轻学业负担。有关学科核心概念的研究成果已经体现在美国最新的科学教育文件中。美国在2013年颁布的《新一代科学教育标准》围绕“科学与工程实践”“跨学科概念”和“学科核心概念”三个维度组织课程内容，并确定了各维度所包含的具体内容和表现期望。(2)学科核心概念对促进学生认知的整合发展有重要意义。约瑟夫·科瑞柴科(2013)指出，学科核心概念可以让我们更深入地探索更为重要的观点和规律，了解更为复杂的观念。如果做到了这些，我们就能够把各个学科的不同知识进行整合。实际上，如果没有学科核心概念，我们在各个学科中所获得的知识片段是不能够相互连接起来的。(3)对学科核心概念的深入理解与学生科学探究能力的发展密切相关。有研究表明，作为核心知识的物理概念是科学探究能力的重要成分，学生的科学探究活动不是盲目的，而应围绕学科核心概念进行(范佳午，2012)。

物理学是由事实、概念、规律与方法构成的系统化理论体系，本身具有内在统一性。要学好物理，需要学生从整体上建构物理概念体系，在物理教学中应该选择并围绕“少而精”的学科核心概念进行。学习进阶的研究表明：应该把概念学习置于进阶的整个认知过程中综合考虑。也就是说，应该把物理概念建构看作学科核心概念层级结构链条上的重要一环，随着学科核心概念的学习进阶而分阶段进行。

我国的物理课程和教学实践一直都有重视基础知识与基本技能，重视知识系统性与完整性的传统。但在应试教育的压力下，教师往往更关注考试说明文件中列举出的大量的具体知识以及相应的试题，使学生头脑中填充了大量零散的知识，而缺乏围绕学科核心概念对知识进行的合理组织，进而影响学生应用知识解决问题的能力，学生遇到陌生问题时缺乏思维的框架，学起来就会感到困难重重。这也是学生厌学的重要原因之一。

因此，必须重视学科核心概念在物理概念建构中的作用。特别需要注意的是，这种作用是相互的。一方面，要通过物理概念的学习促进学科核心概念的发展，这就要求重新审视应如何建构物理概念才能促进学科核心概念的理解；另一方面，要注重用学科核心概念统领物理概念的建构，这就要求从学科核心概念视角重新审视建构物理概念的内容与方式。

一、深化和拓展对物理概念教学要求的认识

国内物理教育领域一贯重视物理概念的教学。不同研究者对物理概念教学的要求具有较高共识，只是表述略有差异(阎金铎等，2009)。归纳起来，主要从物理概念的意义、内涵、外延、关联等方面对物理概念教学提出了明确的要求。

但上述概念教学要求仅仅是对教学结果的状态描述，并没有分析要达到这些

要求所需要建构的内容或者过程。从学科核心概念视角重新审视物理概念的教学要求，结合最近30年来关于科学概念转变和学科核心概念学习进阶研究的成果，可以丰富和发展对上述诸方面的认识。

物理概念的意义体现在在既有学科核心概念的框架下引入新概念的必要性。Posner等人(1982)提出的科学概念转变理论丰富了人们对于概念意义的认识。概念转变的首要条件是必须让学生对原有概念不满。也就是说，教学应该促使学生认识到不得不引入新的概念，由此体会新概念对认识客观世界或者完善已有理论的必要性。概念的意义对学习具有双重促进作用：从认知角度讲，原有概念的发展或者新概念的引入丰富和发展了原有的认知结构；从非认知角度讲，原有概念既然不能满足需要了，那么，必须引入新的概念或者发展原有概念。引入怎样的概念或者如何发展原有的概念呢？由此激发学生探索的兴趣和求知欲望。从学习者的角度看，物理概念的引入或发展可以促进对学科核心概念的理解。因此，需要从丰富和发展学科核心概念的角度建构物理概念的意义。

在概念的内涵与外延方面，物理概念与学科核心概念之间相互促进。学习进阶的研究表明：学生对学科核心概念内涵和外延的认识是通过分阶段逐步深入学习物理概念而实现的，对物理概念内涵和外延的理解也随着学科核心概念的学习而逐步深入和拓展。学科核心概念对更广泛的客观事物或者现象作出相对宏观的质的规定，而物理概念对于学科核心概念的贡献各有不同，有的是基础性的，如对运动的描述中质点和参考系的概念；有些是对客观事物或者现象的某一方面的性质或特征作出的具体规定，如位移、速度、加速度等物理量，这些物理量的集合才能完整地描述机械运动。因此，围绕学科核心概念建构物理概念，一方面通过学科核心概念的学习进阶，促进物理概念内涵与外延的建构；另一方面通过建构物理概念的内涵与外延，促进学科核心概念的发展。

建立概念间的关联是概念教学的重要内容，是促进知识结构化的重要途径。学科核心概念及其进阶的研究促进了对概念关联内容和层次的认识。美国国家研究理事会把学习进阶定义为：学习进阶是对学生在一段较长的时间跨度内学习或研究某一主题时，学生的思维方式从新手型到专家型的连续且有层级的发展路径的描述(张颖之，2009)。关于新手与专家的研究表明：专家的知识往往是结构化的，知识间存在丰富的联系，并具有层次(施良方，1994)。概念间的关联是知识结构的重要成分。因此，围绕学科核心概念建构物理概念间的关联，一方面可以促进学科核心概念的学习进阶，另一方面可以在学科核心概念框架下促进物理概念的理解。

二、围绕学科核心概念建构物理概念的主要内容

下面分别从物理概念的意义、内涵、外延、关联四个方面探讨围绕学科核心概念进行物理概念建构的主要内容。

1. 物理概念意义的建构

围绕学科核心概念建构物理概念的意义，就是从学科核心概念的层面考查引入物理概念的必要性，以及物理概念对丰富和发展学科核心概念的价值。在教学中不仅要在具体的问题情境中建构物理概念的意义，还应该在学科核心概念的框架下建构。例如，只有在“机械运动与相互作用”这一学科核心概念的框架下，对加速度的物理意义的认识才能不断深化。从描述机械运动的角度来看，只有引入加速度才能描述和区别速度变化快慢不同的运动类型，加速度自然是描述运动所必需的物理概念。随着所学习的运动类型的不断扩展，加速度的物理意义也不断扩展。初学加速度时，仅用来描述直线运动中速度变化的快慢；学习曲线运动后，用加速度描述曲线运动中速度变化的快慢，这里的速度变化既包括速度大小的变化，也包括速度方向的变化。从机械运动与相互作用关系的角度来看，只有引入加速度概念，才能定量描述机械运动和相互作用的关系，将相互作用与运动状态变化之间的因果关系深刻地揭示出来，由此体现出加速度概念作为连接机械运动和相互作用的桥梁的重要意义。

2. 物理概念内涵的深化

围绕学科核心概念建构物理概念的内涵，就是在学科核心概念内涵的框架下，具体从客观事物的某一个侧面或者部分客观事物考查物理概念的内涵，并反过来丰富和发展学科核心概念的内涵。例如，从场这一学科核心概念的角度看，

电场强度是描述电场性质的物理量，类似的物理量还有磁感应强度等。再比如重力加速度，从场这一学科核心概念的角度可以看作重力场强度。

随着对物理概念的不断学习，学生也在不断加深对学科核心概念内涵的理解。例如，初学静电场时，首先引入电场强度，从力的角度描述电场强弱；然后引入电势，从能的角度描述电场；之后建立电场强度和电势差之间的关系，电场强度可以表示沿着电场方向的电势梯度，即 $E=\frac{\Delta\varphi}{\Delta l}$。在此过程中静电场概念的内涵不断得到丰富，物质和能量的概念也得到了相应的发展。

3. 物理概念外延的拓展

围绕学科核心概念可以帮助学生逐步丰富和拓展对物理概念外延的认识。例如，围绕机械运动这一核心概念，学生对加速度概念的外延从匀加速直线运动，逐步扩展到匀变速直线运动、加速度不变的匀变速曲线运动、加速度大小和方向都变化的圆周运动等。再如，波长本来是描述机械波特性的物理概念，但发现电磁波之后，波长也成为描述电磁波的物理概念，波长概念的外延也随之得到拓展。随着概念应用的情境越来越复杂，学生对核心概念和物理概念的外延的认识也越来越丰富。

4. 物理概念关联的建构

围绕学科核心概念建构物理概念的关联，就是在学科核心概念的知识主题下建构物理概念之间的关联，反过来促进学科核心概念统摄下的知识体系的形成。在这个知识体系中，不同层级的物理概念之间存在着相互关联。这些关联可以有不同的性质，既可以是因果关联，也可以是类比关联，还可以是相关关联等。这些概念也可以有不同的量化程度，既可以是定量关联，也可以是定性关联。其实，关联既可以是同一内容主题的关联，例如，加速度和力两个概念的关联是“力和运动”这个核心概念的重要内容；也可以是不同内容主题间的关联，如静电场主题下电场强度概念和磁场主题下磁感应强度概念的关联。

通过物理概念之间关联的建构可以促进学生对学科核心概念的理解。例如，建构电场强度与磁感应强度的关联，可以促进对场概念的理解。通过建构物理概念与学科核心概念之间的关联，可以同时提升对学科核心概念和物理概念的理解水平。例如，建构重力加速度与场概念的关联，可以促进对这两个概念的理解，重力加速度不仅仅是物体只在重力作用下运动时的加速度，还可以描述重力场的强弱，重力场中不同位置也有场的强弱之分。

第四节　建构并逐步丰富物理概念体系

科学知识绝不是科学结论杂乱无章的堆积，而是通过一定的逻辑相互关联形成一定结构的系统。因此，帮助学生建立良好的科学概念体系是非常重要的。整合与发展已经成为当代基础教育阶段科学课程改革的核心理念。整合首先是科学课程概念体系的建构，即通过围绕“大概念”组织知识内容，达成以往科学课程中零散概念的整合（郭玉英等，2013）。

而我国长期以来只重视各学科领域的基本概念，忽视核心概念和跨学科概念，影响学生形成对科学的整体认识。因此，帮助学生建构良好的科学概念体系不仅是科学教育的重要目标之一，也是我国科学教育现状的必然要求。

奥苏贝尔认为，所谓认知结构就是学生头脑中的知识结构（邵瑞珍等，1988）。认知结构就是个人可运用的知识的实质和组织内容，在涉及某一学科时，则是指学生对于该学科所知道的知识内容及其组织。

那么，从哪些角度丰富科学概念体系的内容？为什么要从这些角度丰富科学概念体系？如何从这些角度丰富科学概念体系？对这些问题的回答对科学教育研究的最新成果如何向教育教学实践转化，提升教育实践的有效性与品味，无疑是非常必要的。

一、厘清科学概念层次，促进概念体系的结构化

厘清科学概念的层次是建构科学概念体系的前提。只有厘清科学概念的层次，才能确定哪些概念是学科核心概念，从而进一步围绕学科核心概念整合学科

概念体系；才能建立科学概念之间丰富而合理的联系，从而进一步建构层次清晰、联系丰富、结构良好的科学概念体系。结构良好的科学概念体系，不仅是学生科学素养的重要组成部分，也是学生进一步发展的基础。

不同科学概念具有不同的包摄性水平。按包摄性水平由高到低，可以按如下步骤确定科学概念的层次。

第一步，确定学科核心概念，这是厘清科学概念层次的起点。学科核心概念的确定，往往是科学共同体多次讨论后达成的共识（约瑟夫·科瑞柴科，2013）。比如，美国 2013 年颁布的《新一代科学教育标准》中确定“运动及其稳定性——力与相互作用”作为学科核心概念，这是若干物理学科专家和物理学科教育专家共同商议的结果。

第二步，按照学科核心概念统领的领域或者主题，解构学科核心概念，确定若干主题核心概念。比如，“运动及其稳定性——力与相互作用”学科核心概念的主题核心概念包括“机械运动”“相互作用”“运动与相互作用的关系”等。

第三步，在特定知识领域或者主题范围内，分别解构主题核心概念，确定支撑主题核心概念的重要概念。重要概念具体包括：基本概念和关系概念。比如，加速度、速度、位移、时间、角速度、周期等科学概念是为了描述机械运动而定义的，属于基本概念，都是能够量化的科学概念；速度—时间关系、位移—时间关系、角速度与周期的关系、角速度与线速度的关系等科学概念反映了基本概念间的关系，属于关系概念。

第四步，分析影响重要概念建构的知识要素，从中选择并确定基础概念。比如，“位置”“参考系”等属于基础概念。

需要说明的是，科学概念体系各层次内的具体内容是逐渐丰富和发展的。具体表现在两个方面：一是人类的科学知识是随着人类文明不断积累、完善的，作为人类文明成果的科学概念体系也在不断丰富和发展；二是随着个体的不断学习，作为个体知识的科学概念体系也在不断得到丰富和发展。

二、围绕学科核心概念，突出概念体系的统一性

面对科学教育的现状和对学生科学素养提升的追求，在科学教育领域，应该围绕“少而精”的学科核心概念进行课程设计、教学和评价。某一主题的科学概念体系包括这一主题下的具体知识，以及这些具体知识间的联系；并且这些知识及其联系还应该是围绕学科核心概念而组织起来的，具有其内在的统一性。只有围绕学科核心概念建立的、具有统一性的科学概念体系，才能更有效地帮助学生建立良好的思维框架，提升学生的探究能力。北师大郭玉英团队(2013)经过对课程标准进行广泛的国际比较后认为，当代的科学课程设计正在尝试围绕大概念组织课程内容，建立整体一致的概念体系，帮助学生形成良好的知识结构。郭玉英团队进一步指出，科学教育的内容丰富多元且相互关联，向学生不加组织地零散呈现或笼统编织框架强行灌输都是不可取的，科学教育应该还原科学的本来面貌。以大概念为核心进行多维整合，为科学教育各方面内容构建有意义的联系，是新世纪科学教育的发展方向。

围绕哪些学科核心概念建构科学概念体系是首先应该回答的问题。经过美国科学教育界多年研究、讨论，美国《新一代科学教育标准》最终确立了物质科学、生命科学、地球与空间科学等科学教育领域的若干学科核心概念。如，物质科学的四个学科核心概念包括：物质及其相互作用、运动及其稳定性——力与相互作用、能量、波及其在技术领域的应用——信息传递。这些学科核心概念是大批科学家、科学教育专家、一线实践专家集体智慧的结晶，是在吸收了近10年来关于核心概念、学习进阶等大量的科学教育研究成果基础上提出的。因此，在目前的科学教育研究现状下，围绕美国《新一代科学教育标准》所确立的学科核心概念建构科学概念体系是相对可行的选择。围绕学科核心概念建构科学概念体系，应该重点从两个方面着手：

一方面，要确立某一学科核心概念中包括哪些具体的科学概念。由于每个具体的科学概念都是从某个方面描述客观事物的本质属性，因此，首先应该弄清楚这些具体的学科核心概念分别从哪些方面丰富学科概念的内涵；其次，还应该弄

清楚围绕某一学科核心概念的若干具体概念之间具有怎样的逻辑关系，这些具体科学概念是如何共同支撑学科核心概念的。例如，“运动及其稳定性——力与相互作用”这一学科核心概念下的具体科学概念包括位移、速度、加速度等。位移、速度、加速度在描述具体的机械运动方面是逐步递进的，对运动的描述越来越精细，具有依次递进的逻辑关系。

另一方面，应围绕学科核心概念分析具体科学概念的内涵与外延。例如重力加速度，如果只理解为物体在重力作用下产生的加速度，这是不够的，还应该从“场”这一学科核心概念的角度加深理解。从场的角度看，重力加速度可以看作重力场强度。这样不仅建立了重力场与电场、磁场间的联系，有助于建构“场”这一学科核心概念的体系，还搭建了重力加速度、电场强度、磁感应强度等具体科学概念之间的联系。

三、丰富科学概念间的关联，完善概念体系内容

科学概念间的关联无疑是科学概念体系的重要内容。在诺瓦克的概念图理论中，节点、连线、连接词和实例是概念的四个基本构成要素，其中，连线表示两个概念间的意义联系。在概念图中，既有不同层次科学概念间的纵向关联，也有同一层次内科学概念间的横向关联。在科学概念学习研究领域内，对专家与新手的比较研究表明：专家的学科知识往往包含丰富的联系，具有一定的结构；而新手的学科知识往往是零散而孤立的，缺乏整体性。

从我国的科学教学实践看，有普遍重视“知识点”教学，而忽视概念间联系的倾向。之所以出现这种现象，一是因为我国的学科教学一直有重视知识深度，而忽视知识广度的传统；二是因为中高考对物理、化学、生物等学科教学仍然具有强大导向作用，各科考试说明中的考试内容仍然采用“列举知识点”的方式呈现，而没有呈现这些“知识点”之间的联系，这无疑会对学科教学产生重要影响。

根据概念图理论，建构科学概念之间的关联可以重点从以下几个方面着手。

第一，分析不同层次科学概念间的逻辑关系，建构科学概念间的关联。上层概念不仅具有比下层概念更高的抽象概括水平，而且上层概念需要通过若干下层

概念联合起来共同支撑。例如，“运动与相互作用关系”这一主题核心概念需要力、速度、加速度等重要概念支撑，它们之间显然有紧密关联。

第二，分析同一层次科学概念间的逻辑关系，建构科学概念间的关联。分析同一层次基本概念间的逻辑关系，可以建构关系概念。例如，分析时间、位移、速度与加速度关系，可以得出速度—时间关系概念和位移—时间关系概念。分析同一层次内科学概念间的关系，有利于厘清科学概念的外延。例如，应用法拉第电磁感应定律进行演绎推理，可以得出导体棒切割产生的动生电动势和磁场变化产生的感生电动势等概念，显然，法拉第电磁感应定律的外延是后两种情况外延之和。

第三，在不同主题下分析重要概念，建构科学概念间的关联。有些重要概念是跨主题的，因此，通过分析重要概念，可以建构不同主题下科学概念之间的关联。例如，加速度是“机械运动”这一主题核心概念之下的重要概念，用来描述速度变化的快慢；同时，加速度又是“相互作用力”这一主题核心概念之下的重要概念，用来描述力的作用效果。因此，分析加速度这一跨主题的科学概念，可以建立“机械运动”与“相互作用”两个主题间的关联。

第四，以跨学科概念为纽带，建构不同主题下科学概念间的关联。跨学科概念是涉及科学、数学和技术等各个领域的最基本的概念，这些概念超越了学科界限，反映出不同学科的内在统一性，并且相对稳定，对于各种文化观念都普遍适用（郭玉英等，2013）。跨学科概念侧重跨学科内容的组织。事实上，不仅跨学科内容的组织需要跨学科概念，在同一学科内不同主题的组织也需要跨学科概念。例如，重力加速度、电场强度、磁感应强度等描述不同场强弱的物理概念可以通过“规模、比例和数量”这一跨学科概念组织起来，速度、加速度、角速度、质点所受合力、感应电动势等概念可以通过“变化率”组织起来。

四、体现学习的阶段性，逐步发展学生的科学概念体系

学生的学习过程是分阶段的，其知识积累是逐步完成的，学生的科学素养在知识的理解与应用中循序渐进得到提升。因此，作为个体学习结果的科学概念体

系，也不是一蹴而就的，需要分阶段逐步丰富、完善。我们可以从以下几个方面发展学生的科学概念体系。

第一，引入较高层级概念，促进不同科学概念体系的整合。大量不同的科学概念需要围绕学科核心概念整合，形成科学概念体系。同样，不同的科学概念体系也需要整合，形成更大的科学概念体系，从而促进科学概念体系的发展。例如，在分别围绕“机械运动”和“相互作用”这两个主题核心概念建构科学概念体系的基础上，再引入“运动及其稳定性——力与相互作用”这一学科核心概念，可以促进这两个科学概念体系的整合，从而建构围绕学科核心概念的科学概念体系。

第二，不断丰富各层级内科学概念。较低层级的若干科学概念共同支撑较高层级的科学概念，不断丰富较低层级的科学概念，可以促进更高层级科学概念的发展。例如，在初中阶段，时间、路程、速度、匀速直线运动的速度与时间的关系等属于重要概念，这些概念共同支撑“机械运动”这一主题核心概念；而高中阶段，在初中原有概念的基础上，又增加了加速度这一基本概念。加速度概念的引入，不仅丰富了关系概念，如匀变速直线运动的速度—时间关系、位移—时间关系等，而且从运动的类型、对运动描述的精细程度等方面丰富了“机械运动”这一主题核心概念。

第三，不断扩展原有概念的内涵与外延。科学概念是科学概念体系的重要构成要素，而科学概念的内涵与外延是可以扩展的。因此，科学概念体系也可以随着科学概念内涵与外延的扩展而得到丰富和发展。例如，加速度的内涵从“运动速度变化快慢的描述”扩展到“力对运动状态的改变效果的描述”，由此体现出加速度概念作为连接机械运动和相互作用的桥梁的重要意义。外延从加速度概念引入时的“匀加速直线运动”到“匀减速直线运动”，再到“匀变速曲线运动”，直到“圆周运动”，由此扩展了对机械运动类型及其运动规律的认识。这些都是对科学概念体系的进一步丰富和发展。

第四，不断丰富科学概念间的关联。科学概念间的关联是科学概念体系的要素之一。例如，在初中阶段，并不能建立物体的质量与运动速度之间的关系，在高中阶段学习了相对论的知识后，便建立了物体质量和运动速度之间的关联。

科学概念体系本身是科学素养的重要组成部分，而在建构科学概念及其体系的过程中必然带来学生科学素养的进一步发展。因此，在科学教育中应该进一步探索帮助学生建构科学概念体系的策略与方式。

第三章

围绕跨学科概念和科学探究的教学内容整合

跨学科概念体现了科学领域各学科之间的共性和联系，科学探究则体现了科学领域相同或相似的研究方法，围绕跨学科核心概念和科学探究，整合知识和方法之间的联系，形成科学观念、掌握科学思维方式和科学研究方法，可以促进学生的思维走向纵深，在学生深度思考中发展学生的科学素养与关键能力。因此，在发展学生核心素养的要求下，科学教育中围绕跨学科概念和科学探究合理整合教学内容，通过知识学习，实现核心素养发展的课程目标是必要的。本章主要论述如何围绕跨学科概念和科学探究整合教学内容，并以案例说明开展教学整合的设计思路、操作途径和方式方法。

第一节　促进跨学科概念深层理解的教学内容整合

我国高中科学教育是分学科进行的，包括物理、化学、生物和地理的部分内容，它们在课程标准中都属于科学领域。学生的科学知识学习是通过选课、分学科进行的。每个学科有自己的研究对象和研究方法，学生通过分科学习建构学科核心概念。同时，科学领域的各学科之间又存在密切的联系。例如在研究内容上的联系：对于太阳系的认识，就与物理和地理都有关系；对于微观世界的认识，则与物理、化学和生物都有关系；而能量则是贯穿每个学科的核心概念。在研究方法上也有相似的地方，比如科学探究和推理论证相结合。再有，在对学生的培养目标上，都要培养学生的科学探究、理性思维的能力，培养学生对自然的科学认识和对社会和谐发展的责任。也就是要通过科学领域各学科的共同培养，使学生形成科学观念，掌握科学方法，提高科学素养，树立科学精神。这就需要教师教学时，不仅要注重自己学科的内容、方法及观念的教学，还应注重和其他学科的联系，以综合培养学生的科学素养。也就是要从跨学科的角度整合知识和方法之间的联系，使学生形成科学观念、掌握科学思维方式和科学研究方法。这些不仅仅是具体某个学科的知识，而是在各学科中都需要用到的思想，因而我们可以将其称为跨学科概念。

一、跨学科概念的建立和含义

基于科学的内在统一性，对科学课程进行跨学科整合是当代教育研究者关注的重要问题。从 20 世纪 80 年代以来，美国、加拿大、澳大利亚等国家都陆续将与跨学科概念相关的研究成果以国家科学教育标准等形式颁布。

(一)跨学科概念的缘起与建立发展

随着科学的发展和社会的进步，科学知识和科技应用都越来越丰富，然而课程容量是有限的，因而整合概念体系是必要的。在基础教育阶段，通过少数大概念来整合学科知识，实现对重要原理的深入探索和科学本质教育，是有重要意义的。温·哈伦所著的《科学教育的原则和大概念》一书提出大概念分两类：科学大概念(big ideas of science)和关于科学的大概念(big ideas about science)。前者偏重于科学知识，例如"物质的原子、分子说"；后者偏重于科学的研究和思维方式以及对科学与自然社会关系的认识等，例如"原因和解释""科学对伦理、社会、经济等的影响"。其中，科学大概念包括共通概念和核心概念，共通概念侧重跨学科内容的组织，核心概念一般用于某一学科内的知识整合。

与共通概念相关的研究及表述，可源自1989年《面向全体美国人的科学》中的共同主题(common themes)概念的提出。1993年美国的《科学素养的基准》按学段提出了共同主题的学习期望；1996年美国《国家科学教育标准》提出了统一概念与过程(unifying concepts and processes)；2008年加拿大安大略省《科学课程标准》提出了基本概念(fundamental ideas)；2009年美国大学理事会《科学标准》中提出了统一概念(unifying concepts)；2012年澳大利亚《国家课程——科学》提出了统领概念(overarching ideas)，等等。而跨学科概念的提出是在2012年美国的《K－12框架》中，是科学教育的三个维度——学科核心思想、跨学科概念和科学与工程实践之一。表3-1给出了上文提到的后面6份文件中相关的内容，可以看出共通概念的研究发展过程和不断丰富完善的内涵变化。

表3-1　6份科学教育文件中的共通概念

《科学素养的基准》(1993) 共同主题	美国《国家科学教育标准》(1996) 统一概念与过程	加拿大安大略省《科学课程标准》(2008) 基本概念	美国大学理事会《科学标准》(2009) 统一概念	澳大利亚《国家课程——科学》(2012) 统领概念	美国《K－12框架》(2012) 跨学科概念
系统 systems	系统、秩序和组织 systems, order, and organization	物质 matter	物质与能量 matter and energy	模式、秩序和组织 patterns, order, and organization	模式 patterns

续表

《科学素养的基准》(1993)共同主题	美国《国家科学教育标准》(1996)统一概念与过程	加拿大安大略省《科学课程标准》(2008)基本概念	美国大学理事会《科学标准》(2009)统一概念	澳大利亚《国家课程——科学》(2012)统领概念	美国《K－12框架》(2012)跨学科概念
模型 models	证据、模型和解释 evidence, models, and explanation	能量 energy	解释模型与证据 models as explanations, evidence	形式与功能 form and function	因果——机制与解释 cause and effect: mechanism and explanation
规模 scale	变化、稳定和测量 change, constancy, and measurement	系统和相互作用 systems and interactions	相互作用 interaction	稳定与变化 stability and change	规模、比例和数量 scale, proportion, and quantity
稳定与变化 constancy and change	演化与平衡 evolution and equilibrium	结构与功能 structure and function	形式与功能 form and function	规模与测量 scale and measurement	系统和系统模型 systems and system models
	形式与功能 form and function	可持续发展和管理 sustainability and stewardship	平衡 equilibrium	物质与能量 matter and energy	能量与物质——流动，循环和守恒 energy and matter: flows, cycles and conservation
		变化与连续性 change and continuity	规模 scale	系统 systems	结构与功能 structure and function
			演化 evolution		稳定与变化 stability and change

从表3-1涉及的6份文件中可以看出，虽然所用的术语有些差异，但涉及此类共通概念的含义基本相同。共通概念不是某个学科的特有概念，而是科学技术及数学等各学科领域的共有基本概念，反映出不同学科的内容及研究方法的内在

联系和统一性，为学生学习和应用知识并解决问题奠定了基础。在美国《K－12框架》中共通概念主要表述为跨学科概念，下文中不再区分共通概念和跨学科概念，统一使用“跨学科概念”这一词汇。《K－12框架》也是美国2013年颁布的《新一代科学教育标准》的设计指导思想之一。所以下面主要以《K－12框架》中的内容为依据介绍和分析跨学科概念。

(二)跨学科概念的要素及特点分析

1. 跨学科概念的要素解释及举例

(1)模式：自然界事物普遍存在的内部或外部的本质属性，有物质形成的模式，问题解决的模式等。通过观测模式，可以对事物进行组织和分类，并找出事物之间的逻辑关系或影响因素等。

例如：太阳系的图景；花朵或雪花的对称图样；四季的更迭；DNA可重复的碱基对；生命的演化、消亡历史等；元素周期表的原子最外层电子变化规律等。

(2)因果——机制与解释：了解某一事件的产生受其他事件的影响，分析影响的因素。研究自然界事物间内在的因果关系及规律性的机制和原理，并将其在新的情境中应用或预测和解释新的事件。

例如：牛顿第二定律表述的物体的加速度与质量和合外力的关系；电流能产生磁场和变化的磁场能产生电流的电磁转化关系；波在介质中传播的频率、波长和波速间的关系；基因复制中的错误或环境因素导致的基因突变等。

(3)规模、比例和数量：用于对自然界的精确描述和层次性的把握，是研究自然界事物和科技应用的功能和运作的基础。规模可从事物的空间、时间和能量等尺度描述，比例可使人从数学角度理解两个概念间的关系。事物的运作或呈现会随着规模的变化而变化，事物间的关系也会随着量的不同而不同。

例如：太阳及其他恒星的量度与它们到地球距离的关系；生物是由细胞组成的，可能是单细胞或大量的不同种类的细胞；描述及预测太阳系中天体的运行轨道等。

(4)系统和系统模型：系统是由相互影响的事物集合成的有机整体，系统有组成结构、边界及与外界的物质和能量交互，通过系统可以有效地分析系统内部各因素间及各因素与整体间的关系；系统模型是对自然界事物的简化模拟，是对真实物体、事件或过程的具有解释和预测功能的结构，系统模型可用于解释系统的特性和系统内部各部分之间的关系，可用于预测或诊断系统运作时可能出现的问题，而且有助于将该系统用于其他情境等。

例如：无外力作用的系统动量守恒；系统的能量变化和转化方向；万有引力大小与物体的质量间的关系；由于植物的光合和呼吸作用产生的碳循环模型；生物圈、大气层、水圈、岩石圈等。

(5)能量与物质——流动，循环和守恒：能量与物质是自然运作的载体和动力，也是所有科学和工程原理的基础概念，经常与系统联系在一起应用。分析能量和物质如何流入或流出系统、如何循环与守恒可以更好地理解自然界中事物运动的本质，且有助于理解系统的可能性和局限性。

例如：原子核反应中质量亏损和能量释放；化学反应中原子数和质量守恒；做功可以使一种形式的能量转化成另一种形式的能量；与宏观物体运动相联系的各种形式的能量及储存在场中的能量等。

(6)结构与功能：物体或生命体、系统互为依存的两种属性，结构可为功能提供解释。物体或生物体的形状和结构决定了它的许多特性和功能，而功能是结构的反映。

例如：分子结构与设计新材料的功能；波在不同介质中的反射、吸收和传播情况不同；生物体的某个结构促进某种功能的形成等。

(7)稳定与变化：展示了自然界一切事物的演变历程，是研究众多科学和工程技术问题的基本前提。任何事物都会因物质和能量的输入或输出发生变化，但最终会建立一个稳定或平衡的状态。对自然和人造的系统而言，研究系统的稳定、演变和变化是最关键的因素，有利于认识和研究客观事物的变化规律。

例如：物态变化；能量转化与守恒；生态平衡等。

2. 跨学科概念的特点

(1)综合性

从上面的要素介绍和内容举例可以看出，跨学科概念是各学科知识整合成的大概念，更多地体现了学习和研究科学问题的角度、方式、思想方法等。同一个概念，例如“系统和系统模型”包含的内容就涉及物理、化学、生物、地理等各个学科。

(2)抽象性

跨学科概念相对单一学科概念具有更高的抽象性，例如模型、系统等概念是将研究对象或事物的共性抽象而成的概念，体现了由感性认识上升到较高层次的理性认识的科学素养和能力要求。

(3)普适性

跨学科概念涵盖部分科学本质的内容和方法，此性质决定了其对学习和应用科学知识，观察、认识自然环境等具有普适的作用。

由跨学科概念的特点可知，将跨学科概念的建构与学科教学有机结合能帮助学生建构立体的科学概念体系，综合运用科学知识理解生活中的事件和现象，并能用于科学和工程的实践工作。

3. 跨学科概念间的关系和分类

上文提到的 7 个跨学科概念要素虽然已将很多不相同的主题联系在一起，但这些跨学科概念也并不是完全独立的，而是存在相互联系的，例如研究能量和物质通常是针对一定模型的系统来研究该系统的稳定守恒或演变转化等，而且通常会应用数学的方式来描述，例如比例和数量。因此，可将跨学科概念进行分类。下面介绍一种分类方法。

(1)模式

“模式”是独立的一类，它是科学和工程所有领域普遍存在的一种形式。学生看到一种新事物时，往往关注它和他们已知的那些模式的异同。一种模式的存在往往蕴含着形成这种模式的潜在理由。

(2)因果关系

这一类包括"因果"及"结构与功能"两个跨学科概念。"因果"存在于科学的核心部分，大部分科学研究都是探索现象背后潜在的原因：一开始是认识一种模式，之后是建立理论体系，然后预期新的模式为支持理论提供证据。"结构与功能"可以说是一种特殊的因果关系。不论是生命体还是大气中的分子，理解它们的结构是进行因果推理的基础。工程师们则在进行满足人们需求的设计时，将自然的结构及其因果关系推论作为设计灵感。

(3)系统

这一类包括"系统和系统模型""规模、比例和数量""能量与物质"以及"稳定与变化"四个跨学科概念。科学家和工程师应用"系统和系统模型"研究天然的或人造的系统，研究的目的是探索系统的功能以及可能出现的错误和问题。"规模、比例和数量"将现象用定量模式表示，而数学是一切科学和工程的基础。"能量与物质"则是众多系统模型的基础，不论是天然的还是人造的系统。系统依据物质和能量来进行描述，通常聚焦在系统的能量或物质的输入和输出上。"稳定与变化"是描述系统功能的一种方法，通常要研究一个系统如何随时间变化和导致系统变得不稳定的因素。

跨学科概念的分类并不唯一，例如"稳定与变化"也可与"因果"分为一类，因为研究稳定与变化时必定要分析影响稳定的原因和由此带来的结果。因此在进行跨学科概念教学时要注意各个概念间的内在关联，综合培养学生的科学素养。

(三)跨学科概念在各学段的发展

跨学科概念与各学科的教学密切联系。通过各个学段的科学教育，学生的跨学科概念得以逐步建构和发展。不同学段的教学目标是不同的，以"模式"概念为例，表 3-2 列出了有关"模式"概念教学的各个学段的进阶内容和要求。

表 3-2　“模式”概念在各个学段的发展要求

各学段的发展要求	《新一代科学教育标准》中的期望表现
幼儿园～2 年级：儿童能认识到天然和人造物品的模式可被观察到，能用于描述现象，可被用作论据。	观察太阳、月亮、星星，描绘出可预测相关现象的模式。
3～5 年级：学生能识别天然和人工物品的相同和不同之处，并据此将其分类。能识别与时间、变化和循环速度相关的模式，并用这些模式来预测问题。	建立一个用振幅和波长来描述波的图像的模型，描述波可使物体移动。
6～8 年级：学生认识到宏观物体的模式与自然界微观物质和原子水平的物质结构有关。能识别天然或人造物品的变化速度和其他数量关系的模式。能用模式去识别因果关系，并能用图或表来识别用数据表示的模式。	分析并用数据说明以下模式：化石能记录事物的存在、多样性和消亡。假设从前和现在的自然法则相同，说明历史上生命形式的演化过程。
9～12 年级：学生观察不同规模、系统内的模式，并应用模式作为经验性证据来解释说明各种现象产生的原因。	基于原子最外层电子数建构和修订一个模式，用于解释简单化学反应的结果、元素周期表的变化趋势、元素的化学性质等。

其他几个跨学科概念也在不同的学段提出了逐步发展的教学内容要求。同时，针对某一学科核心概念，也对与之相关的跨学科概念的形成提出了不同学段的要求。例如，表 3-3 是“物质的结构和性质”这一核心概念在不同学段中对跨学科概念的教学要求。

表 3-3　“物质的结构和性质”在各个学段对跨学科概念的发展要求

各学段	对跨学科概念的发展要求
2 年级末	模式：了解自然界存在大量不同的固体和液体，但对于所有的固体和液体有某些特征是类似的。
5 年级末	物质：了解物质是由很小的微粒组成的。通过研究了解物质在某个过程前后虽有流动和循环，但总量保持不变的守恒规律。

续表

各学段	对跨学科概念的发展要求
8 年级末	因果：温度变化会导致组成物体的微粒运动状况的变化。 系统与系统模型：将物质建模为由微粒组成的系统。
12 年级末	结构与功能：原子有决定元素化学性质和物理性质的结构。 模式(相似性和多样性)：元素周期表可用于发现基于原子结构模式的化学行为模式。

(四)跨学科概念学习对学习科学的意义

因具体的研究对象和研究方法等的差异，科学研究逐步分化为物理、化学、生物、地理(自然地理部分)等学科，这对于如何精密地研究某一方向的具体问题是十分必要的。但在学生处于基础教育阶段时，在分科教学的同时注重加强学科间的横向联系，有利于学生理解科学的本质、科学思想方法和统一的科学概念，建立科学统一的自然观和世界观。分科教学的很多基本概念、原理和科学方法有联系和共通性，因而应将跨学科概念融入科学学科教学中，使学生将各科知识相互联系整合，进而更好地掌握学科的核心概念。同时跨学科概念的普适性使学生所学的学科知识和研究方法能有效地迁移，去分析与科学技术相关的新情境、新问题，提高理论联系实际的应用能力，更好地承担社会责任。

二、跨学科概念与高中物理课程内容的关系

物理学是自然科学的重要组成部分，针对其研究对象形成的基本概念、原理及研究方法对学生认识和探索自然具有关键的作用。因而物理教学过程中，应注重其教学内容包含的跨学科概念的教育价值，通过适当的教学设计和教学过程，促进学生跨学科概念的发展。下面分两个方面研究跨学科概念与高中物理课程内容的关系。

(一)跨学科概念与高中物理课程内容的关联研究

从跨学科概念诸要素出发，研究高中物理课程与之对应的内容，如表 3-4 所示。

表 3-4　跨学科概念与高中物理课程内容的关联性表现

跨学科概念要素	要素关联的物理核心概念	课程内容的相关对应表现举例
模式	相互作用、物质结构	万有引力、电磁力、分子力的作用模式；闭合电路等。
因果	运动与相互作用、能量	牛顿运动定律、库仑定律与物体的运动和能量转化；欧姆定律；电磁感应现象，电场力和磁场力作用下的电磁能转化等； 分子动理论、热力学定律与热现象及内能变化； 波的产生和传播，光电效应等。
规模、比例和数量	场、物质结构、运动与相互作用、能量	速度、加速度、电场强度、磁感应强度等比值定义的物理量及定量表达的物理定理、定律等。
系统和系统模型	运动与相互作用、能量、物质	系统动量守恒； 系统机械能守恒；系统能量的变化与守恒； 热力学第二定律(熵增加原理)； 光电效应方程；波粒二象性； 原子结构模型；原子核结构模型等。
能量与物质	物质、能量	动能定理；功能关系；闭合电路的能量转化； 固体、液体、气体的性质；热力学第一定律；能量转化与守恒定律； 质能方程；核反应中的质量亏损与核能释放等。
结构与功能	物质组成	示波器、万用表的结构与功能；质谱仪，回旋加速器； 原子结构及原子光谱等。
稳定与变化	物质、能量、运动与相互作用	能量转化与守恒定律； 电磁感应、电磁场、电磁波等。

(二)物理课程内容中对应的跨学科概念要素分析

从表 3-4 可以看出，同一个物理课程内容，可能蕴含着几个跨学科概念要素，因此分析某个物理内容中包含的跨学科概念要素对研究二者的关系也是必要的。将前文介绍的跨学科概念的七个要素，分别以 A(模式)、B(因果)、C(规模、比例和数量)、D(系统和系统模型)、E(能量与物质)、F(结构与功能)、G(稳定与变化)表示，表 3-5 对高中物理课程内容中对应包含的跨学科概念要素作出了分析。

表 3-5 高中物理课程内容与跨学科概念要素的关联

高中物理课程内容		跨学科概念要素						
主题	具体内容	A	B	C	D	E	F	G
运动的描述	质点	√			√			
	位移、速度、加速度			√				
	匀变速直线运动	√	√		√			√
	自由落体运动	√	√		√			
相互作用与运动规律	摩擦力、动摩擦因数			√	√		√	√
	弹力、胡克定律	√	√	√				
	力的合成与分解	√	√					
	牛顿运动定律	√	√		√			√
机械能与能源	功和功率、功能关系	√	√			√		√
	动能、动能定理	√	√			√		√
	重力势能	√	√			√		√
	机械能守恒		√		√	√		√
	能量的各种形式，能量守恒	√	√	√	√	√		√
	能量转化和转移的方向；能源与可持续发展	√	√		√	√	√	√
抛体运动与圆周运动	运动的合成与分解，抛体运动	√	√					
	匀速圆周运动，向心加速度	√		√				
	向心力，圆周运动的实际应用，离心运动		√		√			√
经典力学的成就与局限性	行星运动，万有引力定律	√	√	√	√		√	
	人造卫星，宇宙速度	√	√	√	√	√	√	√
	经典和相对论的时空观	√	√		√			
	微观世界的量子化现象	√	√		√			√

续表

高中物理课程内容		跨学科概念要素						
主题	具体内容	A	B	C	D	E	F	G
电场	用原子结构与电荷守恒分析静电现象	√	√		√	√		√
	点电荷模型，库仑定律	√	√	√	√	√		
	静电场、电场强度、电场线	√	√	√	√	√		
	电势能、电势、电势差，电势差与电场强度的关系	√	√	√	√	√		
	电容、电容器	√		√	√	√	√	
电路	多用电表工作原理		√		√		√	
	决定电阻的因素，电阻定律		√	√	√		√	
	电源电动势、内电阻，闭合电路欧姆定律	√	√	√	√	√	√	√
	电功、电热，焦耳定律				√	√		
	逻辑电路		√		√		√	
磁场	磁场，磁感应强度，磁通量，磁感线	√		√	√	√	√	
	电流产生磁场		√		√	√	√	√
	安培力		√	√				
	洛伦兹力		√	√	√			
	质谱仪和回旋加速器				√	√	√	
电磁感应	电磁感应现象，感应电流产生的条件	√	√		√	√		√
	楞次定律，法拉第电磁感应定律		√	√	√	√		√
	自感、涡流		√		√	√	√	√
交变电流	交流电的产生和描述	√	√	√	√	√	√	√
	电感和电容对交流电的作用		√	√	√	√	√	√
	变压器		√	√	√	√	√	√
	远距离输电	√			√	√	√	√

续表

高中物理课程内容		跨学科概念要素						
主题	具体内容	A	B	C	D	E	F	G
传感器	传感器的工作原理和应用		√		√	√	√	
分子动理论与统计思想	分子大小，阿伏伽德罗常数	√		√	√	√		
	分子运动统计规律，分子动能、内能	√	√	√	√	√		√
	气体压强的微观解释	√	√	√	√			
固体、液体与气体	固体微观结构，晶体与非晶体	√	√		√	√	√	√
	纳米技术、液晶		√		√		√	
	表面张力		√		√		√	
	气体实验定律及微观解释，理想气体模型	√	√	√	√			√
	饱和汽压，相对湿度		√		√			√
热力学定律与能量守恒	热力学第一定律，能量转化和守恒定律	√	√	√	√	√		√
	热力学第二定律，熵的微观意义	√	√	√	√	√		√
能源与可持续发展	能源和环境的意义		√		√	√		
	能源开发与环境保护，能源消耗调查估算		√	√	√	√		√
机械振动与机械波	简谐运动及其描述	√		√	√	√		
	单摆周期公式		√	√	√			
	受迫振动，共振	√			√	√		√
	波的形成和图像，横波、纵波，波长、波速、频率	√		√	√	√		
	惠更斯原理	√			√			
	波的干涉、衍射现象	√	√		√		√	

续表

高中物理课程内容		跨学科概念要素						
主题	具体内容	A	B	C	D	E	F	G
电磁振荡与电磁波	麦克斯韦电磁理论	√	√	√	√			√
	电磁波的产生，电磁场的物质性	√	√		√	√		√
	电磁波的发射、传播和接收		√		√	√	√	√
	电磁波谱，光波是电磁波	√				√		
光	光的折射定律，折射率			√		√		
	全反射，光导纤维			√		√	√	
	光的干涉、衍射和偏振现象，激光	√			√		√	
相对论	狭义相对论基本原理、主要结论及其实验基础		√		√			√
	相对论的时空观	√			√	√		√
	广义相对论的观点及观测证据	√	√					√
碰撞与动量守恒	弹性碰撞和非弹性碰撞	√			√	√		
	动量，冲量，动量守恒定律		√		√			√
原子结构	探索原子结构的历史及有关经典实验	√	√	√	√	√	√	
	氢原子光谱与原子能级结构	√	√	√	√	√	√	√
原子核	原子核的组成	√	√		√			
	放射性原子核衰变，半衰期，核反应方程	√		√	√	√		√
	核力，原子结合能	√	√			√		
	裂变，聚变，核能应用				√	√	√	√
	恒星的演化	√				√		√
	粒子物理学初步	√		√	√	√		

续表

高中物理课程内容		跨学科概念要素						
主题	具体内容	A	B	C	D	E	F	G
波粒二象性	微观世界量子化现象	√				√		
	光电效应，光电效应方程，康普顿效应		√		√	√		√
	光的波粒二象性，概率波	√	√	√		√		√
	实物粒子的波动性，电子云	√	√		√	√		
	不确定性关系	√	√	√				√

三、促进跨学科概念深层理解的教学内容整合

基础教育阶段科学教育的目的是提高学生的科学素养，培养学生的科学精神，使学生能在今后的学习和工作实践中用科学的观点和研究方法分析和解决问题。通过前面的分析可以看出，跨学科概念的提出更有利于达成这样的教学目标。因此通过学科教学，使学生的跨学科概念逐步形成和发展，是科学学科教师应积极思考和实践的很有意义的工作。

通过表3-4、表3-5的分析可以发现，跨学科概念与高中物理课程内容高度对应、紧密联系，跨学科概念可以支持所有物理课程内容，而物理课程内容的学习也可用于促成多个跨学科概念的形成和深入理解。因而可以考虑从这两个方面进行教学内容的整合及教学设计和实施。

（一）不同教学内容的整合促成某一跨学科概念的发展

以“因果”这一跨学科概念为例。观察描述事物，追寻事物背后的产生原因，是物理学非常重要和普遍的思维方式及研究方法。庄子说：“析万物之理”，就是要研究自然界各种事物的产生机制。因此与“因果”相联系的教学内容贯穿高中物理课程。教学中可以先梳理出这些教学内容，再对内容进行整合和综合设计，这样会有助于“因果”这一跨学科概念的建构和发展。

物理核心概念之一——运动与相互作用，集中地体现了因果关系，物体的各

种运动形式是结果，而它的受力情况就是物体做这种运动的原因，再通过牛顿第二定律将二者结合起来。表 3-6 列出了高中阶段以质点为研究对象的几种典型的运动形式及其受力特点。

表 3-6　因果关系——物体受力与运动形式的关系

原因：物体的受力	结果：物体的运动形式
不受外力或合外力为零	静止或匀速直线运动
合外力恒定且与运动方向共线	匀变速直线运动
合外力恒定且与运动方向不共线	匀变速曲线运动
合外力大小恒定且与运动方向垂直	匀速圆周运动
合外力与位移成正比且反向	简谐运动

这些教学内容在高中物理课程中并不是直接衔接在一起的，为了加深因果关系这一跨学科概念的深入理解和应用，在教学时应注意促进概念发展的设计环节。例如可分为如下几个阶段。

阶段一：学习匀速直线运动和匀变速直线运动。这个阶段，传统的方式主要是从运动的描述角度进行教学。为了发展跨学科概念，可以在教学中适当引导。例如，在学习加速度概念时就可以让学生思考物体为什么会做加速、减速运动？在学习匀变速直线运动时，可就实验探究过程使学生体验和思考物体做匀加速或匀减速直线运动时的受力情况。这样设计的目的，是让学生初步建立物体受力和运动形式之间的因果联系，初步奠定“因果”这一跨学科概念的思维基础。

阶段二：牛顿运动定律的研究和应用。这一部分也是研究运动和相互作用关系的核心环节。力和物体运动有关系吗？回答是肯定的。但是是什么关系呢？首先是牛顿第一定律回答了力不是产生和维持运动的原因，然后才是牛顿第二定律回答了力是使物体产生加速度的原因。此时，学生明确了“运动和力”的关系并非只是运动状态（速度）和力的关系，而是运动状态变化（加速度）和力的关系，而且还与物体的质量（惯性质量）有关。也就是影响加速度这个“结果”的“原因”有物体所受的外力与物体质量两个因素。因此牛顿运动定律的教学，应在对各种运动形式形成原因的思考基础上，进一步引导学生探究运动和力的确切定量关系。而这个问题的探究过程对发展学生“因果”的跨学科概念会起到重要作用。

牛顿第二定律应用的教学则正是引导学生深入理解“因果”概念的契机。我们通常说的应用牛顿定律研究的两类问题：已知受力情况求运动情况，就是已知原因预测结果的一类问题；而已知运动情况求受力情况，则是由结果反推原因。教学中应引导学生总结出通过机制和原理(牛顿第二定律)定量解释因(受力)和果(加速度)之间的关系，使学生在掌握牛顿第二定律的应用的同时，加深对“因果”的深入理解。

阶段三：将牛顿运动定律运用于新的运动形式。“因果”这一跨学科概念对科学教育的意义就在于研究自然界事物间内在的因果关系及规律，将其在新的情境中应用或预测和解释新的事件。在高中物理必修 1 中应用牛顿第二定律研究直线运动，必修 2 中则开始研究新的运动形式——曲线运动，具体的运动形式是抛体运动和圆周运动。对于抛体运动，可以先进行原因分析(受力分析)——可知物体一定做匀变速运动，再加入初速度方向分析——可知抛体运动是匀变速曲线运动；而对于匀速圆周运动，则是先由结果分析，即从圆周运动的运动学入手，分析出其加速度方向应是指向圆心的(向心加速度)，再分析出其合外力也应是指向圆心的(向心力)。这两种分析思路，是对牛顿第二定律的两种应用，也是运动和力间“因果”概念的深入应用。

阶段四：在新的情境中预测和应用。在高中物理必修 2 和选择性必修模块中，有关运动和力的关系的分析不断出现，这正是锻炼学生针对新情境，是否能举一反三地应用“因果”的概念进行动力学分析的教学契机。例如在学习万有引力时，先是探究行星运动规律，学习开普勒行星运动定律，然后再反向分析原因：牛顿从动力学角度提出太阳与行星间应存在引力，且与距离的平方成反比。这是对圆周运动与向心力的应用。再如在研究示波器中带电粒子的运动时，事先知道电场的分布(原因)，进而研究带电粒子的直线加速运动和类平抛运动(结果)；带电粒子在磁场里的匀速圆周运动，螺旋线运动和速度选择器、质谱仪、回旋加速器的设计原理等都是带电粒子的受力与运动形式之间关系的应用；对简谐运动的研究中，从运动学和动力学(回复力特征)两个角度描述和定义，进一步突出了该运动模型的动力学成因。教师在进行这些内容的教学时，应主动引导学生从力和运动的因果关系角度自主分析，锻炼学生对物理核心概念及跨学科概念的理解和应用。

除以上例子外，物理教学中的因果关系可以说比比皆是。值得注意的是，在分析事物因果关系的研究过程中经常有一个很关键的步骤——发现矛盾因素，即证伪，这是发现正确结论的重要前提，例如表 3-7 中的一些例子。

表 3-7 因果关系证明中的矛盾

现象或结论	矛盾	正确结论
(认为)重的物体落得快	轻重物体绑在一起谁快	只受重力时落得一样快
(认为)力是产生运动的原因	伽利略理想实验	牛顿第一定律
光电效应	截止频率等与经典电磁理论的矛盾	爱因斯坦光电效应方程
α 粒子散射实验	与枣糕模型的矛盾	核式结构模型
氢原子光谱	线状谱与经典电磁理论的矛盾	氢原子能及量子化理论
……	……	……

发现矛盾以及论证的过程，就是排除因果关系中的错误归因的过程。有些科学研究中，原因和结果直接的联系比较复杂或研究起来比较困难，这时排除错误的原因十分重要，因为这往往呼唤着新的突破，教师在教学中也应锻炼学生的证伪能力。

教师在教学中应注意让学生主动探究并应用事物或现象的因果关系进行分析，从而培养学生的科学思维、科学探究以及理论联系实际的能力。因此，“因果”这一跨学科概念的建立与物理学科核心素养的培养目标是一致的，教师在教学中更应主动结合教学内容对学生进行培养。

除了“因果”，其他跨学科概念教学也同样需要教师对相关教学内容进行分析整合，形成彼此衔接的系列教学过程，以促进跨学科概念的建构和深入理解。

(二)某一教学内容促成多个跨学科概念的深入理解

从表 3-5 可以看出，不同的物理教学内容中蕴含的跨学科概念不尽相同，其中有些内容，例如能量转化和守恒定律、电磁感应、电磁场、电磁波、原子结构等，都从几个不同的要素维度促成跨学科概念的深入理解。下面以电磁感应为例，分析其蕴含的跨学科概念，如表 3-8 所示。

表 3-8　电磁感应中跨学科概念要素分析

跨学科概念要素	对应的电磁感应现象或理论
模式	电磁感应现象分析和归纳
因果	产生电磁感应现象的原因，楞次定律——感应电流的方向等，感生电动势与涡旋电场力，动生电动势与洛伦兹力
规模、比例和数量	法拉第电磁感应定律——磁通量变化率
系统和系统模型	电磁感应中电场和磁场组成的转化系统
能量与物质	电磁感应现象中场和能量的转化
结构与功能	自感、互感、交流电的产生和实际应用仪器等原理分析
稳定与变化	电和磁的转化及转化条件(例如变化的磁场可以产生电场，但恒定的磁场不能产生感应电场等)

可见，电磁感应的物理教学主题，与跨学科概念的 7 个要素都有紧密的联系。在教学过程中应抓住契机进行引导，促进跨学科概念的发展和深化。例如，在进行法拉第电磁感应定律的教学时，可以由实验引导学生对磁通量变化快慢与感生电动势大小建立联系，再结合学生以前对变化快慢的定量描述方式的理解，认识到可以用磁通量变化率表示变化快慢，进而得出可用磁通量变化率反映感生电动势的大小的结论，这样关于比例与量化运算的跨学科概念就在教学中得到应用和深化。可见教师在教学中不仅要从物理学知识、概念角度引导学生建构电磁感应的概念，从而促进物理学科核心概念的发展，而且还要有意识地引导学生应用和建构跨学科概念，促进跨学科概念的发展，使得学生在学习具体学科知识的同时，科学素养也得到提升。

第二节　促进科学探究能力发展的教学内容整合的意义和途径

物理学基于观察和实验，从古希腊时代的自然哲学，历经17、18世纪的经典物理学，到近代的相对论、量子论等，物理学始终引领着人类对自然奥秘的探索，深化着人类对自然界的认识。在此过程中，前人经历科学探究的过程，形成了系统的物理理论体系和研究方法。在中学阶段，物理课程旨在进一步提升学生的物理学科核心素养，其中一个重要方面就是要引导学生经历科学探究过程，体会科学研究方法，养成科学思维习惯，增强创新意识和实践能力，从而促进学生科学探究能力的发展。

美国《K－12框架》将科学实践和工程实践整合，指出学生只有亲自经历和参与实践，才能真正理解科学实践和科学知识的本质，并提出了八项科学实践，强调科学实践与学科概念的整合。我国高中物理课程标准对学科核心素养的描述以及对各模块内容要求、活动建议的陈述中，也都充分体现了对科学探究能力的关注和倡导。促进学生核心素养发展的教育理念使我们越来越清醒地认识到综合素养对提升学科能力、提升国家竞争力的作用。当前教育背景要求我们在中学阶段要通过实验教学内容的整合来提升学生的探究能力。

一、促进学生科学探究能力发展的教学内容整合的意义

(一)有助于学生科学探究能力的系统性培养

在物理学科核心素养中，虽然明确提出了科学探究的学科素养，但中学的教学内容与教学顺序主要是以知识线索来设置的，并没有系统的科学探究能力的教学框架，学生对科学探究内容的学习也就多处于无序的状态。以科学探究能力发展为线索的教学内容整合，改变了以知识为线索进行内容教学的思路，形成了以

能力的高低层次以及符合学生个体能力发展规律的顺序进行教学内容整合的主要思路，通过能力培养的系统规划，使学生在科学探究能力的各能力要素上都得到有针对性的培养和提升，这有利于学生对科学探究整体的认识，也对学生科学探究能力提升的长远发展具有重要的意义。

(二)有助于学生高层次能力的发展

在一般的教学中，教师也注重学生科学探究能力的培养，但由于缺乏基于教学内容的整合，能力培养的针对性和系统性规划不够，教学中低层次的能力培养表现是比较常见的。比如，基于现象提出问题，能对数据进行整理并得出结论，能撰写实验报告等。而高层次的能力目标通常会被忽略，或者训练不足，比如面对真实情境，从不同角度提出并准确地表述可探究的物理问题；能用多种方法分析数据，发现其中的规律，形成合理的结论，撰写完整规范的科学探究报告等。基于促进学生科学探究能力发展的教学内容整合，可以有针对性地进行高水平层次能力的培养，从而有利于解决能力发展层次浅显的问题，提升学生的思维品质。

(三)有助于学生创新迁移能力的培养

创新迁移能力是学科能力中高层级的能力，创新、迁移都要有厚实的学科基础和能力基础才能展现出来。系统、深入地实施探究能力的教学整合，可以促进学生在知识、方法上的灵活运用，提升学生的思维深度，促进学生的质疑、求异创新、多角度创造性思维能力的发展。

(四)有助于学生建立开放性的知识结构

作为学习内容而言，科学探究应该属于程序性的知识，对科学探究的学习离不开学科知识，科学探究的要素应该灵活渗透在各知识内容的学习之中。以科学探究要素为主线的教学内容整合，促进了学生对知识关联、方法关联的认识，让学生从研究方法的角度认识学科知识，在学生知识建构的过程中增加了一个认识维度，从而使学生的知识结构更加开放。这对学生知识方法迁移能力的形成、认识的发展都具有重要意义。

(五)有助于学生对科学·技术·社会·环境关系的理解

科学和技术统称为“科技”，科学的发展离不开技术的支持，技术的进步与创新也离不开科学的发展。科学探究是科学教育的核心，技术教育的核心是技术设计，科学教育与技术教育的整合是社会需求的结果。基于科学探究能力进行教学整合，不仅可以发展学生的科学探究能力，同时也能促进学生理解用所掌握的科学方法解决社会和日常生活中问题的思路，理解科学·技术·社会·环境的关系。

二、促进科学探究能力发展的教学内容整合的途径

教学内容整合的关键点是找到教学内容的连接点和发展线索。在教学中既要强调个体特征，又要强调个体中一些要素的交叉与融合，使不同的教学内容在某种教学目标的引导与要求下，产生出高度的和谐。促进学生科学探究能力发展的教学内容整合，可以结合学生的实际情况，选择合适的教学内容。教学内容整合的途径，可以从以下几个方面考虑。

(一)基于科学探究过程的各要素进行整合

“科学探究”是指基于观察和实验提出物理问题、形成猜想和假设、设计实验与制订方案、获取和处理信息、基于证据得出结论并作出解释，以及对科学探究过程和结果进行交流、评估、反思的能力。科学探究主要包括问题、证据、解释、交流等要素。教学中可以围绕这几个探究要素进行内容的整合设计。

以“问题”要素为例，教师在“问题”要素上，都能达成共识，都认可“提出一个问题往往比解决一个问题更为重要”，但在课堂中，提出问题能力的训练与培养则显得相对薄弱，我们可以此为整合点进行教学整合。例如，演示物体的下落过程，引导学生提出问题“如果能忽略空气阻力，物体自由下落的位移和时间有什么关系”；演示阴极射线在磁场中的偏转，引导学生提出问题“相同电性的带电粒子在运动方向相同的情况下，受到磁场作用力的方向与磁场方向存在什么关系”，等等。在“问题”这个要素中，关键点是通过创设的情境，让学生能发现与物

理学有关的问题，并能从物理学的角度比较明确地表述这些问题。上述两个问题的物理意义是很清楚的，既有实验的条件，也表述清楚了所研究的是哪两个物理量之间的关系，同时表述了探究的方向和有待于发现的关系。创设情境在教学中已经广为重视，但基于现象、真实的情景让学生真正提出问题，教学中做得还不够，以此能力要素作为专题进行有针对性的训练，可以有效提升学生对提出问题的方法的理解。当然，也可以在设定了能力发展目标后，系统安排在教学的相关内容中不断有意识地去培养，这也是一种教学整合的表现。

(二)基于实验过程各环节的要点进行整合

基于实验过程进行教学内容整合的思路和基于科学探究各要素进行教学整合的思路是一致的，只不过传统所说的“实验教学”和“科学探究教学”能力要素的表达方式有些不同，一般实验教学过程，会从实验目的、实验原理、实验器材的选取、实验步骤、实验数据处理、误差分析等方面进行。

例如以“实验目的”作为整合点进行内容整合，也可以说是以实际问题解决作为整合点的教学内容整合。例如“速度的测量”“重力加速度的测量”“验证机械能守恒定律”“验证动量守恒定律”等，为了完成这些实验目的，或者说为了解决这些实际问题，都可以采用多种方案，这些方案都是围绕共同的实验目的，本身就可以作为整合的内容。再如以“实验数据的处理”作为整合点进行教学整合，图像的应用与分析就是典型的教学中常用的整合内容。

(三)基于实验的相同点、相似点进行整合

在高中物理实验教学中，很多实验在实验原理、实验器材或者实验操作方面有许多相同或相似的要点存在，这些相同点或相似点均可作为整合点进行教学内容的整合。

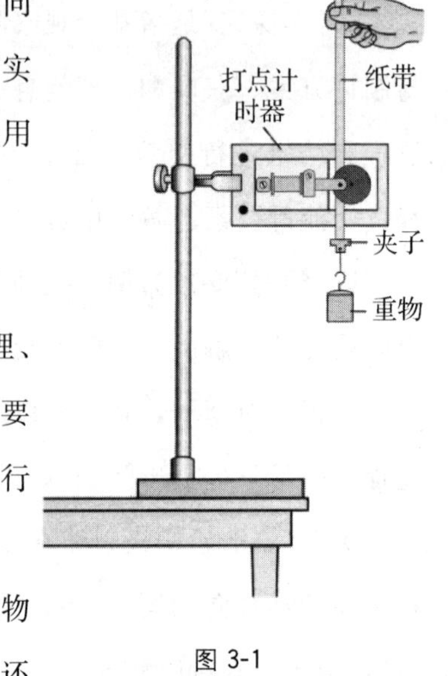

图 3-1

例如图 3-1 所示的实验装置，既可以用来测重物下落的速度，也可以用来测物体下落的加速度，还

可以用来验证重物下落过程中机械能守恒等。另外，以打点计时器、电表等实验中常用的主要实验器材为整合点，均可进行相应多个实验内容的整合，这就是以实验器材或以实验装置作为整合点进行教学内容整合设计的思路。

(四)基于学科思想方法进行整合

往往有不少实验，虽然它们的实验目的不同，但是实验中需要解决的问题是相同或相似的，因此在实验装置或实验步骤的设计中所用的解决问题的方法是相同或相似的。这就是物理实验中常用的学科思想方法，也可用来整合教学内容。实验中常用的思想方法有控制变量法、等效法、转换法、放大法等。

以“放大法”为例，放大法有多种，如力学的方法、电学的方法、光学的方法等。在教学中我们常见的有如图 3-2 所示的几种方法，甲图中所示装置是用来放大观察弹性绳的形变；乙图中所示装置是用来放大观察桌面受压力而产生的形变；丙图所示的库仑扭秤装置，是用来放大观察微小的扭转量。

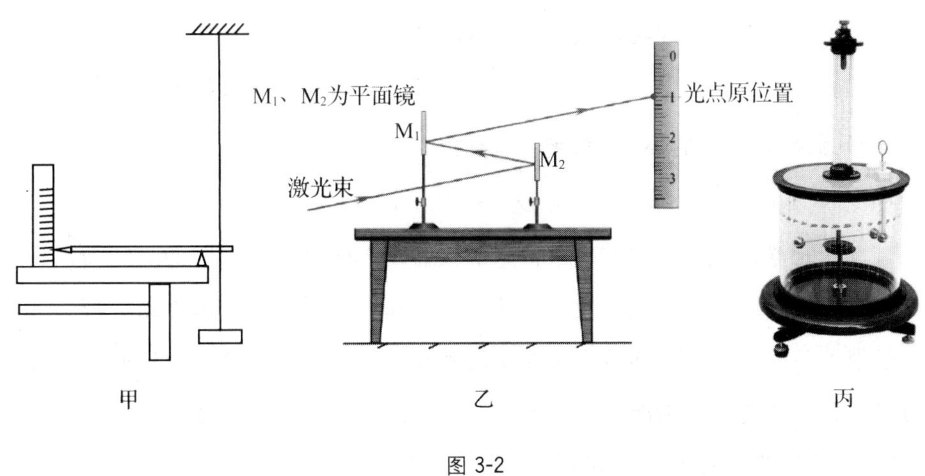

图 3-2

总之，促进学生科学探究能力发展的教学内容整合的思路和途径是多样的，在总体设计上，只要找到一些促进学生能力发展的切入口，做到教学内容既在知识内容的层面上，又在学生活动的层面上，使科学探究过程与科学知识学习相统一、科学探究过程与科学素养培养相统一，就能够很好地实现教学内容整合，促进学生科学探究能力的发展。

第三节　促进科学探究能力发展的教学内容整合举例

尽管依据实际问题的解决、科学探究的要素、实验步骤各环节的关键点等都可以实现教学内容的整合，但如何围绕实际问题、探究要素以及实验的关键点，确定各实验之间的关联，尤其还要基于学生科学探究能力的发展，确定整合内容和整合思路，对教师们来说仍然是比较困难的。本节力图通过案例来说明促进学生科学探究能力发展的教学内容整合的设计思路和操作途径。

一、基于实验器材的教学内容整合

在中学阶段实验探究活动的内容以课程标准规定的内容为主，辅以课外自主学习探究。虽然探究的内容可以开发延伸，但所能使用的实验工具则以实验室常规器材为主，因此，掌握实验室器材的基本功能并进行迁移应用，即可提升学生解决问题的能力。下面以案例的形式来说明基于实验器材的教学内容整合。

(一)围绕“打点计时器”的教学内容整合

1. 打点计时器的功能

打点计时器是高中物理实验中常用的仪器，它能够按照相同的时间间隔，在纸带上连续打点。如果把纸带跟运动的物体连在一起，即由物体带动纸带一起运动，纸带上各点之间的距离就表示相应时间间隔内物体的位移。由这些点，我们就可以了解物体的运动情况。

2. 利用纸带获得物体运动的信息

(1)确定物体的运动速度

如图 3-3 所示是一条纸带上的部分点迹，在纸带上可测量得出 A、C 两点的距离为 Δx，由打点计时器的打点周期和两点间的间隔数可知其对应的运动时间为 Δt，并由此可算出纸带在这两点间的平均速度 $v=\frac{\Delta x}{\Delta t}$，同时也可以用这个平均速度代表纸带经过 B 点时的瞬时速度。A、C 两点离 B 越近，算出的平均速度

越接近 B 点的瞬时速度。当然，A、C 两点距离过小，则长度测量的相对误差增大，实际中要考虑选取恰当的距离。

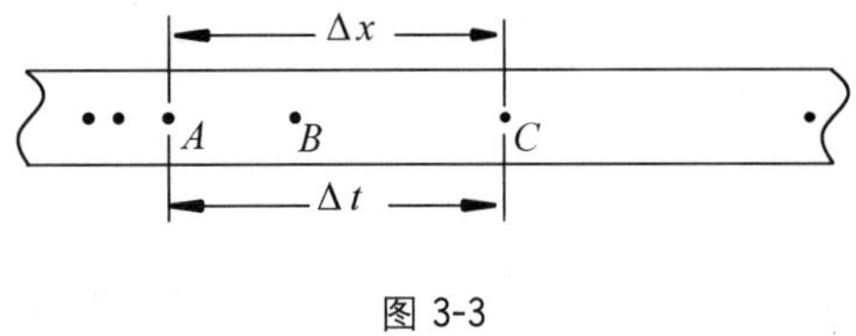

图 3-3

(2)判断物体的运动性质

如图 3-4 所示的两条纸带，甲纸带中相邻点迹间的距离是相等的，表明物体做匀速直线运动。乙纸带中，0，1，2，…为计数点，相邻两点间的点数相等(计数点间的时间间隔相等)，s_1，s_2，s_3，…为相邻两计数点间的距离，若 $\Delta s=s_2-s_1=s_3-s_2=\cdots=s_n-s_{n-1}$，则表明与纸带相连的物体的运动为匀变速直线运动。

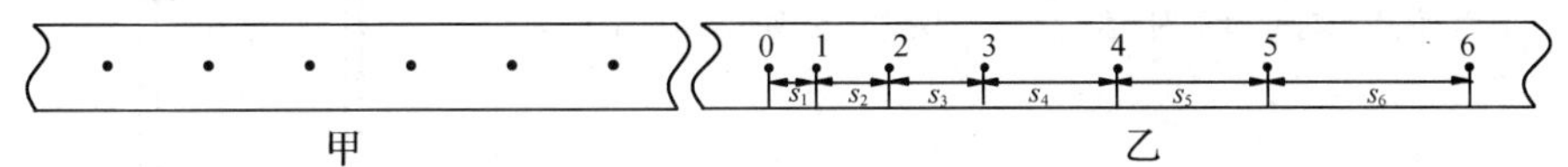

图 3-4

(3)确定匀加速直线运动物体的加速度

仍以图 3-4 乙为例，设相邻两计数点间的时间间隔为 T，可以采用逐差法求解匀加速直线运动的加速度。由于 $s_4-s_1=s_5-s_2=s_6-s_3=3aT^2$，

则有 $a_1=\dfrac{s_4-s_1}{3T^2}$，$a_2=\dfrac{s_5-s_2}{3T^2}$，$a_3=\dfrac{s_6-s_3}{3T^2}$，

从而可确定加速度 $a=\dfrac{a_1+a_2+a_3}{3}$。

也可以先确定纸带上各计数点的速度，以 0 点作为计时的起点，作出 v-t 图线，利用图线的斜率求出物体运动的加速度。

3. 利用打点计时器进行的实验活动举例

【案例】探究加速度与物体受的力、物体质量的关系

如图 3-5 所示，小车放在木板上，后面固定一条纸带，纸带穿过打点计时器。把木板的一侧垫高，以补偿打点计时器对小车的阻力及其他阻力，调节木板

的倾斜度，使小车在不受牵引时能拖动纸带沿木板匀速运动。测出盘和重物的总重力，它近似等于小车运动时所受的拉力。通过打点计时器测出小车运动的加速度。在小车中增减重物以改变小车的质量。

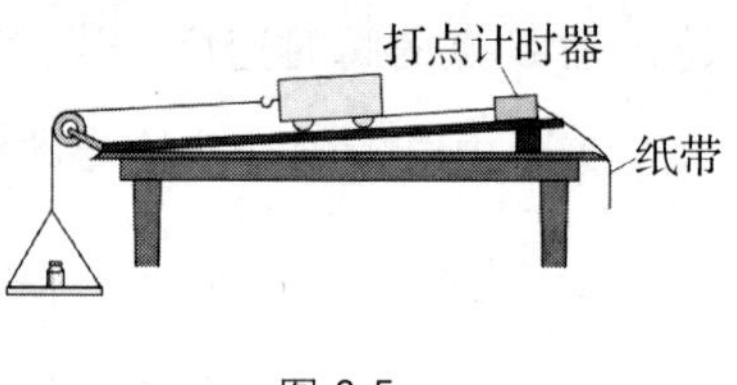

图 3-5

上述实验方案，可以得出物体的加速度与它所受的力以及与它的质量的关系，从而为得出牛顿第二定律提供了证据。

【案例】验证机械能守恒定律

当物体自由下落时，只有重力做功，某一时刻物体下落的瞬时速度为 v，下落高度为 h，如果 $mgh=\frac{1}{2}mv^2$，则说明物体下落过程中重力势能与动能的和守恒。

借助打点计时器，可以测出重物某时刻的下落高度 h 和该时刻的瞬时速度 v。实验装置如图 3-6 所示。

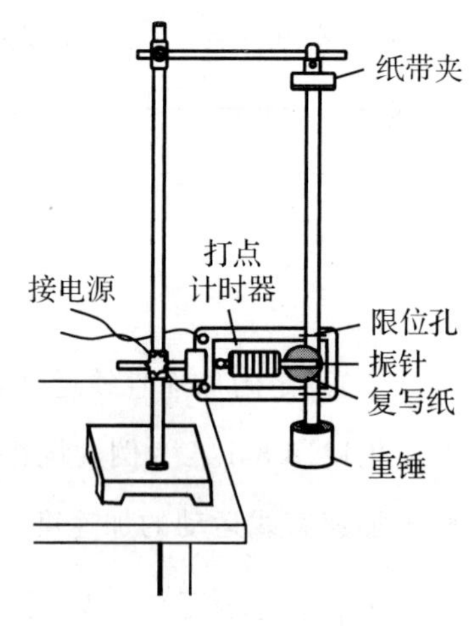

图 3-6

当然，依据的测量原理不同，处理数据的方法也会有所不同。在此实验过程中，也可以通过计算纸带打下两点的过程中，重锤减少的重力势能是否等于其增加的动能来验证机械能是否守恒。图 3-7 是实验中得到的一条纸带，O 为重锤开始下落时记录的点，在纸带上选取三个连续打出的点 A，B，C，得到 OA，AB，BC 之间的距离分别为 s_A，s_B，s_C。重锤质量用 m 表示，当地重力加速度为 g，打点计时器打点的周期为 T。若在打下 O 点到 B 点的过程中，重锤重力势能的减少量 $\Delta E_p=mg(s_A+s_B)$ 与其动能的增加量 $\Delta E_k=\frac{1}{2}m\left(\frac{s_B+s_C}{2T}\right)^2$ 相等，则可证明此过程中机械能守恒。

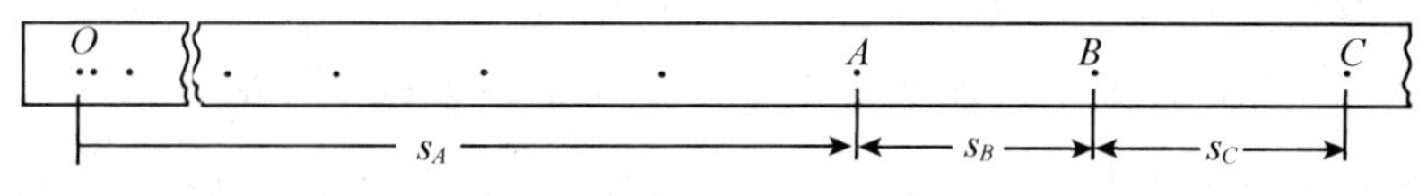

图 3-7

4. 利用打点计时器进行教学内容整合的阶段性

依据高中物理课程标准以及高中物理教材，利用打点计时器所展开的实验可以简单分为两类：一类是直接从纸带获取信息，探究物体运动的规律，例如，探究小车速度随时间变化的规律，研究做匀变速直线运动的物体的速度、位移分别随时间变化的规律，探究自由落体运动是否为匀变速直线运动；另一类是借助纸带能反映运动物体的速度或加速度，来探究物体的运动情况和受力情况的关系，或者探究能量变化的相关规律，例如，探究加速度与物体受的力、物体质量的关系，探究外力做功与物体动能变化的关系，验证机械能守恒定律。

从上述分类，可看出教学也应该是分阶段的：第一个阶段，以获取描述运动的物理量为主，即求平均速度、瞬时速度和加速度的大小；第二个阶段，在研究具体问题时，引导学生将与物体运动相关的问题跟打点计时器建立联系，通过所能确定的物理量探究各种规律。

(二)围绕“电表”的教学内容整合

1. 中学阶段有关电表的教学内容简述

电表是电器仪表的统称，这里所指的是中学阶段实验室所用的电压表、电流表以及多用电表，就其功能而言，是用来测量电压、电流、电阻的。但电学实验中在选择器材或设计电路的时候大都需要考虑电表的内阻。因此对电表的认识是电学实验学习与理解的基础，围绕着电表的认识和使用进行教学内容的整合是使学生形成对电学整体认识的很好途径。在这里我们只侧重梳理对电表认识和基本使用的相关实验活动，主要涉及的实验有测电阻、电表的改装、多用电表的构造及使用等。

2. 围绕电表开展教学内容整合的基本思路

电压表、电流表在直流电路中可以看作一个“电阻”。不过与通常的电阻不同的是，电压表这个“电阻”两端的电压是可读的，电流表这个“电阻”中的电流也是可读的，它们完全遵从电阻的串、并联规律。但初中阶段则把电表认为是理想电表，即认为电流表接入电路就相当于导线，导线在初中阶段认为其电阻为零；电压表接入电路则认为此段电路为断路。这样的处理是对电表的内阻做了理想化的处理，但并没有明确说明电表是有内阻的。因此，高中阶段对电表的学习，是把电表构建成一个电阻模型的过程，如果能认识电表的这一电阻模型，则可以为灵活解决电路问题奠定很好的基础。

围绕电表的电阻模型的建构与应用的教学整合思路如图 3-8 所示。

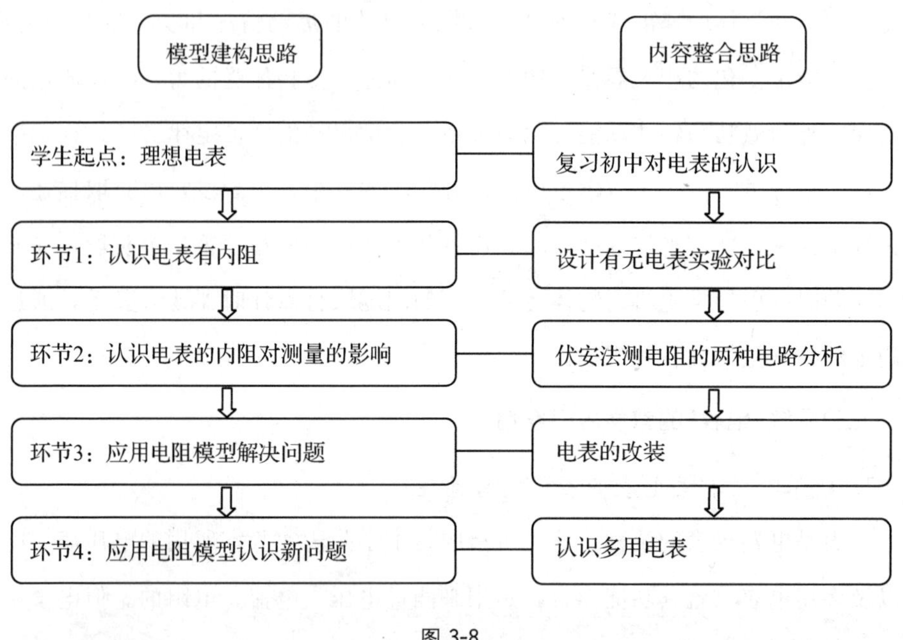

图 3-8

初中阶段为了简化学习内容，将电表做了理想化处理。因此，高中阶段对电表的学习，要从认识电表的内阻开始，这个环节可以设计简单的电路进行实验，目的就是让学生通过对比认识到电表内阻的存在。正是由于电表有内阻，在测电阻的电路中选择电流表内接或电流表外接，才会不同程度地影响测量结果。基于实际实验测量结果的分析和理论的分析，认识到电压表、电流表在直流电路中的本质就是一个“电阻”，电流表就是一个电流可读的小电阻，电压表就是一个电压可读的大电阻，从而建构出电表的电阻模型。学生理解了表头可以看作一个电阻的事实之后，就自然能够接受这个表头两端也会有电压，从而能够从电阻的角度对表头的内阻 R_g、满偏电流 I_g、满偏电压 U_g 的大小以及它们间的关系 $I_g=\dfrac{U_g}{R_g}$ 有基本的认识，这样学生也就理解了电流表和电压表本质是一样的，只不过刻度盘表示的物理量不同而已。在面对新问题“如何扩大电表的量程”时，学生也就可以从串、并联电阻的角度思考如何改装电表了。多用电表是学生在高中阶段需要学习的新知识，要了解多用电表的原理，核心的问题是多用电表在欧姆挡时测量电阻的原理，表头串联了电池和可变电阻，不同阻值的待测电阻接入电路，电流表的读数有一一对应的关系，只要把表头的刻度盘改成相应电阻的数值，就成了可以直接读出电阻值的欧姆表。若表头并联有分流电阻，并联不同的分流电阻就成了不同量程的电流表；若表头串联有分压电阻，串联不同的分压电阻就成了不同量程的电压表。当需要改变用途时，由盘面上的选择开关来切换。

【案例】电表的改装

表 3-9 《电表的改装》教案

教师活动	学生活动	设计意图
问题：电表在直流电路中就相当于一个可读数的电阻，对每个表头而言，其内阻 R_g、满偏电流 I_g、满偏电压 U_g 都是确定的。现实生活中，人们要测量不同范围的电压值或电流值，就需要各种不同量程的电压表和电流表。你能把它改装成不同量程的电压表和电流表吗？	讨论 1：如何改装成一个大量程的电压表？ (1)改装的原理是什么？ (2)改装后电表的内阻是多少？ (3)改装后的量程是多少？ (4)改装后表盘的刻度是均匀的吗？ (5)改装后内阻的变化对测量有什么影响？ (6)若有一个表头，$R_g=30\ \Omega$，满偏电流 $I_g=1\ \text{mA}$，把它改装成量程是 3 V 的电压表，需要的分压电阻是多大？ 讨论 2：如何改装成一个大量程的电流表？ (1)改装的原理是什么？ (2)改装后电表的内阻是多少？ (3)改装后的量程是多少？ (4)改装后表盘的刻度是均匀的吗？ (5)改装后内阻的变化对测量有什么影响？	学生认识到表头可以看作一个电阻，通过问题引导学生自己从电阻分压的角度思考如何扩大电表量程，两个讨论中的前 5 个问题，都是希望学生通过知识的应用理解解决问题的原理，第 6 个问题是从实际解决问题的角度认识具体的操作方法。

续表

教师活动	学生活动	设计意图
	(6)若有一个表头，$R_g=30\ \Omega$，满偏电流 $I_g=1\ \text{mA}$，把它改装成量程是 0.6 A 的电流表，需要的分流电阻是多大？	
问题：电表要扩大量程必须事先知道原来电表的内阻是多少，如果原来电表内阻未知，又该如何测量呢？	思考：如果采用伏安法测电表的内阻，需要哪些器材？画出电路图。电流表内阻很小，对电压表有何要求？	通过实验原理选择、器材选择等实验设计过程，引导学生理解电表对测量误差的影响，培养学生的设计能力和发散思维能力。
问题：改装之后的电表测量值是否准确呢？虽然我们计算了需要并联和串联的电阻大小，但是在实际操作过程中可能还存在误差，为了减小误差，改装之后的电表如何校准呢？	思考：校准电表的电路。	对电表改装的深入理解，并进一步认识电表的电阻模型。

二、基于实际问题解决的教学内容整合

《普通高中物理课程标准(2017 年版)》中明确提出学科核心素养是学生通过学科学习而逐步形成的正确价值观念、必备品格和关键能力。学生应通过高中物理的学习为应对现代和未来社会发展的挑战打下基础，提高学生的实际问题解决能力则成为高中物理教学的重要教学目标。基于实际问题解决的教学内容整合，有利于学生面对真实问题，从不同角度进行分析和推理，制订解决方案，获取证据或运用已有知识进行解释。下面以案例的形式来说明基于实际问题解决的教学内容整合。

(一)围绕“测量重力加速度”的教学内容整合

重力加速度是物理学中十分重要的物理量。在地面上不同的地区，重力加速度 g 值不相同，其与物体所处纬度、海拔等因素有关。准确地测定它的数值，从

理论上、科研上、生产上以及军事上都有重大的意义。在高中阶段，随着知识内容的不断扩展，测量重力加速度所采用的原理和具体测量方法也在不断丰富。围绕“测量重力加速度”进行教学内容的整合，有利于学生将不同概念和规律通过重力加速度 g 建立关联。

1. 中学阶段测量重力加速度的方法梳理

测量重力加速度的方法有很多，下面按高中物理课程展开的顺序简要梳理出测量重力加速度的几种方法。

方法 1：利用物体平衡。

依据原理：$G=mg$。

方法 2：利用自由落体运动。

依据原理 1：$h=\frac{1}{2}gt^2$。

依据原理 2：利用匀加速直线运动的特点，自由落体运动中相邻相等时间间隔内的位移差 $\Delta h=gT^2$。

依据原理 3：利用做匀加速直线运动的物体在某两个时刻的速度，由加速度定义式求解。即利用 $v_{\frac{t}{2}}=\bar{v}=\frac{x}{t}$，$g=\frac{v-v_0}{t}$，求出重力加速度 g。

依据原理 4：利用匀变速直线运动的速度—位移关系式。即利用 $v_t^2-v_0^2=2gh$，求出重力加速度 g。

方法 3：利用单摆运动。

依据原理：$T=2\pi\sqrt{\frac{L}{g}}$。

2. 基于重力加速度的测量整合教学内容的基本思路

学生在遇到某个问题的时候，往往不是从解决问题的角度去思考，而是首先想学过什么方法。比如，在不提供器材的情况下让学生回答“如何测重力加速度”的时候，多数学生回答的是利用单摆来进行测量，这是由于在学习单摆时，讲解了单摆的一个应用是测重力加速度；很少有同学想到利用物体平衡的方法，甚至在给出弹簧测力计和天平的时候，有的学生还在怀疑采用 $g=\frac{G}{m}$ 进行测量和计算是否正确。这些都反映了学生思维的定式，解决实际问题的能力还有待提升。

(1)测量原理的分析与确定

针对测量的实际问题，若没有直接测量工具，首先就要思考和测量量相关的因素，从而实现测量的转换，和重力加速度 g 相关的有：$G=mg$，$h=\frac{1}{2}gt^2$，$T=2\pi\sqrt{\frac{L}{g}}$ 等。不同的公式提供了不同的测量原理，如果限定了器材，我们则要考虑一下哪种原理能够实现各物理量的测量。

(2)测量方案的确定

在测量原理确定的情况下，可以采用不同的器材来实现测量的过程，这时更需要学生运用创造性思维，设计出符合要求的具体方案。以利用自由落体运动测量重力加速度为例，学生能够自己或通过集体讨论设计出的方案有以下几种(见以下案例)。

【案例】利用自由落体运动测量重力加速度

表 3-10 《利用自由落体运动测量重力加速度》教案

教师活动	学生活动	设计意图
问题：请利用自由落体运动测量重力加速度。	思考 1：测量原理是什么？需要测量的物理量是什么？需要什么测量工具？ 思考 2：不限定器材，设计出具体的测量方案。 方案 1：利用打点计时器、直尺、自由落体装置 如图所示，让重锤做自由落体运动，与重锤相连的纸带上被打点计时器打出一系列点迹。测量计数点间的距离，利用 $\Delta h=gT^2$，求出 g 的大小。 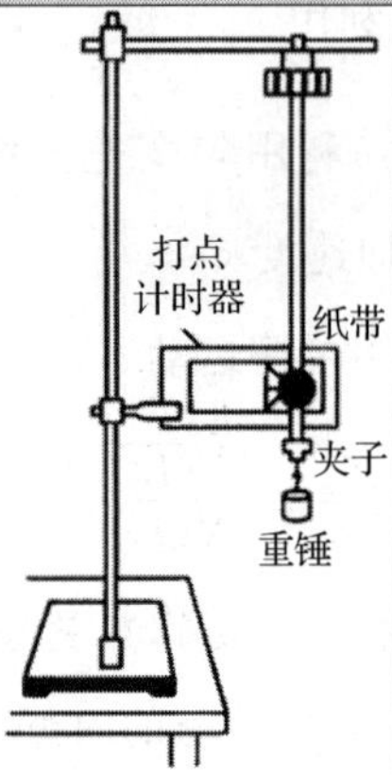	在原理确定的情况下，选择合适的器材，制订方案，获取数据。开放性的设计使学生将物理问题与实际情景建立联系，促进解决问题能力的提升。

续表

教师活动	学生活动	设计意图
	方案2：利用频闪摄影 如图所示，利用频闪照相间隔相等的时间拍摄一次的特点，获取自由落体运动的物体在各个时刻的位置，确定物体下落的高度 h，由频闪时间确定物体下落至此位置所用的时间 t，利用 $h=\frac{1}{2}gt^2$，求出 g 的大小。 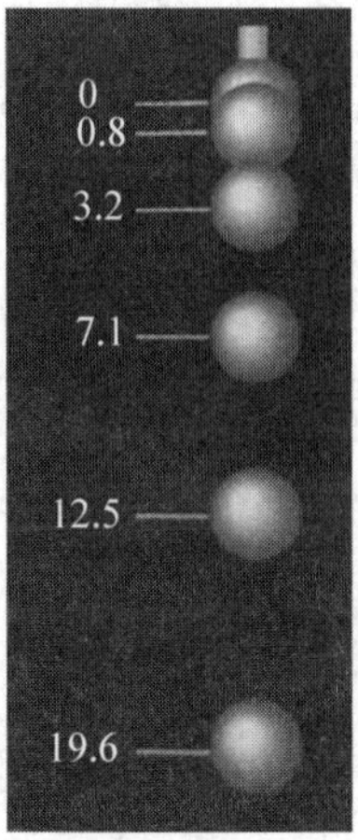 0 0.8 3.2 7.1 12.5 19.6 方案3：滴水法 让水滴一滴滴落到正下方的盘子里，调节阀门，直到清晰听到每一滴水滴撞击盘子的声音。记录下 n 滴水滴下落的总时间 T，则一滴水下落的时间为 $t=\frac{T}{n}$。用米尺测出水龙头滴水处到盘子的距离 h，利用 $h=\frac{1}{2}gt^2$ 计算出重力加速度的值。 方案4：利用光电门和数字计时器装置(如图所示)，将光电门 A、B 和电磁铁安装在支架上，调整它们的位置使三者在一条竖直线上。当电磁铁断电释放小球后，小球能顺利通过两个光电门。小球做自由落体运动通过两光电门 A、B 的时间为 T_A、T_B。测量出两个光电门的距离 h 及小球的直径 D。由于小球通过光电门的速度较大，光电门较小，可认为小球匀速通过，所以速度分别为 $\frac{D}{T_A}$，$\frac{D}{T_B}$，则可利用 $g=\frac{D^2}{2h}\left(\frac{1}{T_B^2}-\frac{1}{T_A^2}\right)$ 计算出重力加速度的值。 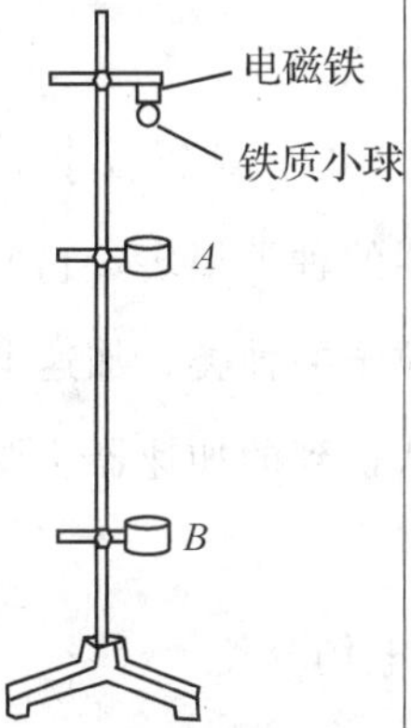 电磁铁 铁质小球 A B 思考3：分析一下你的实验，测量误差的主要来源是什么？	同时也让学生认识到实验方法虽然多，但有的测量仪器的精确度受环境因素的影响比较大，不是每种方法都适用，所以有必要对测量方法进行研究，找出一种适合测量本地重力加速度的方法。

以上案例只是说明了从具体操作方案上的整合，当然，不同层次的学生还可以设计出不同的方案。另外，在数据处理、误差分析上都可以通过开放性的处理进行整合。通过这个问题的解决，可以看出基于实际问题进行教学内容整合，能够使学生在头脑中将不同知识建立联系，对知识和方法有整体结构感，有助于物理学科核心素养的养成和发展。

(二)围绕“带电粒子加速器”的教学内容整合

在我们日常所处的宏观世界中，可以直接用眼睛观察物体的结构，但在原子尺度的微观世界里，已经不能靠眼睛来获取信息了。最常用的获取微观世界信息的方法是用中性的粒子(如中子)或者带电的粒子(如 α 粒子)轰击所要研究的物质，使入射粒子与物体中的微粒相互碰撞。这种方法自卢瑟福用天然放射源中的 α 粒子轰击金箔，用 α 粒子散射实验的结论否定汤姆孙的原子模型，提出原子的核式结构模型，便激发了人们寻求更高能量的粒子来作为“炮弹”的愿望。随着各种粒子加速器的产生，应用加速器产生粒子已成为化工、电力、环保等行业生产的重要手段和工艺。

1. 中学阶段认识到的粒子加速器

粒子加速器的种类很多，它们的特点各有不同，可按不同的分类方法进行分类，比如加速粒子的种类、加速电场、粒子运动轨道、加速粒子能量范围等。在中学阶段我们认识到的加速器主要是按加速电场和粒子运动轨道来分类的，主要有以下几种。

(1)按加速电场分类

①高压加速器

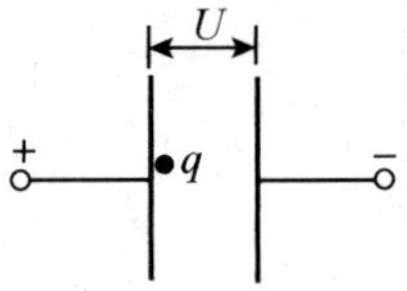

其原理如图 3-9 所示，在真空中一对平行金属板间的电势差为 U，质量为 m、带正电荷 q 的粒子，在静电力作用下可以由静止开始从正极板向负极板运动，在带电粒子的运动过程中，静电力对它做的功是 $W=qU$，由动能定理可求出粒子被加速后的速度 $v=\sqrt{\dfrac{2qU}{m}}$。

图 3-9

如图 3-10 所示，也是高压加速的一个类型，常用在示波器、洛伦兹力演示仪中，作为电子枪使用。电子枪的作用是产生高速飞行的一束电子。其原理与图 3-9 所示原理类似，只不过电子枪的金属丝与金属板间不是匀强电场，但上述结果仍然适用。

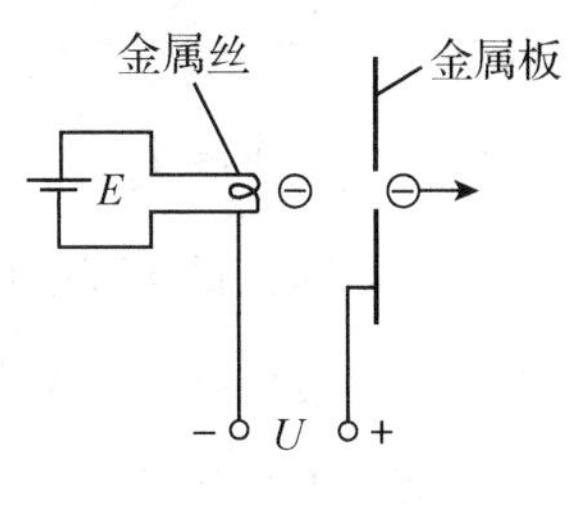

图 3-10

②感应加速器

感应加速器是利用感生电场使电子加速的设备。它的基本原理如图 3-11 所示，上、下为电磁铁的两个磁极，磁极之间有一个环形真空室，电子在真空室中做圆周运动。电磁铁线圈电流的大小、方向可以变化，产生的感生电场使电子加速。上侧为侧视图，下侧为真空室的俯视图。

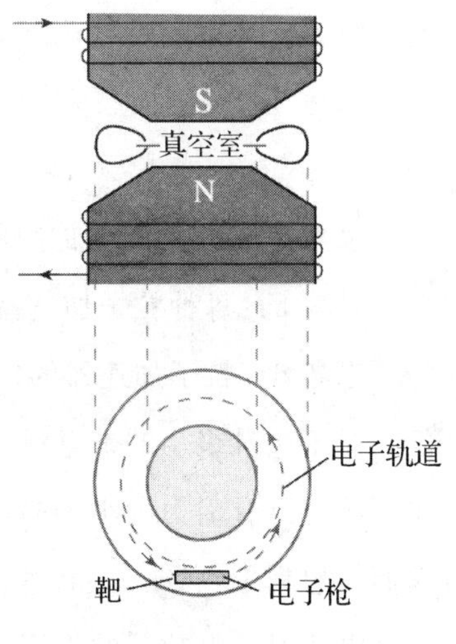

图 3-11

(2)按粒子运动轨道分类

①直线加速器

其原理与图 3-9 所示原理相同，加速电压越高，粒子获得的能量就越高。然而产生过高的电压在技术上是很困难的，于是人们设想采用如图 3-12 所示的多级加速器。各加速区的两板之间用独立电源供电，所以粒子由 P_2 飞向 P_3、由 P_4 飞向 P_5……时不会减速。

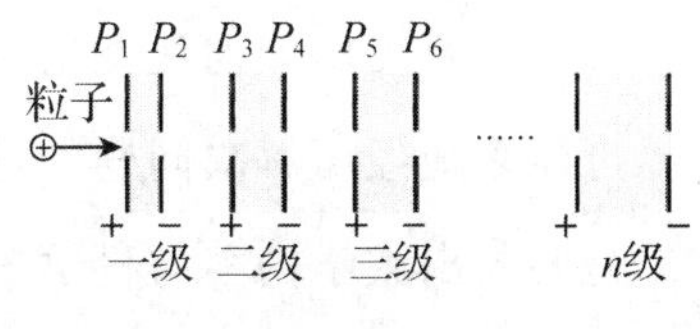

图 3-12

②回旋加速器

在多级加速器中，由于粒子在加速过程中的径迹为直线，其加速装置要很长很长，于是人们设计出用磁场控制轨道、用电场进行加速的回旋加速器。回旋加速器构造如图 3-13 所示，D_1、D_2 是半圆金属盒，D 形盒的缝隙处接交流电源，D 形盒处于匀强磁场中，交变电流的周期和粒子做圆周运动的周期相等，粒子在圆周运动的过程中一次一次地经过 D 形盒缝隙，两盒间的电场一次一次地反向，粒子就会被一次一次地加速。

2. 基于“带电粒子加速器”的教学内容整合思路

这一部分的核心问题是“如何使带电粒子加速”。为了解决这个问题，我们进行如下思考。

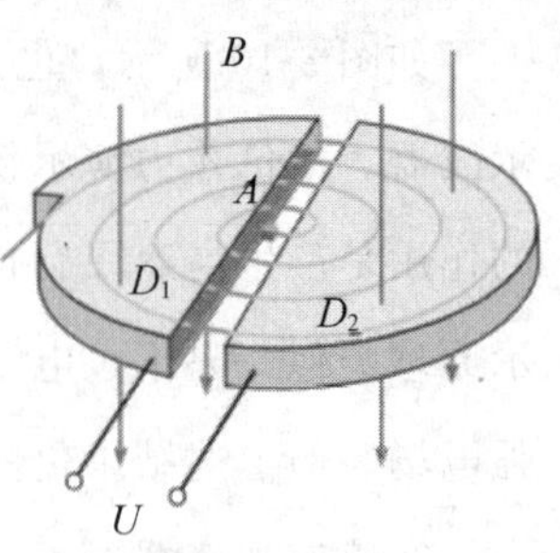

图 3-13

思考 1：为什么要加速带电粒子？

思考 2：从运动和力关系的角度思考，如何提供一个力能使带电粒子加速？（当然，也可以从能量的角度思考如何能增加带电粒子的能量）

思考 3：如何从技术上实现呢？技术上的困难是什么？如何来解决这个困难？

思考 4：每种粒子加速器有没有局限性？

思考 5：每种粒子加速器目前在科技中的应用是什么？

思考 6：粒子加速器的发展前景如何呢？

对于质量很小的带电粒子，如电子、质子等，虽然它们也会受到万有引力的作用，但万有引力远小于静电力，可以忽略。因此，为了实现带电粒子的加速，人们就想到了电场。在上述我们看到的几种典型的粒子加速器中，其原理本质上都是电场对带电粒子的作用。

围绕着“带电粒子加速器”这个真实问题的教学内容整合，应该注重两个方面：一是要突出如何让理论转化为技术，通过问题引导、开放性的设计，让学生尽可能多地经历解决问题的过程，提升学生面对真实问题进行科学探究的能力；二是要突出教学内容与科学·技术·社会·环境之间的联系，而且这部分内容与科技前沿联系紧密，可以借此丰富学生的认识，让他们体会到知识的应用价值。

针对不同的实际问题，解决的具体方式方法可能有所不同，但解决问题的基本思路是一致的，就是首先要分析实际问题，界定清楚要研究的物理问题；再确定解决问题的原理和方法；在解决问题之后，尝试对实际问题进行解释和分析。解决实际问题的过程是一个真实的探究过程，经历问题解决的过程可以最大限度地调动所学知识并将知识整合进行迁移应用。

第四章

课前学习指导

本书的课前学习不同于传统意义上的预习，不是浅层了解一下即将要学习的内容，而是具有明确的课前学习目标，是完整教学环节的一部分，是教师诊断学生学习情况的重要依据，是教师确定教学内容和教学方式的实证依据，是后续课堂教学的基础，也是有效教学、提高课堂效率和针对性的保证。

课前学习范围可大可小，需根据学生实际水平确定，可以是整章、一个主题单元，也可以是一节，或者是某节课的局部内容。

课前学习指导的内容包括对概念规律的深层理解、知识体系的建构、认识方式的丰富、学习团队组建等。通过课前学习指导提高学生信息获取、重组、内化和质疑创新的能力，发展学生的学习能力。

第一节　课前学习目标的设计与重难点确立

课前学习目标明确了学生通过课前学习预期达成的效果，与课堂教学目标具有一致性，但有差异。课前学习目标是课堂教学目标的基础，其要求一般低于课堂教学目标。例如速度概念的课前学习目标，要求学生能说出高中的速度和初中的速度的定义及物理意义。课堂教学目标要求学生能说出速度概念的内涵，包括矢量性、平均速度、瞬时速度等，以及和初中速度的联系与区别。

课前学习重难点与课堂学习重难点不同，考虑到教学内容的特点、学生学习实际情况，课堂学习的重点不一定是课前学习的重点。

课前学习的重点在于建立概念与形成认知冲突的前概念的联系，弄清易混淆概念的区别等，涉及整合和深度理解的课堂学习的重点侧重于知识点联系的建立、概念体系的构建、核心概念规律的深度学习，以及学科思维能力培养等方面。课堂学习的重点一般指向能通过交流讨论、经历反思，形成新的认知的内容，这显然不能作为课前学习的重点。

课前学习难点和课堂学习难点也有差异，课前学习难点的确立更多考虑学生认知基础带来的影响，课堂学习难点侧重知识本身的特点带来的影响。一般来讲，思维上的难点既是课前学习的难点，也是课堂学习的难点。

一、课前学习目标的设计

课前学习目标对课前学习资源的开发、学习指导策略的选择具有统领作用。课前学习目标是课堂教学目标和学段目标的下级具体目标，并且与课堂教学目标相辅相成。

(一)课前学习目标设计的依据

课前学习目标设计是将课程标准和学科教学指导意见中的目标和要求具体化

的过程，课前学习目标应与文件中的教学理念保持一致，体现文件中的具体教学要求，同时与学生的实际水平保持一致。

1. 课程标准与学科教学指导意见是课前学习目标设计的首要依据

课前学习目标设计应体现课程标准、学科教学指导意见的教学要求。课程标准是规定课程性质与基本理念、学科核心素养与课程目标、课程结构、课程内容、学业质量、实施建议的纲领性教学指导文件。课程标准提出了面向全体学生的学习基本要求，是制订课前学习目标的首要依据。

学科教学指导意见进一步细化课程标准的要求，在课程标准的基础上，结合教材指出每个模块的主题及每个主题的内容和要求，以模块为单位提出教学建议及考试评价建议。学科教学指导意见直接指向教学实践，提出结合教材实现课程目标的教学实践的要求和操作方法。学科教学指导意见(由于不同地区学科教学指导意见有微小差异，本书以北京市制定的《普通高中物理学科教学指导意见》为例)是制订课前学习目标的重要参考。

例如对加速度概念的学习要求，课程标准、学科教学指导意见和课前学习目标的表述有所区别。表 4-1 呈现了三者的内容。从表中可以看出，课程标准的表述侧重宏观指导，比较笼统，还不是具体的可评价指标。学科教学指导意见从知识和物理方法角度指出了具体要求，具有可操作性。

表 4-1 课程标准、学科教学指导意见和课前学习目标对加速度概念学习的要求

	学习要求
课程标准	理解加速度。通过加速度概念的建构，体会物理问题研究中的抽象思维方法。
学科教学指导意见	理解加速度，让学生经历抽象概括诸如加速度概念的过程，了解测量这些物理量的方法，进而学习科学、定量地描述生活中物体运动和相互作用的方法。

续表

	学习要求
课前学习目标	(1)知道加速度是描述物体速度变化快慢的物理量。(2)会区别速度、速度变化和速度变化快慢。(3)了解加速度的矢量性，初步认识加速度正负的含义。(4)会利用加速度定义式计算匀变速直线运动的加速度。(5)会根据 $v-t$ 图像计算加速度的大小。(6)经历用比值定义法建立加速度概念的过程。(7)经历用极限思想，在平均加速度的基础上，建立瞬时加速度的过程。

2. 学生的实际学习情况是课前学习目标设计的现实依据

学科教学要落实以学生为中心的课程理念，与此相适应，教学研究也应该从重点研究教师的“教”转向研究学生的“学”。课前学习目标要根据学生实际水平制订，关注学生知识掌握情况、能力发展状态、兴趣特点、学习需求等方面。根据学生原有的认知水平，针对学生的不同情况制订不同的课前学习目标，有利于促进学生认知发展，在学习的细节中落实以学生发展为中心的理念。

教学中根据学生的实际情况，制订相应的课前学习目标。例如，质点模型的学习要求，根据学生水平不同可以分成四个层级。如表 4-2所示。

表 4-2　质点模型的学习层级

层级水平	相应的课前学习目标
层级一	知道描述物体的运动需要建构模型。
层级二	能举例说明常见的质点模型。
层级三	能使用质点模型解决问题，能判断物体和模型的异同。
层级四	能根据解决问题的需要建构恰当的质点模型。

值得注意的是：制订课前学习目标也应该考虑教材的差异。教材与课程标准在内容上具有一致性，教材是课程标准的具体化，是比较理想的课前学习材料。但不同版本的教材呈现内容的方式、顺序方面会存在差异，制订课前学习目标还需考虑这种差异带来的影响。

(二)确定课前学习目标的原则

课前学习是教学的起始环节，为学生在课堂进一步深入理解知识、发展能力打基础。课前学习目标可以从多个角度设立，如从知识理解是否深入的角度，目标可操作性的强弱程度，对学生发展是否有延续性和是否尊重学生个性化差异等。

1. 有利于促进学生知识的深层理解

知识的深层理解是学生科学思维能力的外显，即深层理解过程也是培养学生思维能力的过程，课前学习目标应该注重学生思维能力的发展。促进深层理解的课前学习目标可以从以下几方面设定。

(1)了解建立概念的意义。引导学生观察生活实践中的物理现象，明确建立概念的事实依据，对与概念有关的物理现象和过程有充分的感性认识，从而建立对概念的清晰认识，通过具体情境理解建构概念的物理意义。

例如加速度概念的建构，可以结合实际运动情景：不同物体速度变化快慢有差异，如飞机从静止加速到离开地面的过程中，在 30 s 内速度从 0 增加到 300 km/h (约 83 m/s)。一门迫击炮射击时，炮弹在炮筒内的速度在 0.005 s 内可以由 0 增加到 250 m/s，怎样描述和比较这种差异？在解决真实问题的过程中，让学生认识到引入加速度概念的必要性。

(2)了解某个概念及与之相关的概念间的区别与联系，引导学生分清不同概念的本质属性，为深入理解概念打基础。

例如通过对加速度概念的课前学习，知道加速度是描述速度变化快慢的物理量，速度变化既可能是速度大小变化，也可能是速度方向变化，或者是速度大小和方向同时变化。这是课堂学习中理解加速度可以描述速度的任何变化率(包括增大、减小和方向变化)的基础。

(3)建立基本概念与核心概念的关联，有助于学生掌握学科的基本知识结构，形成基本观念。

例如建立加速度与力和运动的关联，帮助学生认识到力的作用效果之一是改变物体的运动状态，可以用加速度定量描述这个效果。如果物体的运动状态发生变化，可以推测一定受到了力的作用。这可以促进学生运动与相互作用观念的形成。

需要说明的是，概念的深层理解并不是一次完成的，是随着学习的深入逐步丰富和发展的。课前学习目标的设定要有层次性和逻辑性。

2. 课前学习目标应具体明确、有针对性和可操作性

课前学习目标是精准定位重点、难点和指导课堂教学设计的前提。目标应该细化成可执行、可操作和可评价的细目，体现学习内容在深入理解、联系实际、构建体系、能力培养、思维发展等方面的具体要求，要有针对性。

例如《曲线运动》课前学习目标：(1)能对研究曲线运动位移需要建立平面直角坐标系作出解释。(2)能解释教材中砂轮打磨时火星的轨迹为什么是切线方向。(3)能设计简单实验，证明曲线运动速度方向为轨迹的切线方向。(4)能总结出物体做曲线运动的条件，并能列举实例。

《曲线运动》课前学习目标说明：目标(1)旨在促进学生对“矢量可以合成和分解”观点的理解；目标(2)旨在促进学生对曲线运动速度的方向为轨迹切线的理解，避免学生出现用记忆代替理解的学习情况；目标(3)旨在通过应用进一步加深学生对内容的理解，同时通过开放型的实验设计促进学生创新思维的发展；目标(4)旨在通过力和运动的关系在曲线运动中的迁移应用，丰富学生对力和运动的认识，建立新学内容与旧有知识体系的关联，完善力和运动的概念体系。

3. 尊重学生的认知规律，体现学习的发展性

对于学习中的重点和难点内容，学生很难通过初次学习就达到深层理解的水平。设计课前学习目标要遵循学习规律，分阶段设计课前学习目标，体现学习的发展性。课前学习目标按照课程目标→学段目标→单元学习目标→课时教学目标→课前学习目标顺序逐步具体化。分析不同学段、不同学习内容的学习目标的共性，将共性目标按照理解水平的高低划分成不同的层次。设定不同阶段的课前学习目标，保持目标的延续性，随着学习深入不断发展学生的理解水平。

例如位移、速度、力、动量概念都具有矢量性。我们可以将矢量性的学习要求分成四个不同层次。通过不同内容的学习达成四个层次要求：层次一，认识到矢量

相加不是简单的数学加减；层次二，会处理一条直线上的矢量加减问题；层次三，掌握矢量运算的一般法则，平行四边形或者三角形法则，会处理不共线的矢量运算；层次四，在陌生情境中能够迁移应用。各层次的对应学习内容如下：

层次一对应位移概念学习，通过课前学习认识到位移(矢量)的运算不是简单的大小相加减；层次二对应加速度概念学习，通过课前学习能进行一条直线上的矢量运算，会引入正负号来简化一条直线上的矢量运算；层次三对应力的合成分解学习，通过课前学习认识到可以用三角形法则或者平行四边形法则来描述矢量的运算规律；层次四对应动量概念学习，能自主迁移应用矢量性解决动量变化量的运算问题。

4. 尊重差异，促进学生个性化发展

教师在设定教学目标时，往往会忽略学生个体发展的需求，用同一目标来要求所有的学生。制订课前学习目标既要考虑学习群体的共性需求，也要体现学生个体发展的需求。在尊重学生差异的基础上设定课前学习目标，通过学习促进学生个性化发展。课前学习很多时候是学生的自主学习行为，即便在教师引导下的课前学习，也会受学生学习能力、认知方式影响而具有个性化特征。考虑个体特征的课前学习目标，有一定的弹性或者分成不同层级，体现了因材施教的科学性，有利于调动学生学习的积极性，发挥学生学习的主观能动性。

例如牛顿运动定律的课前学习目标，基础薄弱、学习能力有待提高或者高考不选考物理的学生，课前学习目标设定为：能说出力和运动的关系，知道物体不受力时的运动状态，知道惯性的定义。对于学习能力强、掌握一定物理学思想方法或者高考选考物理的学生，可以将课前学习目标设定为：在上述目标的基础上还能举例说明力和运动的关系，知道“理想实验”的过程及研究方法，知道质量与惯性的关系。与学生水平吻合度高的目标容易达成，并能给学生带来学习成功的喜悦。

(三)制订课前学习目标的思路

学习过程是知识更新、整合、深入理解的过程，也是发展学生的核心素养与关键能力的过程。课前学习不仅可以使学生掌握基础、简单的新知识，也是培养学生学习能力、物理学科核心素养的重要途径。制订课前学习目标要关注通过课前学习能从哪些方面促进学生物理观念的形成，促进学生对物理学科认识的发展；通过哪些内容的学习，能促进学生思维的发展，促进学生学习能力的发展；通过哪些内容的学习，能促进学生科学态度与社会责任感的养成，学会从物理学科视角关注社会的发展。

从操作程序看，首先，课前学习目标设计应从政策性文件入手，分析课程标准、学科教学指导意见对课程提出的总体目标；再分析学习内容在整个物理概念体系中的地位和作用；第三步分析学生状态，可以围绕学生的“已知”“未知”“能知”“想知”和“怎么知”五个方面展开，分析其知识储备、能力水平、认知特点等因素；最后设计符合学生特点的可实现的课前学习目标。

【案例】《加速度》课前学习目标的设计过程

说明：这个案例的学习主体是北京市某重点中学的优秀学生，学生的物理、数学基础好，自主学习能力强。

1. 分析政策性文件中对加速度概念的教学要求或建议

教育部制定的《普通高中物理课程标准(2017 年版)》中呈现的加速度的内容要求是“理解加速度”。北京市普通高中物理学科教学指导意见和模块学习要求是：(1)知道加速度是描述物体速度变化的快慢和方向的物理量；(2)了解用比值法定义加速度概念的过程；(3)能用 $a=\frac{\Delta v}{\Delta t}$ 计算有关问题，并根据加速度与速度方向间的关系，判断直线运动中物体是加速运动还是减速运动。

2. 对加速度概念进行具体分析

(1)加速度的意义：从机械运动描述角度看，加速度是描述速度变化快慢的物理量。从相互作用角度看，加速度是建立质点运动与受力关系桥梁的物理量，描述了力对物体的作用效果(产生加速度)。

(2) 加速度的内涵：加速度等于速度的变化率，即 $a=\frac{\Delta v}{\Delta t}$。加速度概念采用与速度概念相同的建立方法。

(3)加速度的外延：加速度的适用对象是质点的运动和刚体的平动。

(4)加速度的关联：从运动与相互作用角度看，加速度可以用来定量描述力的一种作用效果，加速度是连接机械运动与相互作用的桥梁。

(5)加速度概念的发展：加速度概念的学习一般经历三个阶段，在高中力学中通过匀变速直线运动、牛顿定律、圆周运动和机械振动四个部分不断发展。每个阶段的目标和要求不同。第一阶段从机械运动的角度看，加速度是描述物体速度变化快慢及方向的物理量。在学习匀变速直线运动中建立加速度的概念，明确加速度的定义。第二阶段从相互作用的角度看，加速度是描述力对物体作用效果(产生加速度)的物理量。在学习牛顿定律中明确产生加速度的原因，强化对加速度的矢量性、瞬时性的认识。第三阶段从运动与相互作用关联的角度看，加速度是联系运动和相互作用的桥梁。在圆周运动中学习向心加速度和向心力，认识加速度可以描述速度方向变化的快慢。在简谐运动中学习周期性变化的加速度和回复力，在复杂情境中认识加速度和力的关系。

3. 分析学生情况

(1)生活经验

生活中没有加速度概念，但学生对加速、减速现象有了解。

(2)概念储备

有速度概念、矢量概念、变化率概念，有变化、平均变化率、瞬时变化率概念。

(3)物理方法储备

对比值定义法、用极限思想研究物理问题、抽象思维、矢量运算有一定认识。

4. 设计课前学习目标

(1)知道为什么要引入加速度概念。

(2)知道“速度大”“速度变化大”“速度变化得快”是三个不同的概念，并能举例说明。

(3)知道加速度的定义式为 $a=\frac{\Delta v}{\Delta t}$，知道可以根据 $a=\frac{\Delta v}{\Delta t}=\frac{v_2-v_1}{t_2-t_1}$ 求平均加速度。

(4)知道加速度是矢量，知道它的方向与速度变化量的方向一定相同。

(5)会根据速度—时间图像求加速度。

课前学习目标从知识维度看，集中在事实性知识和概念性知识两个方面，而程序性知识和元认知知识则在课堂教学中完成。从认知过程维度看，基本是理解和简单应用，而深层理解和复杂应用，以及分析、评价和创造则在课堂教学中完成。

二、课前学习重难点确立

课前学习重点应该能体现学科核心内容、学科结构体系、学科重要的思想方法、学科研究思路等内容。课前学习重点应对学生形成重要的物理观念，培养物理学科核心素养有促进作用。课前学习难点的形成与知识本身、学生认知基础、思维习惯等多种因素有关，可以根据学习进阶理论、学习内容分析与教学经验相结合的方法确定。

(一)确定课前学习重难点的依据

一般情况下，课前学习重难点在课程标准等文件性材料基础上，结合知识本身复杂度和学生实际认知水平来确定，一般偏重于能力层面或思想方法层面。有的内容既是重点，又是难点。

1. 课程标准要求

课程标准规定了课程的基本理念，学科核心素养与课程目标等内容，是确定教学重难点的重要依据。课程的基本理念与社会发展、时代要求保持一致。教学理念应与课程标准具有一致性。学习的重难点随教学理念的发展而变化。

教学理念与社会对公民的要求也具有一致性，随时代发展而变化。在工业化时代，需要公民掌握更多的知识和技能；在信息化、网络化的今天，知识的获取已经是随手可得，很多技能已经被人工智能掌握，教学的重点就不再是知识本位、技能本位，而是以促进人的发展为核心。课堂教学的重点也随时代发展要求而转移，侧重于通过教学活动促进学生学习能力提升，促进科学思维方法的养成，促进学科观念生成等能促进学生终生发展的活动和内容上。

学业质量标准从评价的角度明确指出学生的学习要求，是教学要求的直接依据；对各部分教学内容提出了具体显性的要求，也是学习重点的重要参考。

2. 知识本身的特点

知识是能力提升的载体，在知识的学习过程中完成素养的提升是新时代教学的要求。根据内容在物理知识体系中的地位来确定是否为重难点。属于主题内的核心知识，是学习其他知识的重要基础，或是对提高学生的科学素养具有重要价值的，往往是重点。例如法拉第电磁感应定律，既是电磁感应主题的核心知识，又是学习交变电流内容的基础，还是促进学生理解电与磁相互转化的思想及变化率概念的重要知识载体。这样的知识当属重点知识。

抽象概括水平高的知识是难点。概念的建立是在感性材料的基础上，经过科学抽象形成的产物。通过比较、分析、综合、想象、归纳、概括等方法，逐步抓住本质特征，达到从感性到理性的飞跃。如加速度概念，它是在位移、速度基础上进一步精确描述机械运动而建立的概念，也是建立相互作用和运动关系的桥梁，是描述速度变化快慢的物理量，是位移时间函数的二阶导数，速度时间函数的一阶导数，比较抽象，也很难有直接的感性认识，需要借助数学关系深入理解，是学生学习的难点。

需要感受思想方法或者跨学科方法的学习内容是难点。例如瞬时速度，教材表述为：当 Δt 非常非常小时，我们把$\frac{\Delta x}{\Delta t}$称作物体在 t 时刻的瞬时速度。这里面蕴藏了极限的思想，在没有数学基础的情况下，很难理解到位。很多学生把 Δt 非常非常小时误认为 $\Delta t=0$，和已有认知“分式分母等于零没有意义”冲突，形成难点。再如三角函数在物理中的应用，及字母方程的运算，这些内容学生在初中并没有涉及，缺少相应的基础，第一次遇到时会觉得很难。

3. 学生的实际学习情况

学生的实际情况是复杂的、不确定的。不同时期学生的群体特征不同，不同水平学生的群体特征也不同，同一时期不同个体的特征也有差异，教学中要具体问题具体分析。

当代教育理念认为科学课程学习的核心是学科思想方法。而重结论、轻过程，重解题、轻理解是目前很多学校教学的普遍现象。引导学生思考就成为了教学的重点，思考“为什么”，以及“怎样研究”，古人是怎样认识和研究世界的，他们的研究方法是什么？对于不会思考，缺少物理思维方式的学生，这些能体现学科思想的地方是教学重点，对学生形成科学的世界观，养成科学思维方法和科学研究能力有促进作用。

例如，伽利略对落体运动的研究历程。这部分内容属于物理学史，不是重要的知识，但是它展示了物理学的重要研究方法。基于事实经验进行逻辑推理形成假设，将实际情景转化成可实验的情境，再用实验检验，根据实验结果，进一步推理还原实际情景，修正实验结果形成结论的研究思路，当属学习重点。

导致学生学习困难的原因是多维的，基础知识储备不够、空间想象力不足、生活经验不足、没有实际体验的经历都会造成学习困难，形成难点。如对场的认识，场是一种物质。电场是很抽象的客观存在，可形象化认识电场的途径较少，学生几乎没有感知场存在的体验。尽管教材作了说明：电荷和电荷之间的作用力是通过场作用的，A 电荷对 B 电荷的作用力，就是 A 激发的电场对 B 电荷产生了力的作用。学生缺少与文字描述对应的图景认识，需要一定时间积累，才能逐步理解“场是一种物质”这个观点。

需要注意的是，课前学习的重点与课堂教学的重点不同，有的教学重点不一定是课前学习的重点。例如，加速度概念的课前学习重点中有一条：区分加速度、速度、速度变化量、速度变化快慢这几个概念，这对建立清晰的加速度概念有积极作用。而加速度课堂学习的重点是，理解曲线运动一定有加速度，通过与速度定义对比，学习用变化率来表述变化的快慢，通过生活经验、实验，建立加速度由力产生的感性认识。

课前学习难点与课堂教学难点也有差异。一般来讲，思维上的难点既是课前学习的难点也是课堂学习的难点，而由于知识缺乏导致的课前学习困难，就不一定是课堂学习的难点。例如，学生课前学习速度时，发现初中的“速度”在高中教材中没有与之对应的物理量，会产生疑惑和猜想。通过课堂学习补充“平均速率”概念后，这个困难就没有了。

课前学习难点因学生而异，尤其是因知识储备不足造成的难点。例如对瞬时速度概念的理解，对于数学基础好、对极限有一定认识的学生，就不是难点。他们能理解 $\Delta t \to 0$ 的准确含义。对于没有相关数学基础的学生，就会产生很多疑问，很难理解 $\Delta t \to 0$ 时速度为瞬时速度。

(二)确定课前学习重难点的思路

确定课前学习重难点的思路有多种，可以参考学习进阶理论，通过刻画学习过程中的“阶”确定，也可以根据知识本身的复杂程度确定，还可以根据教师的经验和已有研究的证据确定。一般来讲，影响学生认知发展的关键点是难点；具有可迁移性，对后续学习有影响，对学生能力发展有重要促进作用的是重点。课前学习重点和难点有时候也是课堂学习重点和难点的一部分，为课堂学习打基础，起过渡作用。

1. 基于学习进阶分析课前学习重难点

学习进阶刻画了学生学习某个具体概念、规律过程中认识路径上的关键因素，将之与学生的实际情况、教学要求结合，分析得出课前学习的重难点。

第一步：建构学习进阶假设。

分析学生学习过程中的思维路径。根据影响认知发展的关键因素确定学习进阶中的“阶”，“阶”形象地刻画了认识发展路径上的一些关键节点，既可以是认识发展中的重点，也可以是难点。根据“阶”，构建学习进阶图。

例如，动能定理可以分成以下五个“阶”：通过事实经验建立力做功和速度平方的联系→从能量角度映射动能和速度的平方有关联→运用理论建模推导恒力做功和速度平方的关系→将结论合理外推，形成动能概念，建立合力功和动能变化的关系→通过小量求和思想，建立变力功和动能变化的关系，整合形成对动能定理的完整认识。其进阶关系如图 4-1 所示。

第二步：确定影响“阶”的因素。

弄清学习进阶中“阶”的产生原因，确定学习的重点和难点。“阶”的产生既有知识本身重要性、复杂程度的原因，也有学生认知能力水平等方面的原因。具体来说可以从以下几方面思考。

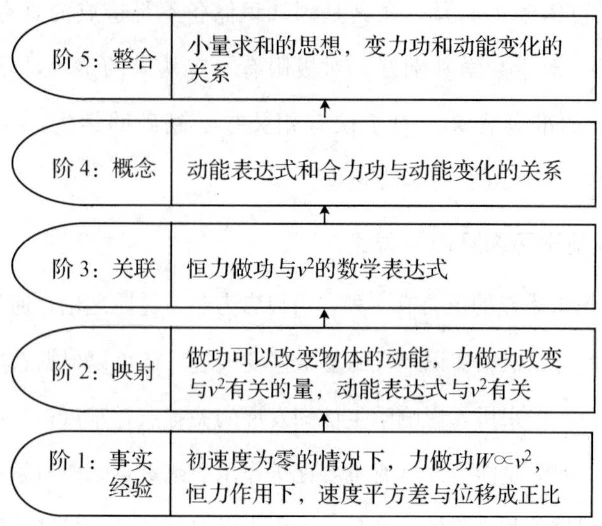

图 4-1　动能定理学习进阶

(1)学生原有知识(包括事实经验)。原有知识或事实经验是得出新概念的认识基础，也是新知识的“生长点”。根据学生认知，对概念规律学习的“阶”进行层级描述。例如，加速度概念的进阶，可以分为“事实经验”“映射”“关联”“概念”“整合”五个层级，具体层级描述见表 4-3。

表 4-3　加速度学习进阶假设

层级	层级描述
事实经验	速度是矢量，在一段时间内速度变化量等于末速度与初速度的矢量差； 不同物体在运动时，速度变化情况不同。
映射	可以用加速度描述速度变化快慢。
关联	在相同时间内，速度变化量越大，则加速度越大； 速度变化量相同，所经历的时间越短，则加速度越大。
概念	用单位时间内速度变化量来表示速度变化的快慢，定义加速度 $a=\frac{\Delta v}{\Delta t}$，方向与速度变化方向相同。
整合	加速度是用速度的变化率来描述速度随时间的变化快慢，速度是位置的变化率； 采用比值定义法定义物理量是常见思路，如速度、电阻、密度等； 加速度与物体的受力、质量有关。

对照具体描述和学生认知，确定影响“阶”的因素。

(2)学生的学科思想方法基础。物理学蕴含着丰富的思想方法，与方法论具有天然的联系。例如，在概念的建立过程中，有抽象、建模的思维方法；在规律的推导过程中有推理论证、归纳演绎的思想方法；在认识客观世界的过程中有实验与理论相结合的方法等。这些方法对学生理解其他概念规律有积极的作用。例如，类比、等效等思维方法对电动势、力的合成等概念的理解具有重要影响；从宏观和微观角度认识安培力，对安培力的深入理解有积极作用。对思想方法认识的不足，也是影响“阶”的因素之一。

(3)学生跨学科概念掌握情况。对物理概念的描述有时候有一些共性特征，如用单位时间内的变化量来描述变化的快慢，通过比较单位时间内位置变化量来描述运动的快慢，比较单位时间内做功的多少来描述做功的快慢，从而形成对新概念的数学表述或者说是定义式。这种描述的共性可以用“变化率”来表示，变化率概念对理解速度、加速度等描述变化快慢的概念具有重要影响。还有系统模型对理解能量概念有影响，极限思想对瞬时速度概念建立有影响。

(4)知识本身的抽象程度、复杂程度。有的概念是在另一个概念基础上经过逻辑推理得出的，如加速度概念是在位移、速度、速度变化量等一系列概念基础上抽象而来的，抽象程度是比较高的，不容易理解。同时加速度概念又是从运动角度描述力作用效果的物理量，是构成牛顿第二定律的重要元素，复杂程度高，相对就难一些。

有些概念、规律既包含学习重点，又包含学习难点。例如动能定理，建构单个恒力作用模型推导功与速度平方的关系是重点(阶 3)，将结论合理外推，形成合力功等于动能变化量的认识(阶 4)，发展合力可以是恒力也可以是变力，运动过程可以是直线运动也可以是曲线运动的认识(阶 5)是难点。

最后，对照学生的实际情况确定难点。难点是因学生而异的。例如动能定理的难点，如果学生很好地掌握了小量求和的思想方法，上述的阶 5 就不是他的学习难点。动能定理的建立过程对他就没有难度。

2. 基于学习内容确定课前学习重难点

概念、规律本身的特点是形成重难点的重要因素。那些与其他概念关联程度高、具有较强迁移性、对未来学习有重要影响的概念和规律，往往是课前学习的重点。同时因为其抽象水平高，也是学生学习的难点。有的概念是对宏观现象与事实的抽象概括，同时也是对宏观现象与产生机理的解释，其复杂程度高，重要性强，往往既是重点又是难点，如电场强度。确定课前学习重难点可以从以下几方面进行。

第一，分析学习内容的抽象程度。随着信息技术的发展，很多以前只能用语言描述的图景，现在都能以动态的方式栩栩如生地呈现出来，降低了学习的难度。这一变化带来的弊端是，学生失去了根据语言描述建立图景的机会，多数学生的空间想象能力、抽象思维能力都没有得到很好的训练。有些知识本身很抽象，很难以形象的方式呈现，例如电场、电磁波、磁通量等，学生缺少相应的生活经验和感性认识，这会大大增加学生认知的难度。

第二，分析与其他概念的联系。(1)分析与之前认识是否会形成冲突。例如速度，初中阶段时指路程与时间的比，与生活中速度概念一致，在高中阶段速度定义成位移与时间的比，对学生来说，出现了同名不同义的冲突，形成难点。(2)分析是否存在名称接近或者相似，易混淆的内容。例如速率代表速度的大小，而平均速率是一个独立的概念，不代表平均速度的大小，对应生活中的速度。速度、速度变化量、速度变化率是需要同时学习的三个不同的概念，这对学生来讲，在初学阶段很容易混淆。

第三，分析学习内容与相关概念、规律间关系的复杂程度。知识间的关系复杂也是造成难点的原因。比如静电场中电势能、电势、电势差概念，都是从能量角度描述电场的物理量，先定义哪个都行，没有本质区别，这对学生来说就是一个难点，需要打破思维惯性才行，或者说需要把三个概念都学完，才能捋顺它们之间的关系。

3. 基于经验与实证分析课前学习重难点

教师在长期教学实践中，通过教学反馈形成的学生学习困难点的总结，是很好的确定课前学习重难点的参考。但考虑到信息化时代，学习渠道多样化的影响，有的学生已经自学了课程，有的学生对新学习内容一无所知，他们对课程难易感觉会有较大差异，面对这种情况，经验会存在偏差，需要在课前诊断基础上，进一步确定课前学习的重难点。基于经验与实证分析课前学习重难点的步骤如下。

首先，教师依据经验预测重难点，编制相关问题对学生展开问卷调查或者进行访谈；其次，对预测、调查和访谈结果进行分析，在实证基础上确定课前学习的重难点。例如学习力的正交分解时，对学生运用三角函数进行计算的能力进行检测。根据 $v-t$ 图像分析加速度时，考查学生建立一次函数斜率的计算式和物理意义联系的能力。

【案例】动量和动量定理课前学习重难点的确立过程

1. 分析课程标准

通过理论推导和实验，理解动量定理和能量守恒定律，能用其解释生活中的有关现象。理解动量、冲量的确切含义及与其他知识的联系，能够进行叙述和解释，并能在实际问题的分析、综合、推理和判断等过程中运用。

动量定理描述了碰撞过程中单个物体遵循的动力学规律，为定量或者定性研究碰撞提供依据。碰撞与生活联系紧密，α 粒子轰击原子核可视作一种碰撞，航天器和空间站对接也是一种碰撞，从微观粒子到宏观天体之间都存在碰撞现象。

2. 分析动量、动量定理概念本身的内涵

动量体现了力对时间积累的效果——改变碰撞前后物体的动量，描述了过程量和状态量的联系，碰撞中的相互作用力等于动量的变化率，即 $F=\dfrac{\Delta p}{\Delta t}$，当物体质量不变时，可写成 $F=m\dfrac{\Delta v}{\Delta t}=ma$ 的形式，丰富了对力的作用效果的认识，动量的变化、冲量都是矢量，动量定理涉及矢量运算。

3. 建构动量定理进阶图

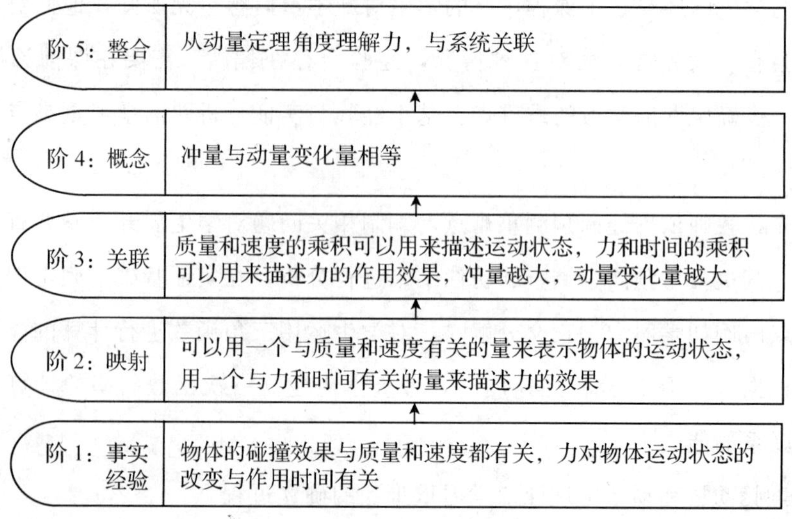

阶5：整合
从动量定理角度理解力，与系统关联
阶4：概念
冲量与动量变化量相等
阶3：关联
质量和速度的乘积可以用来描述运动状态，力和时间的乘积可以用来描述力的作用效果，冲量越大，动量变化量越大
阶2：映射
可以用一个与质量和速度有关的量来表示物体的运动状态，用一个与力和时间有关的量来描述力的效果
阶1：事实经验
物体的碰撞效果与质量和速度都有关，力对物体运动状态的改变与作用时间有关

图 4-2　动量定理进阶图

4. 分析学生情况

(1)生活经验

知道与硬的物体碰撞产生的破坏力大，碰撞中延长缓冲时间可以减小碰撞中的作用力，例如落地时曲膝。知道碰撞前后物体的运动方向会发生变化，知道很多碰撞是二维的，例如台球的碰撞。

(2) 概念储备

知道碰撞中的守恒量为 mv 这个矢量；有矢量变化量概念，例如速度变化量；有变化率概念，例如速度变化率。

(3)方法储备

有矢量运算的基础，掌握平面内矢量的合成方法。掌握将二维运动分解为两个一维运动的方法。

5. 结合学生情况和内容特点，分析学生课前学习可能存在的困难

动量定理表达式为矢量式，涉及概念多，动量、冲量概念比较抽象，且第一次接触，弄清式子中每个表达式的含义有困难。从动量变化率的角度理解力的作

用效果，对学生来说太抽象，估计不能达到理解水平。

6. 确定课前学习的重点和难点

课前学习重点：(1)恒力和变力作用过程，动量定理概念建立和推导。(2) 对动量定理的分析理解。

课前学习难点：(1)理解用动量变化率来表示力的效果。(2)对“瞬间”作用过程建立正确的物理模型。

第二节　课前学习资源开发与使用

课前学习资源指用来支持学生课前学习的一切资源，可以是文本材料，如教材、教学辅导用书、课前学习导案、问题清单等；可以是视频资源，如微课资源、慕课(MOOC)资源、动画资源等；可以是互动的资源，如学习伙伴、多媒体软件等。需要特别强调的是，教材是专家团队根据课程标准集体打磨的成果，是体现课程标准理念和要求的重要课前学习资源。

不同资源的特点不同，这些不同包括呈现形式、学生学习的难度、使用方便程度、对学生学习的引导作用等方面。表 4-4 呈现了微课、问题清单及导学案的特点。

表 4-4　课前学习资源的比较：微课、问题清单、导学案的特点

资源类型	特点
微课	1. 信息呈现方式生动形象。 从视觉、听觉两个角度同时进行信息输入。通过画面呈现物理图景、物理过程、物理实验等内容，极大地丰富学生的物理图景认识。 2. 可以重复学习，比较便捷。 3. 课前学习的补充材料，弥补语言、文字的不足，一般不具有系统性。 4. 学习起来难度小，易懂。

续表

资源类型	特点
问题清单	1. 通过设置问题引导学生阅读。问题本身就是一种引导。 2. 通过分析学生的作答情况，可以诊断学生的知识水平、理解层次。例如，加速度课前学习的问题清单中有这样一题：“速度大”“速度变化大”“速度变化得快”描述的是三种不同情况吗？请举例说明。前一问，所有的学生都能答对，是三种不同情况。然而举例环节，有的学生举例不恰当，有的学生能列出金融行业的正确实例，能通过所列举的例子看出学生是否真的理解，以及理解到什么程度。 3. 问题清单一般针对课前学习的重点、难点进行提问。问题侧重于促进对概念的建构、深层理解，建立知识结构，促进思维发展等方面。 4. 学生作答难度较大，每个问题都需要认真思考才能作答。
导学案	1. 既有课前学习目标、教材分析，又包含学习的核心内容和思想方法等内容，是比较系统的课前学习资料。 2. 以学生熟悉的方式呈现，形式与练习题相似。用“完成作业”的方式在不知不觉中完成课前学习。 3. 方便复习和重复学习。 4. 难度适中。有知识类的问题，通过查找教材可以解决；也有的问题需要思考才能解决。

一、微课资源开发与利用

微课是通过信息技术手段、针对特定的内容进行设计的学习资源。其教学内容针对性好、教学方式、教学场地比较灵活，更易于调动学习者的参与性和积极性，满足学生个体的学习需求，体现以学生为本的思想。微课是学生自主学习过程的学习资源补充和有效引导，有利于提高学生课前学习的效果。

课前学习微课资源指以视频为主要载体，围绕某一具体知识点，或者一个难点的一部分，进行教学设计后形成的数字化学习资源，包括文字、视频和动画等。时长一般在 5 分钟以内，以短小精悍为特点。

(一)微课题材的选取

微课作为课前学习的素材提供给学生，是对教材的补充。其题材的选取非常灵活，可以是某段内容的讲解，也可以是教材中的某个演示实验的实验过程，还可以是与学习重难点相关的内容，甚至可以是数学基础知识的补充。

1. 数学基础和物理史料的拓展

通过微课资源满足学有余力且对物理有兴趣的学生的学习需求，也是突破物理学习困难的一种途径。

教学中经常会遇到这样的困境，学生因为数学基础不足形成物理学习中的困难。例如不知道极限的运算方法，导致不理解教材中对瞬时速度的描述——$\Delta t \to 0$ 时的平均速度为瞬时速度。学习开普勒三定律时，不知道什么是椭圆。针对这种情况，可以在课前学习资源中增加相应的微课资源，作为拓展资源，补充数学基础的不足，供有能力和意愿的学生选学。建议在微课资源中注明：属于自愿选学内容。

拓展内容也可以是与物理学有关的史料讲解，以丰富学生对史实的认识。例如学习万有引力定律发现过程时，提供关于与“地心说”“日心说”有关的史料讲解的微课，让学生了解人类研究天体的历程，体会物理学研究的思路。

2. 演示实验和重难点内容的呈现

有些演示实验受到器材、实验室条件的限制，只能在课堂教学中播放实验录像。像这样的实验演示可以以微课形式，作为课前学习资源呈现给学生，让学生自己观察、思考并完成教材中相应的问题。例如测定引力常量的演示实验，通过问题引导学生课前学习，了解测定引力常量的思路及方法。

教学中的重难点内容，对于有的学生来讲，需要通过多次学习才能理解。这样的内容也可以制作成微课，供学生课前学习。需要注意的是，这些内容在课堂中仍要组织学生讨论学习，一方面检测学生课前学习的效果，另一方面促进没有理解的学生理解。例如，曲线运动中向心加速度的推导过程可以制作成微课，让学生课前自学。重难点制作成微课资源可以供学生反复观看，巩固学习的效果。

总之，微课资源题材的选取很广泛，难以一一罗列，教学中可以根据教学需要灵活制作。

(二)微课的制作方式

微课的呈现方式很多，制作渠道也比较多样。常见的有以下几种。

1. 教学录像式。将教师的讲课、实验演示、实验示范等教学活动的片段利用摄像机、手机或录播系统拍摄下来，制成教学微视频。也可通过对其他视频的整合、剪辑编辑成一个微课学习视频。

2. 屏幕录制式。可以是利用多媒体课件、计算机软件或工具等教学或辅助教学材料在计算机屏幕上展示，教师对着计算机显示的教学材料讲解教学内容，或者教师直接利用鼠标、手绘板或触摸屏等在计算机显示器中书写教学内容，利用计算机录屏软件将屏幕显示的教学内容、教师的书写和点评、教师讲解的声音录制下来，实现微课教学的视频录制。

3. 多媒体软件式。利用多媒体工具将文本、图形、图像、声音、动画、视频等素材配合同步讲解、展示教学内容，再直接转换可执行文件的教学微课。

(三)教学录像式微课的制作步骤

不同微课的制作步骤略有不同，其中教学录像式微课制作相对比较复杂，掌握了教学录像式微课的制作方法，其他微课制作也就比较容易完成。教学录像式微课制作步骤如下。

(1)提炼讲授的核心概念、要解决的核心问题。

针对学生独立学习有困难的环节，分析导致困难的本质原因。针对原因展开教学，通过讲授、呈现过程等多种途径帮助学生解决问题。

(2)准备与概念相关的素材。

微课的素材包括文字、图片、动画、声音等，可以是学生熟悉的，也可以是陌生的，关键是恰到好处，能说明问题。

(3)撰写 1～4 分钟的讲稿。

讲稿和画面互为补充，尽量不要重复，也不宜过多，以免冲淡了画面的信息。语言起点拨作用，画龙点睛。

(4)录制 1～5 分钟长度的教学录音或视频。

录制视频的工具有传统的摄像机，现在手机录制也很方便、很清晰。格式以兼容性好的为主，avi，mp4 都是比较大众化的格式。

(5)将教学视频上传至网络。

如果微课只是提供事实性材料，呈现一般不易观察的现象，不需要讲解，录像后直接编辑即可。

其他微课的录制方式差异也不大，如果是录屏方式，根据录屏软件的操作流程进行即可。

(四) 录制微课的注意事项

课前学习微课与慕课、翻转课堂微课学习资料不同，制作过程中要注意与它们的区别。同时课前学习微课资源不能替代课堂教学内容，是课堂学习的不同材料，其内容只包含课堂教学的一个片段，甚至不一定是课堂教学的必会内容。除此之外，还要注意以下事项。

1. 独立性。微课短小精悍，应该主题突出，指向明确，能解决一个具体问题或者一个概念的某个方面，是一个独立的内容。

2. 目的明确。微课具有明确的教学目的，以最有效的方式和最短的时间达到教学目标，一个微课只解决一个小问题。复杂问题可以分割成几个小问题，制作系列微课。例如探究摩擦力大小与哪些因素有关的课题，涉及的变化因素比较多。可以分割成“探究摩擦力与压力关系”“探究摩擦力与粗糙程度关系”“探究摩擦力与相对运动速度”等主题的微课，每个微课中，对探究的问题要形成结论。

3. 趣味性。微课作为课前学习资源使用时，应该具有很好的趣味性，引起学生学习兴趣，激发学生的求知欲。

4. 易于传播。微课作为移动学习资源，尽量用兼容性好的软件制作，容量尽可能小，方便学生学习使用。

【案例】碰撞过程慢动作呈现

1. 确立课题：展现碰撞过程的“瞬间”图景

“碰撞”作用时间短，碰撞过程中物体的形变和运动状态变化不易观察。学生头脑中缺少碰撞过程的动态图景，在应用动量定理解决碰撞类问题时，不会正确选择初、末态。针对这一困难，可以录制一个碰撞过程的视频，通过慢放的形式转录成慢镜头播放，帮助学生建立“瞬间也对应一段时间，对应一个物理过程”的认识，丰富学生头脑中碰撞的图景。

2. 视频制作：小车碰撞一端固定的弹簧

(1)用摄像机或手机拍摄小车碰撞弹簧的视频。

(2)通过播放软件，转录成慢镜头播放模式。

(3)生成独立的录像文件。

说明：这个微课资料属于事实性补充学习材料，录像中不需要讲解。目的是促进学生看到类似碰撞现象，能建立现象对应的慢镜头图景，准确将“瞬间”分割成几个不同的过程。

二、问题清单的开发与使用

问题清单是教师根据教学内容精心设计的引导学生阅读和思考的系列问题，问题是思维的起点和动力，有时候还是贯穿教学的主线、解决问题的线索，是学生思考和理解的前提。

多数学生能力水平和思维认知还不成熟，这决定了他们没有能力独自完成课前学习整个环节。相当一部分学生不能明确自己应该学习什么、怎样去学等问题，要提高课前自主学习的效果，需要对学生进行必要的引导。

通过问题清单，把课前学习置于复杂、有意义的问题情境中，引导学生有效阅读教材等学习材料，让学生经历遇到问题—自我指导学习—尝试解决问题—反思与评价的过程，促进学生思考、学习问题背后的科学知识，培养学生的问题意识、批判性思维和创造性思维，以及问题解决的能力。

(一)问题清单的使用及呈现方式

通过问题清单引导学生学习，指在学生认知的关键点设置问题，通过对问题的回答促使学生建立相关概念、规律间的联系，促使学生对概念规律认识更加深入，促使学生对物理学科方法理解更加透彻等。问题清单的内容与课堂教学内容具有很好的一致性，不同的教学方式对应的问题清单有所不同。

1. 以问题递进为主线的课堂教学

以问题递进为主线的课堂教学指知识的学习和应用是基于复杂问题解决展开的，这个复杂问题可以分解成若干个子问题，在解决子问题的过程中，完成知识学习。或者说，可以用一个大问题来统领一节课的学习内容。例如回旋加速器的学习，可以在对直接加速器的逐步改进过程中完成。围绕“怎样在有限空间内实现对粒子的多级加速”这个问题展开，课前学习环节可以通过几个子问题引导学生进行探索，为学生在课堂上深入理解回旋加速器作铺垫。

【案例】回旋加速器的课前学习清单

(1)用什么方法可以加速粒子？

(2)用图 4-3 所示方法实现对粒子的多级加速，可行吗？

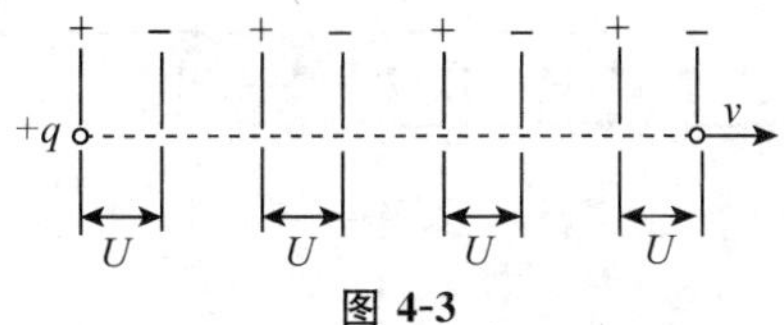

图 4-3

(3)你能想出一个让(2)中减速电场消失的方法，保证粒子进入(2)中减速区域时匀速运动吗？

(4)如果让粒子每次通过加速区域时，都能被加速，对电源有什么要求？

(5)直线加速器长度很长，有没有其他加速粒子的方法，既可以实现多级加速，又不用增加加速器长度呢？

以问题为线索的课堂教学中的“问题”不局限于本节课的教学内容，有些课堂在解决现有问题后，还会生成新问题。例如研究自由落体运动规律，测出自由落体加速度为 g，这与初中计算重力表达式中的 g 相同，即 $g=G/m=(mg)/m$。在此基础上容易生成新的问题：对一般物体而言，是否存在类似的关系，$a=F/m$ 呢？教师要善于捕捉课堂生成的新问题，选取能有效为后续学习服务的内容，编制相关问题清单，引导学生在课下基于上述问题阅读教材，使得教材变成重要的有效阅读文本。

2. 以答疑解惑为主的课堂教学

概念规律课的学习，注重概念规律的建立及描述，以及它们与其他知识的联系。问题清单可以按照学生的阅读顺序，针对阅读过程中的困惑、疑难点提出相应的问题，这样编制和使用都比较方便，适合大多数课前学习指导。

【案例】速度概念学习的问题清单

(1)高中教材中用位移与发生这段位移所用时间的比表示“速度”，初中教材中用路程与发生这段路程所用时间的比表示“速度”。什么情况下，两种速度的大小相同？

(2)有同学认为根据表达式 $v=\Delta x/\Delta t$ ，既可以求平均速度，又可以求瞬时速度，你赞同吗？理由是什么？

(3)根据打点计时器打的纸带，怎样计算某点(某时刻)的瞬时速度？以计算图 4-4 中 E 点速度为例，进行说明。

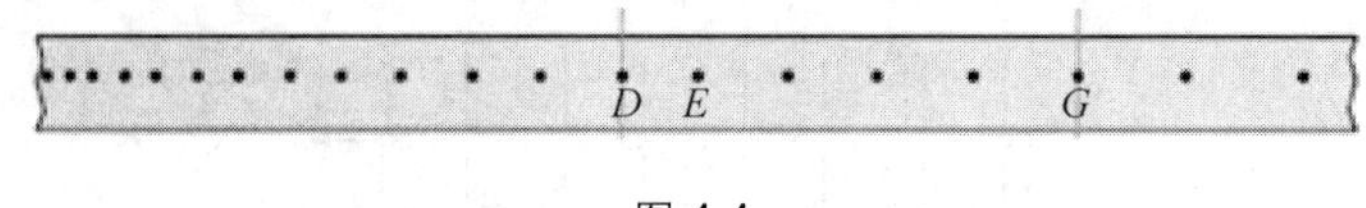

图 4-4

问题清单也可以按照阅读内容的内在逻辑关系编制，呈现知识的结构关系。这需要在一定的理解基础上才能完成，编制和回答难度都较大。适合在复习课课前学习指导使用。例如，必修 1 综合复习课课前学习，请学生在 A4 纸上写下各章节概念的联系，如图 4-5 所示。

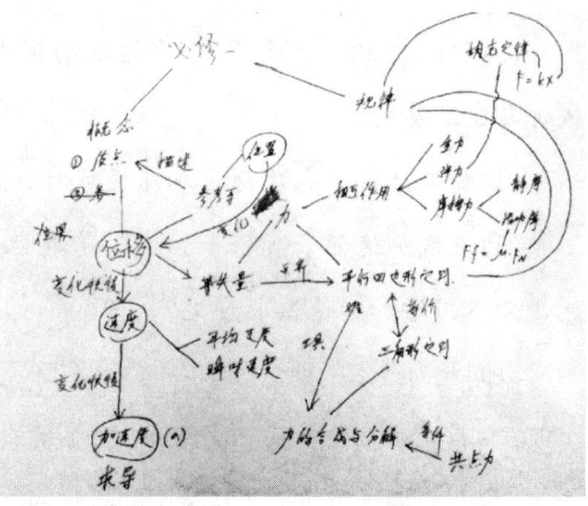

图 4-5　概念规律联系(学生)

这种开放型的问题没有固定答案，教师不作好坏评价，旨在通过问题促进学生去建立概念间的联系，挖掘概念间的深层关联。教师可以根据学生的概念联系图诊断学生的认知水平，调整教学内容和方式。

还可以就学习的部分内容展开学习引导。例如自由落体运动的课前学习问题清单(见表 4-5)，旨在引导学生认识从实际问题提炼物理模型的思维路径。

表 4-5　引导学生建立自由落体模型的问题清单

序号	问题
1	关于落体运动的研究，历史的典型观点有“质量大的物体下落快”。阅读教材后你认为物体下落的快慢与质量______(选填有关或无关)，请设计实验证明你的观点。你设计的实验可以证明______________________(选填①质量相同的物体，下落快慢不同；②质量大的物体下落慢；③自己直接补充在横线上)。简单叙述你的实验方案。
2	满足什么条件时，物体下落快慢几乎相同?
3	简述伽利略研究落体运动的方法/思路。

(二) 编制问题清单的步骤

编制问题清单应注意将所学习内容与学生基础和认知建立联系。重点在于分析知识中渗透的物理思想方法、跨学科概念等内容，通过问题引导建立新知识与学生的旧认知间的联系。编制问题清单的步骤如下。

(1)列举与学习内容有关的概念、规律等知识，以及有关的物理思想方法、跨学科概念、生产生活中的实践现象等内容。

(2)建立学习内容与核心概念的联系，对(1)中内容进行筛选，围绕核心概念列举学习的内容和问题。

(3)分析学生的认知水平和基础知识储备，根据本节课的课前学习目标，从(1)(2)中选择恰当的问题。

(4)将(3)中的问题按照一定的逻辑关系和知识层级关系整理排序，将问题细化成独立的简单问题，一个问题指向一个知识点或者方法。

(5)以学生学习相关内容由简单到复杂、由浅入深的过程为线索，编制符合学生认知规律的问题清单。

(三) 编制问题清单的注意事项

编制问题清单的目的有多种，如通过问题引导学生深层思维，通过问题引导学生认识物理学思想方法，通过问题促进学生建立概念体系等。问题设置是否恰当直接影响课前学习效果，编制过程中需注意以下事项。

(1)问题设置与学习进阶的“阶”一致。“阶”刻画了认识发展路径上的一些关键点。根据形成“阶”的原因提出问题，引导学生思考。

(2)问题的表述要简明扼要、清晰明确，指向性好。

(3)问题情境设置真实，与实际联系紧密。问题清单中的问题的主要功能不是为了得到答案，而是通过问题激发学习者深度思考、促进学生建立新旧知识的联系，促进知识体系的形成或者促进学生生成新的问题。

(4)问题清单不用面面俱到，可以针对学习的部分内容展开。例如，通过问题清单引导学生针对某个概念进行深层理解；引导学生对易混淆概念进行辨析；引导学生体会概念的建构过程；引导学生感受物理学的研究方法等。

【案例】编制促进“功的定义”理解的问题清单过程

1. 分析教材

分析教材中关于功的定义有几种不同的表述，各种表述之间有细微的差异。例如人教版高中物理必修2是这样表述的：到了19世纪20年代，法国科学家科里奥利扩展了这一基本思想，明确地把作用于物体上的力和受力点沿力的方向的位移的乘积叫作“力的功”。在学习初中物理时我们就已经跨越了历史的长河，认识到，一个物体受到力的作用，并在力的方向上发生了一段位移，这个力就对物体做了功……可见，**力和物体在力的方向上发生的位移，是做功的两个不可缺少的因素**……这就是说，力对物体所做的功，等于力的大小、位移的大小、力与位移夹角的余弦这三者的乘积。

上文对功定义中关键量“位移”的描述不同，科里奥利明确指出是“受力点的位移”，黑体字明确指出是“物体的位移”，最后表述中没有明确是物体的位移还是力的作用点的位移，学生理解成位移是“物体的位移”。

2. 分析学生

这段内容是引导学生自学，提高自学能力的很好的素材。出现了不一致的表述，多数学生注意不到这个差异，有少数学生即使注意到了差异，但基本都不假思索地认为两种表述是相同的。极个别学生才会去思考是否存在差异。

3. 列出“功的定义”问题清单

(1)初中是怎样定义功的？计算式中每个字母的含义是什么？

(2)教材中功的定义式中 l 指的是谁的位移？

(3)教材提到的19世纪20年代，法国科学家科里奥利对功的定义中的位移，指的是谁的位移？

(4)你认为(2)和(3)中的位移是一个概念吗？如果不是，说说何时两者相同，何时不同。为什么教材用(2)中的定义呢？

【说明】问题(1)帮助学生唤起对功的概念的认识，问题(2)、(3)引起学生对位移的关注，让学生感受建立概念时，要弄清建立新概念涉及的每一个其他概念的准确含义。问题(4)中前一问通过有一定指向的提问引导学生思考，后面是发散的评价性提问，促进学生深度思考，通过学生回答诊断学生对“位移”的认知水平，为提高课堂教学的有效性打基础。

三、导学案的开发与使用

课前学习导学案，一般指经过集体研究、个人备课而编制的，用于引导学生自主学习、主动参与、合作探究、优化发展的学习方案。课前学习导学案是按照一定教学流程设计好的模式化的内容，包括学习目标，重点、难点，自主学习等环节，通过指向明确的提问对学生学习起引导作用。

(一)编写导学案的准备

导学案是教师用来帮助学生掌握教学内容的工具，沟通学与教的桥梁，也是培养学生自主学习和建构知识能力的一种重要媒介。

编写导学案的准备工作包括“四分析”，即分析课程标准要求，分析学业质量标准，分析教材内容，分析学生实际。

(二)课前学习导学案的内容

课前学习导学案指向学生课前学习环节，用于指导学生课前学习，为课堂学习作准备，与课堂导学案不同。课前学习导学案可以包括以下内容。

1. 课前学习目标

从知识技能、思维方式、认知角度等方面进行描述，明确基础知识、重点和难点，引导学生把握学习的方向，也是学生对学习效果进行自我检测的评价标准。

2. 课前学习内容及引导

课前学习内容可以包括“知识链接”“新课课前学习”等，根据具体内容灵活设置。“知识链接”旨在唤醒与课堂学习内容有关的旧有认知，包括知识和方法，为课堂学习作好准备。

“新课课前学习”部分包括即将学习的重难点、涉及的思想方法等内容，可根据学习内容灵活编排。也可以设置引导学生深入理解教材的内容，侧重于针对本节内容的核心知识及体现的物理思想方法进行详细说明，引导学生对概念、规律进行深层理解，认识教材中体现的物理学研究方法、认识方式的内容。

(三)课前学习导学案编写注意事项

课前学习导学案是面向学生的学习材料，编写过程中要注意：文字表述要选用学生易懂没有歧义的词语；内容也要与课堂学习、课后复习不同。

1. 课前学习目标的表述方式

导学案中的课前学习目标有方便学生进行学习效果诊断的作用，语言表达尽量从学生的视角描述，不用“识别”“理解”“解释”“应用”等抽象词语，多用“能说出”“能将……转化成……”等操作性强且容易评价的词语。

2. 课前学习导学案的作用是引导学习

弄清课前学习导学案与教案的联系与区别。课前学习导学案不是教案，也不是学生课堂笔记的替代。课前学习导学案不求面面俱到，针对学生需要帮助的环节进行学习指导。它和教案一起组成完整的学习材料。

3. 课前学习导学案应具有较强的操作性，方便学生进行课前学习

导学案通常以课时为单位来编制，对于基础好、能力强的学生，遇到相邻节内容联系紧密的单元时，也可以以单元为单位编制导学案。例如圆周运动的描

述、向心加速度、向心力三节内容，可以放在一起编制一个导学案。

导学案的知识复习内容，最好结合一定的物理情境编制，让学生通过解决问题的过程完成知识的提取，通过复习促进对旧有知识更深入的理解。

【案例】《力的合成》导学案

1. 课前学习目标

(1)能举例说明实际问题中哪个是合力、哪个是分力，能说出力的合成的含义。

(2)能说出用平行四边形法则进行力的合成的操作程序。

(3)能列举求和规律为平行四边形法则的其他物理量。

2. 知识链接

(1)平行四边形的几何性质：对边分别______且________。

(2)三角函数复习：

请你画出一个直角三角形，标注每边长和一个锐角，并用你所标注的量来表示这个锐角的正弦值、余弦值和正切值。

(3)三角形边长关系是____。

(4)力的图示：

用有向线段表示力，______________表示力的大小，____________表示力的方向，____________表示力的作用点。

3. 新课课前学习

(1)合力与分力：如果一个力 F 产生的____与几个力共同作用的____________相同，我们就称力 F 为这几个力的合力，原来的几个力叫作分力。如果用几个力来替代一个力，必须保证它们的____________________相同。

图 4-6

(2)一个大人能提起一桶水，两个小孩儿一起用力也能提起这桶水(图 4-6)。请你说说大人的力和两个小孩儿的作用力之间有什么关系呢?(提示：可以从多个角度认识)

(3)如图 4-7 所示，丁丁同学第一段时间内从海淀黄庄(A)出发到北京大学东门(B)，第二段时间再从北京大学东门(B)到五道口(C)。请在图中分别画出两段时间内丁丁同学的位移 x_1 和 x_2，以及这两段时间内的总位移 x。

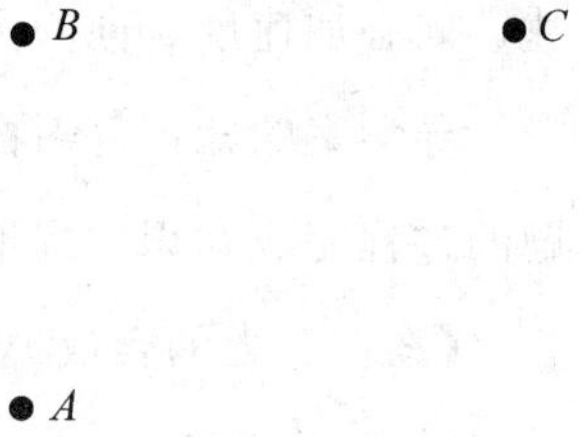

请你思考 x_1 和 x_2 以及 x 是什么关系，你能从图中总结出矢量运算法则的另一种表示方法吗？

B　　C

A

图 4-7

第三节　课前学习指导策略

课前学习指导的核心目标在于提升学生的学习能力，引导学生学会学习。学习能力与学生的知识体系、概念规律的理解深度、认识的方式、科学思维能力等因素有关。具体策略因指导目标不同而异。

一、促进学生概念深层理解的课前学习指导策略

概念深层理解不仅是概念学习本身的要求，也是学生形成结构良好的概念体系、发展科学思维能力和科学探究能力的需要。指导学生通过课前学习促进概念的深层理解可以从以下角度展开。

(一)引导学生厘清概念建构的过程

概念的建构过程是在事实经验基础上经过建构模型、关联、推理、论证等思维过程而得出概念的过程。其建构路径可以描述为：观察具体事实/经验→用物理语言描述具体事实/经验→提炼现象共同的本质属性并加以抽象、关联→形成概念。

引导学生建构概念认识路径可以分两步走。第一步，通过问题清单提供构建概念的路径，让学生补充每个层级的内容；第二步，学生独立完成概念构建路径描述，即通过示范和引导让学生体会概念建构的过程，再通过独立建构的实践活动，理解概念建构的过程。

例如电场强度概念的建构过程，事实基础有：(1)电荷间有力的作用；(2)同一带电体在电场中不同位置所受电场力不同；(3)同一位置电荷受到的电场力和其带电量的比值不变；(4)同一电场中不同地方的比值往往不同。在此基础上，将比值与电场强弱的描述进行关联，通过分析论证形成结论：这个比值可以从力的角度描述电场的特征——电场的强弱。在此基础上定义电场强度的大小和方向，形成概念。电场概念的建构过程中对应思维能力的培养如表 4-6 所示。

表 4-6 电场强度概念建构及思维活动

层级	内容	思维活动
事实经验	电荷间有力的作用。	结合力的概念，对电荷间作用力进行解释。
	同一带电体在电场中不同位置所受电场力不同。	引入检验电荷探测电场中力的大小，检验电荷电场不能影响原场分布，建立检验电荷模型。
	同一位置电荷受到的电场力和其带电量的比值不变。	根据电场中某点的电荷受力与检验电荷比值不变，推测该比值反映场的特征。根据不同点的比值一般不同，进一步论证该比值可以用来描述场的性质。
	同一电场中不同地方的比值往往不同。	
映射	不同位置场的强弱不同。	需要引入一个物理量来描述场的强弱，这个量由场自身决定。
关联	F/q 可以从力的角度描述场的特征。	进一步论证 F/q 比值可以表征场的力的特征，是一个只与场有关的量，反映场的性质。
概念	定义电场强度的大小和方向。	类比速度、加速度的定义方法，用单位电荷受到电场力的大小来表示电场的强弱。根据正负电荷在同一点受力方向不同，形成约定，规定正电荷受力方向为场强方向。
整合	电场强度满足矢量运算法则，可用场强描述场的强弱。	电场叠加求合场强，类比定义重力场强度。

(二)引导学生从不同角度认识概念，丰富概念的内涵

从不同角度认识同一概念的过程，也是建立概念与其他知识点联系的过程，在丰富概念内涵的同时，促进对概念的深入理解。从不同角度认识概念的思路有多种，可以是宏观和微观、定性与定量、文字与图像、理论与实验、相互作用与能量等。

课前学习指导中，可以引导学生尝试用不同方法来描述概念。例如对加速度概念的描述，可以是文字叙述，可以用数学表达式，可以用速度—时间图像的斜率表示，还可以结合生活经验的感受来体会加速度大小。

在复习课的课前学习中，可以引导学生从多个角度去认识概念。例如对物质的认识，可以从能量角度去认识，在物理和化学变化中经常伴随能量的变化；可以从微观角度去认识，物质有原子结构、分子结构、晶体结构等；可以从物态变化角度去认识，有固体、液体、气体等；还可以从稳定性角度去认识，组成物质的成分中，有的有很好的稳定性，有的生命周期极短，很难被捕捉到。

(三)引导学生反思，促进深层理解

阅读教材后，通过整理教材呈现的主要概念的内涵、理解教材概念间的逻辑顺序、思考建构概念运用了哪些方法等反思活动，加深对概念的理解。例如速度和加速度概念的建立，都是通过比较单位时间内的变化量来描述改变的快慢，本质上是一个量随另一个量的变化率，与生活中的利率是同一种定义方法。这种定义方法也可用于描述小草生长速度快慢的情境中。通过对概念建构过程的再思考，建立不同概念间的深层联系。

可以反思新概念在内容上、描述方法上与旧概念、旧方法的联系，也可以通过类比、对比促进概念的深层理解。例如，学习功率的计算式 $P=W/t$ 时，可以与速度 $v=x/t$ 进行类比：时间 t 趋于零时的极限为瞬时速度，同理时间 t 趋于零时功与时间比值的极限为瞬时功率。由速度—时间图像中面积的物理意义为位移，推测功率—时间图像中面积的物理意义为功。

表 4-7 对初、高中学习力的要求作了对比。可以看出，对“力”的认识从定义、作用效果、具体表现形式、矢量性四个方面展开。作用效果从定性感知到定量计算，具体表现形式从形象感知到抽象认识、从宏观到微观，矢量性从生活经验到形成理论，随着学习深入对力的认识不断丰富、深刻。随着对概念的不断接触，学生对概念的认识逐步丰富，认识深度不断上升，最终获得对物理概念全面而深刻的理解。要引导学生在学习过程中不断扩展、重组头脑中的已有概念，把新获得的知识同化为自己的经验认识，逐步构建出系统、全面的物理概念体系。

表 4-7　初、高中关于“力”学习内容比较

	初中	高中
定义	物体间的相互作用。	
作用效果	改变物体运动状态，使物体发生形变。	是运动状态改变的原因，牛顿第二定律。
具体表现形式	重力、弹力、摩擦力。	增加了场的作用(电场力、安培力、洛伦兹力)和微观力(分子间作用力、核力)。
矢量性	没有明确力是矢量，从生活经验和实验得到同向力相加，反向力相减的合成方法。	明确力是矢量，力的运算符合矢量运算法则。

二、提高学生科学思维能力的课前学习指导策略

培养学生的科学思维能力是提高学生学科素养的重要方面。物理学科思维能力是人类在研究自然界的过程中逐步形成的具有学科特点的认识方式。从提高学生科学思维能力角度看，可从以下几个方面对学生进行课前学习指导。

(一)引导学生描绘物理学习过程的思维导图

思维导图可以看作思维路径的外显，可以描述概念间关系和对概念规律的认识过程等。导图的绘制过程需要经历抽象概括、分析综合、推理论证、质疑、批判、检验和修正的过程，是促进学生思维能力发展的有效途径。

以引导学生从不同角度建立概念、规律间的联系为切入点，促进学生对概念建立方法、特性、描述方法、内涵、外延等方面的再思考，建立以核心概念为中心的概念体系，了解物理学概念建构的思路。例如人教版高中物理必修 1，包括运动的描述、匀变速直线运动的研究、相互作用、牛顿运动定律四部分内容。很多学生并不清楚这四部分内容的联系，孤立地认识这四部分内容。课前学习时，可以引导学生从运动和相互作用角度建立四部分内容的联系，分成合力为零时的运动与合力恒定且不为零的运动两个类型。前者包括力、运动的描述(匀速直线运动)、物体的平衡内容，后者包括匀变速直线运动的描述和规律、受力分析、牛顿第二定律等内容。也可以提炼每个单元的核心概念，围绕各单元的核心概

念，建立表征核心概念的进阶关系及核心概念间关联的思维导图。通过构建概念关系的导图促进学生运动观的形成和思维能力的发展。图 4-8 表示了必修 1 运动和相互作用的思维导图。

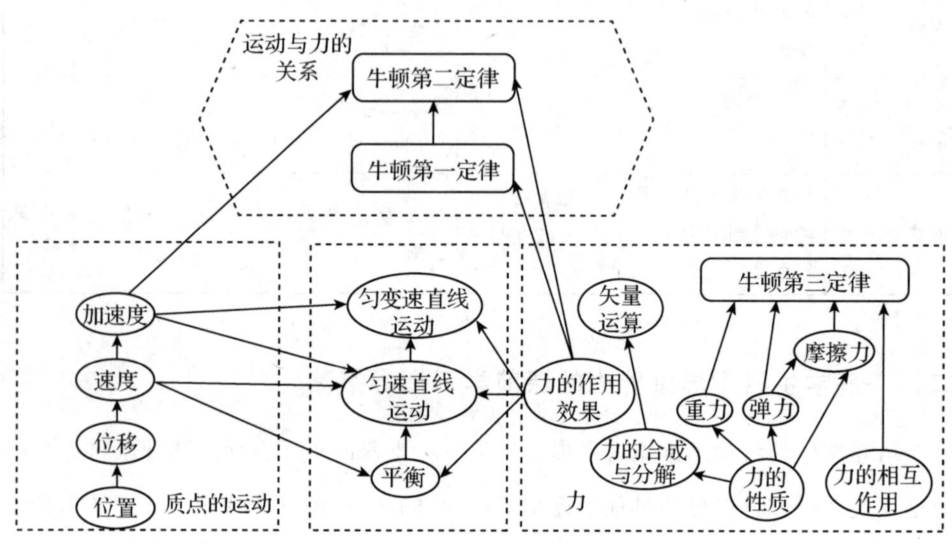

图 4-8　必修 1 运动和相互作用思维导图

探究科学规律建立的过程是培养学生科学探究能力的很好机会，在认识探究规律的思维路径中培养科学的思维方式，学习物理学科的研究方法。例如牛顿第二定律的研究过程，首先在事实经验的基础上形成初步认识——加速度与力、质量有关；其次通过分析得到定性认识——质量一定时，力越大，加速度越大，力一定时，质量越大，加速度越小；再通过实验得到定量认识——质量一定时，加速度与力成正比，力一定时，加速度与质量的倒数成正比；最后整合认识形成结论——加速度正比于力和质量的比。图 4-9 表示了建立牛顿第二定律的思维路径。

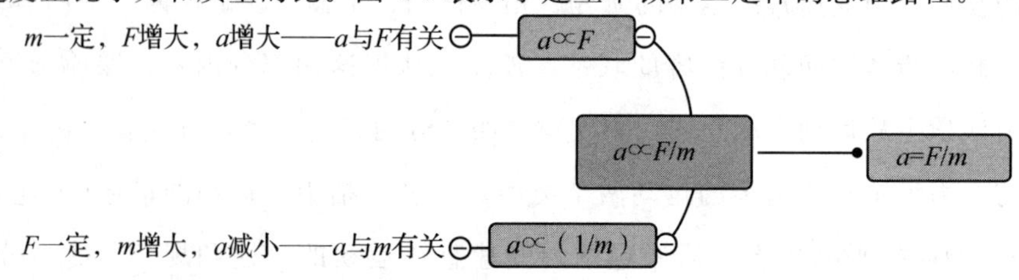

图 4-9　建立牛顿第二定律思维路径

(二)引导学生认识科学研究的方法

物理是研究自然界规律的科学，在漫长的研究过程中形成了学科独特的研究方法，例如从亚里士多德的“在观察现象的基础上通过概括总结得出结论”的方法，到伽利略的“假设、实验和推理结合”的研究方法。实践证明科学的研究方法对人类正确认识自然有很大的推动作用。科学的研究方法也是物理学科思维方式的一种体现。通过分析科学家们研究过程运用的方法能促进学生科学思维的发展。

例如伽利略对落体运动的研究过程：用逻辑推翻亚里士多德的“重物比轻物下落快”的观点，形成重物与轻物下落应该一样快的猜想；建立描述运动的概念，提出落体运动中速度与时间成正比的猜想；再用满足类似规律的斜面实验验证；最后用逻辑外推，落体运动也应该满足相同的规律。图 4-10 表示了伽利略研究自由落体运动过程中体现的思想方法。

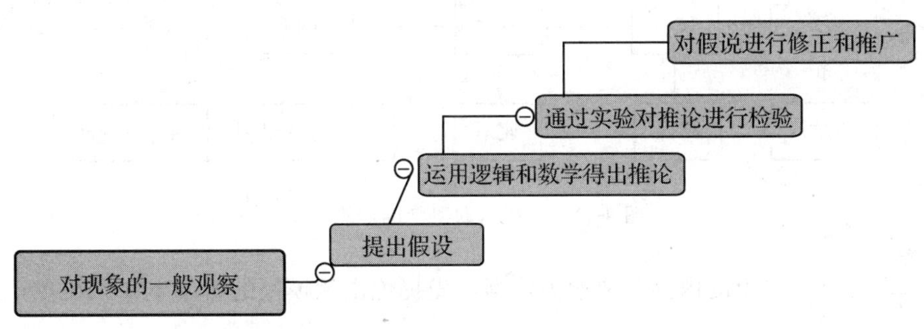

图 4-10　伽利略研究自由落体的思想方法

伽利略把实验和数学结合在一起，既注重逻辑推理，又依靠实验检验，构成一套完整的科学研究方法，从而有力地推进了人类科学认识的发展。从伽利略开始，大师辈出，经典如云，近代科学的大门从此打开了。

三、促进学生认知整合发展的课前学习指导策略

认知整合发展包括两个方面的内容，一是知识体系的发展，二是认识方式的发展。构建和发展概念体系的过程，也是认识方式的发展过程。认识方式的发展以知识学习为载体，随着知识学习的深入不断发展和丰富。认识方式比知识更容

易迁移，具有更强的跨学科性，是学生终身发展的基础。

(一)按照知识点的内在逻辑进行整合

物理学习常常是按照知识点展开的，促进学生认知方式的整合发展需要经历从点到线、从线到面、从面到体的过程。“点”指知识点，“线”指多个知识点间的纵向或横向联系，“面”指多个知识点交错、纵横联系，多个面的整合构成“体”。

按照逻辑递进构建知识体系可以以某知识点为起点，在对该知识点进行全面分析的基础上再继续学习下一知识点，并对新推出的知识点再进行全面分析，从而建立起知识体系的过程。图 4-11 为描述直线运动概念间的逻辑递进图。

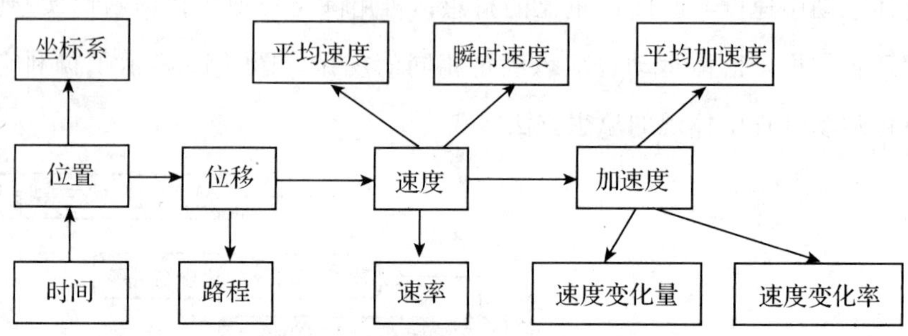

图 4-11　直线运动概念的逻辑结构

也可以以知识的内涵和要素为依据，先提炼出该模块的若干个知识要点，然后再分别对各个要点的相关知识进行分析与整合，把纷繁零碎的知识点建立成一个相对完整的知识体系。图 4-12 表示了相互作用概念的要点结构。

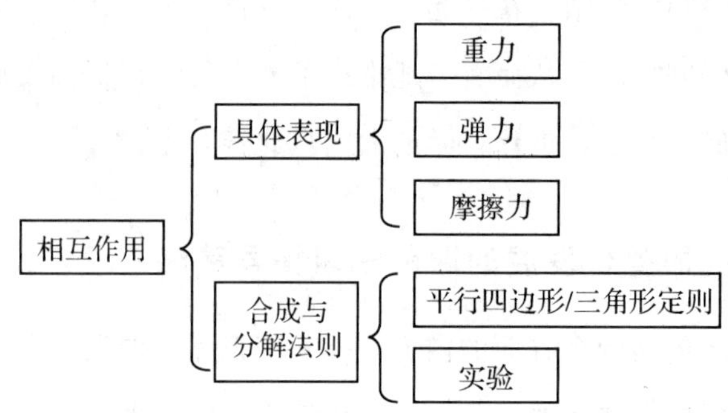

图 4-12　相互作用概念要点结构

(二)引导学生以大概念为核心进行整合

在认知整合中能起到统领作用的概念称为大概念，例如运动和相互作用是个大概念。大概念能够将众多的知识点统领起来，构成一个完整的知识体系。在分析知识点之间、知识点和大概念之间的内在联系的过程中促进学生认知发展。

具体建构方式可以大概念为出发点，向一级概念(A、B、C)辐射，然后再以一级概念为辐射点，向二级概念($A_1A_2A_3$，$B_1B_2B_3$，$C_1C_2C_3$)辐射。图 4-13 为以相互作用和运动为中心的辐射图。

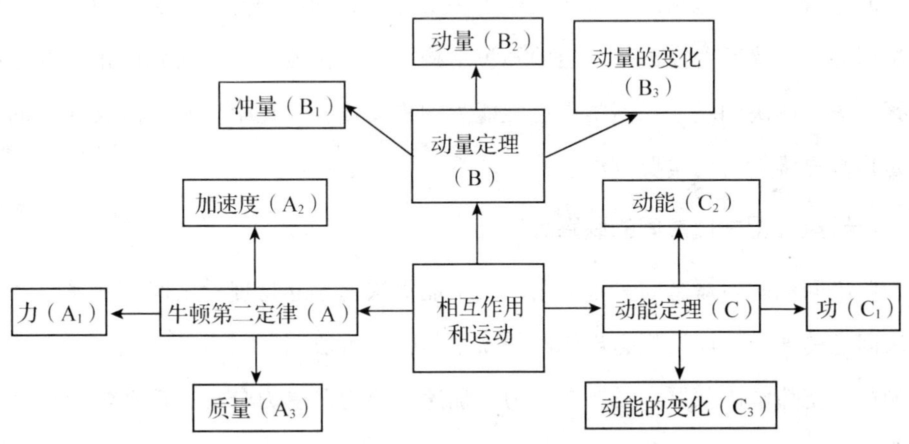

图 4-13　相互作用和运动统领的概念体系

课前学习中要引导学生关注每个知识点在知识体系中的位置，关注新知识和旧知识、经验之间的联系，通过以大概念为核心的整合促进学生知识体系的发展，形成结构良好的知识体系。

(三) 引导学生按照认识方式进行整合

认识方式的多样化是物理思维的重要特点。研究物理问题时，可以从不同角度去认识。例如，物体的运动既可以从功能变化角度认识，也可以从力和加速度角度认识。同一概念也可以从不同角度去认识，例如，力可以是产生加速度的原因，也可以表示冲量对时间的变化率，以及动能对位移的变化率。还需要关注不同知识点在认识方式上的一致性。例如，速度概念和加速度概念都可以从变化率、矢量性、比值定义角度认识；电流的微观过程分析、风力发电中空气的能量转化分析、磁流体发电过程分析都可以通过建立圆柱形流体模型分析等。

在课前学习过程中，可以通过认识方式的整合，促进学生从不同角度认识概念规律，建立概念规律的内在联系，促进学生的深层理解和认知发展。

四、促进学生问题解决能力发展的课前学习指导策略

问题解决主要包括运用概念规律解决实际问题和物理问题，例如用牛顿定律解决问题。解决问题能力与学生的知识结构、理解深度、分析问题的角度等多种因素有关。解决问题是提高学生思维能力的重要途径，让学生学会解决问题的程序是提高思维能力的重要方法。

(一)厘清相关概念间的联系

解决问题时，概念间关系清晰的学生能更快速建立物理量之间的联系，找到解决问题的通道。厘清概念规律间的联系是提高解决问题能力的基础。例如应用牛顿第二定律解决问题，需要厘清力、加速度概念和受力分析、运动学规律之间的联系。其联系如图 4-14 所示。

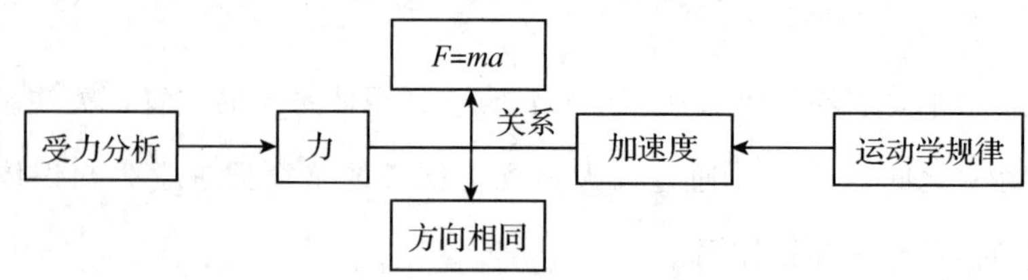

图 4-14　牛顿第二定律应用概念间的关系

引导学生认识到加速度是联系力和运动的桥梁，牛顿第二定律清晰地表征了力和加速度的关系。加速度既可以从运动学角度表征(速度的变化率)，也可以从力的角度表征(牛顿第二定律)。同样，合力可以通过受力分析求解，也可以用质量和加速度的乘积表示，其方向与加速度方向一致。当学生概念清晰、形成知识

结构时，提取信息的速度和能力要明显提高，表现出较强的问题解决能力。

(二)引导学生认识教材中例题的解题思路

通过阅读例题引导学生形成解决问题的程序性知识和规范解决问题的习惯。通过反省教材呈现的解题过程，确定解决问题的思路、提炼解题依据、规范解题过程。

例如人教版教材中《用牛顿定律解决问题(一)》一节的例题 2，如图 4-15 所示，从中可以提炼出应用牛顿定律解决问题的科学解题思路、规范的运动图景分析和受力分析图。

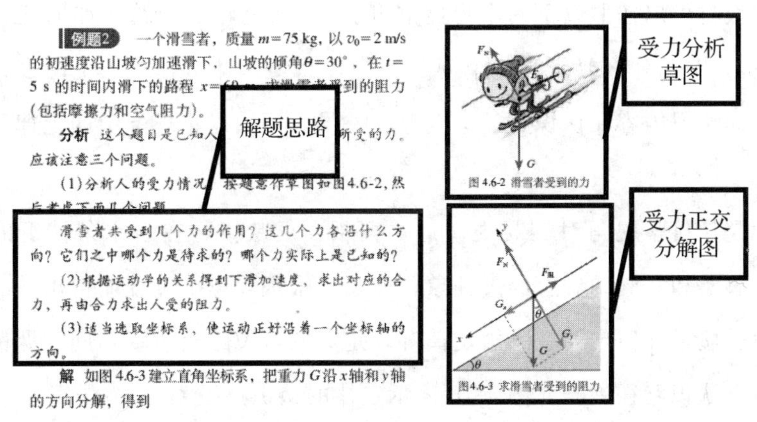

图 4-15

通过反思教材解题思路和格式，提炼解决问题的程序性知识，提高解决问题的能力。例如解决牛顿第二定律的问题可以按照以下程序进行：选取研究对象→对对象进行受力分析→确定对象的加速度→建立坐标系，将不在坐标上的力正交分解→根据牛顿第二定律列方程→求解，从而形成应用牛顿第二定律解决问题的一般策略。这也是物理学研究问题的大思路的具体化：选取研究对象→分析对象与其他物体的相互作用→表征对象的特征→形成解决问题的策略→选择解决问题的具体方法。

五、指向培养学生学习能力的课前学习指导策略

在信息化时代，知识更新很快，快速高效提取有效信息是阅读的必备能力。从学习评价角度看，快速提取有效信息也是对学生学习能力评价的一项指标。教材是理想的学习材料，是根据物理学科的特点，按照课程理论，遵循物理学知识结构和学生的认知规律编写的，是知识方法的载体和体现，是任何教辅用书都无法替代的。长期训练学生课前学习教材是提高学生学习能力的有效途径。

(一)指导学生按照知识的形成路径进行阅读

阅读教材可以按照以下两个思路展开：(1)研究什么问题→如何研究→得到什么结论。(2)为什么要研究这个问题→为什么要这样研究→结论的多元表征是什么。不同学习内容在认识路径上也存在差异。下面以物理学中的定律和定理为例说明。

定律是从科学视角对客观规律进行概括，反映事物在一定条件下的变化规律，是在事实和实验基础上经过抽象、概括、推理等思维过程而得出的。如牛顿运动定律、质量守恒定律、欧姆定律等。定律的认识路径大致相同，课前学习可以按照以下认识路径展开。图 4-16 表示定律的认识路径。

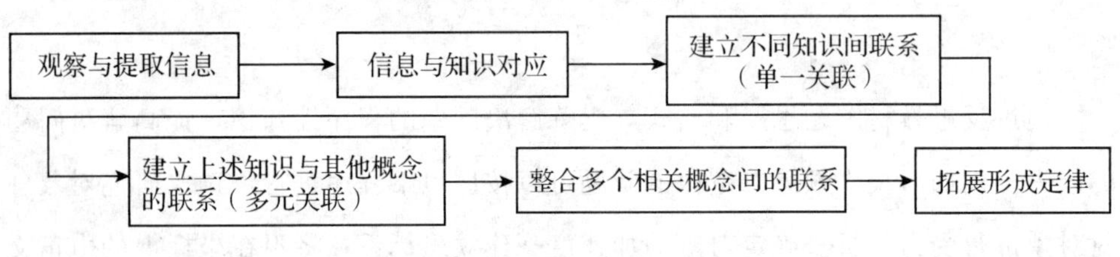

图 4-16　定律认识路径

定理是在一定论据基础上证明为正确的结论，可以通过理论推导得出。如动能定理、动量定理等。定理也可以认为是通过分析旧有概念间的关系，经过一定推理得到的不同概念间的具有普遍规律的新联系。定理的课前学习可以按照以下路径展开。图 4-17 表示定理的认识路径。

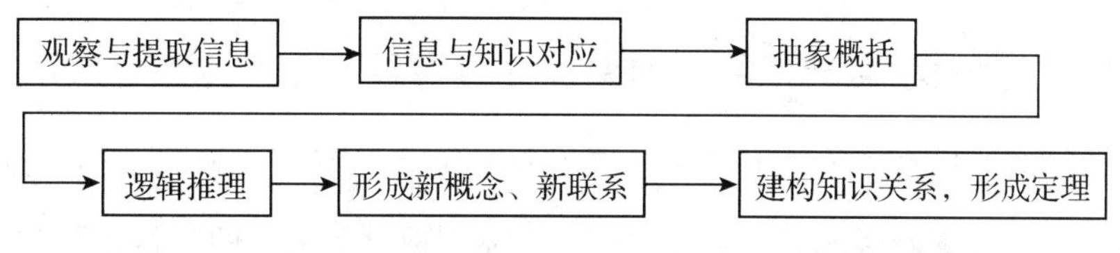

图 4-17　定理认识路径

根据定律、定理认识路径的共性，可以提出课前学习规律课的一般路径：(1)整理规律的内容、文字表述和公式表述。(2)弄清规律中每一个物理量对应概念的具体含义。(3)写出定律、定理建立的思维路径。

(二)指导学生按照常见的认识方式进行阅读

传统教学注重知识和技能的掌握，学生更倾向于从单个知识点的角度理解教材，这必然导致知识的碎片化，不易形成知识体系。新的教学理念需要培养学生的科学思维能力、丰富学生认识问题的角度、拓展学生认识思路。课前学习指导可以在传统学习习惯的基础上作改进，引导学生从知识技能和学科思想方法两个角度进行阅读。先提炼教材中的知识技能方面的内容，再思考教材中哪些地方体现了学科的思想方法。

例如平抛运动教材阅读，可以按照知识点和思想方法两大类进行。知识点包括：(1)平抛运动的定义和条件。(2)平抛运动速度，包括速度大小和方向运算，相关表达式。(3)平抛运动位移、分位移和合位移的表达式。(4)一般抛体运动的轨迹。思想方法为化曲为直，将复杂的曲线运动分解成简单的直线运动进行处理，然后再利用矢量合成的方法表示出描述曲线运动的物理量。

这个方法对学生学习能力要求要低一些，基础薄弱的学生也有能力完成，相对来讲更容易实行和推广。在实践中可以先用这种方法过渡，等学生能力提升后，再鼓励从认识方式的角度阅读教材。也可以在实践中，针对不同学生分层使用，能力强的用认识路径阅读，能力弱的用常见认识角度阅读，再提供两种方式的阅读交流，丰富学生认识教材的角度，促进深层理解。

六、培养学生做学习笔记能力的课前学习指导策略

课前学习笔记是学生学习效果的一种呈现方式，可以反映学生的思维过程，也可以作为教师诊断课前学习情况的依据。做课前学习笔记的过程也是学生巩固课前学习效果的过程，课前学习笔记的质量直接反映课前学习效果。调查发现：学生做课前学习笔记的能力有待提高，有的学生甚至不知道怎么做课前学习笔记。

优秀的课前学习笔记不仅包括知识，还应该包括呈现学生学习的思维过程，体现学生课前学习过程的认识水平、思考能力和表述能力的信息，这些信息是教师诊断学生学习基础的依据，为后续课堂教学内容和方案的确定提供证据。表 4-8对优秀的课前学习笔记的特征进行了描述和举例。

表 4-8　体现学生认识水平和思考能力的课前学习笔记的特征举例

序号	特征描述	举例
1	思考建立概念的必要性	例如，为什么要建立动量的概念，并且定义动量的表达式为 mv？学生通过课前学习能思考这个问题，并给出解释：两个物体碰撞过程中，一个物体的 mv 的变化量等于另一个物体的 mv 的变化量。
2	对概念规律深入分析，讨论	例如，加速度概念课的课前学习，加速度大小可以用速度变化率来表示，或者说可以通过测量速度变化的快慢来表征加速度的大小。从逻辑上看，速度变化不是产生加速度的原因，那产生加速度的原因是什么？有的学生能思考到这一层次，并结合初中学过的内容给予分析论证。
3	对教材提出质疑	例如，探究碰撞中的守恒量是 mv，还是 mv^2 等，有学生能通过逻辑分析，排除 mv^2，这是一种很重要的逻辑思维能力，实验探究中的有效猜想也是建立在事实依据的基础上的。

续表

序号	特征描述	举例
4	建立和其他规律的联系、对比学习	例如，课前学习动量定理时，学生能在将其与动能定理进行对比的基础上展开学习，并找出动量和动能的转换关系。这对构建清晰的知识体系是有帮助的。 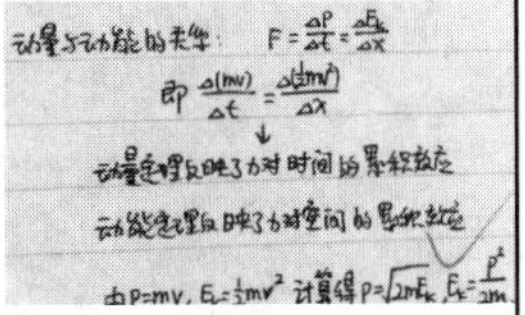
5	有创新观点	例如，课前学习动量定理的推导中，出现力等于动量变化率的表达式，学生通过建立与动能定理的联系，认为也应该可以用动能定理推导出这个关系，并尝试推导。这部分笔记很好地呈现了学生课前学习的思维过程。 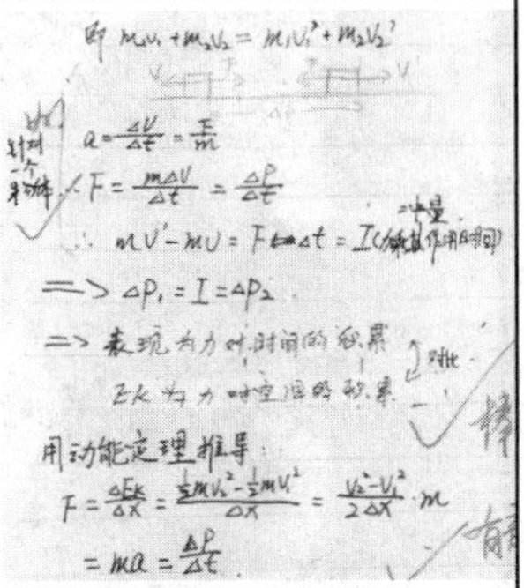
6	能主动迁移旧有知识到新知识中	例如，学生学习动量定理，注意到动量表达式为 mv，得出动量也是矢量的结论。进一步认识到，动量求和也应该遵循平行四边形法则，能进行知识的主动迁移。变力的冲量怎么计算呢？学生能将之前学习过程中的小量求和的思想迁移应用。 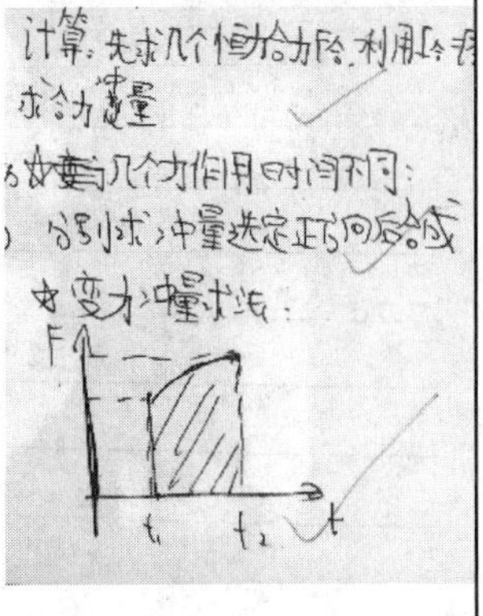

需要说明两点：一是上述特征不一定同时具备，在完整呈现知识内容的基础上，有上述特征之一或者类似的就是好的课前学习笔记；二是允许学生思考过程存在理解不到位、出现偏差甚至错误的地方，只要有独立思考的过程即可。图 4-18 中呈现的学生课前学习笔记属于优秀笔记。

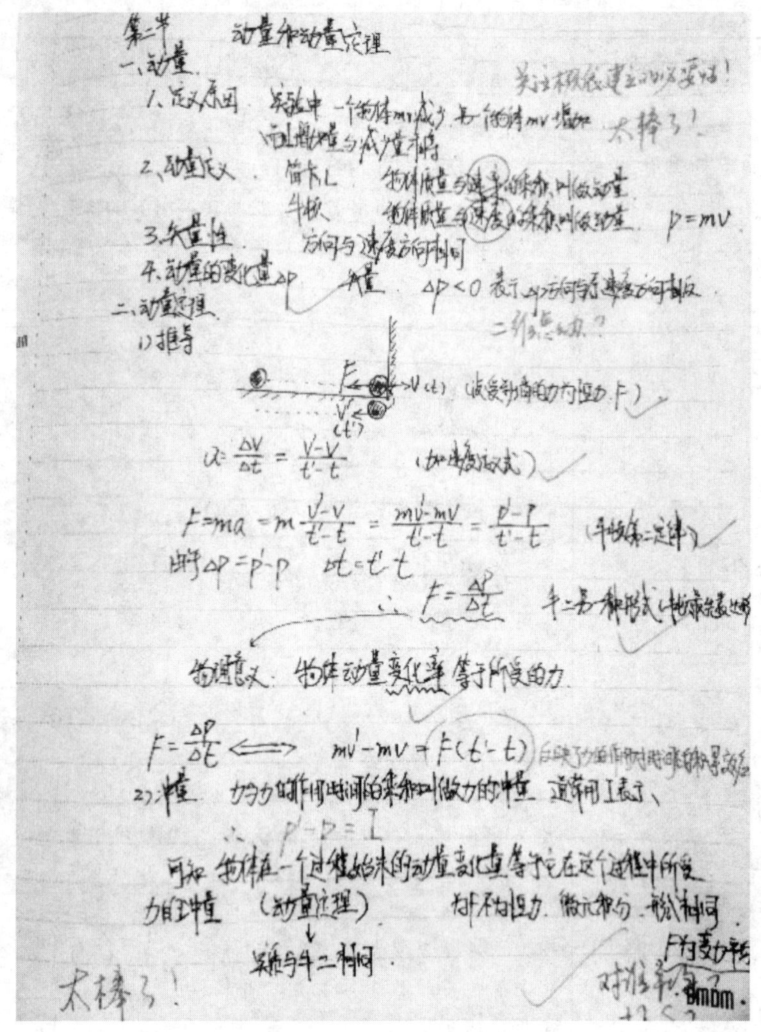

图 4-18　优秀的课前学习笔记

教师可以从以下方面指导学生学会做课前学习笔记。

(一)围绕教材中的黑体字标题展开书写

黑体字标题概括了教材段落的主要内容。例如人教版教材《平抛运动》一节，黑体标题有“平抛运动的速度”“平抛运动的位移”“一般抛体运动”。课前学习笔记可以以黑体字为要点，以黑体字内容为主题展开书写。

例如《平抛运动》的课前学习笔记的主要内容可以分成四部分：(1)平抛运动

的定义；(2)平抛运动速度；(3)平抛运动的位移；(4)一般抛体运动的规律。

(二)记录教材上的重要公式和典型图景

公式和图景是物理学科的重要语言。公式是用数学关系表述规律的重要方式，也是解决问题的重要工具。图景是用图像方式呈现物理过程、规律，描述物理量的重要方式。例如图 4-19 很直观地呈现了平抛运动分速度和合速度的关系。

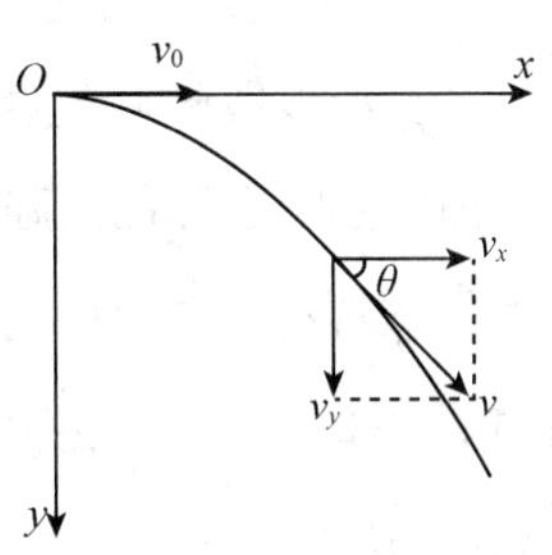

图 4-19　研究平抛运动的速度

记录公式和图景是学生掌握物理语言，学习规范表述物理的重要途径。

(三)按照一定的逻辑顺序呈现教材信息

教材的章节顺序、单元内容的编排顺序、每节内容的段落顺序，都是按照一定的逻辑编排的。引导学生在课前学习环节分析教材内容的逻辑顺序，按照一定逻辑顺序书写课前学习笔记，对提高学生的科学思维能力有一定帮助。

例如动量、动量定理内容，教材先通过实验探究碰撞中的守恒量，在事实基础上定义 mv 为动量 p。再根据定义式分析得出动量是矢量的认识。然后通过碰撞中动量变化的运算和推理建立动量变化和力的作用效果有关的认识，最后建立模型从理论上证明动量的变化与 Ft 乘积相等，从而得出冲量概念。书写动量概念时，将教材信息归类，从符号、定义、定义式、单位(国际单位、常用单位)等不同角度认识。

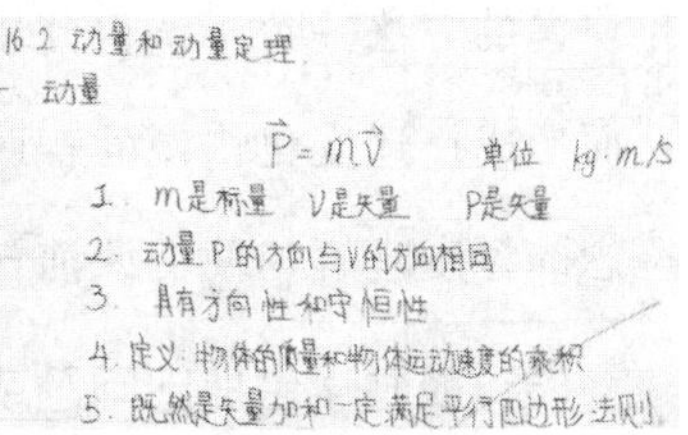
§16.2 动量和动量定理
一、动量
$\vec{P}=m\vec{v}$　　单位 kg·m/s
1. m是标量　v是矢量　P是矢量
2. 动量P的方向与v的方向相同
3. 具有方向性和守恒性
4. 定义：物体的质量和物体运动速度的乘积
5. 既然是矢量加和一定满足平行四边形法则

图 4-20　学生课前学习笔记：动量

动量定理的推导过程，教材先建立简单模型，从一个恒力作用下的匀变速直线运动情景开始推导，得出动量变化和冲量的关系。再通过分析论证一个变力作用下该关系式仍然成立，最后从合力与分力的关系得出，多个变力作用下动量变化和外力的总冲量相等的结论。理顺教材内容的逻辑顺序，并清晰地呈现在课前学习笔记中，不仅有利于促进学生弄清概念规律的建立过程，促进对概念规律的深入理解，还有利于学生理解物理学的思想方法，提高学生的学习能力。

(四)呈现学习内容与其他概念的关联，建立与生活常识、经验等的联系

学习能力的高低在很大程度上取决于学生能否主动建立新学内容与旧有知识之间的联系。学习能力强的学生建立知识间联系的能力强，使得新学习知识有生长点，容易纳入旧有体系，在学习的过程中完成知识体系的更新和升级。学习能力强的学生也善于将知识与生活实际进行联系，促进新知识理解的同时提高迁移应用能力。

例如学习加速度概念时，学生认识到可以通过计算 $\frac{\Delta v}{\Delta t}$ 的数值测量加速度的大小，但加速度不应该由速度的变化率来决定，会结合力的作用效果(改变物体的运动状态)和生活经验(加速、减速、拐弯是否受到力的作用)形成判断：加速度的大小应该由力决定。初步形成对牛顿第二定律的感性认识，是后续学习的生长点。有的学生认识到用 $\frac{\Delta v}{\Delta t}$ 来描述速度变化快慢的方法与用 $\frac{\Delta x}{\Delta t}$ 来描述位置变化快慢的方法一致，认识到用单位时间内的变化量来表示变化快慢的普遍方法。从而形成描述变化快慢的普遍定义——用变化率表示。在课前学习环节中完成对概念的深度理解，使得课前学习笔记能呈现更加丰富的内容和深刻的认识。

(五)鼓励学生提出问题或陈述自己的观点，甚至对教材提出质疑

课前学习过程中，如果学生能精心分析、判断学习内容的逻辑关系，有一定的思考和理解，就比较容易形成自己的观点，容易提出问题。例如课前学习动量和动量定理的过程中，教材有这样一段内容：

……现在的问题是：碰撞前后哪个物理量可能是不变的？质量是不变的，但质量并不描述物体的运动状态，不是我们追寻的“不变量”。速度在碰撞前后是变化的，但一个物体的质量与它的速度的乘积是不是不变量？如果不是，那么，两个物体各自的质量与自己的速度的乘积之和是不是不变量？也就是说，关系式 $m_1v_1+m_2v_2=m_1v'_1+m_2v'_2$ 是否成立？或者，各自的质量与自己的速度的二次方的乘积之和是不是不变量？也就是说，关系式 $m_1v_1^2+m_2v_2^2=m_1v'^2_1+m_2v'^2_2$

是否成立?

也许，两个物体的速度与自己质量的比值之和在碰撞前后保持不变?

……

寻找的物理量必须在各种碰撞的情况下都不改变，这样才称得上是“不变量”……

对于教材中的猜想，学生会提出自己的疑问。

还可以组织学生交流、分享课前学习笔记，互相取长补短，借鉴别人的记录方法，提高学生书写课前学习笔记的能力。

七、提升学生合作学习能力的课前学习指导策略

合作能力是人终身发展所需要的重要能力之一。通过课前学习小组讨论、同伴学习的方式培养学生合作学习的能力，是物理教学中育人的重要目标之一。通过团队成员之间信息交换、提出并修正观点、作出选择及达成共识等一系列活动实现知识的更新、经验的共享，提高学习效率的同时培养与他人沟通的能力。教师需要对学生进行组建团队、制订团队沟通规则、达成团队共识等方面的指导。

(一)组建团队

课前学习小组的团队组建要考虑很多因素，包括团队成员的学习基础、私人关系、表达能力、质疑能力、协调能力、概括总结能力等方面。一个优良的团队需要有清晰的学习目标，成员间有互补的技能(比如有人善于表达、有人善于提问、有人善于协调总结、有人善于钻研等)，有一个高效的组长。这样每个小组都是一个独立完整的学习团体，组与组的差异不大，呈现的学习效果也相近。也可以按照学习类型、学习基础、学习能力的水平组队，同一水平的学生组建一个团队，每组的成员状况水平相近，组和组的差异可能较大。尽管每组的学习结果不一定很全面深入，但学生可能更喜欢与自己水平接近的同学一起交流。按照这种方式组建后，一定要增加组与组交流学习的环节，促进学生进一步学习交流。

也可以根据学习内容，确定组员的搭配。如果是中等及以下难度内容的课前

学习讨论，可以采用同质分组的方式，将学习水平、理解能力、探究特质相近的学生分为一组。如果是中等及以上难度的学习内容，可以采用异质分组的方式，将学习水平、理解能力、探究特质有较大差异的学生分为一组，在课堂教学时让他们一起讨论问题，一起动手实验，共同提高学习能力，相互促进学习。不管是同质分组还是异质分组，都要注意保护组内每个成员学习的积极性，关注每个成员的成长。

(二)制订团队沟通规则

安全的沟通氛围能促进沟通的真实性和有效性。对于课前学习团队而言，成员的“习惯性防卫”心理是学习的最大障碍，团队成员只有在感到心理安全的情况下，才会对错误认识和不同观点进行公开讨论，经历思辨过程进行更深入的学习。

团队组建后，对群体进行有效沟通原则等方面的培训，例如区分质疑和攻击行为。制订一些规则鼓励成员大胆发表个人观点，例如在成员犯错、发表错误的观点后，其他成员提供友善的帮助，而不是讥笑，体现成员之间的合作和信任。制订高效沟通的规则，例如发言者要求语言准确、表达清晰、观点明确。听讲者要总结发言者的内容，力求理解他表达信息的准确含义，从中提炼有用的观点。保证成员不管是“听”还是“说”，都能从理解或表达的角度有所提高。

(三)达成团队共识

高效的团队中，每个成员都是不可或缺的，都承担一定的义务和责任。团队成员要达成以下共识。

1. 人人都有分享自己观点的义务。在分享自己观点的过程中，重新整理自己的认识，在倾听他人观点的过程中，寻找与自己认识的碰撞点，达成共识或者提出质疑，促进认识的升华。

2. 陈述自己观点时，言简意赅，尊重他人的时间。简明扼要陈述自己的观点是表达能力强的一种表现，也是思维深入的外显。

3. 自己的观点遭到质疑时，要平静接受，认真反思。接受不同的观点，甚至反对意见，才能促使自己从不同角度重新审视自己的观点，在反思的基础上进一步深入或者全面地认识问题，使自己的观点更接近科学本质。

4. 驳斥他人或者提出反对意见时，语气委婉诚恳，可以一针见血但不能进行人身攻击。努力让他人接受自己的不同观点是深度沟通的前提，交流中尽量用他人能接受的方式提出不同的意见，使双方能平和地从不同角度认识问题，促进更深层的认识。

5. 对他人发言理解不清晰时，主动和对方沟通，统一认识。努力理解他人的意图是很重要的一种沟通能力，沟通的过程也是重新思考问题的过程，有利于双方的共同进步。

6. 不贸然打断他人发言，除非必要。

八、提高学生科学探究能力的课前学习指导策略

物理学是一门实验科学，概念的建立、定律的发现，都有其坚实的实验基础。实验是学习过程必不可少的内容，是学生认识物理的形象化补充，大大丰富了学生的物理图景、事实经验和证据。实验过程可以很好地培养学生的问题意识、收集证据的能力，解释和交流的能力，是培养科学探究能力的重要途径。同时，通过演示实验和学生实验促进学生理解物理概念、掌握物理规律。

(一)引导学生分析演示实验设计思路和操作流程

演示实验在物理教学中有很重要的作用。它不仅是创设情境、激发学生学习兴趣的手段，也是通过提供事实依据，帮助学生建立概念和认识规律、形成物理观念的重要途径，更是通过展现逻辑层次，发展学生科学思维能力和实验探究能力的重要途径。

教材呈现的演示实验对实验目的、器材、操作都有必要的说明，但是没有告知实验的现象和结论，是培养学生理论分析、推理、论证科学探究能力的良好载体。通过课前学习，可以让学生首先明确实验探究的问题；其次，明确实验的设

计方案，知道设计意图；再次，知道实验操作的步骤及注意事项；最后，知道数据处理的方法，对实验结果(现象)作出预测。例如人教版高中物理教材《曲线运动》一章中演示运动合成与分解的小蜡块实验：

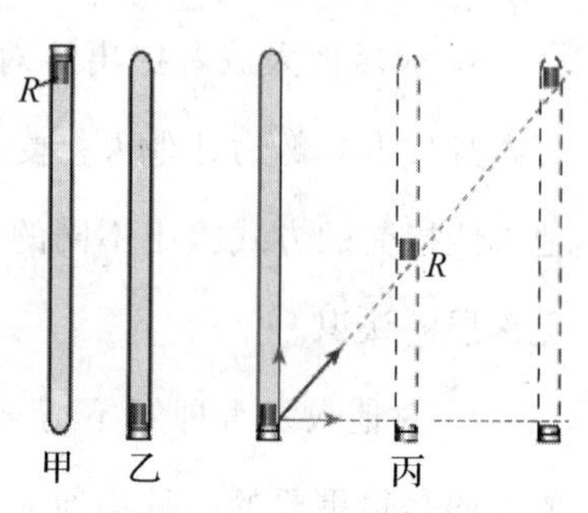

图 4-21　观察蜡块的运动

在一端封闭、长约 1 m 的玻璃管内注满清水，水中放一个红蜡做的小圆柱体 R。将玻璃管的开口端用橡胶塞塞紧(图 4-21 甲)。将玻璃管倒置(图 4-21 乙)，蜡块 R 沿玻璃管上升。如果在玻璃管旁边竖立一个米尺，可以看到，除了开始的一小段外，蜡块上升的速度大致不变。

再次将玻璃管上下颠倒，在蜡块上升的同时，将玻璃管紧贴着黑板沿水平方向向右匀速移动(图 4-21 丙)。以黑板为参照物观察蜡块的运动。

蜡块在做什么样的运动？它在黑板上留下的轨迹是直线吗？也许轨迹是黑板平面内的一条曲线？它的运动是匀速运动吗？也许速度的大小或方向有些变化？这些问题都不是仅凭“看”就能准确回答的。

可以通过表 4-9，对文中的实验目的、方案、操作等内容作整理，引导学生在整理的过程中对实验相关的理论作进一步思考。

表 4-9　曲线运动实验引导问题

问　题	答　案
实验目的	
设计方案	
在玻璃管旁边立竖直米尺的目的	
玻璃管匀速运动时，蜡块的轨迹是直线还是曲线，简述理由	

这个实验，教材设计了很好的引导问题，在此基础上还可以补充一些问题帮助学生理顺实验的步骤及现象，如表 4-10 所示。

表 4-10　曲线运动实验分析

	操作	现象	蜡块轨迹	分析
实验 1				
实验 2				
……				

(二)引导学生深入理解实验的设计思路

物理实验设计是学生获取和巩固物理学理论知识的过程，是建立理论和实践联系的过程。例如学生实验“验证碰撞中的动量守恒”，通过引导和追问让学生体会实验方案设计思路。

表 4-11　碰撞中的动量守恒实验引导设计

引导内容	描述	追问
实验目的	碰撞前后动量不变。	
表达式 1	$m_1v_1=m_1v_1'+m_2v_2'$。	画出对应的物理图景，并在图中标注各物理量。
需要测量的量	质量和速度。	怎样测量速度？说出 3 种测量速度的方法。
还能怎么测速度	打点计时器和纸带，计算速度。	碰撞中能用这个方案吗？如果不能，怎么解决？
教材中用的什么方案	利用平抛水平分运动为匀速直线运动，通过测量水平位移间的关系，间接得到速度关系。	
表达式 2	$m_1\overrightarrow{OP}=m_1\overrightarrow{OM}+m_2\overrightarrow{ON}$。	表达式 1 和 2 等价的条件是什么？

该实验将动量的测量转化成质量和位移乘积的测量，巧妙地避开了测量碰撞中速度的困难。既体现了实验的美妙，又促进了学生对平抛运动的再认识，提供了直接测量遇到困难时，可以转换为相关物理量间接测量的实验思路。

第四节　课前学习指导案例

基于课前学习诊断的课堂教学整合模式强调以学生为中心、突出学生的“学”和教师的“引”，体现“教”为“学”服务的思想，对学生提出了新的学习要求。例如，指导学生学会学习，包括该教学方式对学生的要求，学生需要做什么和怎么做的学习要求指导；某个具体教学内容的课前学习指导(可以是一节、一章、一个单元)。基于每节课学习内容的差异，课前学习指导的具体方法也不同。

一、指导学生学会学习的案例

基于课前学习诊断的教学模式与传统课堂教学模式不同，学习流程也不同，不同环节的学习要求不同。一般来讲，需要让学生对新学习模式有一个完整的认识，明确各个环节学生需要完成的任务，需要对学生进行如何学习的指导。

1. 教学方式简单介绍

该教学方式将物理学习过程分成课前学习、课堂教学和课后学习三个环节。课前学习和课后学习需要利用课余时间完成。每个环节的学习要求不同，组合在一起是一个完整的学习过程。

该学习方式需要学生主动参与、完成一些学习任务，并呈现书面学习结果。学生课前学习呈现的结果是教师确定课堂教学内容的重要依据。

2. 各环节学习任务指导

在课前学习环节，学生阅读教材并做课前学习笔记，记录自己获取的重要知识、思想方法以及阅读过程中的疑问等，并完成课前学习清单中的问题。课堂教学环节，学生提出自己的疑问或者回答同学的提问，小组合作学习或者和老师一起交流，共同完成答疑解惑和整合提升，同时完善学习笔记。课后需要完成作业，整理学习内容。图 4-22 呈现了该模式下的学习环节及相关要求。

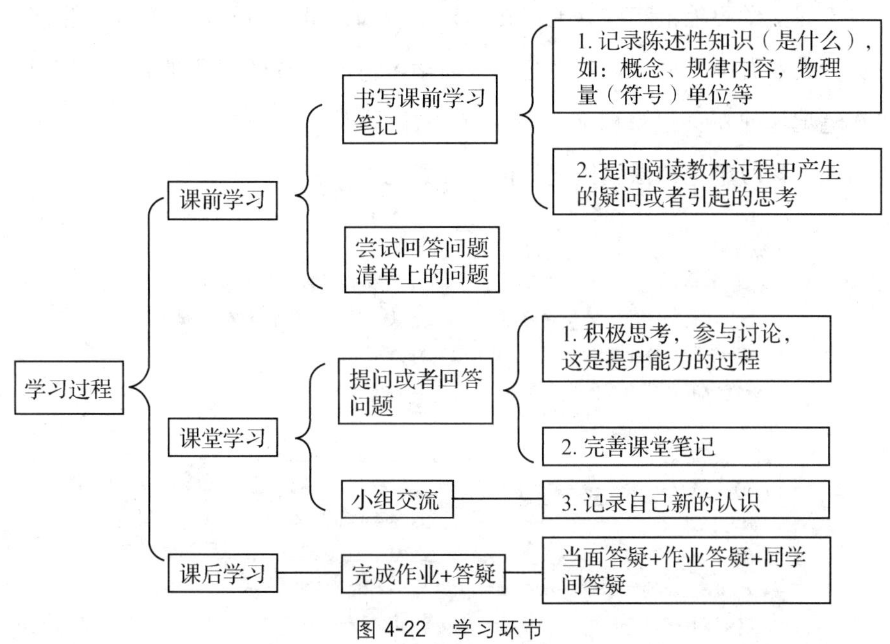

图 4-22　学习环节

说明：该指导适用于在采用这种教学模式的头一节课中，对全体学生进行指导。随着学习的进程，根据学习表现适时点评，帮助学生尽快适应。对于适应慢的学生进行个别指导。

3. 明确课前学习笔记和课堂笔记的关系

课前学习笔记和课堂学习笔记作为整体，一起体现完整的学习过程。课前学习可以记录以下内容：(1)记录教材呈现的陈述性知识，即“是什么”。例如，动量(冲量)的符号、定义，动量定理的内容、表达式等。(2)记录自己阅读后对概念规律的理解。例如，动量是矢量，动量的方向与速度方向一定相同等。(3)记录自己阅读中产生的疑问或者引起的思考。例如，“如果碰撞作用时间很短，短到可以忽略，那速度的变化还考虑吗?”说明：在学习动量定理之前，对于瞬时作用过程，往往因为时间很短，经常会忽略短时间作用过程，用速度突变来解释。碰撞对应的短时间作用过程恰好是要研究的过程。该疑问是学生之前对瞬时作用过程的认识和现在的认识不一致产生的必然困惑，是在思考基础上产生的，也是善于建立联系的表现。课堂笔记是对课前学习的补充，记录自己通过课堂学习产生的新的认识、课前学习中的疏漏等。

关于课前学习笔记和课堂笔记在笔记本中如何呈现的问题，建议学生将笔记的一页分成左右两个栏目，左栏记录课前学习情况，右栏记录课堂学习情况。也可以在笔记簿的左页记录课前学习情况，右页记录课堂学习情况。图 4-23 呈现学生的课前学习笔记和课堂笔记的记录方式。

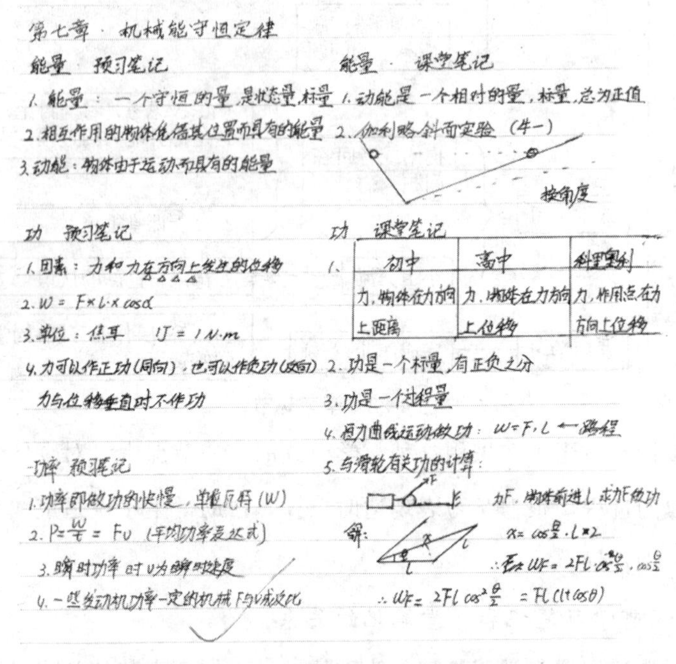

图 4-23 课前学习笔记与课堂笔记

二、“动量定理”课前学习指导案例

概念规律课的学习，注重概念的建立、理解及构建概念间的联系。课前学习指导可以通过设置问题清单的方式引导学生思考概念的建构过程，推导概念间的数量关系，关注新概念与旧概念的联系。

1. 动量定理课前学习过程指导(问题清单)

(1)为什么定义 mv 为动量的表达式？教材中关于动量概念发展过程经历了了哪几个阶段？

(2)一维运动中，怎样计算动量的变化？

(3)为什么定义 Ft 为冲量?

(4)动量定理表示式是个矢量式，实际的很多碰撞并不是一维的，请你结合矢量运算法则，回答下列问题：

动量、力、冲量、动量变化、速度变化量都是矢量，请列举一个具体过程，画出该过程对应的运动图景，并判断上述各物理量的方向，并说说，哪些量的方向一定是相同的。

2. *动量定理深度学习指导*

(1)变力作用过程，动量定理还成立吗？怎么推导?

提示：教材创设恒力作用下的匀变速运动过程，根据牛顿第二定律和运动学规律推导出动量定理的表达式。如果物体受的力不是恒力，物体不做匀变速运动，怎么推导动量定理呢?

(2)就动量定理与牛顿第二定律的区别与联系，说说你的观点。

(3)二维碰撞中，怎么用动量定理进行计算?

(4)该规律能否经得起实验检验呢？在实际碰撞中力的冲量真的等于相互作用前后物体动量的变化量吗？请你设计一个验证动量定理的实验，说出实验方案及需要测量的量。

深度学习指导设计说明：

问题(1)源于教材有这样一段说明：“……那么可以依据必修物理课中常用的方法，把过程细分为很多短暂的过程，每个过程中物体受的力没有很大的变化，可以近似看作匀变速运动，能够应用 (2) $mv'-mv=F(t'-t)$ 或 (3) $p'-p=I$ 式。把应用于每个短暂过程的关系式相加，就得到了应用于整个过程的动量定理，形式上与 (2) 或 (3) 式完全一样。这时，(1) $F=\dfrac{\Delta p}{\Delta t}$式和 (2)式中的 F 应该理解为力的平均值。”问题(1)旨在引导学生通过推理论证得出变力作用过程中动量定理仍然成立的结论，而不是通过记忆接受结论。

问题(2)基于教材中“动量定理的物理实质与牛顿第二定律相同，但有时应用起来更方便”的原话。在没有微积分基础的情况下，学生还是不太能理解两者的本质为何是相同的。通过这个问题，引起学生思考和讨论，促进学生对两个规律的理解。

问题(3)基于实际生活中二维碰撞更加普遍，旨在通过对二维矢量运动处理的思考，促进学生将力的分解、合成的思想迁移到动量矢量运算中，形成所有矢量都可以分解、合成的认识，促进对矢量运算的进一步理解。

问题(4)基于物理学的研究方法，将理论和实验相结合。实验得到的结论需要经过理论论证，理论推导的结论需要用实验来检验。该规律能否经得起实验检验呢？在实际碰撞中力的冲量真的等于相互作用前后物体动量的变化量吗？学生需要思考以下问题：(1)需要测量的量有哪些(冲量和动量的变化量)。(2)思考能否直接测量，能的话，测量工具是什么；如果不能，怎样间接测量。(3)创设什么样的运动过程，保证测量任务能顺利完成。(4)怎样采集数据。在此基础上提出适合的实验方案。在认识物理学研究方法的同时，通过实验设计培养学生的实验能力。

三、“电路中的能量转化”课前学习指导案例

规律应用重在使用旧知识对新现象作出因果解释的过程中，形成新的认知，促进深层理解和认知结构的调整。课前学习指导可以通过问题引导学生对教材的关键内容进行深入思考，促进新认知的生成、认识方式的变化等。

例如“电路中的能量转化”阅读指导，可以针对教材的重要内容进行解读，提升阅读时的思维深度，具体问题设置如下。

教材解读 1：“电流做功的实质是导体中的恒定电场对自由电荷的静电力在做功。自由电荷在静电力的作用下做定向移动，结果电荷的电势能减少，其他形式的能增加”。你建立的微观图景是怎样的？请配图，并简单说明。你怎样理解此处“恒定电场”的含义？

教材解读 2：“如果这段电路两端的电势差是 U，通过这段电路的电荷量是 q，静电力做的功就是 $W=Uq=UIt$”，如图 4-24 所示。“电路两端的电势差”可以从哪两个角度理

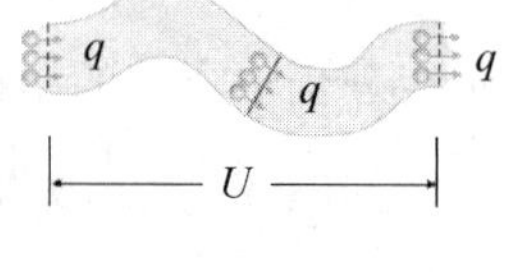

图 4-24

解？“通过这段电路的电荷量”从宏观角度(抽象)怎样表示，从微观角度(形象)怎样表示？

教材解读 3：“电流在这段电路中做的功W 等于这段电路产生的热量Q，即$Q=W=UIt$，由欧姆定律$U=IR$，可以得到热量 Q 的表达式 $Q=I^2Rt$”。画横线的部分等价吗？

教材解读 4：“电流通过导体产生的热量跟电流的二次方成正比，跟导体的电阻及通电时间成正比。这个关系最初是焦耳用实验直接得到的，我们把它叫作焦耳定律。”焦耳热到底对应哪种能量的变化量？

教材解读 5：“电流通过电热水器中的电热元件做功时，电能全部转化为导体的内能”，电热元件的电压、电阻、电流存在怎样的关系？

教材解读 6：“这说明不同的运动形式在相互转化的过程中有数量上的确定关系。”电能转化成焦耳热对应哪两种运动形式？

四、“探究加速度与力、质量的关系”课前学习指导

实验课是集知识、能力、操作于一体的综合课，对学生要求很高。课前学习指导可以围绕实验原理、实验方案选择、实验测量、实验操作、数据处理、误差分析等方面展开。“探究加速度和力、质量的关系”实验的课前学习指导可以基于教材内容设置问题，引导学生加深对实验的认识。

1. 关于实验方案的选择

关于教材中的两个参考案例(图 4-25)，如果需要得到定量的关系，选择哪个方案比较好？理由是什么？

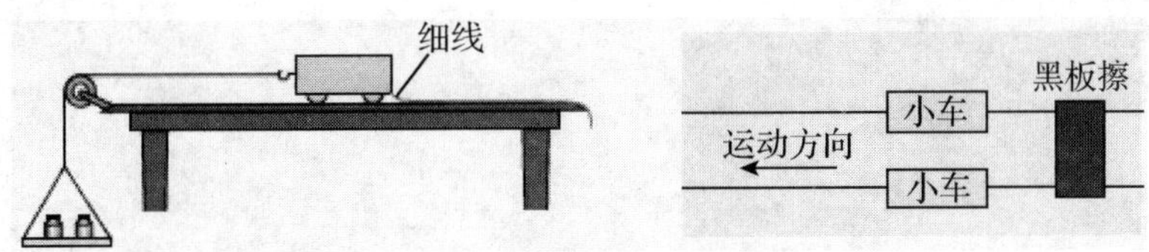

图 4-25

2. 关于理解实验原理的问题清单

(1)参考方案一中，为什么可以通过位移来体现加速度的大小？请作简要说明，写出相应的数学关系式。

(2)参考方案二中，哪个力表示运动对象受到的合力？

(3)参考方案二中，怎样保证运动过程中的合力大小、方向保持不变？需要进行什么操作？

(4)参考方案二中，为什么要调节木板的倾斜度？

(5)教材提出，测出盘和重物的总质量，它近似等于小车运动时所受的拉力。请你分析一下“近似等于”的条件是什么？

3. 关于实验操作的问题清单

请你思考一下，当改变小车质量进行实验时，是否需要重新调节木板的倾斜度？

4. 关于数据处理的问题清单

(1)教材中图 4.2-2 中的横坐标 m 是哪个物体的质量？

(2)分析加速度和质量的关系时，纵坐标和横坐标分别取哪个物理量？理由是什么？

(3)实验中重物和沙盘的总质量对应该实验的哪个物理量？运动对象的质量还是受力大小？

(4)如果实验得到的 $a-F$ 图像的纵截距明显不为零，估计是哪个实验环节没做好造成的？

第五章

课前学习诊断

课前学习诊断是指教师依据课前学习目标和内容，借助教学经验和测试、访谈等手段诊断学生课前学习的学习过程、学习效果及其影响因素。课堂教学设计的依据之一就是学情分析。只有基于学情，教学设计才能更有针对性，这一点教师们已经达成共识。学情分析就是对学生状况的诊断，只不过本书强调的是基于课前学习的诊断。但是，长期以来，学情分析主要依据教师的教学经验，分析的是各届学生在学习相关内容时产生的共性问题或遇到的障碍，而缺乏能够针对当届学生的、个体的、有实证的诊断，其主要原因是缺乏诊断工具，而缺乏诊断工具的原因又在于教师对诊断工具的设计缺少理论支撑，对具体操作途径不清楚。本章在明确课前学习诊断意义和原则的基础上，重点论述课前学习诊断工具设计的理论依据、具体操作途径，以及如何对诊断中发现的问题进行因果解释并提出干预策略。

第一节 课前学习诊断的意义和原则

了解课前学习诊断的意义有助于教师认识课前学习诊断的必要性。课前学习诊断的原则是进行课前学习诊断工具研发的基本准则。本节主要论述课前学习诊断的意义和原则，为研发诊断工具、分析诊断结果、设计教学干预策略明确基本方向。

一、诊断的意义

教育教学实践中，一直都提倡课前学习。教师们总结了各种教学经验和教学模式，其中也都达成一个共识，也就是课前学习是学生学习的一个重要环节。但目前多数教师则无意中把课前学习置于尴尬的境地，究其原因是没有做好课前学习的诊断，或者是没有利用课前学习诊断做好教学的改进。只有明确课前学习诊断的意义，了解诊断的价值，才能自觉地做到重视课前学习诊断。

(一)有利于引导学生养成课前学习的习惯，提升学习能力

在中国学生发展核心素养框架中，“学会学习”是六大核心素养之一，学会学习主要是指学生在学习意识形成、学习方式方法选择、学习进程评估调控等方面的综合表现。课前学习作为探求新知识的自主行为，不是简单观察知识，而是借助已有知识发现新知识的过程。在这一发现过程中，需要旧知识和新知识充分结合，以形成新的知识结构。面对新知识、新问题，需要结合自身知识结构，自行寻求解决问题的方法，因此，课前学习有助于学生掌握自主学习的方法。但只有做好学习诊断，用好诊断，才能督促学生以认真踏实的态度对待课前学习。通过诊断，可以给不重视课前学习的学生敲响警钟，使他们明确自己的问题所在，可以给重视课前学习的学生一种获得感和激励。长此以往就能使学生获得认同和自信，逐渐形成课前学习的习惯，同时也能提升学生的学习主动性和学习能力。

(二)有利于确定教学的重点和难点，提升课堂的实效性

课前学习诊断是教学的一个环节，也是一种手段。通过学习诊断，可以了解学生的学习效果，发现学生的一些共性问题，针对学情，可以调整教学内容。学生都已明白的，课堂就不讲；少数学生不明白的，可以针对这几个同学提问讲解；多数学生不明白的就是要重点解决的问题，尤其是涉及重难点的问题，教师可以依据学习目标和学生课前学习效果，对教学内容作适当的删减或补充，使学生在课堂获得最适量且最有价值的教学内容。

(三)有利于调整教学方法，发挥学生课堂的主体性

学生的课前学习使课堂的重心前移了，课堂上学生虽不是什么都懂了，但也不是什么都不懂，在课堂上要吸引学生的注意力，教学方法就一定要有所改变。课堂上，要给学生充分展示学习成果的机会，可以让学生针对学习内容讲解自己的理解，提出自己的疑惑，或者让学生通过实验表明自己的观点。教师需要做的就是倾听学生的发言并作出诊断，提出问题引发学生的思考，适时点拨引导学生作出判断和选择。唯有如此，才能以学定教，以学施教，给予学生精细化、个性化的指导，让学生真正成为课堂的主体。

(四)有利于修正课前学习方案，提升教师的教学能力

教师设计的课前学习方案每个都会或多或少地存在一些问题，有可能是课前学习目标要求过高、过低或者不明确；有可能是前后衔接没有处理好；有可能是设问不当误导学生的思考；也有可能是重点把握不准等。通过诊断和诊断后的分析，教师会发现这些问题，修正原来的课前学习方案。虽然对本次使用已不能起到作用，但修改调整的过程其实也是一个反思的过程。经过反思，能够调整后续课前学习方案的设计思路，使后续的工作做得更好，坚持做到反思和修正，会有效提升教师的教学能力。

二、诊断的原则

课前学习诊断是以促进学生发展为本，基于学生学科核心素养的评价，其目

的主要在于促进学生学会学习、改进教师对学生的课前学习指导和改进课堂教学。课前学习的诊断应围绕课前学习目标、物理学科核心素养的具体要求，创设真实而有价值的问题情境，采用形式多样、方法多样的诊断方式，客观全面地了解学生课前学习的效果，判断影响学生学习的因素，掌握学生学习能力的现状，找出有待教师帮助学生解决的问题，明确教学及学习指导的方向，从而能从不同角度促进学生全面而富有个性的发展。进行课前学习诊断应该遵循以下原则。

(一)目的明确

课前学习诊断要有明确的目的，应围绕课前学习目标，结合学习内容，从发展学科核心素养的角度，判断学生达到的能力水平和学习中遇到的困难和问题，明确学生应该进一步学习的方向，明确教师教学改进的策略。

(二)精准有效

诊断工具应指向学科核心素养，指向诊断目标，且诊断工具和方式要科学可靠。通过诊断所收集到的数据和资料能够反映学生课前学习效果的真实状况，准确诊断出学生所达到的核心素养的水平，并能作为改进教学的依据。

(三)形式多样

教师应用多种诊断方法客观、公正地诊断学生的学习效果和发展状况。要发挥教师和学生在学习诊断过程中的作用，采取教师评价、学生相互评价和自我评价等多种方式，从不同视角进行诊断，从而保证诊断结果的可靠性和一致性。教师要了解不同诊断方式的特点和功能，依据诊断目标和内容来选择合适的诊断方式。

(四)激励发展

课前学习诊断不仅要关注学生的学业质量，而且要着眼于学生的学习进步、动态发展，发现和发展学生多方面的潜能，了解学生发展的需求，帮助学生认识自我、建立信心，从而促进教学改进，提高教学质量。因此，课前学习诊断内容要适合学生的学习能力和实际水平，应是鼓励师生、促进教学的手段，要通过诊断激发个性潜能，激励学生不断发展进步。

第二节　课前学习诊断工具研发的思路和诊断内容

学习诊断的难点在于诊断工具要科学、合理，还要能易于诊断学生的学习状况、思维障碍，以及能力水平。学习诊断离不开具体的知识内容，内容选取只有针对学习目标，才能体现出诊断的价值，因此，内容选取也是诊断工具研发的核心。本节主要论述课前学习诊断工具研发的思路和诊断内容选取的要点。

一、课前学习诊断工具研发的思路

课前学习诊断的核心任务是通过有效的诊断工具，发现学生的问题，并分析问题产生的原因。课前学习诊断应该符合学生的认知特点，符合教学内容阶段性的特点，着力诊断学生在各方面的发展现状。课前学习诊断工具研发的一般思路如图 5-1 所示。

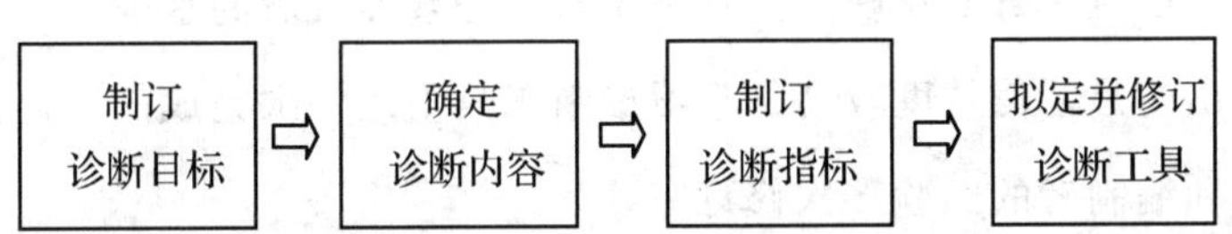

图 5-1　研发课前学习诊断工具的一般思路

(一)制订诊断目标

课前学习诊断目标的确定要基于核心素养和学业质量标准的要求，依据课前学习目标制订诊断目标。诊断目标应指向核心素养，指向学生的认知过程和认知结构，诊断目标要明确、具体、可测量。

(二)确定诊断内容

课前学习诊断内容的选择与诊断目标应保持一致，诊断的内容应以课前学习的物理概念和规律的相应内容为依托，围绕课程标准中有关课程内容和学业质量的规定展开，诊断学生核心素养的表现水平，诊断学生学习过程中的困难及解决困难的态度与方法，诊断学生的学习能力表现。

(三)制订诊断指标

课前学习诊断的指标不以诊断学生是否到达学习要求为目的，而是要诊断学生通过课前学习达成的水平，为教师提供学习指导的起点。因此，诊断指标的制订要依据核心素养的内涵和水平划分，描述学生对概念规律的理解和思维能力在不同水平上的具体表现，也就是将学生的学习理解水平进行可视化的描述。制订诊断指标是有效诊断的关键，准确把握学生行为表现所对应的水平，才能准确地确定教学过程中的关键点和发展学生需要突破的障碍点，为课堂教学改进提供依据。

(四)拟定并修订诊断工具

依据课前学习诊断的目标、内容及其具体表现指标，研发不同形式的诊断工具，比如测试题、调查问卷、访谈、学习记录单等，可以依据诊断内容设计不同形式的诊断工具。诊断工具重在考虑是否能客观、全面、有效地收集学生核心素养发展水平的信息，真实反映学生物理学科核心素养发展的水平。

需要指出的是，信效度较高的学习诊断工具不是一次完成的，需要根据实际使用的证据和编制者的经验多次修订完善。

二、课前学习诊断的主要内容

诊断内容基于课前对物理概念和规律的学习过程，诊断学生在“物理观念”“科学思维”“科学探究”“科学态度与责任”四个物理学科核心素养方面所处的水平，及其水平达成的影响因素，诊断学生在认知活动中遇到的困难，诊断学生的学习能力。具体的诊断内容可参考以下几个方面。

(一)诊断学生对物理概念、规律的理解水平及影响理解的原因

针对物理观念水平的诊断，包括对物理概念、规律的理解和应用。比如学生是否能用物理学的概念、规律进行交流；能否用相关的物理概念和规律正确地描述和解释现象；能否建构物理知识间的相互联系，把握物理核心内容的结构与线

素；学生对相应概念及规律不理解的原因等。基于对概念规律理解水平及影响理解原因的诊断，判断学生对哪些问题学会了，在课堂中可以不讲或少讲；哪些内容学生还有问题没有解决，需要在课堂中进行点拨引导；哪些内容学生目前即使通过课堂教学也达不到学会的程度。

(二)诊断学生认知过程中在科学思维、科学探究上的表现水平及其影响因素

基于学生的认知活动，诊断学生对学科思想的理解和科学思维的发展水平。比如学生是否主动地思考与物理学有关的科学问题；是否能应用物理学的研究方法对实际问题进行抽象、分析和推理；能否采用不同方式分析解决物理问题等。对科学探究能力的诊断主要表现在诊断学生提出问题、获取证据、作出解释、表达交流等能力的发展水平。比如能否基于现象或事实，提出并准确表达可探究的物理问题；能否依据物理原理设计实验；能否通过独立观察和实验获取信息；能否对探究过程与结果进行交流和反思等。

(三)诊断学生的学习能力及其影响因素

从学生课前学习的方式、学习的渠道、学习过程中对科学方法的运用等表现可以诊断学生的学习能力，以及影响学生学习能力提升的因素，比如通过阅读获取信息的能力、理解能力、记忆能力、思维能力等。倡导课前学习的一个重要原因就是期望通过课前学习提升学生的学习能力。有人说："知识的一半就是知道从哪里和怎样获取它。"一个人只有掌握了获取知识的方法，才有可能获取无限的知识和技能。只有这样，才能跟上时代前进的步伐。

(四)诊断学生学习的困难及造成困难的因素

通过诊断进一步分析学生在课前学习中的表现，以及背后的原因，分析判断影响学生学习困难的因素。比如，在具体概念规律的形成过程中分析造成困难的原因是错误的前概念，还是生活经验不足缺乏感性认识，再或者是思维方法不当；再如，分析是学生的思维定式还是心理因素造成的学习困难等。另外，还可以通过分析学生整体表现，思考哪些是共性的困难，哪些是个性化的学习困难。

(五)诊断学生在认知活动中的参与程度和参与态度

诊断学生是否积极主动地参与了课前学习活动，比如，学生学习的过程是否持积极的态度；是否有学习物理知识的内在动机；是否能设法获取相关实验器材，并通过亲自动手获取相应的数据或信息；是否尝试从不同的角度思考问题；是否尝试用不同的方法解决同一个问题；是否反思自己的学习过程；在研究方面是否能做到实事求是等。

第三节　课前学习诊断工具的研发

实践中应注意依据课程标准的要求，围绕核心概念和重要概念设计诊断工具。诊断工具应注重科学性、规范性、简洁性和可读性。诊断工具围绕核心内容进行设计，并和理论框架有良好的对应关系，以准确地诊断学生的学习发展现状。上一节已经讨论了课前学习诊断工具开发的基本思路和诊断内容，本节以示例形式具体说明诊断工具研发的理论依据和几种常见的诊断工具形式。

一、研发诊断工具的理论依据

课前学习诊断，以物理问题作为基本背景，融入探究要素，通过考查学生对物理知识的认识和应用，发现学生学习的困难点，并分析困难产生的原因。要诊断出学生在物理概念、学科思想方法、科学思维、学科能力等方面的不同水平层级，关键要研发出判断学生在不同水平层级上的具体表现的诊断工具。

(一)依据物理概念学习进阶模型

物理概念学习进阶模型(表 2-2)清楚地反映了物理概念在事实经验基础上，学生思维逐渐由简单到复杂、有层级的发展过程。而学习诊断正是对这一过程中学生对概念理解水平、理解关键点的评价。因此物理概念学习进阶模型可以作为概念学习诊断的合适依据。

1. 事实经验

学生对概念的学习都是从事实经验开始的，这些事实与经验是学生头脑中已有的日常生活经验与先前学习的结果，也包括在课堂教学中即时观察到的实验现象与事实。但这些认识，其显著特征是碎片化的，相互之间没有建立联系。例如，学生对库仑力的学习，就是从摩擦后的物体能够相吸或相斥的现象，获取自然界中存在两种电荷，且电荷间存在相互作用力的事实开始的。如例题 1.1、例题 1.2，是诊断学生是否具备了同种电荷相斥、异种电荷相吸的事实经验，属于概念学习水平 1 的“事实经验”层级。

2. 映射

“映射”是在“事实经验”的基础上与“科学术语”之间建立的简单对应关系。学生对概念的学习从“事实经验”层级上升到“映射”层级，需要通过大量事实经验进行抽象、概括，得出它们的共性。例如基于电荷间的相互作用并不需要直接接触的事实，认识到电荷之间的作用力是通过静电场产生的。例题 1.3 是诊断学生是否有了场的概念，这里并不一定建立了静电场的概念，但基于现象有了对应的认识，属于概念学习水平 2 的“映射”层级。

例 1：如图 5-2 所示，有两个距离较远且相互独立的空间甲和乙。在空间甲中存在一个带正电的电荷 A；在空间乙中不存在任何电荷。

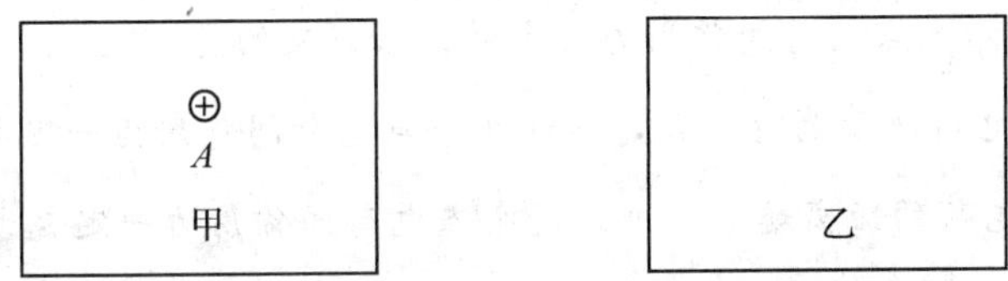

图 5-2

1.1 若在空间甲中放入正电荷 B，则（ ）。

A. 电荷 B 受到电荷 A 的排斥力

B. 电荷 B 受到电荷 A 的吸引力

C. 电荷 B 没有受到电荷 A 的作用力

1.2 若在空间乙中放入正电荷 C，则（ ）。

A. 电荷 C 受到排斥力作用

B. 电荷 C 受到吸引力作用

C. 电荷 C 没有受到排斥力作用

1.3　根据电荷 B 和 C 在空间甲和乙中的受力情况，对比甲、乙空间，可以得出（　　）。

A. 空间甲对放入其中的电荷有力的作用；空间乙对放入其中的电荷没有力的作用

B. 空间甲对放入其中的电荷没有力的作用；空间乙对放入其中的电荷有力的作用

C. 空间甲和乙对放入其中的电荷都有力的作用

D. 空间甲和乙对放入其中的电荷都没有力的作用

3. 关联

“关联”是指“事实经验”中相关概念之间的联系。这些联系可以是定性的，也可以是达到定量关系的，这是认识客观世界的重要一步。比如，建立库仑力的大小与电荷量、距离的关系，在电荷量一定时，距离越大，库仑力越小；在距离一定的情况下，电荷量越大，库仑力越大。例 2 所示是概念的定性联系，属于概念学习水平 3 的“关联”层级。

例 2：关于两个点电荷间作用力大小的说法正确的是（　　）。

A. 两个点电荷所带电量越大，则这两个点电荷间作用力一定越大

B. 两个点电荷的距离越大，则这两个点电荷间作用力一定越大

C. 在两个点电荷距离一定的情况下，所带电量越大，则两个点电荷间作用力一定越大

4. 概念

“概念”是对“事实经验”的本质特征的反映，是对“事实经验”的本质概括。因此，概念是对若干关联的整合。例如，库仑定律 $F=k\frac{q_1q_2}{r^2}$ 是在静电力与两个点电荷电量乘积成正比，与距离成反比的基础上，进一步整合这些联系，通过推

理、论证的思维过程整合得出的，是对点电荷间相互作用力这一本质属性的反映。建立定量关系是对概念本质的深刻把握。例 3 是诊断学生对库仑定律规律的理解，属于概念学习水平 4 的“概念”层级。

例 3：两个电量分别为 q_1 和 q_2 的静止点电荷相距为 r，它们之间的库仑力为 F。若把两个点电荷间的距离变为 $2r$，则它们间的库仑力变为（　　）。

A. $4F$　　B. $2F$　　C. $0.5F$　　D. $0.25F$

5. 整合

“整合”是建立概念与对应的大概念(包括学科核心概念和跨学科概念)的实质性联系，在核心概念统整下建立概念与其他概念之间的逻辑关系，以及在从经验到映射、关联，直到概念整个认知过程的反思基础上形成的反省知识，因此整合比理解物理概念本身具有更高程度的认知复杂性。例如，建立库仑定律之后，学生不仅理解了静电力的相互作用，还认识了静电场概念的内涵，建立了静电力与电荷量、电荷间距离之间的关系，并认识到库仑定律和万有引力定律有相似的规律性，可以进行相互类比，体会到自然界的和谐与统一。因此，概念学习的“整合”层级是物理概念理解的最高认知层级。例 4 即为通过解答题的形式诊断学生是否能体会库仑定律与万有引力定律两者研究过程与方法的相似之处。

例 4：类比推理是人们认识事物的思维方式之一，是科学上行之有效的方法，这种思维活动对科学的发展起着一定的推动作用。比较库仑定律与万有引力定律，会发现它们之间有惊人的相似之处，请你尝试对两个定律进行比较，说明它们的相似之处与不同之处。

(二)依据 SOLO 分类理论

SOLO 分类理论是一种基于问题解决的等级描述式的评价方法。它依据学生在回答问题时的表现来判断学生所处的思维发展阶段。它认为学生对某一个具体问题的反应水平可以分为“前结构”“单一结构”“多元结构”“关联结构”“扩展抽象”五个不同的层次，各个层次及其表现如表 5-1 所示。

表 5-1 SOLO 分类理论的层次划分及其具体表现

学习结果层次	具体表现
1. 前结构水平(prestructural level)	是一种低于目标方式的反应，学习者被情境中无关的方面所迷惑或误导，不能以任务中所涉及的表征(或功能)方式处理任务。
2. 单一结构水平(uni-structural level)	学生关注主题或问题，但只使用一个相关的线索或资料，找到一个线索就立即跳到结论上去。主要特点：一是快速回答问题的愿望；二是对反应内部可能出现的矛盾的忽视。
3. 多元结构水平(multi-structural level)	学生使用两个或多个线索或资料，却不能觉察到这些线索或资料之间的联系，不能对线索或资料进行整合。主要特点是：学生找到了越来越多的正确的相关特征，回答问题时，能联系多个孤立事件，但却缺乏有机整合的能力，常常给出一些支离破碎的信息。
4. 关联结构水平(relational level)	学生能够使用所有可获得的线索或资料，并将它们编入总体的联系框架中，总体成为在已知系统中内在一致的结构。主要特点是：能够从整体上把握题目的要求，并将各种相关信息整合成有机整体；能够联想多个事件，并将多个事件联系起来回答或解决较为复杂的具体问题；能够检查错误和矛盾；能够重建算法中缺少的元素；能够进行反向操作。
5. 拓展抽象水平(extended abstract level)	学生超越资料进入一种新的推理方式，并能概括一些抽象特征。主要特点是：使用外部系统的资料和更抽象的知识；会归纳问题，在归纳中考虑了新的和更抽象的特征；结论具有开放性且更抽象；能拓展问题本身的意义。

其中，单一结构水平和多元结构水平主要表征学生学习的数量特征；关联结构水平和拓展抽象水平则侧重于表征学生学习的结构即质量特征。SOLO 评价的基本方法是将某种具有一定开放度的问题或学习任务呈现给学生，并使其作出反应。根据学生对问题的不同反应，依据上述标准，判断学生对该问题的把握水平。因此，SOLO 分类评价法对学生学习质量评价的优越性主要体现在等级描述的质性区别，从而使评价获得较好效度，这种评价方式用在课前学习的诊断是非常可行而且有效的。

例如，牛顿运动定律描述了运动和力的关系，学生由日常生活的经验和初中的学习对运动和力的关系有了一定的认识，虽然对牛顿第一定律和牛顿第三定律的认识还不完善，但已经有了初步的了解，在高中不仅要进一步完善对这两个定律的认识，而且还要进一步学习牛顿第二定律。诊断学生对牛顿运动定律的课前学习效果可以采用例5。

例5：设想你处在遥远的太空，面前有一个与你相对静止的巨石，你轻轻地推它一下。试尽可能详细地描述你和这块巨石在推石时与推石后的运动情况，并解释其原因。

这是一个开放性的试题，可以采用SOLO分类的方法来评价学生的思维水平。结合这个试题学生在各层次的具体表现可作如下预设分析。

回答1：没有推动巨石。

回答2：巨石被推动向前运动，而我不动。

分析：这两个回答，对运动不能运用已有知识进行合理预测，学生在这个问题的认识上处于“前结构”水平。

回答3：我和巨石都运动。

回答4：我和巨石向相反的方向运动。

分析：这两个回答只是笼统地给出一个合理的预测结果，没有给出进行推测的原因。学生的认识水平处于“单一结构”水平。

回答5：向相反方向运动，巨石速度远小于我的速度。

回答6：推巨石时，我和巨石都会产生加速度；推巨石后，我和巨石做匀变速直线运动，并且我与巨石的运动方向相反。

回答7：巨石向我的反方向由静止做匀加速运动，直至我的手离开巨石，之后以离开手时的瞬时速度做匀速直线运动(方向始终为我的反方向)；我由静止做匀加速运动至离开巨石后做匀速直线运动(方向始终为巨石反方向)。

分析：这几个回答，能对部分物理过程进行描述或定性分析，但不能用概念和规律说明运动过程。处于这个水平的学生并没有调用相关的知识进行预测，虽然能够涉及多个孤立的知识点，比如运动的方向、速度的大小、加速度等，但对这些知识点间的逻辑关系没有明确的认识，没有形成知识的网络。学生的回答有可能依据经验或者只是臆测，这样回答的学生处于“多元结构”水平。

回答 8：依据牛顿第三定律和牛顿第二定律可以得知我推巨石时，我的加速度大于巨石的加速度，依据牛顿第一定律可知，推石后，两者都做匀变速直线运动，方向相反。

分析：这个回答，能基于情境运用物理概念或规律进行推论预测，能够联想问题的多个要点，能够将情境和牛顿运动定律联系起来，虽然没有具体分析，但说明学生理解了这个问题。学生认知有一定的整体性，处于“关联结构”水平。

回答 9：在太空中，巨石与我会朝相反的方向运动，且我的速度会远大于巨石的速度。这是因为在太空中，巨石和我受到的作用力大小相等、方向相反，但因巨石质量远大于我的质量，根据牛顿第二定律，我获得了更大的加速度，因此能加速到更大的速度，之后以不同的速度做匀速直线运动。

分析：在这个回答中，学生认识到此问题设定在太空这一情境中，不需考虑阻力。运用牛顿第一定律推理出我与巨石受到等大、反向的力，再结合我的质量小、巨石的质量大的事实，运用牛顿第二定律阐述巨石受力后产生的加速度比我所产生的加速度小，所以最后预测出我与巨石分开后的运动情况：两者反向做匀速直线运动，且我的速度比巨石的速度大。学生这样的回答，反映了学生基于所学物理知识，能注意到物理概念或规律的适用条件，也能建立正确的因果链，并能够清晰地描述出物理过程并得出正确的结论。学生的认知处于“拓展抽象”水平。

SOLO 分类理论是对可观测学习结果的评价，与物理概念学习进阶模型有相似之处，如都以认知复杂度为变量，描述认识从简单到复杂、由浅入深的认知过程，具有内在的一致性。比如物理概念学习进阶模型中的“事实经验”相当于SOLO分类理论中的“前结构”，“映射”相当于“单一结构”，“关联”相当于“多元结构”，“概念”相当于 SOLO 分类中的“关联结构”，“整合”相当于“拓展抽象”。但两种诊断方法在诊断对象和命题形式上有各自不同的特点，比如物理概念学习进阶模型更适合对概念的理解进行诊断，而 SOLO 分类评价对知识、技能和方法等学习结果都适用；从试题的呈现形式看，依据SOLO分类理论的诊断试题更具有开放性。

(三)依据学习理解能力表现

北师大物理学科能力研究团队建构的物理学科能力表现框架由三个能力维度构成：学习理解、应用实践、迁移创新，三个维度的能力既相对独立又相互影响。学习理解是指学生顺利进行物理知识的输入、存储、加工、关联，以及系统化等活动的能力，具体表现为能否完成回忆和提取、辨识和确认、概括和关联等物理学习理解活动。应用实践能力是指学生顺利进行物理知识的输出，应用物理学科核心知识和科学思维，分析和解释物理现象、解决实际问题的能力。迁移创新能力是学生更高层次的物理能力表现，指学生利用物理核心知识和科学方法解决陌生和不确定性问题以及探寻新知识和新方法的能力。

物理学科能力表现框架的建构指向测评设计，力图通过关键能力表现指标的确定来为诊断学生在知识输入、输出过程中的能力状况提供理论依据。由于课前学习诊断针对学生课前学习过程中对知识方法的获得过程，也就是知识的输入过程，因此，本诊断主要采用“学习理解”能力维度，学习理解任务的诊断指向是学生是否经历了物理知识的建构过程，是否对物理观念达到了深层理解，是以学习理解知识的过程为载体，主要评价学生的模型建构、科学推理、科学论证等能力。由于物理知识和物理实验学习的过程不同，学生在学习理解能力的具体表现上也是有所不同的，为了更突出两部分知识在学习理解能力上的特点，分两类设计测评表现。

1. 基于核心内容主题的学习理解能力表现

基于核心内容的学习理解能力可以进一步具体分解为“观察记忆”“概括论证”“关联整合”三种不同的能力表现，这三种能力分别对应着学习理解能力的不同特点和水平。其具体能力表现如表5-2所示。

表 5-2　基于核心内容主题的学习理解能力表现框架

	一级指标	二级指标
学习理解能力	观察记忆	观察与信息提取：能观察物理现象，并从中提取有效信息，记忆与物理概念相关的现象和过程。 信息与知识对应：能将通过观察获得的信息与已有知识建立联系。
	概括论证	抽象概括：能从事实经验中提取事物或过程的共同本质特征，形成物理概念、模型和规律。 指向知识获得的推理：能在已有知识基础上，通过逻辑推理获取新知识。
	关联整合	知识关系建构：在理解知识内涵与外延的基础上，建立知识间的关联。 核心概念整合：能说明知识与核心概念之间的关系以及知识在核心概念体系中的地位，并围绕核心概念建构物理观念。

(1)观察记忆

“观察记忆”是学习理解的基础性认识活动，观察是学生获得事物或者过程的感性认识的必要手段，从观察中提取有效信息并与已有知识建立有意义的联系，是通过抽象概括、推理论证获得概念性知识的基础。观察记忆能力可再具体分解为观察与信息提取、信息与知识对应两个方面的能力表现。

例 6：某校师生去位于复兴路的军事博物馆参观。如图 5-3 所示，同学们从航天桥(图中 A 位置)出发，骑单车经公主坟(图中 B 位置)到达军事博物馆(图中 C 位置)。利用网络地图的测距功能测得 A、B 间的距离约为 1.9 km，B、C 间的距离约为 1.0 km，A、C 间的距离约为 2.1 km。由以上信息可知，同学们从航天桥到军事博物馆的位移大小约为(　　)。

A. 3.0 km　　　　B. 2.1 km

C. 1.9 km　　　　D. 1.0 km

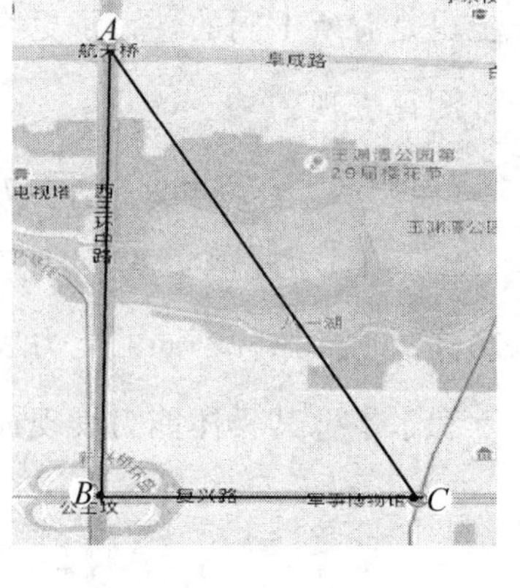

图 5-3

本题以运用网络地图测距功能测量人运动过程中的距离为背景，诊断学生对机械运动的重要概念位移的理解。在解决问题的过程中，需要提取题目中分别以文字和图形表征的信息，并把这些信息与位移和路程概念作出简单对应。

(2)概括论证

“概括论证”是学生在接收并记忆了各类外界信息后，根据科学的思维图式，按物理属性对同质的事物和过程对这些信息进行抽象概括，在此基础上进行归纳、演绎、类比的认识活动。具体也可分解为抽象概括、指向知识获得的推理两个方面的能力表现。

例 7：下列说法正确的是(　　)。

A. 物体所受合力不为零时，其机械能可能守恒

B. 物体机械能的变化等于合力对物体做的功

C. 物体处于平衡状态时，机械能一定守恒

D. 机械能守恒时，物体一定只受重力和弹力

本题以机械能守恒条件为背景素材，需要学生将运动和力、功和能等都建立联系，并对其间的关系进行抽象、分析、概括，诊断的是学生概括论证的能力水平。

(3)关联整合

“关联整合”是学生把输入的知识与原有知识建立联系，或者在更大尺度上围绕核心概念建立知识体系从而形成物理观念的认识活动。具体能力表现包括知识关系建构和核心概念整合。

例 8：像电势差与电场强度的关系那样，在物理学中一个物理量可以用另一个物理量随着空间或者时间的积累来表示，请回忆所学过的物理知识，再举出一个类似的例子：________________________________。

本题以围绕核心概念建立多个具体概念间的关联为背景，需要在理解具体概念与规律的内涵和外延的基础上，建立它们之间的联系，比如功是力随位移的积累，冲量是力随时间的积累等。本题的难点是对概念的深层理解，特别是对概念间的关联的建构过程，这也正是本题的诊断目标。

2. 基于核心活动主题的学习理解能力表现

基于核心活动主题的学习理解能力表现指标与基于核心内容构建的学习理解能力表现指标有所不同，其确立综合考虑了课程标准和教材结构，其一级指标包括三个递进的能力水平“对应与认识”“说明与理解”和“比较与归纳”，如表 5-3 所示。下面结合具体诊断试题来说明其二级指标的具体含义。

表 5-3　基于核心活动主题的学习理解能力表现框架

	一级指标	二级指标
学习理解能力	对应与认识	了解核心活动对应的基本知识； 认识活动目的、原理、仪器、步骤以及方法。
	说明与理解	说明活动中仪器工具的原理和使用方法； 解释活动目的、原理、步骤以及方法。
	比较与归纳	对比认识活动的多种方法步骤等； 归纳同类的活动原理或者步骤。

(1)对应与认识

“对应与认识”是学生对核心活动最初级的学习理解能力表现，具体表现包括了解核心活动所对应的基本知识是什么，能认识核心活动的目的、原理、使用的仪器、步骤以及相应的方法。

例 9：我们在实验室用如图 5-4 所示的装置研究匀变速直线运动的规律时，进行直接测量的物理量是：__________、__________(选填“位移”“速度”“加速度”或“时间”)，其中用来测量时间的仪器是______________。

图 5-4

本题以实验室研究匀变速直线运动的实验为素材，解答本题只需要结合实验情境将实验目的和原理相对应。虽然研究匀变速直线运动的实验方案很多，但本题给出了实验装置，明确了采用打点计时器和纸带，因此所对应的测量原理和方法就确定了，同时本题的诊断也就指向了“对应与认识”水平。

(2)说明与理解

“说明与理解”是“对应与认识”能力的进阶，在此阶段学生能够说明活动中仪器工具的使用方法或原理，解释活动目的、原理、步骤以及方法，理解活动结论的合理性。

例 10：采用例 9 中的实验装置，探究加速度与力和质量的关系，关于此实验，下列说法中正确的是(　　)。

A. 平衡摩擦力时，应将砝码通过定滑轮拴在小车上

B. 连接砝码盘和小车的细绳应该跟长木板保持平行

C. 平衡摩擦力后，长木板的位置不能移动

D. 小车释放前应靠近打点计时器，且应先接电源再释放小车

本题采用的情境与例 9 相同，但能力水平明显提高了，需要学生对实验有明确的认识，不仅要知道怎么做，而且要理解为什么这么做。从实验原理上讲，要探究加速度与力的关系，这个力应该指的是合力。为了能够比较方便地确定合力的大小，采用了实验操作中平衡摩擦力的方法，而且平衡摩擦力后若移动木板则需要重新调整；为了比较稳定地打出较多的点，需要先接通电源再释放小车，等等。只有理解实验目的、实验原理，深入理解操作的目的，才能对实验进行合理地解释和说明。

(3)比较与归纳

“比较与归纳”是要求学生在理解核心活动的各个要素的基础上，能够对比整合同一活动的多种方法或能归纳整合同类活动的原理或者步骤。

例 11：请尽可能多地写出粗略测量某地重力加速度的方法，并简要介绍每一种测量方法所依据的原理。

测重力加速度的原理有多种，比如可以采用弹簧测力计和已知质量的钩码，利用 $G=mg$ 进行测量；也可以用单摆，利用 $T=2\pi\sqrt{\frac{L}{g}}$ 进行测量；或者采用落体运动，利用 $h=\frac{1}{2}gt^2$ 进行测量，等等。即使测量原理相同，所采用的具体器材

不同或处理数据的方法不同，也可以有多种实验的操作方案，这个问题要求学生能够归纳多种操作方案的原理、方法和步骤的相似与不同，诊断的是学生“比较与归纳”的能力水平。

二、诊断工具的基本类型与设计

课前学习诊断是一种评价学生课前学习效果的方法。通过课前学习诊断，可以了解学生群体对某一学习内容已有的认知水平，以及不同学生的物理学习能力，并能为教师确定课堂教学目标、选择学习内容、设计学习方式提供依据。课前学习内容不同、学习目标不同，学习效果的诊断方式也可以不同，教师应根据课前学习的内容和目标，结合诊断需求采用不同的方式进行诊断。一般常用的方式有以下几种：诊断性测试卷、诊断性访谈、诊断性学案(问题清单、学习记录单)、学习笔记、学生课堂表现等。

(一)诊断性测试卷

采用诊断性测试卷的方式进行学习效果的诊断是最常见的方式。在这种方式中，试题的命制与选择是诊断是否有效的关键。物理学科知识存在的方式多种多样，依据不同的分类标准，学者们将学科知识进行了不同的分类，比如，有哲学家根据知识的不同形态，把知识分为“显性知识”和“缄默知识”。其区别就是学科知识能否用文字、语言明确地表述。再如有认知心理学家将知识分为“陈述性知识”和“程序性知识”。“陈述性知识”是可以用文字、语言描述的，是人们所知道的事物状态的知识。“程序性知识”是关于如何做事的知识，是关于应当如何根据面临的情境选择解决问题的方法的知识，这种分类方法也被一些教育工作者接受。除此外，更多的物理教育工作者在教学中将物理学科知识分为物理现象、物理概念、物理规律、物理实验。其实，物理现象、物理概念、物理规律对应于陈述性知识，而物理实验既包含了对通过实验总结概括得出的概念和规律的再认识，也包含了概念规律在形成过程中所涉及的知识和方法，即物理实验所对应的学科知识既有陈述性知识也有所对应探究过程的程序性知识。之所以研究学科知识的分类，是因为不同的学习内容采取的学习方式不同，对应的诊断方式也应该有所区别。本小节采用最后这种分类方法来设计诊断工具。

1. 物理现象的课前学习诊断

物理现象是形成物理概念、得出物理规律的基础和依托，因此，对物理现象的学习具有十分重要的意义。课前对物理现象的学习途径主要有两种：一种是观察物理现象的视频录像；另一种是亲自动手体验。无论哪种方式，都是为了创设学习情境，呈现物理现象，使学生真实地经历现象学习的过程。对现象的诊断，既要有对观察现象本身的诊断，也要有对分析推理现象形成过程的诊断。下面以案例的形式说明物理现象课前学习诊断试题的设计方法。

【案例】“超重、失重现象”的课前学习诊断

本案例对学生课前学习提出的要求是：将一台秤置于电梯内地板上，在台秤上放置一物体，观察电梯在静止和运行过程中台秤示数的变化，尝试描述示数变化的规律并解释原因。

(1)确定诊断目标

物理现象学习的作用主要是让学生通过观察获得感性认识，建立物理概念，得出物理规律。对物理现象的课前学习可以分为三个阶段：一是观察阶段；二是尝试理论分析阶段；三是利用现象分析归纳得出结论，并解释相似现象的阶段。针对这三个阶段可以确定如下诊断目标：

①知道超重和失重现象；

②能够利用牛顿定律对超重和失重现象进行定性和定量的分析；

③能分析和说明一些简单的超重和失重现象。

(2)确定诊断内容

在这个环节，一方面依据诊断的目标，围绕课前学习的任务设置试题情境；另一方面，依据诊断的理论来设置问题，使其具有针对性和层次性。由这两个方面共同形成对知识和能力的具体表现的描述，由此明确诊断内容。

在本案例中我们采用学习理解能力表现框架进行具体表现的描述。

①对应与认识

能够观察到在电梯运行过程中台秤示数有时偏大，有时偏小。知道台秤示数偏大对应的现象是超重现象；知道台秤示数偏小对应的现象是失重现象。能够观

察到在电梯上行和下行过程中都会发生超重和失重现象。

②说明与理解

能够用超重、失重、视重等概念描述电梯上行和下行的过程；能够从运动和力的角度分析产生超重和失重的原因。

③比较与归纳

能够总结出发生超重还是失重现象仅由加速度方向决定，当物体有向上的加速度时出现超重现象，有向下的加速度时，出现失重现象，而与物体的速度大小和速度方向无关。能够解释超重和失重现象。

(3)设计试题

有了超重、失重现象在学习理解能力表现上的具体描述，就可以有针对性地设计诊断试题了。下面两个试题分别代表两种设计方式。

试题 1：如图 5-5 所示，将一台秤置于电梯内地板上，某同学站立在台秤上。

图 5-5

1.1 电梯静止时台秤的示数 N 与该同学体重 G 的大小关系：__________（选填“$>$”“$=$”或“$<$”）。

1.2 电梯在上行过程中，台秤的示数 N 与该同学体重 G 的大小关系发生了变化：有个阶段 $N>G$，这个现象称作超重现象，发生在________阶段；还有一个阶段 $N<G$，这个现象称作失重现象，发生在________阶段。（选填“启动”或“停止”）

1.3 请你依据牛顿运动定律解释电梯上行过程中发生超重和失重现象的原因。

1.4 电梯下行过程中是否发生超重和失重现象？请解释原因。

1.5 电梯运行时，下列哪种情况下该同学处于失重状态？（　　）

A. 加速上升　　B. 匀速下降　　C. 减速下降　D. 减速上升

试题 2：若在弹簧测力计下悬挂砝码，并使弹簧测力计上下运动，请你描述弹簧测力计示数的变化，并分析解释其产生变化的原因。

试题 1 有一定的层次性，对于学习能力比较薄弱的学生有一定的引导性，不仅能够诊断学生的学习水平，也能帮助学生树立自信。试题 2 是一个综合性的问题，要求学生将课前学习的收获进行迁移，诊断指标可以结合诊断内容中的具体表现的描述来制订，即通过学生的表达诊断学生对现象的观察、分析与理解是否达到了表现期望。试题 2 可以在课堂上让学生通过实验来自我诊断学习效果，比较适合学习能力较强的学生。

在物理现象的课前学习诊断中，关注的核心内容是物理现象与相关知识的对应认识，对现象产生的条件、物理现象的本质、物理现象的意义，以及相同或相似物理现象间的联系与区别的说明与理解。

2. 物理概念的课前学习诊断

概念是学习物理知识的基础，占有特殊地位。但概念一般都是比较抽象的，相似或相关的概念都可能给学生的认识带来影响，要掌握抽象的概念并非易事。诊断概念的学习效果，可以结合概念学习过程，设计诊断试题。

学生学习物理概念，需要经过“事实经验—映射—关联—概念—整合”的认识发展过程，这一过程中的各个环节和要素都会在学生的头脑中产生影响。学生经历这一过程之后，头脑中的物理概念的结构也应该建立起来，尽管学生自身可能并没有意识到，但这一过程包含了学生学习物理概念所需掌握的所有内容，对这些内容进行诊断，就能够反映出学生是否已经建立起物理概念的内在结构，诊断出学生学习存在的困难。

【案例】“速度”概念的课前学习诊断

“速度”概念诊断试题的设计，可以依据物理概念学习进阶模型，也可以依据 SOLO 分类理论，本案例采用物理概念学习进阶模型。

(1)确定诊断目标

速度是用来描述物体运动快慢的物理量，是物理学科的核心概念。“速度”这个词对高中学生而言并不陌生，不仅在日常生活中经常使用这个词，而且初中阶段学习过“速度”。依据物理概念学习进阶模型将速度概念理解的发展层级描述及其具体表现进行分析及梳理，如表 5-4 所示。

表 5-4 速度概念理解的发展层级描述及其具体表现

发展层级	层级描述	具体表现
1. 事实经验	物体的运动有快有慢。	能在具体情境中判断和比较物体运动的快慢。 能判断物体运动快慢的变化。
2. 映射	物体运动的快慢用速度来描述。 速度可分为平均速度和瞬时速度。	能用“速度(大小)”来描述物体运动的快慢。知道对于整个过程的运动快慢可用“平均速度(大小)”描述，对于某个位置(或时刻)的运动快慢可用“瞬时速度(大小)”描述。 能够在具体情境中辨析平均速度和瞬时速度。
3. 关联	通过位移和时间的比较确定速度大小。	能抓住物体位移一定的运动特征，从比较时间长短的角度判断速度大小。 能抓住物体运动时间一定的运动特征，从比较位移大小的角度判断速度大小。 在物体位移和运动时间都不同的情况下，可以通过位移与时间的比值来判断速度的大小。
4. 概念	把物体通过的位移与发生这段位移所用时间的比值定义为平均速度，即 $v=\frac{\Delta x}{\Delta t}$。速度是矢量。 如果 Δt 非常小，可认为 $\frac{\Delta x}{\Delta t}$ 表示的是物体在时刻 t 的速度，即瞬时速度。	知道平均速度表示物体在时间间隔 Δt 内运动的平均快慢程度； 领会极限思想，知道如何更准确地描述物体运动的快慢，理解瞬时速度的物理意义。 知道如何确定平均速度和瞬时速度的方向。 能用平均速度和瞬时速度的概念解释相关的实际运动问题。
5. 整合	知道速度与速率的区别与联系。能在生活中正确使用速度和速率。 在 $x-t$ 图中能够判断速度的大小和方向；理解 $v-t$ 图像的含义。 理解并迁移应用定义速度的方法。	知道速率是速度的大小。 掌握 $x-t$ 图线斜率的大小反映速度的大小，斜率的正负反映速度的方向。 领会位移大，速度不一定大；时间短，速度不一定大。速度的大小由位移与时间的比值决定。 尝试在圆周运动中，引入其他“速度”描述运动的快慢。

学生在初中阶段已经能够判断比较物体运动的快慢，并能区分“平均速度”和“瞬时速度”，但由于不具备矢量和位移的概念，对速度概念的理解水平处在“映射”层级。这样就可确定学生在高中阶段对此概念的学习与理解主要是发展“关联”“概念”“整合”三个层级。由此也可确定“速度”概念的课前学习目标以及课前学习诊断的重点在这三个层级上。由此可确定速度概念学习的诊断目标如下：

①理解速度的概念，领会其矢量性，知道速度的方向即物体运动的方向；

②正确使用瞬时速度和平均速度的概念，并了解其区别与联系，认识到极限的思想；

③能区分速度、速率、平均速度、平均速率等概念；

④理解速度的定义方法采用了比值法；

⑤知道速度与速率的区别与联系。

(2)确定诊断内容

诊断内容应依据速度概念理解发展层级的具体表现，围绕常见的生产、生活、科技事件等设置试题任务情境，明确评价内容。比如为了诊断学生是否能正确认识到平均速度是位移和对应时间的比值，可以设置运动员沿跑道绕圈跑的情境，让学生进行简单计算。为了诊断速度概念理解的“整合”层级，也可以在此情境中，让学生尝试用不同的方法比较不同运动员跑步的快慢，对速度概念进行迁移应用。

(3)设计试题

在这里只针对两个层级进行设计示例，并不全面列出诊断试题。依据上述诊断内容设置的情境，命制的具体试题如下。

试题 1：运动员在 400 m 跑道跑了一圈，用时 80 s，则他的平均速度是(　　)。

A. 5 m/s　　B. 0　　C. 32 000 m/s　　D. 无法计算

试题 2：远动员绕跑道跑一圈，其运动快慢能够通过下列哪种方法进行正确描述(　　)。

A. 用跑过的圈数除以所用的时间，比值大，运动快

B. 用时间除以对应跑过的圈数，比值大，运动快

C. 以运动员与操场中心的连线扫过的角度除以对应的时间，比值大，运动快

D. 以运动员与操场中心的连线扫过的角度除以对应的时间，比值大，运动慢

试题1是“概念”层级的题目，诊断学生在课前学习中是否已经形成科学的速度概念。试题2是“整合”层级的题目，诊断学生是否能由速度这一核心概念统整对运动描述的各概念与方法的理解，建构描述运动的知识与方法的体系。

在概念理解的每个发展层级中都有需要理解和辨析的内容，首先要对这些内容的具体表现进行分析确定，然后再设计诊断试题的情境和呈现形式。这样，试题就能有效评价学习效果，诊断学生的认知层级。

3. 物理规律的课前学习诊断

物理规律是物理知识的骨架，它表现为若干物理概念之间的内在联系，反映出物理现象和过程在一定条件下发展、变化的必然趋势。物理规律的学习同物理概念的学习一样，在整个物理学习中居于核心地位。学生学习物理规律，主要有三种形式：一是从观察实验中总结出物理规律；二是从已知的理论推导中得出物理规律；三是先学习假说，从假说得出规律，再与实验事实和已有理论对比，获得对规律正确性的支持。第三种方式对学生的能力要求比较高，在高中阶段并不是主要的学习方式。第一种方式多在初中的学习中采用，在高中的学习中也占有重要的地位，但这种方式与本节所讲述的物理现象和物理实验的学习与诊断的方式有交叉，因此我们以高中学生多采取的第二种方式来分析物理规律的学习与诊断。

【案例】“牛顿第二定律”的课前学习诊断

牛顿第二定律和牛顿第一、第三定律共同组成了牛顿运动定律，阐述了经典力学中基本的运动规律。这三个定律都是中学物理的重要内容，但就教学的重点和难点而言，牛顿第二定律则摆在首位。

(1)确定诊断目标

本案例采用SOLO评价法来进行牛顿第二定律的理解层级的具体描述，如表5-5所示。

表5-5　牛顿第二定律理解层级与具体表现

层级名称	层级描述	具体表现
1. 前结构	物体受到外力作用时，物体的速度要发生变化。不同物体运动速度变化的快慢可能不同。 理解加速度的物理意义。	结合具体的情境，认识到物体受力的作用由静止开始运动，物体的速度发生变化。 当对两物体施加相同外力时，质量大的物体运动状态不易发生改变，即速度变化得慢。对同一个物体施加不同的外力时，力越大物体的运动状态变化越快，即速度变化得快。 物体的速度变化快慢用加速度描述。
2. 单一结构	基于事实经验认识物体的加速度与物体的受力大小有关； 基于事实经验认识物体的加速度与物体的质量有关。	力是物体运动状态改变的原因。 同一物体受外力越大，速度变化越快，加速度越大；同一外力作用在不同物体时，质量越小，速度变化越快，即加速度越大。
3. 多元结构	物体的加速度与物体受力成正比，与物体的质量成反比。	能通过实验探究a和F、m的定量关系，通过$a-F$或$a-m\left(a-\frac{1}{m}\right)$图像进行数据分析，得出加速度与物体受力成正比，与物体的质量成反比的结论。
4. 关联结构	理解牛顿第二定律：$a=\frac{\sum F}{m}$，或$\sum F=ma$。	明确力的单位(N)的定义方法。 理解表达式的矢量性，即物体加速度方向与所受合外力方向相同。 理解牛顿第二定律是一个瞬时对应的规律，表明了力的瞬间效应。加速度与合外力保持瞬时对应关系，合外力随时间改变时，加速度也随时间改变。即当物体(质量一定)所受合外力发生突然变化时，加速度的大小和方向也要同时发生突变；当合外力为零时，加速度同时为零；合外力增大时，加速度也同时增大，合外力减小时，加速度也同时减小；合外力变化时，加速度随之变化，而速度是不能突变的。

续表

层级名称	层级描述	具体表现
5. 拓展抽象	利用牛顿第二定律解释或解决相关问题。 理解加速度是力与运动关系的桥梁，即$\frac{F}{m}=a=\frac{\Delta v}{\Delta t}$。	能解释物体的平衡、超重、失重等相关现象。 用牛顿第二定律处理物体在一个平面内的运动问题时，能根据力的独立作用原理，将物体所受各力正交分解，在两个互相垂直的方向上分别应用牛顿第二定律的分量形式：$F_x=ma_x$，$F_y=ma_y$列方程。 进一步理解运动与相互作用的因果关系，即力是改变物体运动状态的原因。

经过对牛顿第二定律学习理解发展层级及其具体表现的分析与描述，结合课标及教学要求，确定以下诊断目标：

①认识到加速度和力的关系以及加速度和质量的关系；

②理解牛顿第二定律的数学关系式是如何从$F=kma$变成$F=ma$的；

③理解牛顿第二定律的瞬时性、矢量性，并能解释或解决相关问题；

④理解加速度是力与运动关系的桥梁，即$\frac{F}{m}=a=\frac{\Delta v}{\Delta t}$。

(2)确定诊断内容

物理规律反应的是多个物理概念间的内在联系，因此，诊断学生对牛顿第二定律的理解，就要基于物体受力作用时产生加速度的情境来诊断学生对加速度与合外力、质量之间的联系，从而诊断学生对运动和力关系的理解水平。

(3)设计试题

本小节以两题示例诊断牛顿第二定律学习理解层级的试题设计。

试题1：已知A、B两物体，受力分别为F_1、F_2，已知$F_1<F_2$，但加速度a_1和a_2的大小关系未知。

1.1　只根据条件$F_1<F_2$，那么（　　）。

A. 可以比较A、B两物体质量大小

B. 无法比较A、B两物体质量大小

1.2　若已知$a_1<a_2$，为了比较A、B两物体的质量大小，下列做法可行的

是(　　)。

A. 只比较 F_1 和 F_2 大小　　　　B. 比较 $\frac{F_1}{a_1}$ 和 $\frac{F_2}{a_2}$ 的大小

C. 比较 $\frac{a_1}{F_1}$ 和 $\frac{a_2}{F_2}$ 的大小　　　　D. 无法判断哪个物体的质量大

试题 2：弄清力、速度、加速度之间的关系是建构动力学知识体系的关键。请分别写出这三者之间的关系。(至少分别写出两点，例如，当物体质量一定时，物体受到的合外力大小与加速度大小成正比)

①力与加速度：________________

②力与速度：________________

③速度与加速度：________________

试题说明：试题 1 是对加速度大小影响因素的认识，知道物体的加速度与物体受力成正比，与物体的质量成反比。属于多元结构层级的试题。试题 2 诊断学生是否通过牛顿第二定律建立起加速度与力、速度等相关概念间的联系，同时也是诊断学生是否能将运动学与动力学建立联系，属于关联结构层级的试题。

上述诊断方式主要诊断学生对规律本身的认识水平，但对规律形成的探究过程、验证过程，以及这些过程中的思想方法并没有进行诊断，这些内容的诊断方式将在物理实验的学习诊断中叙述。

4. 物理实验的课前学习诊断

物理学是以实验为基础的自然科学，物理实验在物理学的发展中占有重要的作用，其主要表现为发现新事物和探索新规律、验证理论、测定常数等。实验是物理学习的重要环节，学生通过实验设计与动手操作、观察现象与记录数据、分析归纳得出结论等环节，可以全方位提升科学探究能力。依据实验的目的，中学的物理实验主要可以分为测量类实验、探究类实验和验证类实验三种，但测量是实验的重要环节，单纯性测量类实验比较少，探究类和验证类实验的目的虽不同，但所需要的知识和能力则是相同的，因此，我们主要来论述探究类和验证类实验的学习诊断。

对物理实验的诊断可以依据基于物理活动的学习理解能力框架，基于物理活动的学习理解能力命制的试题在前述诊断依据部分已有示例。由于高中物理课程标准对科学探究的主要因素进行了水平划分，因此，也可依据各探究要素的具体表现来进行命题诊断。在高中物理课程标准中，科学探究是指基于观察和实验提出物理问题、形成猜想和假设、设计实验与制订方案、获取和处理信息、基于证据得出结论并作出解释，以及对科学探究过程和结果进行交流、评估、反思的能力。其主要包含问题、证据、解释、交流等要素。表 5-6 是科学探究各要素在不同水平上的具体表现。

表 5-6　探究类实验学习在科学探究各要素不同水平上的具体表现

	具体表现			
	问题	证据	解释	交流
水平 1	具有问题意识。	能在他人指导下使用简单的器材收集数据。	能对数据进行初步整理。	具有与他人交流成果、讨论问题的意识。
水平 2	能观察物理现象，提出物理问题。	能根据已有的科学探究方案，使用基本的器材获得数据。	能对数据进行整理，得到初步的结论。	能撰写简单的报告，陈述科学探究过程和结果。
水平 3	能分析物理现象，提出可探究的物理问题，作出初步的假设。	能在他人帮助下制订科学探究方案，使用基本的器材获得数据。	能分析数据，发现特点，形成结论，尝试用已有的物理知识进行解释。	能撰写实验报告，用学过的物理术语、图表等交流科学探究过程和结果。
水平 4	能分析相关事实或结论，提出并准确表述可探究的物理问题，作出有依据的假设。	能制订科学探究方案，选用合适的器材获得数据。	能分析数据，发现其中的规律，形成合理的结论，用已有的物理知识进行解释。	能撰写完整的实验报告，对科学探究过程与结果进行交流和反思。
水平 5	能面对真实情境，从不同角度提出并准确表述可探究的物理问题，作出科学假设。	能制订有一定新意的科学探究方案，灵活选用合适的器材获得数据。	能用多种方法分析数据，发现规律，形成合理的结论，用已有的物理知识进行科学解释。	能撰写完整规范的科学探究报告，交流、反思科学探究过程与结果。

由于本节主要研究的是针对课堂教学的课前学习，因此，探究实验的课前学习也是针对课堂学习内容，探究的问题往往是明确的，学习和诊断则侧重证据、解释、交流等因素。

【案例】“探究加速度与力、质量的关系”的课前学习诊断

“探究加速度与力、质量的关系”的实验是高中物理的重要实验，学生要以这个实验为事实依据，总结得出并理解牛顿第二定律。学生在本实验中科学探究各要素上的具体表现期望如表 5-7 所示。

表 5-7 “探究加速度与力、质量的关系”的实验在科学探究各要素上的具体表现

要素	要素描述	具体表现
问题	提出科学问题、形成猜想和假设	明确探究问题分为两个问题来进行：一是探究物体的加速度与物体受力的关系；二是探究物体的加速度与物体质量的关系。能基于生活经验猜想物体的质量一定时，物体受力越大，它获得的加速度越大；物体受力一定时，它的质量越小，加速度越大。
证据	设计实验与制订方案、获取和处理信息	能够明确实验方法：保持物体的质量不变，测量物体在不同力的作用下的加速度，分析加速度与力的关系。保持物体受力相同，测量不同质量的物体在这个力作用下的加速度。 能够理解探究的原理，自变量、因变量的测量步骤和方法，实验条件的控制方法。 能依据探究实验的步骤，正确操作所选仪器进行测量并正确读数，能正确记录实验数据，并合理选择处理数据的方式。
解释	基于证据得出结论并作出解释	能从实验数据归纳得出实验结论，并作出相应解释；能分析结论的适用条件；能分析误差的产生原因。
交流	对科学探究过程和结果进行交流、评估、反思	能对探究实验的方案、总结规律的方法等作出评价，或提出创造性的合理的改进意见。 能关注探究活动中的新问题，并提出新的研究问题。

诊断试题的命制思路与前文相同，即依据“要素描述”及课程标准要求、课前

学习要求确定诊断目标；参考“具体表现”围绕具体情境确定诊断内容；再考虑试题的呈现形式，设计试题。本案例只示例试题和所对应的诊断要素。

由于本实验所采用的器材不同，探究方案也会有所不同，教师所设计的课前学习诊断也会有所不同。针对教材中的实验方案设计诊断试题如下。

试题：用图 5-6 所示的装置探究加速度与力、质量的关系。小车放在木板上，后面固定一条纸带，纸带穿过打点计时器。实验时，先把木板的一侧垫高，调节木板的倾斜度，使小车在不受牵引时能拖动纸带沿木板匀速运动，然后进行相关实验。

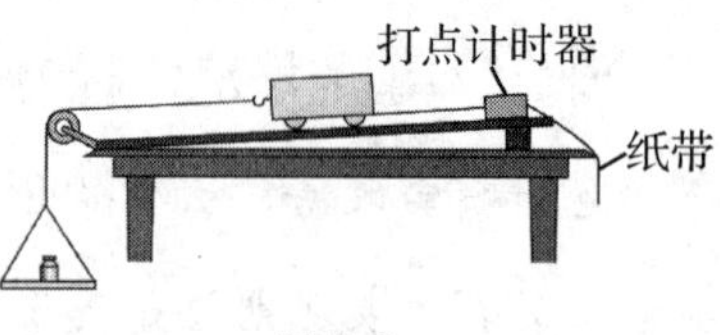

图 5-6

1. 在探究物体的加速度与物体所受的力的关系时，应保持________________不变，分别改变施加在物体上的力 F，测出相对应的加速度 a。在探究物体的加速度与物体的质量的关系时，应保持____________________不变，分别改变物体的质量 m，测出相应的加速度 a。

2. 实验时调节木板的倾斜度，使小车在不受牵引时能拖动纸带沿木板匀速运动。这样做的目的是什么？

3. 实验中如何判断小车在不受牵引时能拖动纸带沿木板匀速运动？

4. 在实验中下列做法正确的是________。

A. 调节滑轮的高度，使牵引小车的细绳与长木板保持平行

B. 在调节木板倾斜度来平衡小车受到的滑动摩擦力时，将装有砝码的砝码桶通过定滑轮拴在小车上

C. 实验时，先放开小车再接通打点计时器的电源

5. 当某一物体 M 一定时，测得 a 与 F 的有关数据资料如表 5-8 所示。

表 5-8　$a-F$ 关系数据

$a/(\mathrm{m\cdot s^{-2}})$	1.98	4.06	5.95	8.12
F/N	1.00	2.00	3.00	4.00

5.1 根据表 5-9 中数据，画出 $a-F$ 图像；

5.2 从图像可以判定：当 M 一定时，a 与 F 的关系为________________。

6. 若测得某一物体受力 F 一定时，a 与 m 的关系数据如表 5-9 所示。

表 5-9　$a-m$ 关系数据

$a/(\mathrm{m\cdot s^{-2}})$	2.04	2.66	3.23	3.98
m/kg	2.00	1.50	1.25	1.00

6.1 根据表 5-9 中所列数据，画出 $a-\frac{1}{m}$ 图像；

6.2 由 $a-\frac{1}{m}$ 图像可知，当 F 一定时，a 与 m 的关系为________________。

7. 结合试题 5 和试题 6 的两个结论，你认为物体的加速度由哪些量决定，存在什么样的定量关系？

8. 某同学在做“探究加速度与力、质量的关系”实验时，采用了教材上的方案，由于没有考虑重物的质量，结果得到的 $a-\frac{1}{m}$ 图像可能是图 5-7 中的哪一个？

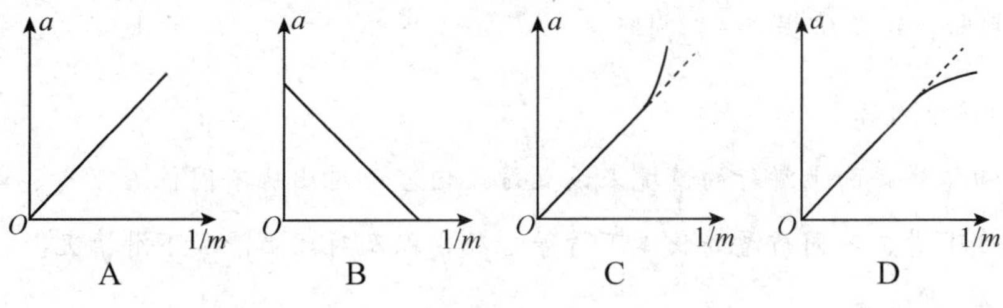

图 5-7

9. 请你自选器材设计其他方案来探究这个问题，并说出探究方案及其优势。

这几道试题主要诊断“证据”和“解释”两个要素，试题 1 至试题 4，主要涉及对实验原理、操作方案、实验条件的认识，属于对获取证据的方法的诊断；试题 5 至试题 8，基于获取的数据分析得出结论，反思实验条件对实验结论的影响，属于对实验进行解释的能力的诊断。本案例并没有明确涉及对“问题”的诊断，但试题 2 也能诊断对问题的理解，即研究的是物体的加速度与物体受到的合力的关系。试题 9 是一个开放性的问题，目的是通过新方案的设计诊断学生是否思考过教材所提供方案的不足。

(二)诊断性访谈

访谈是诊断学生课前学习效果的另一种方式，较常规性试题诊断而言，能更直观地反映学生的思考过程，即能反映出学生作出某种判断和预测的依据是什么，哪些因素影响了他们的知识建构。访谈中通过获取这些有价值的信息，诊断学生真实的思维过程、思维水平，以及前概念的影响。

访谈过程是一个耗费时间的过程，需要巧妙周全的设计，在访谈之前要做好充分的准备，包括材料准备、问题准备等。访谈前的准备，需要首先根据课前学习内容的重难点，明确访谈目的；再针对所期望的学生具体行为表现，设置访谈任务情境，明确访谈内容；最后设计访谈问题。

【案例】关于"加速度"理解的访谈

(1)访谈目的

在力学学习结束后，我们再次关注学生对加速度的认识和理解，为复习做课前的诊断。主要想诊断学生在具体情境中对加速度的分析和判断是依据 $a=\frac{v_t-v_0}{t}$ 判断，还是依据 $a=\frac{F}{m}$ 判断。

(2)访谈内容

以物体从斜面上滑行的情境来设置访谈内容，对比从不同位置下滑、以不同的初速度下滑、不同质量的物体下滑等情况，以及对比上滑和下滑情况。

(3)访谈问题

①两个相同的物体在相同的斜面上的不同位置从静止开始下滑，哪个加速度大?

②两个相同的物体在相同的斜面上的同一位置以不同的速度开始下滑，哪个加速度大?

③两个质量不同的物体在相同的斜面上的同一位置以不同的速度开始下滑，哪个加速度大?

④两个相同的物体在相同的斜面上，一个从静止开始下滑，另一个从底端以某一速度上滑，哪个加速度大?

⑤两个相同的物体在不同的斜面上的不同位置从静止开始下滑，到底端获得

相同的速度，哪个加速度大?

学生判断加速度大小有的可能采用运动学公式，有的可能采用牛顿第二定律，但也可能有的同学对加速度还没达成基本的认识，从位置来判断。但无论回答什么，我们都能从中了解学生的判断依据，从而能有针对性地为教学提供有价值的参考。

访谈的主要目的就是为了获取学生的思考过程，访谈能否达成目的，收到应有的效果，关键在问题的设置是否能够引发学生的思考以及能否让学生在回答中展现出自己的思考过程，因此，在每个具体的问题之后都会有一个典型的访谈问题："你为何作出这样的预测，当时考虑到哪些因素，运用了什么原理或方法?"

(三)诊断性学案

学案是常见的一种课前学习指导方式。学案实质上是教师依据学生的认知水平、知识经验，为指导学生进行主动的知识建构而编制的学习方案，用以帮助学生掌握教材内容，也是培养学生自主学习和建构知识能力的一种媒介，具有导读、导思、导做的作用。学案的形式与不同的教学内容相对应，我们可以依据学案的完成情况，来诊断学生课前学习的情况。以下列举诊断性学案的两种不同方式。

1. 问题清单

所谓的问题清单，就是将学习内容中的重点和难点转化为问题，引导学生在阅读教材、查阅资料获取信息的过程中进行深入的思考。设计问题清单可以分两步进行，第一步是分析课前学习的内容，确定学习的重难点，以及期望学生在课前学习中通过阅读落实的内容或进行思考的问题；第二步是将学习内容中的重点和难点等转化为问题，以问题的形成呈现给学生。问题清单是学生课前学习的引导，问题清单的作答情况则是教师进行课前学习诊断的依据。

【案例】关于"单摆"概念的建立

(1)学习内容分析

"单摆"一节课的学习内容，首先要解决的问题就是要知道什么是单摆，也就是要建立单摆模型的概念。教材中是这样界定单摆概念的：如果细线的质量与小球相比可以忽略，球的直径与线的长度也可以忽略，这样的装置就叫做单摆。针对单摆概念的建立和理解来设计问题清单，以诊断学生对单摆模型条件的理解。

(2)问题清单

问题清单——请阅读教材“单摆”一节，并尝试回答下列问题：

①你能举例说明生活中有哪些常见的摆吗？它们有什么共同点？

②物理学中对理想的单摆模型有什么要求？

③如图 5-8 所示的几种摆动模型，是不是单摆呢？为什么？

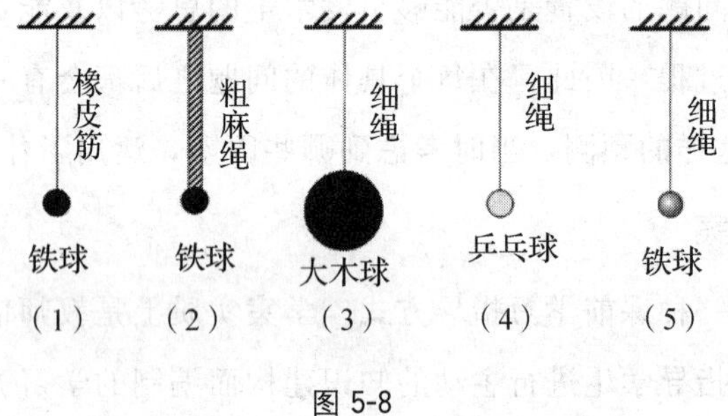

图 5-8

上述几个问题，是针对建立单摆概念而设计的指导学生阅读教材的问题清单，学生对这些问题的回答反映了学生阅读教材后的认识和思考，教师可以根据学生的作答情况诊断学生的认识水平和存在的问题。

【案例】关于“电流和电源”一节中例题的理解

(1)学习内容分析

人教版教材中关于恒定电流，仅从“电荷的定向移动形成电流”角度出发，揭示出电流越大单位时间内通过的电荷量就越多，并直接给出了公式 $q=It$。同时，教科书以例题的形式，推导了通电导线中自由电子定向移动的速率。课前学习并不是简单的让学生会做某道题，而是要通过例题的学习领悟研究问题的思路和方法，领悟教材设置本题的目的，比如例题 1 的目的是让学生从微观角度进一步理解电流的形成，并将宏观量 I 与微观量 v 联系起来。针对这样的目的可以设置如下的问题清单。

(2)问题清单

阅读教材“电流和电源”一节内容，独立完成例题 1，并回答下列问题。

①为解决题中问题，教材指导我们建构了怎样的模型？请你画出该模型并标

明对应的物理量。

②请你简述：例题 1 解决问题的基本思路是什么？

③结合教材例题后面一段的内容说说例题中所求解的定向移动速率是什么速度，瞬时速度还是平均速度？

④请你证明通电导线中电流强度的微观表达式 $I=nesv$，其中，n 为单位体积内的自由电荷数；e 为元电荷量；s 为导体的横截面积；v 为自由电荷定向移动速率。

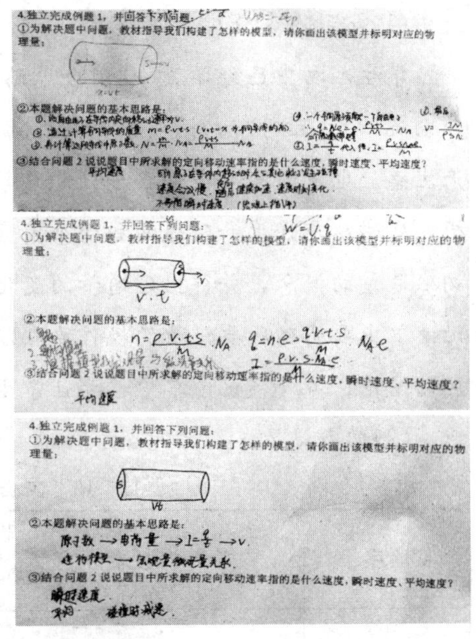

图 5-9

图 5-9 所示为几个同学回答的问题清单，从清单可以看出几个学生学习中共性的问题在于虽然能够认真地参照教材写出解题的过程，但不能归纳提炼出解决问题的思路，这一点在教学中应予以关注和重视。

问题清单的设置针对学生对学习内容的理解，对问题清单的诊断分析可以参考以下几个方面。

第一，观点是否正确。这是学生对相关问题学习的结果，表明了学生是否获得了正确的认识。

第二，研究问题的思想方法及解决问题的思路是否正确。

第三，语言表达的逻辑性，以及是否能够正确反映出知识间的逻辑关系。

2. 学习记录单

学习记录单主要针对现象观察类、探究体验类或资料查阅类的学习而设计，记录学习中的观察与思考。学习记录单可以由教师来设计，也可以由学生自己设计。与问题清单的设计相似，也可以分两步进行，第一步是分析课前学习的内容，第二步是将需要学生记录或分析的问题明确地列出来呈现给学生。学生在课前学习中以完成任务的形式完成记录单的内容要求。

【案例】探究感应电流产生的条件

(1)学习内容分析

学生在初中已经学习了“闭合电路的部分导体做切割磁感线运动，则产生感应电流”，并且对“切割”印象深刻。为了让学生在课前学习中体会“切割”并不是产生感应电流的充要条件，设计课前学习记录单指导学生进行实验探究、归纳分析，从磁感应强度和磁通面积两个因素入手，思考引起感应电流的条件，自然建构磁通量的概念，并得出磁通量的变化是产生感应电流的条件。因此，课前学习记录单中要明确所要记录的操作要点以及对应的现象，以便学生通过分析得出相应的结论；另外，记录单中也要让学生写上自己的思考。

(2)学习记录单

表 5-10　实验现象的记录与解释

实验序号	实验器材	产生感应电流的操作	不产生感应电流的操作	可得出的结论
1				
2				
3				
初步结论	产生感应电流的条件：			
思考问题	引入磁通量这个物理量的原因：			
你还有哪些发现和思考				

课前学习要求学生：通过实验1认识到穿过闭合回路的磁场强弱变化时，回路中能产生感应电流。通过实验2认识到开关断开或闭合的过程中，闭合回路中的磁场强弱发生变化，回路中产生感应电流。实验3中，左侧底座上是两块磁极相对的磁铁，其相对平行的空间内可看成匀强磁场，将一个闭合的矩形线框（线框面积小于匀强磁场区域的面积）在匀强磁场区域内移动，当水平线框上下移动时，线框切割磁感线，但线框中没有感应电流；当线框在匀强磁场中旋转或改变磁感线穿过的有效面积时，回路中产生感应电流。学生由上述实验可知：在磁感应强度不变、闭合回路有效面积改变，或闭合回路有效面积不变、磁感应强度改变的情况下，闭合回路都可能产生感应电流。学生从这个实验的分析与所得结论中，认识到"切割"并不是产生感应电流的充要条件，不"切割"也会产生感应电流，同时推理猜想到产生感应电流的条件应与上述两个因素有关，从而为磁通量的引入建立了感性认识，也为后续的探究奠定了基础。以上论述内容也就是教师通过学生的实验记录单所诊断的内容，并以此来判断学生是否达成课前学习设定的目标。

学习记录单诊断分析的主要内容，可以参考以下几点：

第一，是否能够正确操作并正确记录观察的现象。

第二，是否能依据观察的现象分析归纳出正确的结论。

第三，针对遇到的问题是否能设法解决，以及解决问题的途径和方法是什么。

第四，是否能用物理数据、图表等交流学习过程和结果。

第五，是否能对观察过程进行反思并提出新的问题。

（四）学习笔记

课前学习笔记是学生在课前阅读、体验、思考等学习活动之中记录的对学习资料的整理、对知识的理解、对方法的感悟，以及学习中遇到的困惑和对问题的思考，因此，学习笔记既是学生的一种重要的学习手段，也是教师进行课前学习诊断的一种依据。由于记录的内容并不限于教师限定的内容，因而能够更真实地反映出学生的学习状态和学习过程，可以说学习笔记是一种比学案更随意的课前学习记录方式，更能反映出学生的学习能力，因此，也是教师进行课前学习诊断的重要资源。

【案例】“自由落体运动”的课前学习笔记

(1)学习任务

在课前阅读教材“自由落体运动”一节内容，并进行学习记录。

(2)学生课堂笔记

图 5-10 为三名学生对“自由落体运动”一节课的课前学习笔记。

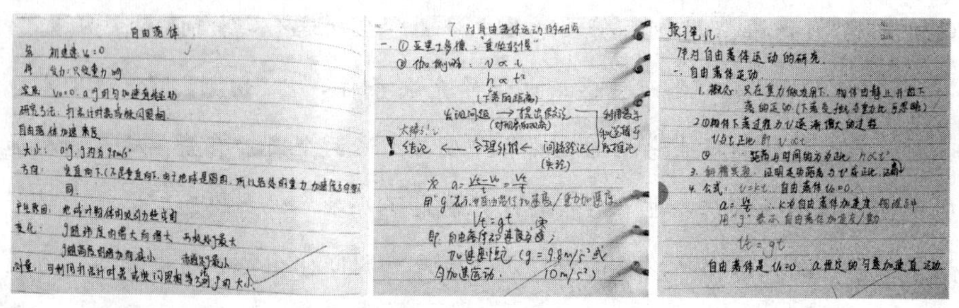

图 5-10

(3)诊断分析

从学习笔记看，学生都记录了自由落体运动初速度的特点、加速度的特点以及运动的性质。但也可看出不同学生学习关注点的差异，有的关注思想方法，阅读教材后通过整理整合后呈现学习效果；有的按照教材的顺序提炼学习内容。不同学生对学习内容重点的认识也有差异，而且不同学生对概念认识的角度也有差异。

对学生学习笔记诊断的内容可以参考以下几点。

第一，记录内容的正确性。

第二，重点知识内容的全面性。

第三，是否能够关注知识间的关联，各部分之间的逻辑性以及结构化情况。

第四，是否关注知识形成过程中的思想方法。

第五，是否有自己独立的思考，记录对问题的认识和理解，以及遇到的困难等。

第六，学生学习笔记中的共性问题和个性问题。

(五)学生课堂表现

虽然课前学习的诊断主要在课前进行，但无论采用哪种诊断方式，都不能完全获悉学生的所有问题以及他们在学习过程中遇到的障碍。学生在课堂的表现也是这些问题显性化的过程，教师可以设计提问、学生交流、学生展示等活动来进一步诊断学生的问题，并及时针对学生的问题调整课堂的教学内容、方式和教学的节奏，创设生成性的课堂。但这种诊断方式要发挥其功能，既需要教师有厚实的教学功底，又需要教师对课堂活动的及时性评价作好预设。

【案例】利用自由落体频闪照片计算重力加速度的课堂表现诊断预设

(1)学习内容分析

教材中安排自由落体运动的学习，一方面是促进学生认识日常生活中的落体现象，另一方面是作为实例让学生学习研究匀加速运动的方法。课堂中设计利用自由落体计算加速度能够提升学生对自由落体运动的认识，提高对运动规律的应用能力。

(2)课堂活动设计

问题：图 5-11 所示是一小球做自由落体运动的频闪照片，频闪仪每隔一定时间闪光一次。你如何采用这幅照片计算小球做自由落体运动的加速度，试一试。

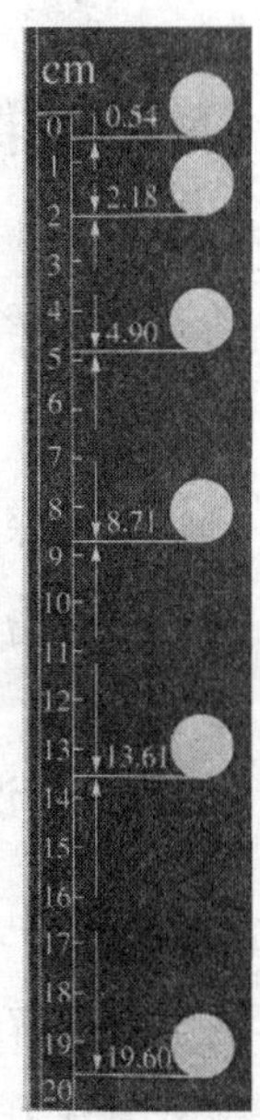

图 5-11

(3)课堂表现诊断预设

在教学中，我们提倡关注学生的课堂表现，生成有针对性的高效课堂。但这些期望往往是依据经验，有些表现可能关注到了，有些表现可能忽略了，这就需要针对课堂活动表现进行预设，从而比较全面、比较有针对性地观察学生表现。在此问题中可以预设：

①学生给出几种计算方法、分别是什么，是否达到本节课的内容要求。

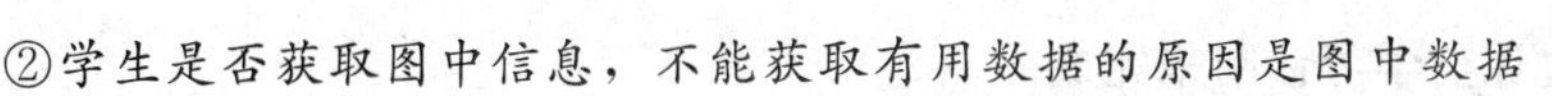
②学生是否获取图中信息，不能获取有用数据的原因是图中数据

的图示方法，还是学习中对纸带的处理是“点”，而现在换成“小球”造成的干扰。

③不能准确处理数据的原因是方法的理解问题，还是计算问题。

④学生确定解决问题的方法的困难是否来自把水平的运动转变成竖直方向的运动时产生的干扰。

不同的课堂学习内容，课堂表现诊断预设可能不同，可以从以下几个方面进行预设，并以此进行诊断结果的分析。

第一，基于学习问题的诊断。主要包括对知识获得过程中的认识方式、认识方法的诊断，运用数学工具的诊断，解决问题中困难点的诊断。

第二，学生思维品质的诊断。即从已知到未知之间的推理和判断是否规整；能否敏锐地直观察觉已知和未知之间的关联；思维的收敛性和发散性，以及思维的条理性和创造性等。

第三，课堂学习的专注程度、投入程度、参与状态及合作学习的态度和方法。

第四节　基于课前学习诊断的教学干预策略

课前学习诊断的目的是通过各种方式或手段，对学生在课前学习过程中的活动、表现、情感等进行探查和了解。只有对课前诊断中的学生表现进行分析解释，才能探究发现学生在课前学习中暴露出来的问题，依此提出针对课堂教学或课前学习指导的改进方法，实施教学干预，才能真正实现诊断的目的和价值。

一、基于课前学习诊断，调整课堂教学内容

对高中学生而言，已经具备了一定的学习能力，对一些内容，是可以通过自主学习理解的，这些内容就可以在课堂教学中不讲或少讲；但有些内容，学生在学习的过程中会有一些困难，这些内容则应该在课堂中重点完成，这些内容的确定可以通过课前学习诊断来完成。

（一）案例分析

【案例】对学科思想方法的诊断

1. 诊断分析

如图 5-12 所示是某同学对“质点”内容的课前学习笔记。由笔记看，该同学不仅关注知识，而且关注物理学研究问题的方法，并在研究方法下面标注了事例来辅助自己对方法的理解。这样的笔记说明该同学有比较好的学习习惯和深入思考的意识，但从中也发现该同学的一些认识存在一定的偏差。确如该同学所写，建构“物理模型”是对研究的物理对象或物理过程通过抽象、理想化等方法，进行的去次取主、化繁为简的处理，也就是把研究对象的本质特征抽象出来，构成一个概念或实物的体系，也就是物理模型。光线、质点可以看成所建构的模型，但“微元法”则有不同的含义，虽然它也是一种使问题简单化的方法，但它体现的是一种从部分到整体的思维方法。再有学生用图示将“微元法”标注在“单摆”图示旁，如果学生了解一些单摆模型的条件，则又反映了该同学对“近似处理”和“微元法”也不能区别。

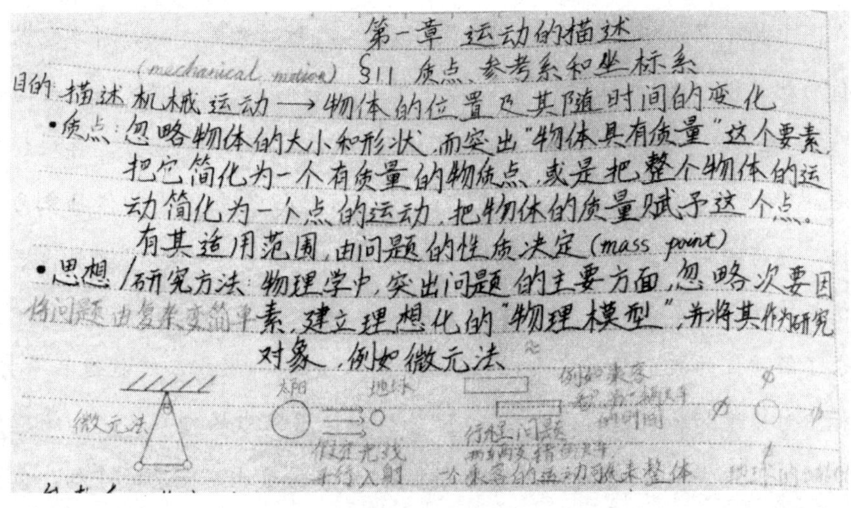
第一章 运动的描述
(mechanical motion) §1.1 质点、参考系和坐标系
目的 描述机械运动 → 物体的位置及其随时间的变化
•质点：忽略物体的大小和形状，而突出"物体具有质量"这个要素，把它简化为一个有质量的物质点，或是把整个物体的运动简化为一个点的运动，把物体的质量赋予这个点。有其适用范围，由问题的性质决定（mass point）
•思想/研究方法：物理学中，突出问题的主要方面，忽略次要因素，建立理想化的"物理模型"，并将其作为研究对象，例如微元法

图 5-12

再如图 5-13 所示，是学生在课前学习加速度概念的问题清单中的作答情况。

针对“加速度的定义式是否可以求瞬时速度”的问题，学生虽然认为理论上可求，但也认为在实际中无法用定义式求解，而且也没能解释理由。依据SOLO评价法来分析，可知学生的思维处于多元结构水平，但还不能达到关联结构水平，并没有理解运用公式$a=\dfrac{\Delta v}{\Delta t}$求解瞬时加速度的原因，也就是还不能理解其中运用到的极限思想。虽然这部分笔记针对平均加速度和瞬时加速度，但学生前面已经学习过平均速度和瞬时速度，对二者的区别和联系的理解就是基于极限思想，但这里学生的作答并没有体现出对极限思想的认识，也反映出前面学习的问题。

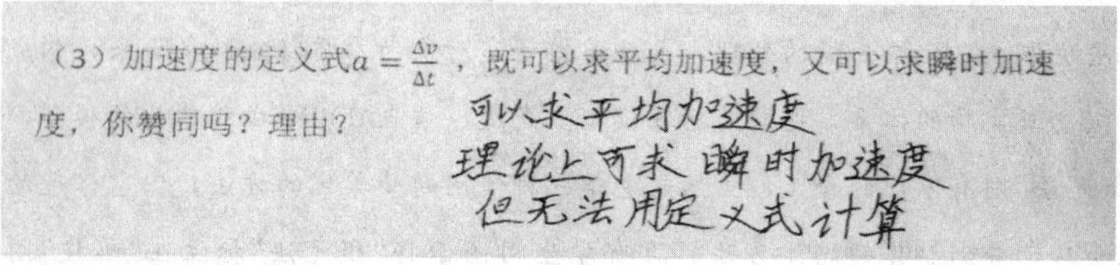

（3）加速度的定义式$a=\frac{\Delta v}{\Delta t}$，既可以求平均加速度，又可以求瞬时加速度，你赞同吗？理由？

可以求平均加速度
理论上可求瞬时加速度
但无法用定义式计算

图 5-13

2. 干预策略——调整课堂教学内容

在高中物理课程标准中“科学思维”是物理学科核心素养之一，科学思维中排在首位的就是模型建构，另外，在必修1中的第一个主题就是“机械运动与物理模型”，这都表明了物理模型的学习在高中物理课程中的重要地位。再从内容要求中看，“经历质点模型的建构过程，了解质点的含义。知道将物体抽象为质点的条件，能将特定实际情境中的物体抽象成质点。体会建构物理模型的思维方式，认识物理模型在探索自然规律中的作用。”这些更是明确表明了高中的学习不仅要求了解质点的概念，而且要求认识物理模型的建构思想和建构过程。另外，在课标中对速度和加速度的内容要求有“体会科学思维中的抽象方法和物理问题研究中的极限方法”，同时以示例的形式表述“结合瞬时速度概念的建构，体会研究物理问题的极限方法”。

基于学生学习笔记的诊断结果和课标要求，可知在教学中还需加强科学思维、学科思想方法的教学，并且能够对教学进行系统的规划，对教学内容和方法进行整合。基于本次诊断，可从两个方面进行教学改进：一方面可以在加速度概念的教学中对“极限思想”进行弥补性的教学；另一方面还要反思瞬时速度概念的教学，进行教学的改进。

例如，瞬时速度与平均速度关系的教学改进设计如下。

情境1：如图5-14所示，这是某同学在进行100 m跨栏跑时的情景。

图 5-14

问题1：你能测出该同学在全程中的平均速度吗？如何测量？

问题2：你能测出该同学跨栏时的瞬时速度吗？

学生讨论：将实际问题抽象出物理问题，如何测量物体通过某个位置时的瞬时速度？

建立研究测量瞬时速度的模型：在倾斜轨道上方某位置装有一个光电门，当小车经过时，小车上方的遮光片把光遮住，光电门能记录遮光的时间，这样就可以算出滑块经过时的速度。实验装置如图5-15所示。

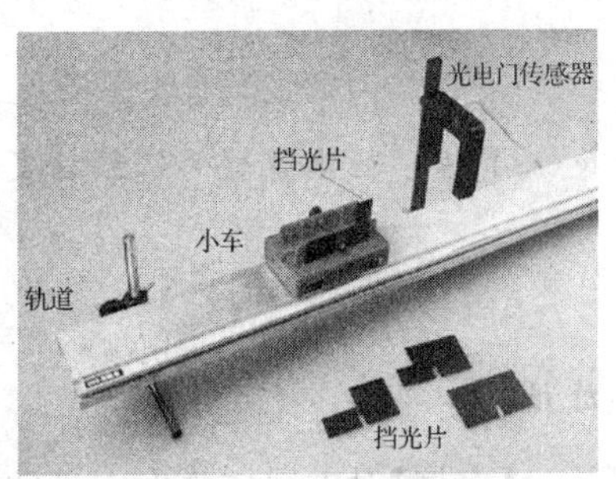

图 5-15

测量活动：更换不同宽度的遮光片，让小车从相同位置由静止从轨道顶端滑下，分别测出小车经过光电门时的速度。

表5-11　实验记录表格

实验次数	遮光片宽度	通过光电门的时间	平均速度
1			
2			
3			
4			

由数据分析得出：遮光片宽度不同，测出的平均速度数值不同，遮光片越窄，测出的平均速度越接近小车车头经过光电门时的瞬时速度。

情境 2：图 5-16 两个为同一条纸带，由图中 D、G 两个点和 D、F 两个点求出的平均速度哪个更接近 E 点时的瞬时速度，如果要更接近 E 点时的瞬时速度，应该如何做？

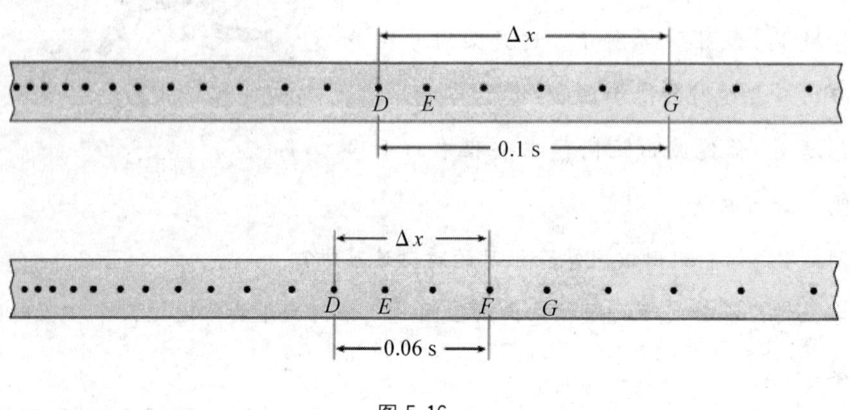

图 5-16

小结：物体通过的位移与发生这段位移所用时间的比值定义为平均速度，即 $v=\dfrac{\Delta x}{\Delta t}$。如果 Δt 非常小，可认为 $\dfrac{\Delta x}{\Delta t}$ 表示的是物体在时刻 t 的速度，即为瞬时速度。

【案例】对磁感应强度定义的理解

1. 诊断分析

如图 5-17 所示为几位同学在进行磁场单元课前学习时对磁感应强度定义的学习笔记。由笔记看，反映了这几位同学不同的认识水平，他们分别写出了一种、两种和三种定义方法。学生 2、4、5 三位同学能够将磁感应强度的单位推导用基本单位表示。学生 5 不但写出了两种方法，还认识到磁感应强度的定义采用了比值定义物理量的方法。

在本章中有三种定义磁感应强度的方法，按学习的顺序，第一种是从通电导线受到的安培力出发来定义，$B=\dfrac{F}{IL}$；第二种是采用单位面积上磁通量的方法

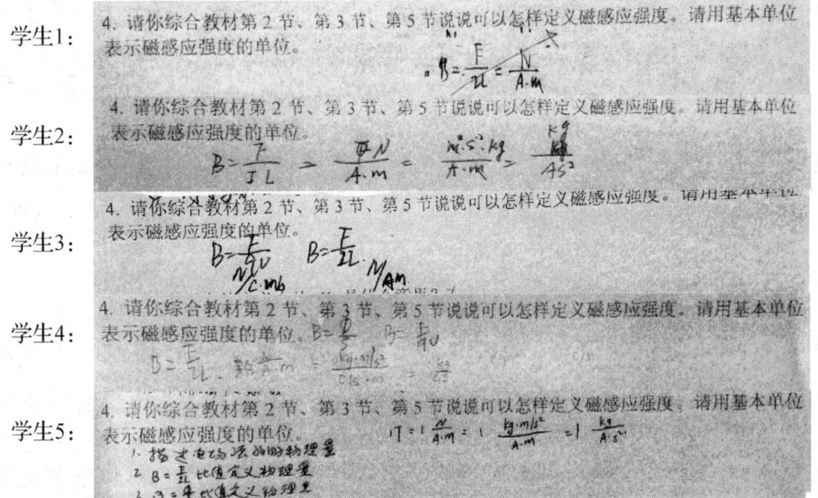

图 5-17

来定义，即 $B=\dfrac{\Phi}{S}$；第三种是从运动电荷所受的洛伦兹力出发来定义，即 $B=\dfrac{f_{洛}}{qv}$。教材在相应章节中都明确指出了这些是定义磁感应强度的方法，但并不是所有的学生都能比较好地总结出这几种方法。用不同的方法来定义同一个物理量，学生是陌生的，学生在思维上的定式认为一个物理量只有一种定义方法，因此学生更愿意接受从几种方法中选择一个作为定义来认识。因此，即使按教材的提示，有不同的方法定义磁感应强度，学生也没有进一步思考为什么会有这些不同的方法，或者思考这几种方法之间的关联或相同点是什么。

2. 干预策略——调整课堂教学内容

基于学生学习笔记的诊断结果，可知在教学中还需加强对概念定义方式认识的教学，基于本次的诊断，对磁感应强度定义方法的教学可从以下几点进行改进或加强。

第一，认识比值定义法。

用比值定义物理量，是物理学中一种常用的科学方法。一般比值定义有两类：一类定义一些描述物体运动状态特征的物理量；另一类定义物质或物体属性特征的物理量。磁感应强度 B 的定义方法属于后者。无论采用电流元受安培力的方法定义 $B=\frac{F}{IL}$，还是采用运动电荷受洛伦兹力的方法定义 $B=\frac{f_{洛}}{qv}$，或者采用磁通密度的方法定义 $B=\frac{\Phi}{S}$，都反映了磁场本身的属性，某个位置磁场的强弱由磁场本身决定。

第二，认识操作型定义。

所谓操作型定义，就是在确定一个物理量的单位之后，设计出一个方法能对该物理量进行测量。这虽与我们常见的依据物理量内涵定义物理量的方法有所不同，但各有益处，无优劣之分。$B=\frac{F}{IL}$ 和 $B=\frac{f_{洛}}{qv}$ 都可以看作操作型定义磁感应强度的方法，因此，它们表达方式虽有不同，但不反映所表达物理量的本质。

第三，认识三种定义方式之间的关联。

$B=\frac{F}{IL}$ 从宏观角度定义磁感应强度，$B=\frac{f_{洛}}{qv}$ 是从微观角度定义磁感应强度，它们采用了不同的检验物作为检测磁场的物体，但两者之间也有关联，安培力是洛伦兹力的宏观表现，洛伦兹力定义 B 的方法更反映了磁现象的电本质，即磁场与运动电荷相关。而 $B=\frac{\Phi}{S}$ 则与上述两种认识角度有所不同，磁通量是一种形象描述磁场分布情况的物理量，因此，也可以说磁通密度(即磁感应强度)是磁感应强度的一种定义方法。对这种定义磁感应强度的方法也有不同的理解，有人认为这只是一种计算和表达方式，并不是定义方式。这些对学生而言没有必要过多地进行区别，更主要的是让学生认识这是从不同角度定义磁感应强度的方式。

另外，对基础比较好的学生也可以用通电矩形线圈受到的力矩来定义磁感应强度，进一步丰富学生的认识角度，但不作为教学的规定要求。

(二)调整课堂教学内容的基本策略

依据课前学习诊断对课堂教学内容的调整主要从以下几个角度考虑。

(1)学生在课前学习中对教学重点的掌握程度，对于学生已经掌握的知识，即使是教学重点，也没有必要再重复讲解。

(2)教学难点是否和教学预设一致，要依据学生的真实反应调整难点突破的策略。

(3)依据学生的实际情况是否需要删减或补充拓展教学内容。

二、基于课前学习诊断，选择教学方式

教学方式是整个教学过程实施的方式，只有恰当的教学方式才能激发学生学习的兴趣，调动学生的思维，促进学生的深层理解，提高教学的效果。

(一)案例分析

【案例】“单摆”课前学习的诊断

1. 诊断分析

“单摆”是机械振动中的一节典型课，通常的教学都是在课堂中首先创设情境，由实际的摆钟、秋千等讨论引入单摆模型，再讲解单摆的回复力，说明单摆是简谐运动，最后从振动图线验证单摆的振动确实是简谐运动。这样以讲解为主的授课思路突出了对单摆运动结论的认识。但如果深入研究本节课在课程体系中的作用，会发现单摆这节课是作为简谐运动的实例来学习单摆的运动规律、受力情况和图像特点，从知识点体系讲，深化和突出的是单摆的简谐运动；但从能力培养上讲是提升学生运用简谐运动的知识研究实际问题的能力，提升学生的学科核心素养。因此，本节课要解决的重点问题应该是如何从实际的摆中建构单摆的模型，如何将单摆纳入简谐运动的模型。

基于提升学生核心素养的设计理念，在本节课的课前学习指导中，教师设计了问题清单，列出了三个大问题：关于单摆、单摆的振动图线、单摆的回复力。其中关于单摆的 3 个小问题以及学生的课前学习作答情况如图 5-18 所示。前两个小问题，诊断了建构模型的能力，问题 3 诊断了探究问题的能力，由问题 3 的解答可以延伸到对后两个大问题的理解。

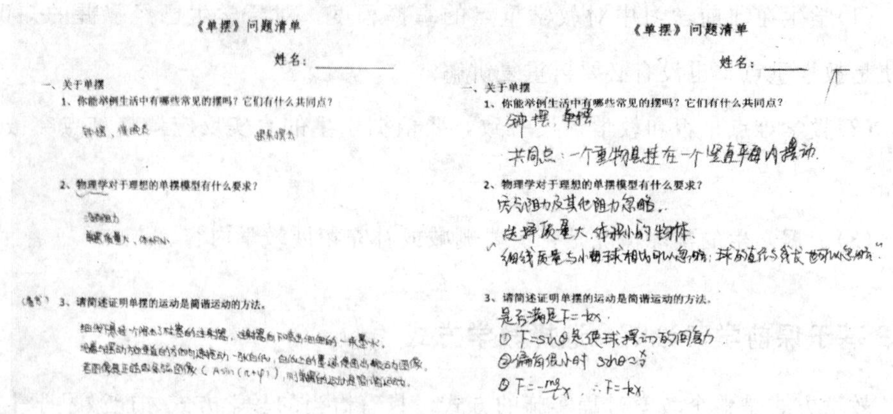

《单摆》问题清单

姓名：

一、关于单摆

1、你能举例生活中有哪些常见的摆吗？它们有什么共同点？

2、物理学对于理想的单摆模型有什么要求？

3、请简述证明单摆的运动是简谐运动的方法。

《单摆》问题清单

姓名：

一、关于单摆

1、你能举例生活中有哪些常见的摆吗？它们有什么共同点？

钟摆，单摆

共同点：一个重物悬挂在一个竖直平面内摆动.

2、物理学对于理想的单摆模型有什么要求？

空气阻力及其他阻力忽略.

选择质量大，体积小的物体

"细线质量与小球相比可以忽略；球的直径与线长相比可以忽略"

3、请简述证明单摆的运动是简谐运动的方法。

是否满足 $F=-kx$

① $F=\sin\theta$ 是使球摆动的回复力

② 偏角很小时 $\sin\theta\approx\frac{x}{l}$

③ $F=-\frac{mg}{l}x$ ∴ $F=-kx$

图 5-18

由问题 1 的作答可以看出学生能够列举生活实际中的摆，但关于“它们的共同特点”，学生的回答是各种各样的，除图中所示的“摆来摆去”“一个重物悬挂在一个竖直平面内摆动”外，还有学生的作答是“某位置附近往复运动”“在竖直平面内运动”“圆周运动”“绕定点运动”“周期性运动”等，这些都表明学生不能对现象进行抽象概括，没有抓住其本质，这说明学生基于实际问题转化成物理问题的能力还是有待提升的。基于现象和观察提出可探究的科学问题是科学探究能力的基础，也是问题探究的起点，很多学者曾强调过“提出问题比解决问题更重要”。在这个问题中如果不能归纳出其本质特征，就难于建立单摆的模型并进行研究。由问题 2 可看出学生对摆角没有考虑，除此之外，基本能了解理想单摆模型中的各种条件，但是由于设置的问题没有要求学生对这些条件作出解释，导致我们无法判断学生的理解层次，问题设置的方式可以在后续学案中改进。同时，基于问题实际建构模型所做的理想化处理，是需要学生理解的，所以本节课在课堂内需要设计一个学生交流展示的环节。问题 3 的作答反映出了学生的真实学习过程，学生虽然参考了教材中的素材，但可以看出学生对这个问题的关注点是不同的，这也是一个很好的交流主题。

2. 干预策略——选择教学方式

基于以上的诊断分析，教师设计的课堂活动就应更加针对学生的问题和困惑，更加突出对学生思维能力的培养，从而提升学生的学习能力。

依据上述诊断，本节课的三个环节可以分别采用不同的教学方式。

第一个环节：交流讨论。针对学生对问题“它们的共同特点”的回答，引领学生分析其共同点到底是什么，归纳概括出物理研究问题的一般视角，即从“空间”和“时间”的角度思考问题。

第二个环节：实验探究。由于课前学习后学生对单摆已有结论性的认识，这个环节突出让学生通过实验获得感性认识，对头脑中已有的认识给予实验的支撑。因此这个环节要突出发挥实验的教学功能。

第三个环节：问题引导。本环节突出理论分析，突出教师的引导作用，进一步将单摆模型的条件提升到从“物体属性”和“相互作用”的角度思考问题的高度。

这样的一节课，不同环节采用不同的教学方式，挖掘了物理课程中蕴涵的科学思维教育价值，发展了学生的科学思维和探究能力，帮助学生深化对科学本质的认识，提升了学生的学习能力。

(二)基于课前学习诊断选择教学方式的基本策略

教学方式是指教师在教授学生获取知识、提高能力、获取学习方法的过程中所采用的课堂活动的方式方法，可以是自主学习式、讨论交流式、探究式、合作式、讲授式、问题引导式或答疑解惑式等。选择教学方式可以从以下几个角度考虑。

1. 是否符合教学目标。比如有的教学目标要求学生经历某个过程来获得体验，或者要求学生通过探究的过程来获得知识，如果有这样的过程目标，就应该相应地选择探究式教学。

2. 是否符合教学内容的特点。比如有的内容属于视野拓展性的，就可以采用自主学习的方式；有的内容比较抽象，理论性比较强，可以采用问题引导的方式进行讲授等。

3. 是否符合学生实际。课堂教学要基于学情，学生的知识储备、研究问题的能力等都会影响教学方式的选择。

教学方式有多种，选择教学方式的原则是“以生为本、以学定教”，符合教学目标和教学内容，切合学生实际。但无论哪种教学方式，都不能一概而论，要灵活运用，提升课堂教学效果，往往需要综合运用多种教学方式。

三、基于课前学习诊断，优化课堂结构

课堂教学由教师、学生、教学内容和教学媒体组成，学生是课堂学习的主体，重在“学”和“思”，教师是课堂的组织者和引导者，重在“讲”和“导”，对教师和学生、学生和学生之间的关系而言，重在“议”。优化课堂结构，突出学生的主体性，是提高课堂教学效率的有效途径。

(一)案例分析

【案例】“自由落体运动”课前学习诊断

1. 诊断分析

基于学生的课前学习诊断，发现学生的学习主要存在以下困难。

①从常见的落体运动抽象出自由落体运动的理想模型。

学生虽然熟悉落体运动，也了解实际运动的复杂性是由于阻力作用的结果，并且由科普知识和学生已有的知识也知道在没有阻力的情况下，物体下落的快慢相同，但为什么要将复杂的实际问题转化为理想模型，并且如何才能从实际的落体运动中抽象出自由落体运动模型则是学生思考不足的。

②从设计实验方案到进行实验、测定数据、用图像处理数据的整个过程学生还不熟练，需要教师提示、点拨。

本节课是匀变速直线运动知识的应用，利用匀变速直线运动的知识研究一个实际的运动，判断它的运动性质，对学生实验探究能力的要求是比较高的，各个环节的处理对学生而言都有一定的难度。

2. 干预策略——优化课堂结构

针对以上分析，在课堂结构设计方面做了以下优化处理。

①学生主体性的体现

课堂引入阶段，采用学生体验活动，感受轻重不同或形状不同的物体下落快慢的不同。课堂中自主设计实验方案、进行实验操作、处理数据，并分析自由落体运动的性质。

②教师引导作用的体现

课堂引入阶段，通过问题引导学生思考，逐渐建立物理模型，如问题1：由于重力使物体做下落运动，是什么因素导致物体下落运动如此复杂多变？问题2：如何使落体运动变得简单，且便于研究？问题3：如何把实际的运动转化成理想模型？

实验操作前，组织学生交流方案、处理数据的方法，通过质疑的方式引导学生关注实验操作及数据处理的要点，既保证了实验的有效性，又降低了学生学习本节课的难度。

③教学媒体的使用

本节课教学媒体使用特色体现在三个方面：一是实验，学生活动中观察落体运动的实验，利用牛顿管引导学生归纳自由落体运动的条件的实验，学生探究自由落体运动性质的实验；二是视频，通过观察视频"月球上的落体运动"，让学生直观地感受到自由落体运动和日常观察的不同，从情感上接受轻重不同的物体做自由落体运动的等时性，此外，还通过视频指导学生的实验操作要点；三是通过Excel处理数据，提高了课堂效率，同时也通过图像分析，加深了学生对落体运动的理解。在多种媒体使用的过程中，也建立了师生之间、生生之间的有效交流，促进了学生的思维活动。

(二)基于课前学习诊断优化课堂结构的基本策略

优化课堂结构就在于能够协调几个课堂教学元素之间的关系，发挥各自的作用。主要优化策略可以从以下几个角度考虑。

1. 依据诊断设计学生活动，准确定位学生的主体作用、教师的主导作用。教师的主导作用就是调动学生学习的积极性，引导学生开展深入的思维活动，尽量让学生自己获得知识，发挥学生的主体作用，使教与学和谐统一。

2. 依据诊断选择使用教学媒体，让学习内容通过教学媒体对学生发挥更大的作用，使各元素活动时间合理分配，突出重点元素，使教学节奏分明，疏密有度。

3. 在课前诊断的基础上，加强课堂即时性评价，进一步发挥课堂诊断的作用，加强师生之间信息的传递以便及时调控教学结构。

四、基于课前学习诊断，加强课前学习支持

课前的教学诊断和课堂的教学改进都在为促进学生的发展而努力。学会学习是学生核心素养的重要方面，也是学生能够应对现代和未来社会发展挑战的一个重要基础。课前学习指导对学生的学习方式、学习方法、学习策略的养成起着至关重要的作用。因此，对学生学习能力的诊断，也是课前学习诊断的重要内容。

(一)案例分析

【案例】对学习能力的诊断

1. 诊断分析

图 5-19 所示为某同学的课前学习笔记，其中将速度概念应该学习的知识点基本都罗列出来了，有定义，有对瞬时速度、平均速度和速度矢量性的认识，应该说这是一位非常认真的学生，但笔记中缺乏学生自己对问题的思考，需要在教学中以更多的问题或任务调动学生的思维。

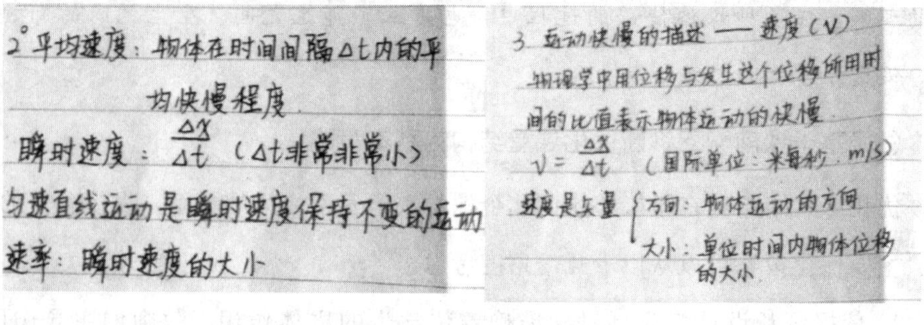

图 5-19

图 5-20 所示的是另一名同学的学习笔记，梳理出了“运动的描述”一章的逻辑关系，反映出该同学能够有意识地去建立概念间的关联，自己主动建构知识体系，这要比教师给出的体系更有价值，这也反映出该同学的学习能力比较强。

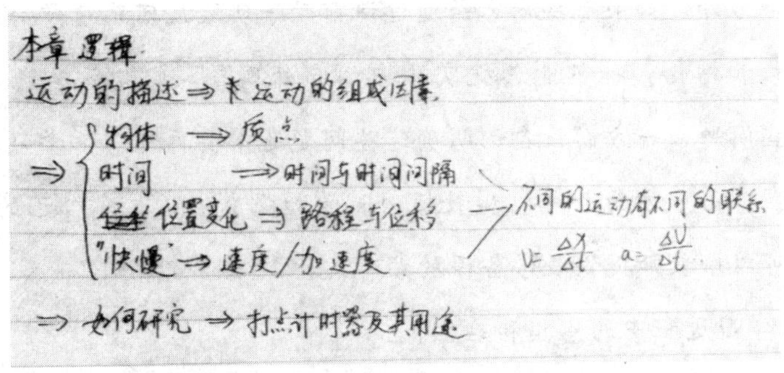

图 5-20

2. 教学干预——课前学习笔记方法指导

所谓学会学习，在某种意义上就是学会学习的方法。学习方法是通过学习实践总结出的快速掌握知识的方法。科学的学习方法不仅有助于在学习活动中少走弯路，而且能提高掌握知识的效率，因此，越来越受到人们的重视。但常说“学习有法，学无定法，贵在得法”，因个人条件不同，学习内容不同，选取的方法也不同，学生必须探索适合自己的学习方法。但一般而言也有一定的规律性，掌握方法也就是掌握其规律性。对学生进行课前学习笔记的指导，应该注意以下几个方面。

(1)记录重点知识。

包括重要的概念和规律、典型问题。概念和规律的表述是严谨的，包含了概念的内涵和外延。典型问题的分析、综合、归纳思路能帮助学生增加思维的逻辑性和严密性。做好这些内容的相关笔记，能帮助学生对相应知识做到重点理解。

(2)梳理相关的知识，尽可能使其形成网络、做到结构化。

在多数情况下，不仅新知识和前面学习的知识之间有一定的联系，新知识点之间也会存在一定的联系。在课前学习中，不仅要有简单的摘抄，而且要能梳理知识间的逻辑关系，并用一定的方式表示出来，比如结构图、概念图等。

(3)记录学习中遇到的困难和存在的疑点。

学习本身就是学习新知、进行释疑的过程，在课前学习中，学生一般并不能够解决所有的问题，总会或多或少遇到一些困难或疑问，这也正是课堂学习应该关注的地方。另外，如果有些内容是通过课前动手实验或实践来学习的，除了记录正常的现象和结论，也不能忽视实验中的意外现象，它或许是迸发灵感的基点。记录这些问题，一方面让自己明确这些问题还需要再进一步学习，增强课堂学习的针对性；另一方面也可以和教师、同学加强交流，拓宽自己的思维空间；再有就是也可以给教师提供教学备课的参考。

(4)记录学习过程中的感想和启示。

学生在课前学习中通过阅读教材、查阅资料，或者通过对实验的操作、观察与思考，对概念和规律有一定的认识和理解，也从中有些感悟和启示。这是学习者重要的心路历程，应该在笔记中有所体现。

(二)提供课前学习支持的策略

在要求学生进行课前学习的同时也要给学生方法上或资源上的支持，可以从以下几个方面给学生提供支持。

1. 进行学习方法的指导。比如，如何做学习笔记，如何利用思维导图进行记录或梳理单元知识体系等。

2. 给学生提供学科思想方法的阅读资料，进行科学思想方法的渗透，让学生在课前学习中能够有意识地关注方法的学习和应用。

3. 给学生提供与课前学习内容相关的网站链接、视频资源、微课等，丰富学习资源，供学生选择。

4. 给学生提供数学工具的介绍。

5. 开放实验室，让学生能够在实验室自主进行探究学习活动，给学生更多的体验机会。

6. 给学生创设合作学习的机会，让学生通过小组内、小组间相互协作的方式共同发展。

以上是对课前学习诊断的一些体会和做法，通过对课前学习诊断的研究，我们清晰地感受到，利用这些诊断工具有效分析学生课前学习水平，就能在教学中充分了解教情、学情，把控全局方向，使教学内容、教学方式、课堂结构的整合有据可依，使教学更为精细化、个性化、高效化。随着课前学习诊断的开展和推进，教师一定会更加认识到课前学习以及课前学习诊断的重要性，从而能更有效地促进学生学习能力的提升。

第六章

课堂教学方式整合

在学科教学实践中，课堂教学方式是影响教学效果的重要变量。教学方式整合就是把讲授、探究、讨论等多种教的方式与自主、合作、探究等多种学的方式，根据特定的背景或要求组合起来，综合应用在教学过程中。本章主要讨论如何围绕学生的“学”，在学生课前学习的基础上，把这些教与学的方式有机组合起来发挥教学方式的最大效益。

第一节　对各种教学方式的再审视

教学方式是教师和学生在教学过程中，为了完成教学任务、实现教学目标所采取的方式方法的总和。它既包括外显的行为，也包括相关的思维方式和态度。

教学方式是教学方法论在操作层面的具体表现。课堂教学中使用的教学方法多种多样，例如讲授、问题探究、训练与实践、自主学习、合作学习等。新课程倡导自主、合作、探究式学习，并不是不要接受式学习，对教师而言，传统的教学技能不但不能抛弃，而且还要使这些技能在新理念的浸润下，更加鲜活与生动。

一、传统教学技能的更新

传统教学技能是指教师最基本的职业能力，主要涉及表达、演示、实验等方面。由于这些基本的教学行为一直被认为是教师所特有的、经常运用的，因此被称为传统的教学技能。作为一种技能，它本身具有一定的行为模式和标准，具有其特殊的行为功能，因此，在课前学习的指导和诊断，以及基于课前学习诊断的教学中，传统的教学技能仍然具有广阔的发挥空间。当然，在新的教学理念下，传统的教学技能也应该随之更新。对传统教学技能的更新应该从新、旧教育理念的区分之处着眼。传统教学技能的更新应是其表现形式的更新，教师要从单纯的讲解、提问等技能表现形式过渡到讲、议、述、评、展思、引疑等多种技能的综合应用。传统教学技能的更新还应是品味的更新，教师不能被技能所累，而要以高超的技能展示教学的艺术和人格的魅力。传统教学技能的更新更应是功能的更新，教学技能不再仅仅是牵引学生思想的绳索，它也应是促使学生主动思考、探索的推进器(傅道春等，2003)。

1. 讲解：课堂教学中最常见的教学方式

讲解法也常常称为讲授法，是指教师以口头语言向学生呈现、说明知识，并使学生理解知识的行为。讲解法通过叙述、描绘、解释、推论来传递信息、传授知识、阐明概念、论证定律和公式，引导学生分析和认识问题。它往往与学生观测仪器、做实验和记笔记结合进行。有效的教师讲解行为普遍具有以下特点：作出清晰的描述、指示和说明；讲解的同时采用若干不同的教学方法；热心研究学科和学生，并通过有力的讲演、姿态和眼神表示热情；说服学生进行讨论，鼓励学生发表意见，并不依赖于演讲法；有条不紊地完成任务，使学生知道学习目标是重要的，知道学习是严肃的事情；将主要的课堂时间花在学术性材料上，为学生提供学习机会；常用结构性评论组织、介绍和明确诸多活动；从不同的认知角度(知识、理解、应用、分析、综合和评定)提出问题并给予解释。

关于讲，我国著名教育家叶圣陶先生是反对那些上课唱独角戏、不启发学生思维、照本宣科"只管讲"的教师的。但同时，叶圣陶先生又说："讲当然是必要的，问题可能在如何看待'讲'和'怎样讲'"。对于能够启发学生思维的讲，是叶圣陶先生大力提倡的。讲授法作为一种传统的教学方法，和"满堂灌""填鸭式"没有必然的联系。讲是学识、素养的外化，讲授法运用得好，同样可以是启发式教学。

讲授法的优点是教师容易控制教学进程，能够使学生在较短时间内获得大量系统的科学知识。但如果运用不好，学生学习的主动性、积极性不易发挥，就会出现教师满堂灌、学生被动听的局面。讲解语言具有学科化、个性化、教育性、针对性、简明性、启发性的行为特征。讲解技能的更新主要包括丰富讲解语言，灵活有效地进行讲解语言的转换，丰富讲解的表现形式。

2. 提问：为学生创造成功体验的机会

课堂师生之间的互动交流，最主要的是师生之间的问答。在课堂教学各要素中，课堂提问是最常见的组成部分。充分发挥课堂提问的即时评价功能，对提高课堂即时评价的有效性具有重要的意义。不同的教育理念对于课堂提问有不同的理解，有的把提问看作为学生创造成功体验的机会，有的把提问理解为教师的一种教学道具，懂的才问，不懂的不问。

课堂提问是教师在课堂教学过程中，根据教学目标、教学内容和学生的学习经验等设计问题，进行教学问答的一种教学形式。课堂提问是课堂教学的一种常用组织形式，也是课堂教学最常用的评价手段，从某种程度上说，课堂提问贯穿课堂教学进程的始终。合理的课堂提问和针对课堂提问的合理评价是顺利完成课堂教学进程的必要手段，对采集学生学习状态的信息、培养学生的理性思维、增进师生间的情感交流，以及促进师生互动和生生互动、实现动态生成等都有非常重要的意义(周久璘，2011)。

课堂提问是引发学生产生心智活动并作出回答反应的信号刺激，是促进学生思维发展的有效途径。提问是教学成功的基础之一，日本著名教育家斋藤喜博甚至认为，教师的提问是"教学的生命"。提问所涉及的问题是教学内容的要点，是组织教学的开端，是教学进程中转换的节点，是学生学习过程中思维活动重要的"激活"因素。课堂提问具有激发学习动机、帮助学生学习、启发学生思考等功能，还可以提供学生参与的机会，并具有课堂管理和评价功能。

提问是一种很复杂的教学现象，在传统课堂中，教师关注学生对知识的学习，因而从提问方式的类型选择看，主要包括认知性、推理性、创造性、评价性和常规管理性问题的提问，而且，前两种提问占的比例非常大。在新课堂中，教学所关注的重点转向了学生核心素养的提升，因此，课堂提问无论是功能要求，还是提问的类型都需要更新与拓展。提问要为问题情境创设、为学生提出新的问题服务，不断增加创造性、方法性、探究性等问题类型，使提问成为开启学生智慧之门的钥匙。

高效的课堂需要巧妙利用课堂提问促成有效即时评价。针对不同的提问目的，问题的设置、提问的时机、提问的方式及回答后的评价均有所不同。新课堂中运用提问的技能可以从精心设计、巧妙编拟问题入手，注重提问、回答过程，促使学生获得良好体验，合理把握师生交流技巧，如注意倾听、给予鼓励、引导探究、归纳明确等。

3. 书面语言：课堂内外无声的交流

书面语言是指教师以书面文字为交往手段的一种信息传递形式，主要有板书、作业批语和学生评语等形式。这些书面表达形式具有凝固性、简明扼要、针对性强的特点，对学生的学习与个人成长具有特殊的意义和作用。有利于学生激发学习兴趣、理解和掌握知识，帮助学生学习能力和非智力因素的发展。

书面语言表达技能的更新，最核心之处在于个性的张扬。书面语言表达较为灵活，具有很强的艺术特性，加上随着书面语言承载手段的增多，如多媒体、网络等，使得教师的表达方式更具个性化。教师要在实践中不断地思考、探索与创造，使书面语言更加新颖、独特，有吸引力。

就新课堂中的板书技能而言，多媒体课件能否代替板书？板书写什么？写哪儿？谁来写？何时写？写后如何利用？等等，都需要教师重新思考和审视。

4. 谈话：师生沟通的桥梁

谈话法是教师和学生以口头语言问答的方式进行教学的方法。其基本特点是教师根据学生的已有经验和知识，提出一系列有严格逻辑顺序的问题，引导学生思考或回答，从而使学生获得新知识或检查、巩固已有知识，发展能力。

谈话法是一种探究式的教学方法，使用这种方法，学生获得的知识不是教师直接讲授的，而是教师引导学生通过独立思考，将发现的问题重新组织安排并进一步转换，和自身原有的认知结构融合起来而获得新知识。

谈话法的优点是能够激发学生的思维活动，培养学生独立思考能力和语言表达能力，能够唤起和保持学生学习的注意力和兴趣。教师通过谈话可直接了解学生对知识和技能的掌握情况，从而获得反馈信息，进一步指导与改进教学。但其缺点是，在课堂上思维敏捷者容易占据课堂，而导致反应较慢的同学可能被忽视；注意力集中的同学所学的知识比较完善，而注意力差的同学掌握的知识则会不完整；谈话法比讲授法费时且课堂容量小。

5. 阅读：学生为头脑充电

阅读法是教师指导学生通过阅读教材及相关资料而获取知识、发展能力的方法。这种方法的优点是有利于培养学生的自学能力和习惯，便于从学生的实际出发，有利于教师进行个别指导和因材施教。但这种方法有一定的局限性，适用于难度较低的教学内容，适用于叙述性的知识内容，但不适用于稍有难度的知识的学习，且不利于培养学生观察、想象、操作等能力，也限制了师生教与学的交流及学生认知上的反馈。

6. 实验：亲身体验的活动

这种方法的优点是学生能够直接与所研究的事物发生相互作用，能够对所研究的事物产生更直接、更生动的认识，且有助于培养学生的动手实践能力，激发学习兴趣。该方法要求为学生提供良好的实验环境，学生进行包括观察、操作、记录等过程的实验操作。这种方法不仅能促进学生获取知识，而且有助于学生形成科学的实验态度和品质。但该方法的缺点是对实验器材的依赖性比较高。

二、新课程提倡的教与学的方式

1. 自主学习

自主学习是学习者根据自己的学习能力及学习任务的要求，积极主动地调整自己的学习策略和学习行为的过程。自主学习是由学习者的态度、能力和学习策略等因素综合而成的一种主导学习的内在机制，指学习者对自己的学习目标、学习内容、学习方法、学习过程以及使用的学习材料的主动控制行为。自主学习是一种学习模式，即学习者在总体教学目标的宏观调控下，在教师的指导下，根据自身条件和需要制订并完成具体学习目标的学习模式。

除了提高学生的学业成绩以外，自主学习更强调以培养学生的自学能力为目标，要求施教者应以学校教育为主阵地，同时辅以必要而科学合理的家庭教育和社会教育，使儿童和青少年通过自主学习，愿学、会学，自醒、自励、自控，提高适应性、选择性、竞争性、合作性与参与性(陈红艳，2010)。

自主学习是学习主体自立、自为、自律的学习。学习的自立性、自为性和自律性是学习自主性的三个方面的体现，是自主学习的三个基本特征。其中，自立性是自主学习的基础，自为性是自主学习的实质，自律性则是自主学习的保证。这三个特性都说明了同一个思想：学习者是自己学习的主人，学习归根结底是由学习者自己主导和完成的。

2. 合作学习

合作学习是指学生在小组或团队中为了完成共同的任务，有明确的责任分工的相互性学习。它强调学习的交往性、互动性、分享性，有助于培养学生的合作精神、团队意识和集体观念。

合作学习与传统的班级教学形式相比，有很多新的特点：教师权威淡化、角色转变，学生主体性增强，注重互助式、互动式、讨论式的学习；学生的学习任务由过去的个体化转向个体化与合作化相结合，学生之间由过去的竞争关系转向合作与竞争相结合的关系；评价和奖励也由过去针对个体为主转向针对小组为主等。

合作学习是课堂教学的一种重要方式，但不是唯一的方式。教师要根据教学内容、学生实际和教学环境条件等，选择有价值的内容、有利的时机和适当的次数让学生进行合作学习。一般来说，较简单的学习内容，只需要个人独立学习或开展全班教学，而较复杂、综合的学习内容，则可以采用小组合作的学习方式。教师要根据教学内容的特点精心设计小组合作学习的“问题”，为学生提供适当的、带有一定挑战性的学习对象或任务，把学生引导到“最近发展区”，进而组织合作学习活动。合作学习的“问题”，可以是教师在教学的重点、难点处设计的探究性、发散性、矛盾性的问题，也可以是学生在质疑中主动提出的问题，但一节课中不宜安排过多的小组合作学习，防止出现随意性与形式化的倾向。

合作学习把“不求人人成功，但求人人进步”作为教学所追求的一种境界，同时也将之作为教学评价的最终目标和尺度，将常模参照评价改为标准参照评价，把个人之间的竞争变为小组之间的竞争，把个人计分改为小组计分，以小组总体成绩作为奖励或认可的依据，形成“组内成员合作，组间成员竞争”的格局，使得整个评价的重心由鼓励个人竞争达标转向大家合作达标。

3. 探究式教学

在物理教学中，探究式教学的主要形式是科学探究。倡导学生通过科学探究，体验科学家进行科学研究的过程、学习科学研究的方法，使学生在这一过程中受到科学的熏陶，进而提高科学素养。以科学探究过程为主的学习过程，我们称为探究式教学。在探究式教学过程中，从问题、计划、研究、解释到反思各阶段都由学生积极参与，可有效地提高学生学习的主动性。

美国国家科学教育标准中对探究的定义是："探究是多层面的活动，包括观察、提出问题；通过浏览书籍和其他信息资源发现什么是已经知道的结论，制订调查研究计划；根据实验证据对已有的结论作出评价；用工具收集、分析、解释数据；提出解答、解释和预测；交流结果。探究要求确定假设，进行批判性和逻辑性思考，并且考虑其他可以替代的解释。"从中可以看出，探究是围绕"问题"展开的活动，是逐步分析和解决问题的过程。也就是说，探究式教学就是运用科学探究的方式进行的学习过程和活动，是学生在教师的指导下，主动地发现问题，以一种类似科学研究的方法对问题进行分析和研究，从而解决问题和获得知识的过程和活动。

4. 交流讨论

讨论是一个情景，在这个情景中，学生之间或师生之间进行交谈来分享信息、观念或观点，通过信息互动进行学习，或者共同工作来解决某个问题。讨论不是提问—回答—提问的背诵形式。优秀的讨论引导者应该能够限制自己的讲述，使学生提出更多的问题，使他们对更多的事情进行探索和推测，更多地参考自身的个人经验。优秀的讨论引导者同时又是一个推动者、人际关系专家、阐述者和总结者。在学生讨论过程中，教师的角色是鼓励学生参与，评价讨论在认知或情感方面的进展水平。当教学目标是复习知识、测查观点和看法、解决问题或提高口头交流技能时，应让学生投入讨论当中去。

5. 个别化教育

个别化的、个性化的教育具有独特的特质，其特殊性在于对教学进行剪裁以适应个体的特殊水平和需要。教师的角色是了解和关注个体、了解和关注学生的多样性。个别化教育在教育目标、学习活动、学习资源、效果评估和时间安排上均有其独特方式。

在实际的学习情境中，不同的教与学的方式存在着一种相互支持、互为补充的关系。教师需正确认识新的学习方式，确立新的教学观，转变教学方式，积极引导学生转变学习方式，不断探索多样化的学习方式，寻求一种最佳的学习方式搭配方案，充分利用各种学习方式的优势，促进学生的发展。

第二节　基于课前学习诊断的主要教学方式

基于课前学习及其诊断的教学，既要关注课前学习、关注对课前学习结果的诊断，又要基于课前学习的诊断结果进行教学整合，以整合促进学生的发展和教师的提升。这里的整合，首先是教学时空的整合，打破课上课下的界限。其次是教学内容的整合，传授物理知识的目的是帮助学生形成正确的物理观念，物理观念的形成不是对一个个独立知识点的理解，而是围绕核心概念对系列知识点进行整合，形成学科基本概念，甚至跨学科概念，进而建构不同层次的概念体系。最后是教学方式的整合，整合传统的和现代的教学方式，使之更好地为课前学习、课前学习诊断及基于诊断的课堂教学服务，最终实现课堂结构的整合。

在学生自主完成课前学习，并由师生共同完成课前学习诊断的基础上，课堂教学侧重于答疑解惑、整合提升、反馈矫正以及训练巩固，其实施方式也将体现新的特征。转变教学方式就是要改变那些不利于学生核心素养提升的教学行为和相应的思维方式及态度，调整师生教学活动的整体结构，使教学活动能够更具有针对性，针对学生课前学习的结果展开，同时，更有效地促进学生的发展和教师的提高，实现课堂教学效果的最优化。教学从基于教师的主观经验转变为基于课前学习的诊断结果，从教师习惯的教学方式转变为针对课前学习诊断结果的教学方式，从强调教材这单一因素转变为强调教师、学生、内容、环境四元素的整合，使课堂进程根植于学生积极主动的课前学习，生长在整合优化的课堂，形成一种动态、生长性的“生态环境”。

一、教师讲解：基于课前学习的答疑解惑

基于课前学习及诊断的课堂讲解，与传统课堂中教师通过讲授传授知识有着本质的不同。传统的讲授更多的是知识的传授，而这里的讲授更加偏重于解决学生的疑难。

从讲授目的上，首先强调答疑解惑，针对课前学习诊断中发现的问题组织学生交流讨论，经讨论能够达成正确结论的，教师用简洁的语言概括和总结；经讨论仍然不能明确结论的，则需要教师通过讲解得出结论，这里的讲解不但注重结论，还注重得出结论的依据和推理过程，以及推理过程中用到的方法，既要有理有据，又要做到言简意赅。其次强调整合与提升，教师通过讲授对学生课前学习获得的支离破碎的知识进行整合，对从不同学习个体中收集来的信息进行整合，对不同的方法思路进行对比。通过讲授建立前后知识的联系，厘清当前知识内容在整个物理学习中的地位，说明其在物理学科领域、科技发展以及生产生活中的实际应用等。

从讲解时机上，讲解应起到“不愤不启，不悱不发”的效果。在学生经过积极思考仍不得其解时，适时进行讲解点拨，才能起到启发学生思维的效果。在经过合作探究而众说纷纭时，适时进行讲解总结，能起到一锤定音、画龙点睛的作用。

从讲解内容上，课堂讲解应该主题鲜明，而不应泛泛而谈，更不应大而全、广而空。应针对学而不明、思而不透的内容进行讲解，可以是某一方面的知识、某一具体的问题，或者是某一类物理思想的体现、科学方法的总结提炼等。

课堂讲解可以在课堂进程和各个环节随时进行，时间根据需要而定，可长可短，不同环节的讲解针对不同的主题：开始阶段的讲解注重承前启后，总结课前学习，引入课堂内容；课堂进程中的讲解根据活动主题随时进行，或总结或评判或深化或拓展；课堂结束时的讲解又是承前启后，总结课堂效果，布置后续学习任务，即下节课的课前学习内容。另外，课堂讲解还应注意量和度的把握，点到为止，不拖沓、不啰唆，不节外生枝。

【案例】以拓展延伸为目的的讲授方式

在“力、重力”的教学中，组织学生分组进行课前学习和课堂展示。正式上课前，根据各小组交上来的展示PPT，对“力”和“重力”两部分内容作了拓展预设。其中“力”部分准备了三个方面的内容：力的概念的深入理解，包括物质性、相互性、矢量性和独立性；力的表示方法，包括力的图示及力的示意图；四种基本相互作用简介，即万有引力作用、电磁相互作用、强相互作用及弱相互作用的简介。“重力”部分也组织了三个方面的内容：对重力大小的理解，包括不同位置重力加速度的区别；明确重力的方向，即对“什么是竖直向下”的解读；重心概念，包括建立重心概念的等效替代思想，重心位置与什么因素有关，以及寻找物体重心的常用方法，等等。

“力”部分的课前学习由三个小组承担，其中的展示小组由三位同学上台，一位同学播放PPT，一位同学讲解，一位同学负责板书和画图。教师标记学生展示中涉及的知识点，以及知识点剖析是否准确到位，观察台上台下同学的表现。

该组同学以视频导入力的概念，对力的概念、施力物体和受力物体、力的矢量性、力的图示、力的分类等内容进行了全面的讲解。整个展示过程以讲述为主，穿插了一次提问，用时9分钟，同组其他同学没有补充。教师组织同一课题2号小组进行2分钟的补充发言，该组同学相互推诿，犹豫不决，教师再三鼓励，在即将提醒3号小组发言时，才有一位同学举手发言，指出力的分类有不同的标准，重力、弹力、摩擦力等是按性质区分的，拉力、压力、支持力等是按效果区分的。3号小组没有补充发言。征求其他小组同学，也没有人提出补充或质疑。

根据学生的掌握情况，针对力的概念作出补充说明时，对课前预设的内容作出了不同的处理：力的概念的深入理解部分重点强调了矢量性和独立性在后续学习中的体现，对物质性、相互性作简化处理；力的表示方法强调了力的图示的几个关键点，包括标度、箭头、刻度及字母，提问力的示意图与力的图示的区别；四种基本相互作用学生没有涉及，在简介的基础上联系了四种基本相互作用的统一问题，要求学生查找资料，了解物理学界相关领域的研究现状。

“重力”部分的课前学习同样由三个小组承担，其中的展示小组也由三位同学上台，播放课件的同学同时负责讲解，一位同学板书，一位同学画图。

展示内容包括重力的概念，重力的产生、方向、大小，地球上不同地点重力加速度的变化，重心及重心位置的决定因素，每一项内容介绍完毕都有一道针对性的练习题，提问并组织解释讨论，最后结合教材介绍了“重力影响我们的生活”。展示用时10分钟，同组其他同学未作补充。

第二课题2号小组补充发言，指出重力的方向竖直向下，并不一定是指向地心；3号小组进一步指出重力与地球对物体的万有引力的区别，重力因引力而产生，但并不等于引力，重力只是物体所受万有引力的一部分，另一部分保证物体随地球自转做圆周运动。教师对该组同学的表现进行了表扬，并从上述话题出发，指出了超前学习的必要性，提醒同学们课下可以先查找物理教材必修2万有引力部分内容，定性了解重力与万有引力的关系，其中的道理可能不完全明白，保留困惑，到正式学习该部分内容时，将会学得更好、印象更深。

根据学生的掌握情况，针对重力内容作出补充讲解时，对课前预设的内容也作出了不同的处理：在重力的大小方面，介绍了重力加速度变化的三种情况，包括赤道和两极、不同高度处、不同星球表面；重力的方向方面，对“什么是竖直向下”进行全面解读，不一定垂直于支持面，也不一定指向地心，是垂直于水平面向下，或沿重垂线向下；重心概念方面，提醒建立重心概念的等效替代思想、淡化重心位置的决定因素及寻找物体重心的实验方法，举例介绍运用等效法寻找重心。

二、交流讨论：在课堂中穿插进行的师生、生生互动

无论自主学习、合作学习还是探究式教学，交流讨论都是不可缺少的组成部分。学生课上讨论课前学习内容，交流课前学习过程，针对课前学习和诊断中出现的问题进行初步的辨析和订正，明确需要深入研究的问题并确定进一步研究的方向，等等。课堂上的这种交流讨论既可以是课前学习结果的总结，也可以是课前学习过程的延伸，或者是课前学习中发现问题的深入。

在课堂进程中，交流讨论可以根据需要随时开展，交流是多方向的，全方位的，既可以是同桌之间的小范围交流，也可以是小组与小组之间的团体交流；既可以是学生与学生之间的交流，也可以是学生与教师之间的交流。

交流讨论在课堂进程的适当环节展开，若非特殊需要，一般不宜整节全部用来交流讨论。一般在课堂开始阶段，组织学生交流课前学习的过程和结果；在课

堂进程中，可以针对某一问题或某一主题展开讨论。讨论的内容可以是对某一问题的是非评判，也可以是对某一活动的规划设计，或者是某一课题的解决思路，等等。一般来说，一堂课中的交流讨论常常穿插进行，次数不宜过多。

【案例】针对课前学习内容的交流讨论

在“动能和动能定理”一节课的开始阶段，基于课前学习发动学生围绕“哪些物体具有能量”展开讨论，采取自由发言的方式，从“被举高的物体具有能量(重力势能)”开始，围绕“哪些物体具有能量”展开，涉及“物体具有能量的标志是什么”“发生弹性形变的物体具有能量(弹性势能)”、某些实际物体具有能量(实例)，最后形成运动的物体也具有能量的观点。

课堂实录：

投影龙卷风、保龄球、水流推动水轮机、小行星撞击地球四幅图片。

提问：哪些物体具有势能?

点名回答，学生回答：“被举高的物体具有势能。”

提问：除被举高的物体外，还有哪些物体具有能量?

提醒学生主动回答，学生自由发言，教师即时点评。

学生说到了汽车、风、水等实例，教师在激励的同时帮助学生归纳：当一个物体具有对外界做功的本领时，我们就说这个物体具有了能量。针对水的实例深入分析：高处的水具有能量，水流具有能量吗?这两种能量有什么不同?学生说出动能概念，教师总结结论：运动的物体具有能量。投影动能的定义：“物体由于运动而具有的能量叫动能”。

课后评析：

高中教材中并没有“能量”的准确定义，在课堂引入阶段，通过对生活中“能量”的认识，借助前概念形成对动能概念的初步认识，创设情境的同时潜移默化地渗透了“当一个物体(或系统)具有对外界做功的本领时，我们就说这个物体(或系统)具有了能量”这一观念。同时给出动能概念，为探究动能大小的决定因素做好了铺垫。

【案例】针对课前学习诊断结果的交流讨论

在“描述交变电流的物理量”一节，根据“周期、频率及角速度”有关知识的课前学习诊断结果，选出学生出错率较高的四道题目如下。

易错题 1：某发电机产生的电动势为 $u=220\sqrt{2}\sin 100\pi t$ V。求周期、频率和线圈转动的角速度。

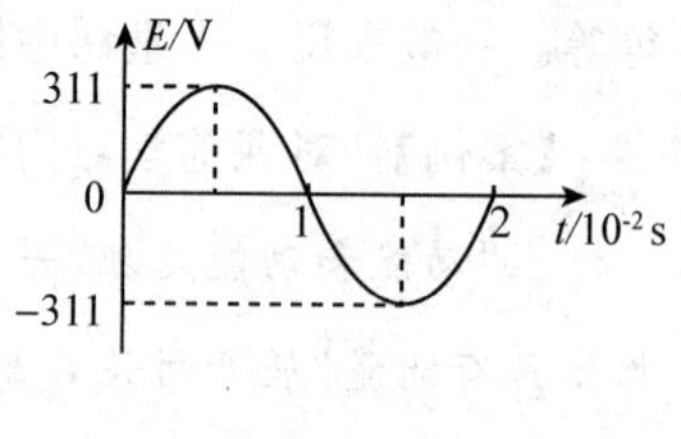

图 6-1

易错题 2：我国生产和生活用交流电的周期如图 6-1 所示，$T=$________ s，频率 $f=$________ Hz，角速度 $\omega=$________ rad/s，在 1 s 内电流的方向变化________次。

易错题 3：某小型发电机产生的电动势随时间的变化规律为 $u=E_{m}\sin\omega t$ V。如果其他条件不变，仅使线圈的转速加倍，则产生的电动势随时间的变化规律变为________________。

易错题 4：某交流发电机产生的感应电动势与时间的关系如图 6-2 所示，如果其他条件不变，仅使线圈的转速加倍，则交流电动势的最大值和周期分别变为(　　)。

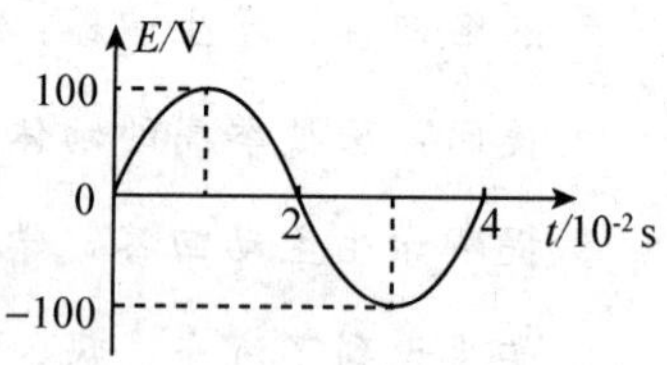

图 6-2

A. 400 V，0.02 s　　B. 200 V，0.02 s

C. 400 V，0.08 s　　D. 200 V，0.08 s

组织学生分四个大组分别讨论。

师生行为设计：

1. 划分合作小组，明确小组分工，布置任务。全班学生分四个区域性大组，每组负责一个题，各组分工是随机的，即哪个组负责哪道题由教师指定。各组讨论时先定出中心发言人，中心发言人可由组内成员推荐，也可由组长指定。

2. 组织学生分组讨论，教师参与其中。讨论以同桌两人为单位展开，可以前后桌甚至更多人组成随机小组。讨论结果汇总到中心发言人处，最终形成统一的意见，作为讨论的最终结果向全班汇报。

教师参与学生讨论，注意收集生成的资源，同时关注游离在小组讨论氛围之外的学生，帮助他们融合到相应小组中去。

3. 各组汇报讨论结果。教师组织各组中心发言人汇报讨论结果，每组汇报前先留出适当的时间让其他组的同学熟悉该题题意。汇报不仅包括题目正确求解的思路、方法、步骤及最终结果等，还要包括题目的常见错误思路、出错原因剖析等，并提出同组成员讨论产生的新思路、新见解和新困惑。发言结束后，首先由同一大组的其他成员进行补充、说明或完善，然后由其他组同学质疑和提问。针对其他组同学的质疑和提问，由汇报组的任一位同学给予解答，解答不了的，教师可以根据问题的价值选择提交全班讨论或布置课下研究。

每道例题占用的时间视题目难易和学生反应而定。自易错题 1 至易错题 4 逐一解决。

合作学习方式：

采用多维合作学习模式，区域大组、两人小组和随机小组同时并存，而且随机小组数量不定。区域大组组间同质，组内异质，合作学习任务按区域大组划分，同一大组任务相同。

小组评价分区域大组和两人小组两个层面，根据全部例题解决过程中的表现给出综合评价，可根据发言次数和质量分别计分。

三、自主与探究学习：基于课前学习诊断的深度学习策略

在基于课前学习及其诊断的教学中，自主学习和探究式教学不但是必要的，更是必需的。当然，这里的自主与探究，也会表现出自己的特色。

(一)基于课前学习及其诊断的自主学习指导

自主学习最突出的特征是学习的主动性，以人本主义心理学为基础的教育思想在给予学习者较大自主权的同时也附带更大的责任。在基于课前学习及其诊断的教学中，对学生自主学习的指导要从课前和课堂两个方面进行。

1. 课前自主学习指导

在学生的课前学习中，自主学习是主要的学习方式。学生的课前自主学习要

在教师的指导下进行，在指导学生学习时，教师可以从以下几个方面提供学习建议。

(1)帮助学生明确课前学习目标。课前学习目标针对课前学习，与课堂学习目标既有相似之处，又有不同。课前学习目标可以稍低于课堂学习目标，同时应具有一定的开放性，留有余地。

(2)引导学生制订课前学习计划。课前自主学习计划可以包括学习内容分配、学习资源应用、学习时间安排、学习过程的自我监控和学习效果的自我评估等。

(3)提供课前学习资料。除提醒学生认真研究教科书上的相关内容外，教师还应提前给学生提供课前自主学习必需的学案、问题清单、微视频、课件等学习资料。

(4)监控学习进度并提供随时帮助。教师可以调动各种手段对学生的自主学习进度进行监控，包括网络、微信、家长群等。关注学生学习状态，对学生学习中遇到的困难随时提供帮助。

(5)引导学生对课前学习进行初步的评估。指导学生对课前的自主学习过程进行总结，对学习效果进行初步的自我评估，在此基础上，梳理学习过程中的困惑，形成明确的问题供课堂讨论和交流。

2. 基于课前学习的课堂自主学习指导

自主学习不仅在课前学习中占主导地位，在课堂教学中也是必要的。课堂上要努力创设自主学习情境，一般认为，计划、实施、评估的能力是自主学习者需要具备的主要能力，但在课堂教学中，自主学习的上述环节并不一定明确体现，而要适应课堂节奏，体现“小、快、灵”的特点。一般来说，下列课堂情境中适合引导学生开展自主学习。

(1)提倡学生首先通过自主学习解决自己的疑问。课堂进程中，面对随时遇到的各种新问题新情境，引导学生养成自主思考、独立分析的习惯，尽量减少对教师和其他同学的依赖。在遇到新问题时，教师有意创造自主思考的环境，给学生留出独立分析的空间。在学生自主思考的基础上开展后续的教学，使学生的后续表现建立在独立思考的基础之上。

(2)针对课前学习诊断结果的自我矫正。在课堂起始阶段，在课前学习诊断结果出来之后，应该首先给予学生自主反馈的时间，由他们根据自己课前测验的作答情况进行自主的订正、反思和总结。

(3)自主完成的课堂练习与检测。课堂巩固阶段，学生自主完成课堂练习或检测题，有时根据需要对照答案自主完成反馈和矫正，有时交换批阅，合作交流。

【案例】课前自主学习指导

在"力、重力"一节课的教学中，组织学生以小组为单位开展课前自主学习。提前一天布置前期学习任务，学生分组合作进行课前学习。将全班同学分成6个小组，组内异质、组间同质。将学习任务进行区分，前三个组为"力"，后三个组为"重力"。具体要求为：每个组的成员分工合作，首先自主完成相应任务内容的前期学习，接着进行课堂展示的准备，要求在展示的同时组织全班同学进行课堂学习；根据需要确定上台人数和人员，要求上台人员分工明确，保证每位同学各司其职、默契配合，根据需要自行准备PPT课件、练习题目或其他教学资源。每项课题任务的三个组中，均只有一个组有上台的机会，具体哪两个小组上台将在下节课开始时通过抽签临时确定，展示时间严格控制在10分钟内。

第二天正式上课时间为上午最后一节，早晨收齐各组的电子素材集中在一个文件夹里，上午课前教师将各组准备的资料浏览一遍，针对学生资料中共性的问题制作针对性的课件，并对课堂拓展内容作出预设。

【案例】课堂自主学习指导

在"带电粒子在电场中的运动"教学中，研究带电粒子在匀强电场中的偏转问题时，首先出示问题：

如图6-3所示，水平放置的两平行金属板之间的电压为U，板长为l，板间距离为d。电子电荷量为e，质量为m，以初速度v_0从左侧两板中间沿平行于极板方向射入，从极板右侧射出。求：

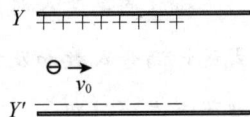

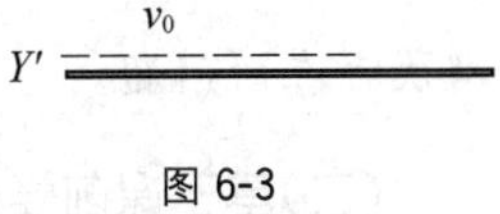

图6-3

(1)电子射出电场时在竖直方向上的偏转距离。

(2)电子射出电场时的速度偏转角的正切值。

布置学生通读以上问题，全班一起研究。让一名同学分析受力情况，说出电场力的表达式，教师在黑板上写出。再分析运动情况，学生指出是类平抛运动，教师提醒类平抛运动的基本处理方法：运动分解。带领学生分析求解思路，布置学生用 5 分钟时间按考试答卷的要求独立完成求解过程，教师同步投影思路点拨。

思路点拨：

①分析电子的受力情况。

②你认为这种情境同哪种运动类似，这种运动的研究方法是什么？

③你能类比得到带电粒子在匀强电场中运动的研究方法吗？

自主求解结束后，投影如下评分标准。

解：粒子 v_0 做类平抛运动：$l = v_0 t$ （1 分）

垂直于电场方向偏移的距离为：$y = \frac{1}{2}at^2$ （1 分）

粒子的加速度：$a = \frac{eU}{md}$ （2 分）

(1)可得偏转距离 $y = \frac{1}{2} \cdot \frac{eU}{md} \cdot (\frac{l}{v_0})^2$ （2 分）

(2)电子射出电场时沿电场方向的速度不变，而垂直于电场方向的速度：

$$v_y = at = \frac{eU}{md} \cdot \frac{l}{v_0}$$ （2 分）

电子的速度偏转角：$\tan\theta = \frac{v_y}{v_0} = \frac{eUl}{mdv_0^2}$ （2 分）

布置同桌两人对照标准交换批阅，打出分数。批阅后返还本人，用举手的方式统计满分人数和及格人数，留出 1 分钟时间给不及格的同学，自主或请教同桌解决存在的问题。

(二)基于课前学习及其诊断的探究式教学指导

物理学科核心素养中关于科学探究的操作性定义为：基于观察和实验提出物

理问题、形成猜想和假设、设计实验与制订方案获取和处理信息、基于证据得出结论并作出解释，以及对科学探究过程和结果进行交流、评估、反思的能力。科学探究包括问题、证据、解释、交流等要素。

基于课前学习诊断的课堂探究式教学，在探究要素的选取和探究环节的侧重方面均有特殊的要求。

1. 问题的提出基于课前学习及诊断

探究教学要求从实际出发，培养学生提出问题的能力，应引导学生在课前学习和诊断中，结合日常生活经验发现并提出问题，进行初步的思考，提出合理的猜测与假设。

2. 探究设计适合课堂实施

探究教学要求创设环境，引导学生在初步思考的基础上制订计划与设计探究方案。课堂探究可以依托实验，也可以借助理论推导展开，无论哪种探究方式，都要注意适合在课堂中实施。探究方案的制订和后续的课堂探究活动，一般需要通过小组合作来完成。

3. 探究过程方便快捷

探究教学要求正确实施实验探究方案，使用各种科技手段和方法收集信息、处理信息。探究式教学不同于科学研究，学生在课堂上收集与问题相关的信息时，教师应该给予必要的帮助和指导，一是在收集和筛选信息的方法上，指导学生多渠道收集信息，尤其是适合在课堂上直接利用的信息；二是学生在收集资料的过程中可以较多地获得他人的帮助。

4. 分析论证简洁明了

探究教学还要求学生具有分析与论证能力，描述、解释课堂探究的结果和变化趋势。学生要在探究活动的基础上，根据逻辑关系和推理，找到问题的症结所在，对其中的因果关系形成自己的解释。在解释阶段，学习重点是将新旧知识联结起来，在旧知识的基础上，将探究结果纳入原有的知识结构中，形成新的理解和解释。一方面，解释要与实证所得证据相一致；另一方面，探究式教学中的解释不同于科学探究，它不一定超越现有的知识，它只要求学生对现有的理解进行更新，探究式教学形成的新知识只是针对学生而言的。教师要在方法上给予学生指导，如：如何整理资料，如何对所得的信息和数据进行分析，如何进行逻辑推理等；引导学生学会整理资料、加工处理信息；要求学生尊重事实、尊重规律，实事求是地表达研究结果。

5. 交流评估承前启后

在交流评估环节，探究教学要求学生具有交流与合作的意愿和能力，能准确表述、评估、反思课堂探究的过程和结果。交流评估可分成两个步骤来进行：首先是探究小组内自我反思；然后是小组间的交流和共同反思。在小组内的自我反思中，教师要和小组成员一起对已形成的解释进行评价，在评价解释时，可以提出这样的问题：有关的证据是否支持提出的解释？这个解释是否足以回答提出的问题？从证据到解释的推理过程是否明显存在某些偏见或缺陷？从相关的证据中是否还能推论出其他合理的解释？小组成员之间可以相互比较各自的结果，也可与教师、教材提供的结论相比较，从而对解释进行修正。

在小组间的交流和共同反思中，各个探究小组公布自己的研究成果，让其他小组来对这些解释质疑问难，使学生有机会检验实证资料、查证逻辑错误和提出不同解释。通过学生间的对话和讨论，刺激思维的碰撞，从而引发新的问题，或者加强资料、知识和解释之间的联系，学生也可以从中学会宽容、端正的辩证分析的态度；同样，交流的过程也是各个探究小组进行自我反思的过程，教师可以要求各小组对自己的探究方式进行分析，特别是对问题的解决过程进行反思和归纳，培养学生的元认知能力。这一阶段十分重要，它可以让学生对整个探究过程进行回顾和整理，反思各自的探究方式，系统地发展学生进行探究式学习的能力。

【案例】基于课前学习的课堂合作探究式教学指导

“动能和动能定理”教学中，在课前学习的基础上，指导学生以小组为单位通过理论探究推导动能定理。

动能定理是一条适用范围很广的物理定理，教材在推导这一定理时，由一个恒力做功使物体的动能发生变化，得出力在一个过程中所做的功等于物体在这个过程中动能的变化，然后逐步延伸至几个力做功、变力做功及物体做曲线运动的情况。这个梯度是很大的，为了帮助学生真正理解动能定理，教学中专门设计了理论探究动能定理的环节，设置一些具体的问题情境，让学生在不同的问题情境中推导外力做功与物体动能变化之间的关系，寻找物体动能的变化与哪些力做功相对应。通过对比和归纳，总结出外力做的总功等于物体动能的变化的结论。

探究任务分解：

分三种不同情境分别推导外力做功与物体动能变化的关系，分别得出动能定理的表达式。投影三种题目情境。

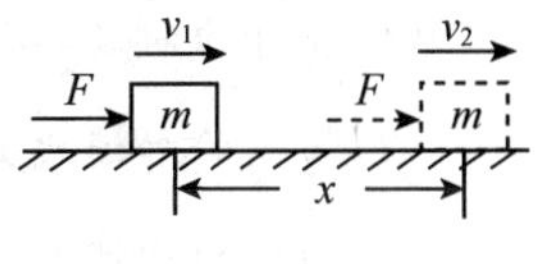

图 6-4

情境 1：物体的质量为 m，在与运动方向相同的恒力 F 的作用下发生一段位移 x，速度由 v_1 增加到 v_2，如图 6-4 所示。

情境 2：物体的质量为 m，沿倾角为 θ 的光滑斜面由静止开始下滑一段位移 x，速度增加到 v，如图 6-5 所示。

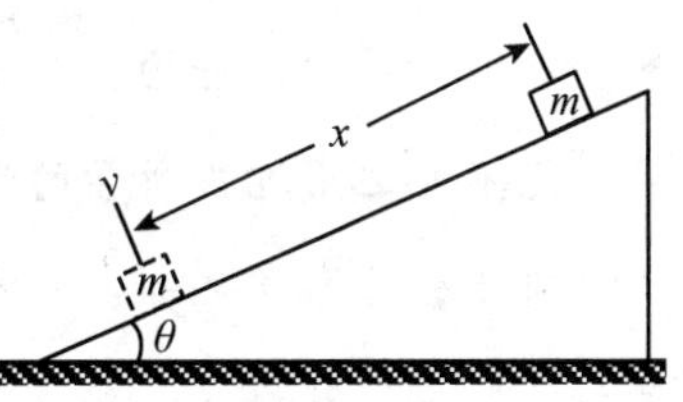

图 6-5

情境 3：物体的质量为 m，在与运动方向相同的水平恒力 F 的作用下沿粗糙水平面发生一段位移 x，速度由 v_1 增加到 v_2，已知摩擦力大小为 f，如图 6-6 所示。

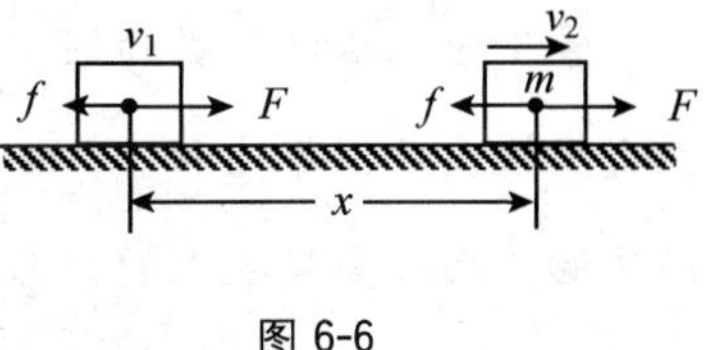

图 6-6

分别分析上述三种情境中外力做功情况及动能是否变化，提出问题：外力做的功与物体动能的变化有没有一定的联系？

分组推导外力做功与物体动能变化的关系。

学生以同桌两人为小组进行讨论、推导，得到关系式：$W=\frac{1}{2}mv_2^2-\frac{1}{2}mv_1^2$。

合作学习方式：

全班分成九个四人小组开展活动，九个小组分三部分，每三个小组负责一种情境的分析与推导。先讨论方案，然后分别推导，最后在每种情境中随机找一个小组的学生代表到黑板上展示推导过程。

全体同学共同分析评价展示结果。展示小组的成员解答其他小组同学的疑问。

生成预设：

如果学生推导有困难，可以给出如下参考问题。

(1)合外力对物体所做的功是多大？

(2)物体的加速度是多大？

(3)物体的初速度、末速度、位移之间有什么关系？

(4)结合上述三式综合推导你能得到什么样的式子？

课堂实录：

逐个出示三种情境，带领学生分析物体受力情况和外力做功情况。提出问题：三种情境中，外力对物体做的总功与物体动能的变化之间有没有内在的联系？能不能运用过去所学的动力学知识推导出其中的关系？

布置合作探究任务：四人小组开展活动，先讨论推导思路，接着由一名数学最好的学生动笔推导，其余三位学生监督。3 分钟后，随机找三个小组的学生代表到黑板上展示推导过程。任务分工：九个四人小组，1～3 组负责第一种情境，4～6 组负责第二种情境，7～9 组负责第三种情境。

学生分组活动，教师巡回指导。3 分钟后，在三种情境中分别找一个组的学生上黑板展示推导过程。3 组学生率先写出第一种情境的推导，教师提醒 1～3 组其他学生检查黑板上的内容，如有不同意见可以上台在旁边修改。随后 4 组和 8 组学生上台分别板书第二、三种情境。教师提醒其他同学仔细分析黑板上的内容，争取挑出其中的不足。

三组学生代表都板书完毕，教师提醒全体学生首先分析第一种推导，推导过程为：

$F=ma$，$W=Fx$，$v^2=2ax$，可得 $W=m\dfrac{v^2}{2}$，即 $W=E_k$。

询问学生有没有不同意见。2 组一名学生提出不清楚上述推导过程中初速度是如何替换的。教师征求其他同学意见，确定原因：推导过程忘记初速度了，帮助修改为 $W=m\frac{v_2^2}{2}-m\frac{v_1^2}{2}$。同时，给予调侃式评价：该组同学跑得最快，丢掉点儿东西可以理解。

带领学生分析第二种推导，确定推导过程规范。

第三种推导过程为：$W=(F-f)x$，$F-f=ma$，$a=\frac{(v_2-v_1)^2}{2x}$，$W=\frac{m(v_2-v_1)^2}{2}$。再由 $v_1=0$，得到 $W=m\frac{v_2^2}{2}$。

针对上述推导没有学生发言，带领学生分析，在 $a=\frac{(v_2-v_1)^2}{2x}$ 处提出问题：差的平方与平方差是一回事吗？学生恍然大悟，在学生口述下，帮助修改为 $a=\frac{v_2^2-v_1^2}{2x}$，$W=\frac{m(v_2^2-v_1^2)}{2}$。再次提醒学生，第三种情境中没有 $v_1=0$ 的条件，所以最终结论不是 $W=m\frac{v_2^2}{2}$，而是 $W=m\frac{v_2^2}{2}-m\frac{v_1^2}{2}$。

引导学生分析三种情境下的结论，等号左边为合外力的功，等号右边是什么？到底是动能，还是动能的增加量？得出结论：合外力对物体做的功，等于物体动能的变化，指出这一结论即动能定理，投影定理内容，提醒学生识记。

课后评析：

动能定理的理论推导采用了任务分解式的合作探究方式，全班 9 个四人小组分成三部分，每一部分分配相同的任务，推导过程在组内进行，分析和评价环节由任务相同的三个小组主导，其他任务的小组协同。为了让所有同学熟悉任务之外的情境，在分工之前，教师先带领全体同学对三种情境逐一分析。然后再布置任务分头行动。

3 组针对第一种情境的推导过程不完善，教师给其他同学留出了足够的时间和思考空间，期待和鼓励同学们从中发现问题，给予完善。在师生共同修改之后，教师及时的评价也让上台板书的小组同学得到了认可，从而维持了探究的积极性。

第三种情境的推导是存在问题的，由于使用了错误的公式 $a=\frac{(v_2-v_1)^2}{2x}$，他们本来得出了错误的结论 $W=\frac{m(v_2-v_1)^2}{2}$，可能是力求得出与前两个组相同的结论，即 $W=m\frac{v^2}{2}$，因而添加了 $v_1=0$ 的条件。

在对这一推导过程的评析环节，同学们均未发现问题，教师及时捕捉到这一信息，带领学生从受力分析开始，在思维关键点上提出“差的平方与平方差是一回事吗”的问题，促使学生顿悟。改正之后，分析结果，总结得出动能定理，水到渠成。事后反思学生出现上述错误的原因，可能在三组学生的推导过程中，都存在着“合外力做的功等于物体的动能”这种错误的前概念。由于课堂进程中未能深入思考，错过了纠正这一错误认识的最佳时机。

四、合作学习：连接课上课下的全方位合作

基于课前学习及其诊断的课堂教学，更适合采用合作学习的教学方式。合作学习方法多种多样，其教学结构和教学流程存在差异。由于教学目标、教学性质及学生特点不同，教师在设计合作学习时采用的结构也不尽相同。在我国的中学教学中，合作教学结构与传统的教学结构相比，比较普遍的特点是：将个体责任与小组协同、教师指导与学生自主、认知功能与交往功能融为一体，使得课堂上教师与学生两方面的积极性都得到充分发挥(姜连国，2017)。

根据我国教学班级的组成特点，同一个班的学生在同一堂课中学习内容基本相同，教学资源共享。针对上述特点，课堂教学中的合作学习应该具有分组灵活、多维划分、交叉组合、动态变化等特点。

1. 课前学习中的合作可采取成果共享的方式

受生活环境的限制，学生的课前学习大多数为各自独立完成。在学习过程的合作不易实施的情况下，课前学习中的合作主要体现在学习成果共享上。学生在课前学习阶段性完成时，可以相互分享学习成果、交流学习体会。随着信息技术的发展，以微信视频为代表的即时沟通为课前学习的全程合作提供了可能。同一

小组的同学可以在各自家里完成同步学习和即时沟通，实现组内合作的跨时空交流。

2. 课堂合作学习应采用机动灵活的方式

课堂教学中的合作学习组织，应该改变传统的合作小组划分方式，变固定分组为灵活分组，形成多层次、立体交叉的合作团体，通过教师合理的课堂引导和调控，最终实现动态的、自然的、全方位的合作学习。

在课堂进程中，合作学习需要围绕某一具体的学习任务(问题)展开，教学过程的时间序列性使我们可以把教学分解为许多阶段。每一个教学阶段的教学活动完成一项教学任务，有其开端和结尾，要经历一定时间，教学活动也有多种形式，这就构成了一个教学事件。在一个具体的教学事件中，合作学习一般可以按照“划分学习小组—布置学习任务—组织合作讨论—展示奇思妙想—交流学习体会”的流程展开。

3. 课后合作学习应起到承前启后的作用

课后的合作学习，应该主要以兴趣为区分，对课堂内容感兴趣的同学组成新的合作团体自觉开展课后的学习和探究。从教师的角度，除对学生感兴趣的课外拓展学习提供必要的指导和帮助外，还可以提供学习资源，引导学生通过课外合作完成后续教学内容。

【案例】机动灵活的课堂合作学习指导

“带电粒子在电场中的加速”问题，在课前学习基础上，组织针对课前学习内容的交流讨论和展示活动。首先出示课前学习的三个问题。

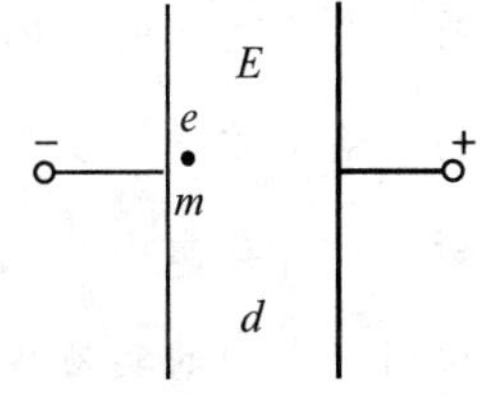

图 6-7

问题 1：如图 6-7，两平行极板之间的距离为 d，板间存在场强为 E 的匀强电场，有一电荷量为 e，质量为 m 的电子，从左侧极板附近由静止加速，求：电子的加速度、到达右侧极板时的速度及所需时间。

问题 2：如图 6-8，两平行极板之间的距离为 d，板间电压为 U，有一电荷量为 e，质量为 m 的电子，从左侧极板附近由静止加速，求：电子的加速度、到达右侧极板时的速度及所需时间。

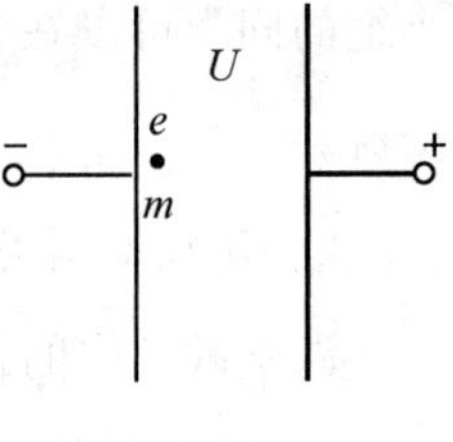

图 6-8

问题 3：如图 6-9，两平行极板之间的距离为 d，板间电压为 U，有一电荷量为 e，质量为 m 的电子，以初速度为 v_0 从左侧极板附近加速，求：电子的加速度和到达右侧极板时的速度。

师生行为设计如下。

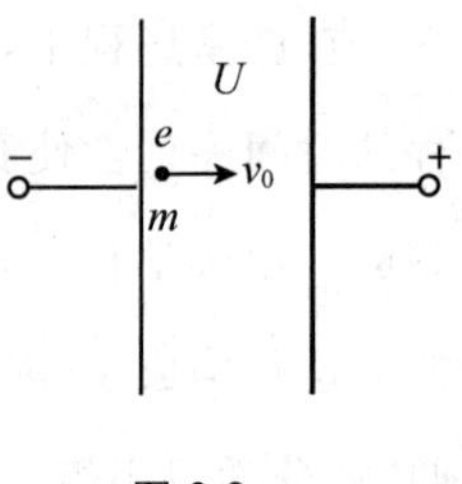

图 6-9

1. 划分合作小组，明确小组分工，布置任务。全班学生分三个区域性大组，每组负责一个题，各组分工是随机的，即哪个组负责哪道题由教师指定。各组讨论时先定出中心发言人，中心发言人可由组内成员推荐，也可由组长指定。

2. 组织学生分组讨论，教师参与其中。讨论以同桌两人为单位展开，可以前后桌甚至更多人组成随机小组。讨论结果汇总到中心发言人处，最终形成统一的意见，作为讨论的最终结果向全班汇报。

教师参与学生讨论，注意收集生成性资源，同时关注游离在小组讨论氛围之外的学生，帮助他们融合到相应小组中去。

3. 各组汇报讨论结果。教师组织各组中心发言人汇报讨论结果，每组汇报前先留出适当的时间让其他组的同学熟悉该题题意。汇报不仅包括题目正确求解的思路、方法、步骤及最终结果等，还要包括题目的常见错误思路、出错原因剖析等，并提出同组成员讨论产生的新思路、新见解和新困惑。发言结束后，首先由同一大组的其他成员进行补充、说明或完善，然后由其他组同学质疑和提问。针对其他组同学的质疑和提问，由汇报组的任一位同学给予解答，解答不了的，教师可以根据问题的价值选择提交全班讨论或布置课下研究。

每道例题占用的时间视题目难易和学生反应而定。自问题 1 至问题 3 逐一解决。征求不同的解法和思路，总结出两种不同的处理思路：动力学观点和能量观点。

方法一：先求出带电粒子的加速度 $a=\frac{qU}{md}$，

再根据

$$v_t{}^2-v_0{}^2=2ad,$$

可求得当带电粒子从静止开始被加速后获得的速度为：

$$v_t=\sqrt{2\times\frac{qU}{md}\times d}=\sqrt{\frac{2qU}{m}}。$$

方法二：由 $W=qU$ 及动能定理

$$W=\Delta E_k=\frac{1}{2}mv^2-0,$$

得

$$qU=\frac{1}{2}mv^2,$$

到达另一板时的速度为

$$v=\sqrt{\frac{2qU}{m}}。$$

深入探究：

(1)结合牛顿第二定律、动能定理中做功条件($W=Fs\cos\theta$ 适用于恒力做功，$W=Uq$ 适用于任何电场)，讨论各方法的实用性。

(2)若初速度为 v_0(不等于零)，推导最终的速度表达式。

学生思考讨论，列式推导(教师抽查学生探究结果并展示)，教师最后点拨拓展。

推导：设初速为 v_0，末速为 v，则据动能定理得 $qU=\frac{1}{2}mv^2-\frac{1}{2}mv_0{}^2$，

所以 $v=\sqrt{v_0^2+\frac{2qU}{m}}$。

($v_0=0$ 时，$v=\sqrt{\frac{2Uq}{m}}$)

方法渗透：理解运动规律，学会求解方法，不去死记结论。

五、诊断学习效果的量化和质性评价

在基于课前学习的评估中，课前诊断针对课前学习，检验课前学习的效果；课堂检测则不仅要针对课堂学习，检验课堂学习效果，还要兼顾整个课时的学习目标，检验课时目标的达成情况。课堂练习在巩固学习内容的同时，也兼具课堂诊断的功能。课堂教学效果的评价追求量化评价与质性评价的结合。量化评价不仅仅是传统的纸笔测试，而是一系列符合课堂情境的形成性评价；质性评价则是将过程性的质性评价手段引入课堂，针对学生的课堂表现展开即时评价。量化评价和质性评价相辅相成，形成优势互补的关系，共同构成课堂教学评价体系。

在基于标准的教学与评价中，罗伯特·J·玛扎诺等人(2012)主张在学习目标的设计环节，将学习目标归纳到评价量表中，在学习目标系统中实施教学，对教学过程和效果进行形成性评价和基于标准的评分。

【案例】组织课堂检测和反馈，对各小组和个人的表现作出综合评价

在“力、重力”的教学中，学生分组展示完成新课内容后，下发学习效果检测题。

“力、重力”学习效果检测

一、识记层级

1. 下列说法中，正确的是(　　)。

A. 力只能产生在相互接触的物体之间

B. 有受力物体，就必定有施力物体

C. 施力物体施力在先，受力物体受力在后

D. 有的力物体自己就能产生，并不需要其他物体的存在

2. 重 4 N 的木块放在水平桌面上，桌面受到 4 N 的压力，以下说法正确的是(　　)。

A. 这个压力就是重力，施力物体是地球

B. 这个压力就是重力，施力物体是木块

C. 这个压力不是重力，这个压力的施力物体是木块，木块所受重力的施力

物体是地球

D. 这个压力与木块所受的重力相平衡

3. 下列各种力的名称，根据力的效果命名的是(　　)。

A. 浮力　　B. 弹力　　C. 重力　　D. 摩擦力

4. 放在桌上的书本，受到支持力的作用，其受力物体是________，施力物体是________；同时，书对桌面的压力，其受力物体是________，施力物体是________。由此可见，一个物体与另一物体发生相互作用时，既是________，同时又是________。

5. 在地球表面处 $g=9.8\ \mathrm{N/kg}$，在月球表面处 $g'=1.63\ \mathrm{N/kg}$。一个质量是 50 kg 的人，在地球表面处所受的重力为______ N；他在月球表面处的质量为______kg，所受的重力为________N。

二、理解层级

6. 关于物体的重心，下列说法正确的是(　　)。

A. 物体的重心一定在物体上

B. 任何物体的重心都在它的几何中心上

C. 物体的形状发生改变其重心位置一定改变

D. 物体放置的位置发生改变，重心相对物体的位置不会改变

7. 关于重力的方向，下列各种叙述中正确的是(　　)。

A. 重力的方向总是指向地心

B. 重力的方向总是竖直向下

C. 重力的方向总是跟支持重物的支持面垂直

D. 重力的方向总是跟支持面对重物的支持力方向相反

8. 关于重力的大小，以下说法正确的是(　　)。

A. 悬挂在竖直绳子上的物体，绳子对它的拉力一定等于其重力

B. 静止在水平面上的物体对水平面的压力一定等于其重力

C. 物体所受的重力与它的运动状态无关

D. 物体在同一地点向上运动时所受的重力可能小于向下运动的物体所受的

重力

9. 如图 6-10 所示，重为 3.0×10^6 N 的木箱分别放在水平地面和斜面上。

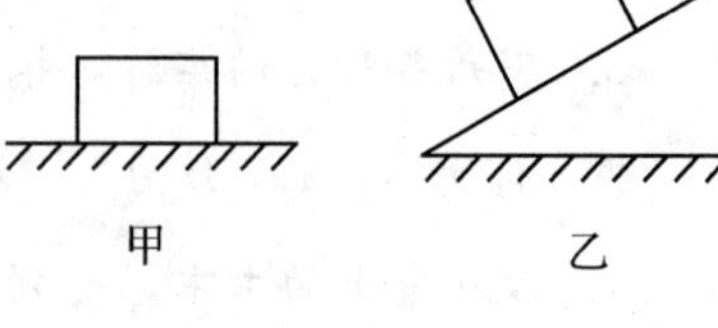

图 6-10

(1)在甲图中画出木箱所受重力的图示；

(2)在乙图中画出木箱所受重力的示意图。

10. 如图 6-11，正方体边长为 L，今用一力作用于 AB 边，使其绕 $C'D'$ 边转动，直到平面 $ABC'D'$ 处于竖直位置，求：正方体的重心升高了多少？

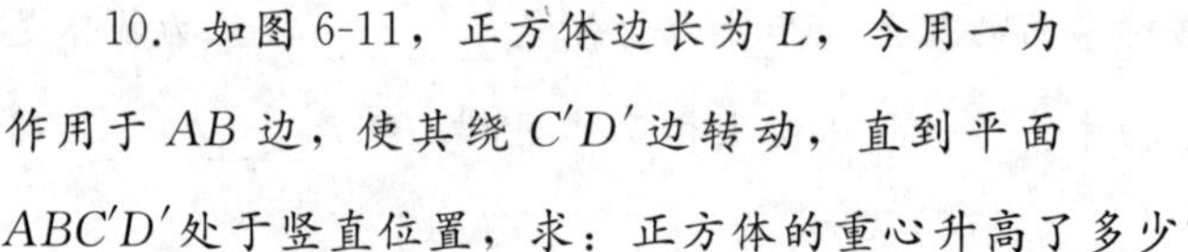

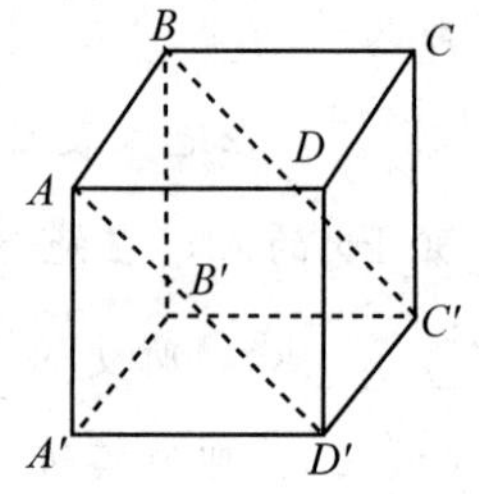

图 6-11

三、应用层级

11. 下列关于力的说法正确的是(　　)。

A. 物体发生形变时，一定受到力的作用

B. 一对互相平衡的力一定是相同性质的力

C. 物体受到力的作用，其运动状态一定改变

D. 力的三要素相同，作用效果一定相同

12. 如果地面上一切物体受到的重力都消失了，则可能出现的现象是(不考虑地球自转)(　　)。

A. 江河的水不会流动　　　　B. 鸡毛和铁球都可悬浮在空中

C. 天不会下雨　　　　D. 一切物体的质量都变为零

13. 一块均匀圆形木板，去掉中心处半径为原来一半的圆形部分，剩下的环形木板(　　)。

A. 受重力是原来的一半，重心仍在圆心处

B. 受重力是原来的$\frac{3}{4}$，无重心

C. 受重力是原来的$\frac{3}{4}$，重心仍在圆心处

D. 受重力是原来的$\frac{3}{4}$，重心在环上

14. 自然界中有四种基本相互作用，分别是________相互作用、________相

互作用、________相互作用、________相互作用。在我们常见的力中，重力属于______相互作用，弹力属于______相互作用，摩擦力属于______相互作用。

15. 如图 6-12 所示，有一等边三角形 ABC，在 B、C 两处各放一个质量为 m 的小球，在 A 处放一个质量为 $2m$ 的小球，求这个系统组成的重心在何处。

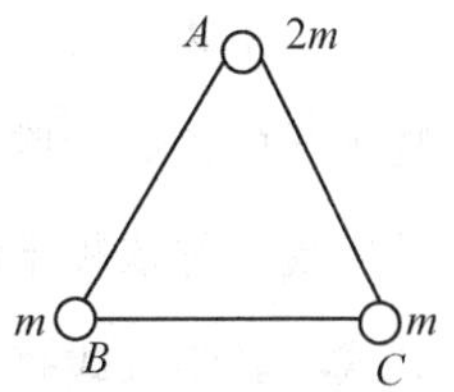

图 6-12

四、拓展层级

16. 四种基本相互作用及其统一问题是近一个世纪以来科学家们不懈追求的热点，请上网查找关于上述问题研究的历程和最新进展，下节课前给大家作简要介绍。

17. 查找高中物理必修 2 中万有引力部分内容，了解重力和万有引力之间的关系，下节课前给大家作定性介绍。

布置学生当堂独立完成第二层级的五道题目，五分钟时间内完成。投影评分标准，布置相邻的两位同学交换批阅，给出分数，举手统计得分情况，全班 40 位同学均在 60 分以上，18 位同学 80 分以上。组织学生讨论出错题目，其中第 8 题出错最多，师生共同对四个选项进行剖析，直至全体学生达成共识。

课后反思：根据课堂表现对学生的知识掌握情况作出判断，课堂检测跳过第一层级，直接用第二层级的题目进行，投影评分标准，组织学生互评，及时反馈结果，组织对出错较多的第 8 题进行辨析。从检测结果看，第 8 题难度较大，应调整到第三层级。

第三节　教学方式的整合策略

基于课前学习诊断的教学，要关注学生学习的全过程，在学生不同阶段、不同类型的学习中，教师应采取不同的教学方式。教学方式要充分发挥高中物理课程在学生发展中的作用，引导学生在物理课程的学习中提高物理学科的核心素养，学会运用物理思维的方式方法去处理各种实际问题，进而使学生自身的综合素养得以全面提升。

高中物理教学注重让学生领悟物理学科的思想方法，体验探究的过程，感受物理学的美妙，增强实践意识，养成良好习惯，培养创新能力等。这些培养目标的实现，都依赖于教学的过程。针对不同的培养目标，也要采取机动灵活的教学方式。教学方式整合应充分考虑到激发学生学习积极性和主动性，促进学生高级思维发展，课前与课中无缝衔接等方面的要求。下面从多个方面分别说明教学方式整合的具体策略。

一、课前学习效果外显

课前学习诊断使学习内容得以充分外显，但学生课前学习中内在的、潜隐的、思维情感层面的状态，必须通过学生的课堂行为得以外显。这就需要在课堂教学的起始阶段，运用一切可能的教学手段，尽量使学生课前学习各个层面的状态得以充分外显，包括课前诊断未能涉及的学习内容。一般来说，课堂展示、非正式采访、疑问公开、经验共享、作业展示等方式都可以达到良好的外显效果。

二、基于课前高于课前

基于课前学习诊断的教学，对课堂教学内容的针对性要求更高。课堂教学既不能重复课前学习内容，演化成巩固复习课，也不能盲目拔高，脱离学生的实际状态。按照维果茨基的最近发展区理论，课堂教学从知识内容到思维方法都应该接近且稍高于大多数学生的学习现状。从学习进阶的角度，课堂教学的起点，就应该通过课前学习诊断和课堂开始阶段外显的学生现状，从大多数学生的知识内容和思维现状出发组织教学。从内容上，可以首先解惑，组织学生讨论交流或通过教师讲授解决学生知识层面的疑问；然后，组织学生通过合作、探究等方式对易错知识进行辨析、对重点知识进行强化、对主干内容进行深化和拓展。从思维方法上，引导学生通过课堂学习使不同侧面的思维品质得到锻炼；组织学生对课前学习和课堂学习中用到的方法进行总结，必要时通过教师的点拨得以概括和提升。总之，课堂教学从学生现状开始，力争通过合理设置进阶节点，使学生的知识内容和思维方法均得到不同层次的提升。

三、突出学生主体地位

学生学科核心素养的提升，很大程度上依赖于学生的主动学习。在课堂上，学生的主动学习体现在两个方面：一是行为上的参与，即积极主动地参与到各种课堂活动中；二是思维上的同步，即思维状态始终与课堂内容保持一致。由于学生个体的差异，个别学生的思路可能稍快或稍慢于整体节奏，这就要求教师随时关注前后两端的学生状态，除鼓励超前的学生大胆发散或拓展外，特别关注后进的学生，提醒或帮助他们及时跟上整体步伐。需要说明的是，主动学习并不排斥接受式学习，在课堂教学中，有意义的接受式学习是必要的，学生主动查阅资料获得结论、认真记录教师讲授的重点内容等，都是主动学习的重要组成部分。

四、针对学生课堂现状

学生的课堂学习状态会受到课堂环境的影响，又会反过来影响课堂环境。在课堂进程中，结合课堂氛围的变化，根据需要及时调整教学方式是必要的。影响课堂环境的因素很多，可以粗略划分为客观因素和主观因素。客观因素包括学习内容、学习材料、媒体设备、教室舒适度、其他听课者等；主观因素则包括学生或教师的精神状态、学习兴趣、参与程度、课堂氛围(轻松还是压抑、和谐还是对立)等。在不同的教学环节，课堂节奏也会有起伏变化，从而影响到课堂环境。

基于课前学习诊断的课堂教学，首先要通过课前诊断初步了解学生的学习状况，还要通过学生的课堂行为随时把握学生的学习动态，这就是课堂即时诊断。课前诊断常常是纸笔方式的，课堂即时诊断则常常是质性评价方式，针对学生的展示、谈论等行为展开。基于诊断的教学常常从答疑解惑、深入探究、拓展提升等侧面展开，不同的主题，适应不同的教学方式，在某一环节的教学中，常常是以一种教学方式为主导，多种教学方式配合使用。

五、激发调动学习热情

课堂教学方式应以激发调动学生的学习热情为目标。传统的接受式学习不太注意学生学习的动机与兴趣，学生的学习往往是被动的、机械的。人本主义学习论的代表人物罗杰斯认为，人类具有学习的自然倾向或学习的内在潜能，教学的任务就是创设一种有利于学生学习潜能发挥的情境，使学生的学习潜能得到发挥。在基于课前学习诊断的教学中，学生的学习动机主要来源于解决课前学习困惑的强烈愿望、新的物理现象和实验的吸引、对新的物理现象产生原因的探求、课前或课堂探究问题的深入等。在上述因素中，认知内趋力的因素对物理课堂教学有明显的影响。教师是采用外部强化去控制学生，还是采取一些方法去吸引学生对物理现象本身的注意，效果明显不同。课堂教学中越来越重视物理情境的创设，就是这个道理。

人本主义学习论注重学生自身的体验，在课堂教学中教师应采取适当的教学方式，给学生更多的参与机会。从物理现象的感知、表象的建立，到物理概念的形成和规律的掌握，应创造条件让学生通过观察、阅读、实验操作等发现问题，通过分析、思考提出假设，再通过推理、演算寻找结论。在上述过程的体验中，学生亲历了知识的建构，获得了成功的喜悦。在这种反复的“探究－快乐”体会中，学习动机得到强化，物理兴趣逐渐形成。

六、课堂互动和谐畅通

生动的课堂不仅取决于师生积极主动的参与，还源于课堂所有成员的多方互动。教学中要设法创造条件，保证师生互动、生生互动的畅通。

课堂即时评价是课堂的重要组成部分，发展性评价强调自评与他评相结合。教师通过评价来激发学生的学习热情，最终引导学生学会自我评价与自我教育，成为学习的主人。在评价主体上，要求由单一的教师评价转变为学生自我、同学、教师、家长多元主体的综合评价，以多方共评来促进学生的全面发展。在课堂评价中，鼓励学生本人、同学、教师等参与到评价中，实现评价主体的多元化，将评价变为多主体共同参与互动的活动。

七、开发利用生成性资源

现代课堂教学的价值取向应当是探究与生成并重，将预设生成转变为课堂动态生成。课堂教学过程就是学生知识与能力不断成熟的过程，动态生成的质量反映了学生在课堂上的收获，也反映了教师教学行为的有效性。在基于课前学习诊断的教学中，生成性资源主要包括课前和课上两部分，由于课前学习具有相对独立性，课前生成性资源的开发主要集中在物理课堂上，这样一来，课堂生成性资源的开发既要关注课堂即时生成，也要优先体现课前学习中的生成。在课堂进程中，生成性资源往往不期而至、稍纵即逝。物理课堂生成性资源开发的常用策略包括：精心预设，不拘预设；捕捉互动资源，灵感放大；巧妙利用思维冲突；利用学生思维偏差，因势利导；合理运用课堂评价；机智处理意外事件，随机应变，等等。

课堂提问是促进师生互动与生生互动，进而实现动态生成的有效手段，教学生成的质量如何，需要教师适时对其作出评价，并通过评价改进自己的教学流程和教学策略，实现效率与效益的同步提升。

1. 从学生的认知冲突中捕捉生成性资源

有效的课堂提问能够有效激发学生的认知冲突，为思维提供一个支点；可以唤起学生的探究欲望，产生“一石激起千层浪”的效果。在学生对问题的深入思考、讨论与辨析中，灵感的火花将被点燃。教师要善于捕捉学生思维的闪光点，筛选、加工、放大，通过有效的课堂评价使之成为有效的课堂资源。

2. 问题串的生成

问题串就是在一定的学习范围或主题范围内，围绕一定目标或某一中心问题，按照一定逻辑结构精心设计的一组(一般在3个以上)问题。问题串是支持教师教授过程和学生学习过程的重要工具。使用问题串进行教学，引导学生带着问题积极地进行自主学习，由表及里、由浅入深地自我建构知识。有效的问题串能够激发学生积极的思考和回答，并因此积极地参与学习活动。问题串可以通过教师课前的精心设计而形成，也可以通过教师在课堂上针对学生回答而进行的一系列追问来生成，生成的问题串不仅包含了教师的精彩追问和学生的精彩回答，还可能包括学生在思维碰撞中生成的新问题，以及由此引发的深层次的思考，因而更具研究价值。问题串的生成除了需要一定的教学情境外，还取决于教师的课堂机智及思维逻辑性，是教师课堂即时评价能力的重要成分。

3. 诱导学生提问

课堂是双向的，教师应当鼓励学生提出问题。课堂上教师要给学生创造设问的情境，提供提问的机会，把提问权更多地从教师转让给学生。教学中我们提倡“不是通过传授知识来消灭问题，而是通过传授知识来引发更多新的问题”，通过质疑问难、自由讨论，使学生潜在的创造力得到充分的发挥。学生主动提出问题是探究能力的一个重要侧面，问题的提出体现了学生思维的敏锐性。要给学生创建一个没有风险的提问环境，强调从错误中学习的价值。我们可以告诉学生犯错误是很正常的，在这里“不知道”和犯错误被认为是学习的一部分，鼓励学生积极思考。课堂上要引导学生发现问题和提出问题，基于学生的困惑展开教学。为此，在教学中教师要设计教学活动来让学生质疑问难，善于利用各种资源创设情境诱导问题的生成。“开放性提问”“学生展示”“辩论”“佯谬”等，均是诱导学生提问的常用手段。此外，还可以运用小组合作共同协商让学生掌握“提问”的思路和方向，让学生联系生活经验找“问题”，结合既有知识找“问题”，充分发挥想象找“问题”，联系其他学科找“问题”，运用类比、比较等逻辑方法找“问题”……为学生营造一个更加广阔的提问空间(吴兴付，2012)。下面是以“带电粒子在电场中的运动”为例，分析教学过程中课堂生成性资源的开发和利用方式。

【案例】合理运用课堂评价诱导课堂生成

“带电粒子在电场中的运动”的教学中，针对带电粒子的偏转设计问题，课堂实录如下。

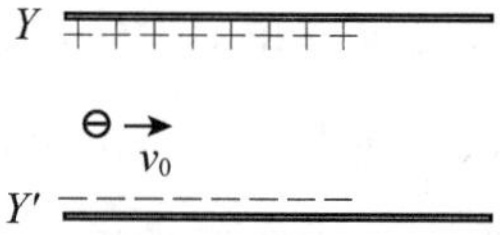

如图 6-13 所示，水平放置的两平行金属板之间的电压为U，板长为l，板间距离为d。电子电荷量为e，质量为m，以初速度v_0从左侧两板中间沿平行于极板方向射入，从极板右侧打出。求：

图 6-13

(1)电子射出电场时在竖直方向上的偏转距离。

(2)电子射出电场时的速度偏转角的正切值。

布置学生通读问题，全班一起研究。

教师点名让一名同学分析受力：×同学，请分析电子进去以后的受力情况。

×同学：电子受到向上的力。

师：向上的，什么力？

×同学：电场力。

师：多少？

×同学：$F=eE$，$E=U/d$。

师：分析完受力，也会求了，再进一步考虑：电子做什么运动？

×同学：类平抛，向上偏转。

师：请坐。受力和运动方式解决了，电子做类平抛运动。类平抛运动的基本处理方法？

学生齐答：运动合成分解。

师：沿初速度方向做什么运动？

学生：匀速直线运动。

师：看看已知条件，板长和初速度已知，可求什么？

学生：可求运动时间。

师：再看垂直于极板方向，做什么运动？××同学，你说一下。

××同学：初速度为零的匀加速运动。

师：能否求出加速度？

××同学：$\frac{eU}{md}$。

师：偏转距离呢？

××同学：$\frac{1}{2}at^2$，把 a 和 t 代进去就行了。

师：很好！请坐。再来看第(2)问。

……

问题拓展：如何求出末速度？提问优秀学生甲，该同学说思路，教师在黑板上替他板书。甲提出用动能定理，并给出了求解方程$\frac{1}{2}mv^2=Ue$，让同学们评判该方程是否正确，同学们稍作分析后指出初速度不是零。学生乙帮忙修正，给出方程$\frac{1}{2}mv^2-\frac{1}{2}mv_0^2=Ue$，再让同学们评判新方程是否正确，稍作停顿后个别学生指出仍有错误，提问学生丙哪儿还有错误，丙指出U不对，不是做功对应的电压，教师强调：此U非彼U，学生笑。追问为什么做功对应的电压不是U，学生思考、自发简单讨论，学生乙举手发言，指出把U改成Ed就对了，多数同学附和，教师帮助分析：Ed还是U。乙又指出U保持不变，学生继续自发讨论。教师提醒同学们仔细考虑丙同学的意见，带领学生对照投影分析：电场力做功的距离是哪一段？学生找到是偏转距离Y，进一步分析Y对应的电压是不是U，学生恍然大悟。教师总结错误的实质，强调“此U非彼U”的重要性，指出在这里用动能定理最容易在电压U上出现张冠李戴的错误，需要特别小心。

点评：本环节先采用团体合作的方式，在教师带领下共同分析思路。这一环节的评价采用提问、追问的方式，由师生一系列连贯的问答生成问题串，推动求解思路由浅入深。在提问方式上，没有抓住一个学生一问到底，而是适当变换提问对象，群答和点名回答交替进行。群答可使分析进程顺畅，当群答中只有较少数人回应时，说明多数人没有与教师的节奏一致，则需要适当改变节奏，点名由游离在整体节奏之外的同学回答，以唤回多数同学的注意力。

对于教师提出的拓展问题，即如何求出末速度的问题，学生的思路出现了偏差。教师准确捕捉了这一生成性资源，广泛发动学生进行辨析，在辨析中发动学生各抒己见，让学生充分发表自己的见解，同时也让平时可能出现的错误思路充分暴露出来。在这里采用了全体师生共同参与的团体合作辨析方式，在团体合作过程中，老师的即时评价采用了师生多方共同评价的方式，既保证尽量多的同学积极参与，又保证辨析的内容紧紧围绕中心问题。学生在辨析过程中不断产生新的想法或见解，教师都给予充分展示的机会，无论学生的想法是否正确，教师都给予高度的欣赏和鼓励。在团体争论辨析陷入僵局时，教师及时提醒关注丙同学“此U非彼U”的意见，将学生的思路引导到正确的方向上来。在这里，教师通过准确的角色定位和收放控制实现了对团体争论辨析过程的有效引领，在问题解决的同时促成课堂气氛达到了高潮(姜连国，2015)。

八、多种教学方式整合

基于课前学习及其诊断的教学整合，不仅是教学内容的整合，还是教学过程、教学环节的整合，更是教学方式的整合。整合教学方式，首先要对传统的教学方式进行重新审视，转变传统教学方式中不合理的成分。

教学方式的转变也是为了适应学习方式的转变。师生之间改变传统的教与学的方式，平等互动、积极对话，针对学生不同的学习现状和个性特点积极探索并运用先进的教学方法，以促进学生的个性发展。教学方式的变化直接表现为教学行为的变化、课堂知识的变化，决定了教师课堂控制方式的变化，将改变传统的课堂面貌。

在教学方式的整合中，首先应树立有关课堂的四点基本认识：第一，课堂不是教师表演的舞台，而是师生之间交往、互动的舞台。第二，课堂不是对学生进行训练的场所，而是引导学生发展的场所。第三，课堂不只是传授知识的场所，而且更应该是探究知识的场所。第四，课堂不是教师教学行为模式化运作的场所，而是教师教育智慧充分展现的场所。

任何一种教学方式都有适应的条件和环境。基于课前学习诊断的教学，同样要求根据实际需要，在不同的教学环节合理运用不同的教学方式。在一节课的进程中，教学方式的灵活转换是必要的，也是必需的。许多学校曾经流行的教学方式实践证明，再好的教学方式，长期重复使用也会导致僵化，必然背离其原有的初衷，难以达到理想的教学效果。

一般来说，在同一节课中，教学方式可以根据教学内容而转换，也可以根据课堂结构而转换，或者根据课堂节奏而转换。可以是动与静的结合、自主与合作的结合，也可以是接受与发现的结合、新授与巩固的结合。文字化的教学方式是僵死的，但课堂中的师生状态是鲜活的，通过师生共同参与的机动灵活的教学方式，激活师生的创造力和参与热情，才能使课堂真正活起来。

第七章

课堂教学结构整合

根据基于课前学习诊断的教学整合模型，针对某个教学内容，经过课前学习诊断之后，教师对学生相关知识和能力的状况有了更准确的了解，也更明确了学生的疑问和困惑。接下来就要在课堂教学中解决学生的困惑，并进一步结合所学知识促进学生物理学科核心素养的发展。这需要通过合理有效的课堂教学整合来实现，即在课堂教学中通过答疑解惑、整合提升、训练巩固、反馈矫正等环节的有机组合，实现教学目标。本章就课堂教学各个环节的教学内容、策略和教学方式等分别进行说明，并提出建议。

第一节　基于诊断的答疑解惑

教师在授课前备课时，要制订教学目标、重难点以及教学方法策略等。实际教学中，不少教师是基于课程标准、教学参考资料，以及以往的教学经验等对学生情况作出预测，进而进行教学设计的。这虽然也能解决学生普遍存在的部分问题和困难，但由于是根据统一的标准和以往的经验，对现实的教学对象而言，则显得针对性不强，不能很好地落实学生的个性化学习和发展目标。对某些学生而言，教师可能花了大量的课堂时间讲解他们易于理解和自学的内容，而对于他们自己难以解决的困惑，教师倒有可能蜻蜓点水、着墨不多，导致学生的疑惑得不到解决，影响了课堂效率和教学效果。

例如在进行“速度”的教学时，有的教师根据教材上的内容先举出比较物体运动的快慢的两种方法，再指出统一比较标准的必要性，进而给出速度的定义：用位移与发生这段位移所用时间的比值表示物体运动的快慢，这就是速度。接着讲解速度的定义式、单位、方向，平均速度与瞬时速度等。这样讲解虽然简单快捷地把本节的重点知识介绍给了学生，但却忽视了学生的已有概念、经验、学习基础等与课题内容的矛盾，以及可能由此产生的问题。也就是说学生虽然听了新的课程内容，但并不一定真正理解，没有经历新旧概念的冲突和辨析，也就谈不上在原有的基础上发展，更谈不上在实际的问题情境中正确地应用。如果课前先引导学生预习并提出对本节内容的疑问，则可发现学生对用速度表示运动的快慢，速度的单位、方向，以及平均速度的概念等内容的理解并不困难，但是对于速度定义的理解是存在问题的。因为学生初中时学习的速度定义是路程比时间，而此处的定义是位移比时间，为什么要这样定义？是初中学的知识错了吗？再有一个比较集中的问题是关于瞬时速度的理解，例如如何理解教材上的这句话“当 Δt 非常非常小时，我们把 $\Delta x/\Delta t$ 称作物体在时刻 t 的瞬时速度”？其中的“Δt 非常非常小”是小到多少呢……如果不注意解决这些疑惑，学生就难以建构和发展更科学全面的速度概念，在遇到涉及自己疑惑的问题时，往往无从下手，难以正确判断和解决问题。这样的教学就是比较低效的。

要改变上述笼统而效率较低的课堂教学状况，就要针对学生课前学习中的问题展开课堂上的答疑解惑教学。也就是分析课前学习和诊断中反映出的问题，找到产生问题的原因，并根据问题成因进行相应的教学设计、针对学生的疑问和迷惑选取适当的教学内容、采用有效的教学方法和手段进行课堂教学。即针对困难疑点从知识和方法上进行破解，促进学生真正地在原有水平上提高认识和能力，实现教学目标。

关于课前学习和课前学习诊断的目的、意义和具体的实施方法等，在本书的第四章和第五章已经做了介绍。下面主要分析课前学习诊断中，常见的学生疑难所在及其产生的原因。

一、课前学习诊断中的疑难及成因分析

了解学生在课前自主学习中的疑难，可以通过检查学生的课前学习笔记、学案、问题清单等课前学习作业发现存在的问题；也可以通过调查问卷或访谈了解学生的困惑；还可以通过课前诊断的测试结果进行分析。学生的物理学习基础、认知能力、科学素养、自主学习能力和钻研精神等存在差异，因此表现出的疑难和存在的问题也各有不同。下面分别从物理知识学习、科学方法应用及物理观念的建构发展等角度分析一下学生在课前学习诊断中存在的问题及其成因。

(一)物理知识理解上的问题

这一类问题指学生对学习资料中讲述的内容不能理解和掌握。具体的表现可能是：在课前学习笔记等作业中对学习内容的认识是错误的、杂乱的，例如有的学生在加速度的课前学习笔记中写到“加速度的方向就是速度的方向”；对课前诊断中有关再现型知识理解的测试题回答错误，例如从速度—时间图像上比较两个物体运动的加速度的大小时回答错误。总的来说，是在对预习资料中概念和规律等物理知识的基本内容的记忆、重现和简单的应用中出现问题和困难。

产生这类问题的原因很多。(1)阅读理解能力薄弱：阅读同样的内容，有的学生可以迅速而准确地发现和记录知识要点，而有的学生却感到不知所云。例如人教版物理必修 2《曲线运动》一节中有一段内容是："……有了切线的概念，我们就可以说：质点在某一点的速度，沿曲线在这一点的切线方向……只要速度的方向发生改变，就表示速度矢量发生了变化，也就有了加速度。曲线运动中速度的方向在变，所以曲线运动是变速运动。"这段文字表达了两个知识要点：曲线运动的方向和曲线运动的性质，这些在教材内容中表达得都十分清晰。在课前学习诊断中，有的学生在针对这两个知识点的测试题中出现错误。经过调查了解到，其中一个原因就是没有注意到教材上这一部分内容，因而也就没有认真地理解和记忆。这种阅读时对知识的"视而不见"，是学生课前学习时对基础知识没有很好掌握的一个重要原因。(2)相关知识的掌握不足：学生对学习资料中某个内容不理解，有时是对相关的概念、规律等没有掌握牢固，影响到对这部分知识的理解。例如学生在有关法拉第电磁感应定律的课前学习诊断题中出现错误，原因就可能是对磁通量、磁通量的变化、磁通匝链数等相关概念的理解和应用出现了问题。(3)对课前学习重视不够：有的学生对物理缺乏自主学习的兴趣，或习惯了通过课堂上教师讲解学习知识的教学方式，对课前自主学习的方式还不能很好地适应，因而重视程度不足，课前学习敷衍了事，造成一知半解。

(二)科学思维方法上的问题

有的学生对陈述性的知识要点掌握和记忆得很好，但对学习资料中没有明确讲解的知识和需要通过推导得出的结论，却缺乏推理和论证分析的能力。例如在"加速度"一节的课前诊断中，有一道题是这样的：

下列说法正确的是(　　)。

A. 物体加速度不为零时，速度可能为零

B. 物体速度大小不变时，加速度可能不为零

C. 速度变化大，加速度一定大

D. 加速度越小，速度一定越小

你选择的根据是______________。

此题的正确选项为A和B。可以看出，四个选项虽然都是关于加速度概念理解的，但是教材中都没有直接的讲解和结论，需要在教材内容的基础上，结合生活中的实例和速度等相关概念进行推理分析，论证每个结论是否正确。从学生填写的“选择的根据”中可以发现，选项出现错误的原因多半是推理过程出现了问题。例如漏选B的学生把速度大小不变想当然地理解成速度不变，因而认为一定没有加速度。

再如：扩散现象和布朗运动都表明，分子的无规则运动与温度有关系，温度越高分子热运动越剧烈。那么温度升高时每个物体分子的运动都更剧烈吗？

学生通过课前学习教材内容可知，温度越高，分子热运动越剧烈。但教材上对温度升高后分子热运动的详细情况却没有进一步的描述。不少同学没有进一步分析温度的统计平均意义，而是将温度与每个分子的热运动情况一一对应起来，作出了错误的回答。

出现此类问题的原因主要是学生只从记忆层面了解了物理概念规律的表述，而不善于用科学思维方法进一步深入分析问题、得出新的结论。科学探究和科学思维的有机结合是科学研究的典型方法和思维方式，也是学习物理的重要方法和能力。如果学习物理时只限于对物理现象表层的感知、对书本知识简单的记忆，而不能在此基础上进行科学的推理、论证和质疑、反思，则会在对教材内容进一步的深入理解上产生困惑。物理学现象如此丰富，物理学研究成果又不断发展，没有哪一本教科书可以将所有的物理知识描述穷尽，因此教会学生掌握科学思维方式来推理演绎、探索未知，是物理教学的重要目标。

(三)实践应用能力上的问题

有的学生概念、公式背得很熟练，可是在应用概念、规律分析实际问题时却存在较大困难。例如学习平抛运动规律的课前诊断题目：

如图 7-1 所示，假设一架航天飞机不受外力影响，沿直线侧向从 P 点运动到 Q 点。从 Q 点开始启动发动机，对航天飞机产生一个与 PQ 连线成直角的恒定推力。这个恒定推力持续作用，直到航天飞机到达空间 R 点。

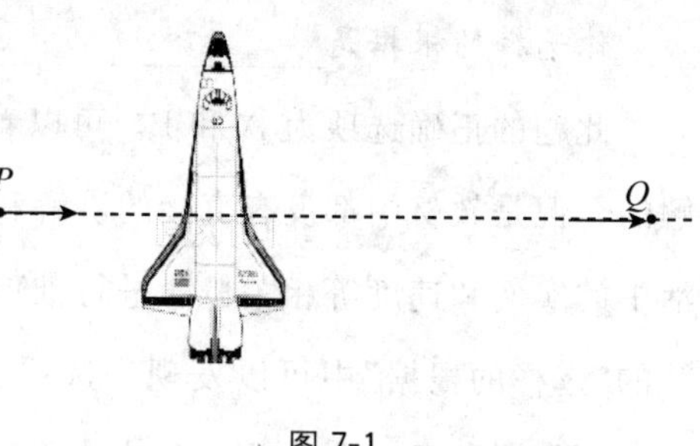

图 7-1

问题 1：如图 7-2 所示，哪一条路线最好地描绘了航天飞机在 Q 点和 R 点之间的轨迹(　　)。

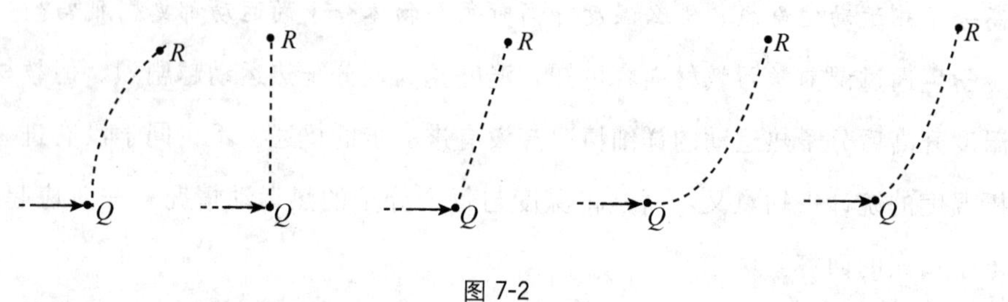

图 7-2

问题 2：在航天飞机从 Q 点运动到 R 点的过程中，它的速度(　　)。

A. 恒定不变　　B. 不断增大　　C. 不断减小

D. 先增大，再保持恒定　　E. 先保持恒定，再减小

问题 3：在 R 点，航天飞机关闭发动机，推力立即降为零。此后航天飞机的轨迹是(　　)。

A. 过 R 点，沿与 PQ 平行的直线运动

B. 过 R 点，沿与 PQ 垂直的直线运动

C. 沿过 R 点的切线方向做直线运动

D. 沿过 R 点的切线方向做曲线运动

问题 4：在 R 点之后，航天飞机的速度大小(　　)。

A. 恒定不变　　B. 不断增大　　C. 不断减小

D. 先增大一段时间，再减小　　E. 先保持恒定，再减小

平抛运动是一种典型的匀变速曲线运动，理解和掌握这种运动的特点及研究

方法是本节的教学目标。课前诊断时，学生对典型的平抛运动的应用问题解答得较好，而对上述问题则呈现较大的困难。可以看出，本例是对平抛运动规律应用的深度考查，其中第 1、第 2 两题考查匀变速曲线运动力和运动的关系，3、4 两题是关于匀速直线运动的。要正确回答这些问题，不仅要理解和掌握教材上物体在重力作用下的平抛运动的研究和应用，还要求学生深入理解与平抛运动类似的匀变速曲线运动的典型特征和分析方法，以及力与运动的关系。

很多学生说物理学习“一学就会，一做就错”，其实就是在知识的应用环节出现了问题。学习概念时死记硬背，不能深入分析概念的内涵、外延和关联知识；学习规律时生搬硬套，不理解规律的含义和使用条件、适用范围；实验探究时不认真分析现象背后的原因，而是敷衍了事，拼凑数据。这些问题都会造成知识应用出现错误，学生难以将新情境中的实际问题与理论知识结合起来，进行分析和解决。

(四)概念整合融通上的问题

经过调查发现，很多学生经过初中、高中，甚至大学的物理课学习而进入社会后，不出几年，不仅比较复杂的知识、方法遗忘殆尽，就连最基本的观念，例如力与运动的关系、物质的结构、能量的转化等，也几乎毫无印象，对实际生活工作中的物理现象也难以科学地分析。这显然是缺乏物理学科核心素养的表现。而令人奇怪的是，其中很多人在学生时代的物理学习成绩相当不错。这种矛盾出现的原因之一就是学习时缺乏核心概念统领下的整合，碎片化的知识难以形成系统而内化的物理观念、研究方法，因而一旦没有了外加的学习和考核任务，零散的知识也就很快淡忘了。因此在教学中关注和引导学生通过概念的整合深化对核心概念的理解，逐步形成内化的物理观念是十分必要的。这要从课前学习指导和诊断做起。

从课前学习诊断中可以发现学生在概念整合、体系建构上的困难。例如下面的案例。

【案例】加速度概念课前学习诊断(部分题目)

1. 如果一个物体运动的加速度是随时间不断变化的，可以建立一个什么物理概念描述这种变化的快慢呢？是否可以仿照速度、加速度的定义式将其表示出来？

2. 使物体产生加速度的原因是什么？影响加速度大小的因素有什么？如何设计实验验证你的想法？

3. 最近几年，国内房价飙升，在国家宏观政策调控下，房价上涨出现减缓趋势。王强同学将房价的“上涨”类比成运动学中的“加速”，将房价的“下跌”类比成运动学中的“减速”。据此，你认为“房价上涨出现减缓趋势”可以类比成运动学中的(　　)。

A. 速度增加，加速度减小　　　B. 速度增加，加速度增大

C. 速度减小，加速度增大　　　D. 速度减小，加速度减小

这几道题目并不是加速度概念的直接教学目标，但是第1题体现出对运动描述方法的理解和应用的考查，第2题从力与运动的因果关系的核心概念角度引发学生探索，而第3题则是引发学生对加速度蕴含的跨学科概念的思考。通过这些问题可以考查学生对学科核心概念、核心方法的理解和掌握情况，以及对更普适的科学概念的理解和应用水平。

学生在课前学习诊断中表现出在概念的深入理解、整合提升方面的问题，很大程度上是由我们的教学造成的。如果教学过程和评价中只注重具体概念、知识的理解和应用，而缺乏对概念建立过程、概念间的联系及其对核心概念建构的作用等方面的整合，就会影响学生形成更为宏观和系统的物理观念，以及应用物理思想方法触类旁通地分析问题的科学思维。这是教学中需要特别注意加以改进的。

二、选择适当的教学策略答疑解惑

学生在课前学习中遇到的困难，需要教师在课堂上答疑解惑。针对不同的问题和疑惑，应选取不同的教学策略从知识和能力上突破学习中的困难。

(一)提供事实依据，增强感性认识

学生对有些概念、规律难以理解，是因为缺乏感性认识，难以将这些抽象的知识与具体的现象联系起来，也就出现了知识理解和应用的疑惑。例如，学生在课前学习机械能守恒定律时，对只有重力做功时系统的机械能守恒比较容易理解，因为有初中学习的基础，以及课堂上、生活中见到的一些实际现象提供感性认识。但对于弹力做功的情况则产生了较大的疑惑。例如课前学习诊断中的如下两个问题，学生普遍存在困难。

【案例】机械能守恒定律课前学习诊断(部分)

图 7-3

1. 如图 7-3 所示的仪器叫“弹簧振子”，该装置可以在滑块与水平导轨之间产生“气垫”，从而使二者间的摩擦大大减小。滑块在轻弹簧的作用下沿导轨往复运动。若滑块与导轨间的摩擦可忽略，则滑块往复运动过程中，(　　)。

A. 因为只有弹力对滑块做功，所以弹性势能减少

B. 因为只有弹力对滑块做功，所以弹簧振子机械能增加

C. 因为只有弹力对滑块做功，所以滑块动能增加

D. 因为只有弹力对滑块做功，所以弹簧振子机械能守恒

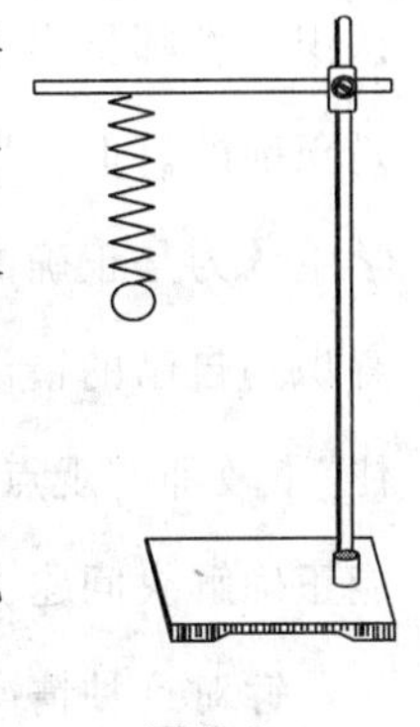
图 7-4

2. 如图 7-4 所示的装置，一个竖直悬挂的轻弹簧下端拴接一个小球，小球静止后，用外力将小球向下拉开一段距离(弹簧仍在弹性限度内)，然后释放小球，小球会沿竖直方向上下振动。则在小球由释放开始向上运动的过程中，(　　)。

A. 动能先增大后减小，小球和弹簧组成的系统机械能守恒

B. 重力势能先增大后减小，小球和弹簧组成的系统机械能守恒

C. 弹性势能先增大后减小，小球和弹簧组成的系统机械能守恒

D. 弹性势能和重力势能的总和先减小后增大，小球和弹簧组成的系统机械能守恒

通过访谈了解到，学生对这两个问题中的物理模型感到比较陌生，无法将机械能守恒定律与具体的问题情境联系起来。针对这种情况，教师在课堂教学时可通过与问题情境相似的实验增加学生的感性认识，破解疑惑。例如用传感器和计算机，可以测出滑块或小球的位置，计算出速度，从而可以得到运动过程中动能、弹性势能、重力势能和总机械能的变化图像。这样学生就有了比较深刻的感性认识，对运动过程中的能量转化情境更加清晰，对机械能守恒的认识也更加深入。

物理学概念规律的建立是基于实际物理现象的抽象归纳和推理，是要以事实作为基础的。学生缺乏事实依据就很难理解知识的内涵和正确应用。因此对于学生课前学习时在概念建立和规律应用中产生的疑惑，可以通过实验探究或多媒体设备展示实际的现象，增加学生的感性认识，弥补认知过程中缺失的链条。

(二)引发推理思辨，破解迷思概念

从课前学习后的调查和测试中发现，学生在自主学习中存在不少错误认识。教师在教学中讲解了正确的结论后却发现，在验收测验中学生仍会出现类似错误。例如针对前测中对“物体运动速度大小不变，加速度可能不为零”选项的错误认识，教师指出了速度是矢量，大小不变，但方向可能变化，因此该选项的说法是正确的。但在后测中“以恒定速率拐弯时，汽车没有加速度”的说法，仍有不少学生认为是正确的。究其原因，是教师的讲解没有针对学生的迷惑，学生并没有意识到自己的错误，未将正确的知识同化到自己的认知体系中，而只是暂时“记住”了教师的观点。当相似的问题以新的情境出现时，迷惑依然存在，因而仍不能正确解决问题。

针对这种情况，教师可以通过引导学生推理论证，让学生自己发现原有认识的不足，从而主动纠正错误观点，形成正确认识。

【案例】对瞬时速度概念的理解

在课前学习诊断中，有的学生认为某一时刻的位移为零，时间间隔也是零，因而无法确定瞬时速度。针对这个疑惑，可以参考下面的教学内容：

师：一个以 3 m/s 的速度沿直线匀速运动的物体，在运动中某一时刻的速度是多大？在某一位置的速度呢？为什么？

生：都是 3 m/s。因为匀速运动过程中物体的速度是不变的，所以任一时刻、任一位置的速度都应一样。

师：那它在这一时刻或这一位置的位移和时间间隔分别是多少？

生：都是 0。

师：按照速度等于位移与时间的比值计算，物体在这一时刻的速度是多大？

生：按公式计算，速度应为 0 比 0，从数学上不能解释这个表达式的含义，不过匀速运动的速度应该总是不变的。

师：那如何理解瞬时速度的含义呢？

生：并不是一个时刻的位移与时间比，而可以理解成以这个时刻的速度开始做匀速运动的速度。

……

针对学生的困惑，教师没有急于否定学生的观点或讲解正确结论，而是设置适当的问题引发学生的逻辑推理，从而逐步发现自己的错误，得出正确的结论。经历了这样的思辨过程，学生不仅得到了正确的结论，更重要的是经历了自我说服的推理过程，对概念的理解更加深刻。

了解学生形成错误认识的症结所在，设计合乎逻辑的推理过程，引导学生得出正确结论。这是课堂教学中答疑解惑的重点内容。

(三)细化错误原因，准确对症下药

学生在某个问题上出现疑惑和错误，原因可能是多方面的。如果笼统的讲解，针对性不强，会降低答疑解惑的有效性。此时可以按照问题解决时涉及的各个环节的知识和能力分类诊断，再有针对性地答疑解惑，会达到更好的效果。

以动能定理的应用为例，课前学习诊断的表面结果都是学生应用动能定理时出现错误。经过动能定理的课堂教学后，发现有些学生仍存在较大的困难。进一步详细分析学生的迷惑，则发现这些学生存在的问题不尽相同：有的是关于功的概念和运算的问题；有的是未掌握动能及动能变化量的含义；还有的是不能把做功的过程与研究对象动能的状态改变对应起来；还有的是不能正确解动能定理的方程，等等。学生的这些问题，如果不经过详细分类诊断而笼统地讲解，仍然不能很好地解决。因此可以把动能定理的应用分成若干步骤，逐个诊断学生的问题所在，有针对性地解决问题。例如可按表 7-1 诊断学生在动能定理理解和应用上的问题，以及对应采取的答疑解惑教学策略。

表 7-1　动能定理问题分析及教学策略

问题分类	呈现问题	教学策略
过程及其初末态确定	找不到应用动能定理的过程；将某个状态与过程混淆。	引导学生以受力状态或运动情况的变化划分过程，并作有针对性的训练。
对象及受力确定	不能将选取的过程与研究对象对应；不会分析过程中物体受力及变化情况。	取隔离体，按一定的顺序分析物体在过程中的受力或受力的变化情况。
各力的功及总功	不会求某个力的功或总功。	明确功的定义和计算方法，正功、负功的计算和意义；明确总功为各力的功的代数和。
动能改变量	动能或动能改变量的表达出错。	明确动能改变量是末态动能减去初态动能。
列方程求解	代数运算出错。	数学运算及检验。

在核心概念和综合规律的理解应用中，可能会涉及很多具体的知识应用，对于这类问题，可以将问题细化分解、逐步寻找出造成困惑的具体原因，以便有针对性地解决。而这样程序化的答疑解惑过程，也会逐步培养学生按逻辑步骤解决问题的能力，有助于提高他们今后的自主学习的效果。

三、整合适当的教学方式答疑解惑

基于课前诊断的答疑解惑可以根据学生的问题和学习方法、能力基础、教学资源等的不同，采用不同的教学方式或将不同的教学方式进行整合，以更好地达到答疑解惑的目的。下面介绍几种在答疑解惑教学中常用的教学方法。

(一)通过统一讲授答疑解惑

通过诊断能了解学生的问题所在，如果问题比较集中和明确，可以通过教师的统一讲解解答学生的疑问，这样的教学方式简单高效，直击学生的困惑所在，比较适于讲解知识性的问题。例如一些物理概念、物理量的定义，基本的物理规律的表达等。比如动能定理的应用中，如果学生忘记了动能的表达式，则教师可以直接讲述或引导学生查阅教材，唤起回忆并巩固记忆。需要注意的是，教师的统一讲解并不是照本宣科地满堂灌输，而是可以通过实例分析、实验演示、启发式教学、师生问答讨论等多种形式呈现，达到真正解决学生疑惑的教学目标。

(二)通过小组讨论辨别对错

每个同学的问题可能不同，一位同学解决不了的问题可能另一位同学就可以解答。因此可以将课前诊断发现的问题提交学生小组讨论，学生经过表达自己和说服对方的过程，会逐步发现自己的问题所在，寻找到正确的答案。例如，一个学生在做速度诊断题时，认为“物体的速度大小不变，则一定没有加速度”。当他把这个问题向小组其他同学提出时，就有同学提醒他速度是矢量，大小不变时，有可能方向发生变化，因此速度仍然发生了变化，即有加速度。有的同学则通过举例或画图说明。经过这样的讨论，不少学生发生的概念混淆等问题在小组讨论中得到解决，虽然没经过教师讲授，但仍达到了答疑解惑的目的。而且学生之间更了解彼此的想法，在给同伴讲解时有时能达到比教师更好的效果。有的教师采用网络测试系统考查学生经过同伴讨论学习后的效果，发现大部分问题都可以通过同学之间的讨论解决，剩下的问题再由教师引导解决。

【案例】关于完全相同的轻弹簧串接后的劲度系数的讨论

测试题：两个完全相同的轻弹簧，劲度系数都为 k，现在串接在一起形成一条新弹簧，这次弹簧的劲度系数为(　　)。

A. 仍为 k　　B. 变为 $2k$　　C. 变为 $k/2$　　D. 变为 $k/4$

全班共30位学生。第一次测试完，选A的学生10人，选B的7人，选C的12人，选D的1人。接着教师让学生分组讨论，每组5人。其中一个小组，选A的2人，选B的1人，选C的2人，选D的0人。下面记录这个组的讨论过程：

甲同学：不可能是B，我在家里拉拉力器，并排接的弹簧根数越多，越难拉，说明弹簧并联后劲度系数增大，串联后不会增大。

乙同学：(原来选B)我觉得你说得有道理，那是选A、C、D中的哪个呢?

丙同学：我觉得选C，既然并联劲度系数变大，串联就该变小。

丁同学：那你为何不选D呢?

丙同学：我觉得两根串联，应该是二分之一，所以选C。

戊同学：你说的有道理，但我总觉得既然两个弹簧一样，那竖直挂上一个重物后，每个弹簧受力都一样，所以劲度系数应该不变啊!

……

学生讨论一阵后，教师让学生第二次选择。这次，选A的13人，选C的17人，人数都增加了，但没有选B和D的学生了。教师让学生再讨论一下，仍以刚才那个组为例。该组第二次选A的2人，选C的3人。

丙同学：咱们拿老师发的弹簧试一下，看看两根串联后是不是好拉了?

丁同学：(原来选A，试了一下)是变软了。看来该选C。

戊同学：(原来选A)为什么变软就是C呢？能证明一下吗?

丙同学：如果一根弹簧下端挂上重物后伸长 x，两根弹簧串联后下端挂上同样重物后，每根受力都等于物重，每根弹簧都伸长 x，则串联后的新弹簧挂上重物后伸长 $2x$，因为劲度系数等于拉力比伸长，所以新弹簧的劲度系数变为每根弹簧的一半。咱们还可以用实验验证一下。(实验探究)

甲、乙、丁、戊：这么说就严谨了，看来确实应为C。

学生讨论一阵后，教师再让学生第三次选择。这次，选A的2人，选C的28人。说明绝大多数的学生已经明白了这个问题。此时教师只需让选对的学生讲一下论证或实验过程，教师再加以总结和点拨就可以了。

上例记录了学生的讨论过程，可以看出每个学生的思路不一样，教师一个人讲述可能只能解决一部分学生的困惑，其他学生就算知道了正确答案，也可能不清楚自己错在哪里。而同学之间比较细致的讨论过程，可以破解更多的迷惑，同时也锻炼了科学思维中的推理论证和实验探究能力，是一种比较有效的答疑解惑的教学方式。

(三)通过实验探究寻找结论

有一些学生的问题并不能依靠单纯的讲授或学生推理、讨论来解决，可以针对问题引导学生进行实验探究，通过实践来寻找正确的答案。例如学生在课前学习气体等温变化的规律时，发现玻意耳定律的使用条件是：一定量的气体，温度保持不变。有些学生提出：如果气体的量发生变化或温度发生变化，气体体积和压强的乘积会如何变化呢？针对这个问题，教师可以引导学生设计实验方案并通过实验探究得到正确的结论，以解决学习中的疑惑。

(四)利用网络学习解决疑问

现在网络信息技术日益发展，教学中的应用也屡见不鲜。针对学生的疑问，可以鼓励学生上网查阅资料或寻求解答的帮助，把答疑的“老师”扩大到互联网。教师还可以把一些学生经常遇到的问题录制成微课，使学生自主学习遇到问题时可以得到及时的指导。

上面虽然介绍了一些教学方法，但在答疑解惑的教学中不必拘泥于某种模式，可以将几种教学方式有机整合，以更高效地解决学生的困难和疑问。

第二节　促进核心素养发展的整合提升

经过课上答疑解惑的教学环节，学生在课前学习中提出的或课前诊断中反映出的问题得到了解决，对所学的概念、规律等内容有了进一步的认识和理解。但是高中物理教学的目标是在学习物理基础知识、基本技能的基础上，逐步培养学生的物理学科核心素养。也就是通过锻炼学生的科学思维和科学探究能力，培养学生形成以物理视角认识自然和社会的物理观念、科学态度以及社会责任等。物理学科核心素养的形成，不能都期待学生通过学习基础知识自发而成，而是需要教师适时地整合教学内容，应用适当的教学方法来引导学生逐步提升物理学科的核心素养。

一、课堂教学中整合提升的意义

课堂教学中通过整合教学内容和教学方法，可以有效促进物理学科核心素养的发展。具体可以表现在如下几个方面。

(一)促进物理观念和跨学科概念的形成和发展

“物理观念”是从物理学视角形成的对物理学核心概念的基本认识；是物理概念和规律等在头脑中的提炼和升华；是从物理学视角解释自然现象和解决实际问题的基础；是形成物理学科核心素养的关键基础。

以往的课堂教学，比较注重每个具体知识点的落实，对每个概念、规律在形成物理观念时的关系和作用关注得较少。学生的知识孤立而零散，难以形成科学的知识体系，更谈不上再自觉提炼为物理观念。

课堂教学中的整合提升是以物理观念为统领，在教授具体知识的同时，将概念间的联系、发展及其对形成物理观念的作用等整合到教学内容中，启发和引领学生逐步完善更为核心的概念，从而促进物理观念的形成和发展。

例如速度，是从运动学角度为描述物体运动快慢而建立的概念。与其联系的概念有位移、加速度、线速度、角速度等；与其相关的物理模型有匀速运动、匀变速运动、匀速圆周运动等。这些概念、模型以及它们之间的联系，体现出速度概念在描述物体运动中的意义。在速度概念的教学中，将与这些概念的关联的研究适当地整合到教学内容中，可以使学生自觉地探索概念间的联系，形成清晰的概念脉络，进而促进运动与相互作用观念的发展。

另外，作为自然科学重要的组成部分，物理学的研究内容和方法与其他学科联系紧密，例如，物质观念、能量观念，以及系统模型的建立、因果关系的逻辑推理和定量研究的数学方法等，这些都是跨学科概念的重要组成部分。因而在教学整合中，除了注意物理知识间的整合，还应重视通过整合促进跨学科概念的深入理解。例如“电子的发现”一节，电子的发现促进了人们对物质结构的认识；原子模型的提出促进了系统和系统模型概念的深化，而汤姆孙研究阴极射线的特性和组成时的实验和推理，突出了因果关系的应用。同时，可用因果关系进一步分析汤姆孙原子模型中存在的问题，促使进一步研究更合理的原子模型等。这些内容的研究在应用跨学科概念和研究方法的同时，有助于促进物理概念的深入理解。因而在物理教学中，将物理知识与跨学科概念结合起来的教学整合，会扩大学生的视野，全面提升科学素养，同时对物理知识及其关系的理解更加深入，促进物理观念的进一步提升。

(二)提高科学思维和科学探究的能力

实验探究和理论推证、定量分析相结合是物理学特有的研究方法，反应了物理学科实事求是、理性思维、追求本质的特征。因而科学思维和科学探究成为物理学科核心素养的重要组成部分。科学思维和科学探究能力不像物理概念、规律那样有明确的知识内容作为载体，所以不可能是通过单纯的讲授传递给学生。这些研究物理问题的过程和方法，只有在探索概念、规律的实践过程中去体验和锻炼，才能逐步内化为自己的方法和能力。

常规的教学过程比较重视知识的讲授和应用训练，对科学思维和科学探究能力的培养显得比较薄弱，这就需要进一步整合教学内容和课堂结构，引导学生通过实验探究和推理论证对问题进行深入研究，在学习知识的同时，提高科学思维和科学探究的能力。

以向心加速度概念教学为例。教材上的方法是从思考影响向心力大小的因素出发，通过实验探究找到向心力的表达式，进而通过牛顿运动定律推导出向心加速度的表达式。如果教学在此处终止，学生就会产生一个错误印象，即直线运动中的加速度为 $a=\frac{\Delta v}{\Delta t}$；而圆周运动中 $a=\omega^2 r$。这显然对概念的衔接和发展是不利的。因此，教师可以主动提出这个问题让学生思考，引导学生从加速度定义式 $a=\frac{\Delta v}{\Delta t}$出发，通过极限和几何关系的推导，得出 $a=\omega^2 r$ 的结论。在对概念的理解深化的同时，推理论证的意识和能力也得到了锻炼。

科学思维和科学探究能力的培养源于问题意识，不要让学生陷于被动接受知识，而要鼓励学生多问“为什么”“会怎样”。教学整合中，教师应该抓住学生提问的契机，肯定学生所提问题的价值，并引导学生通过实验探究或理论分析去深入地研究。例如学生学习了机械能守恒定律后，很自然地会提出这样的问题：如果有除了重力和弹力以外的力做功，物体系统总的机械能还守恒吗？机械能的变化和各力做功之间有什么关系？还有什么能量参与了变化？此时教师就可以引导学生通过实验或理论分析研究非保守力的功与机械能变化间的关系，进而自主发现机械能原理的结论。如果课堂上经常出现这样的自主探究过程，则既解决了学生的疑问、深化了对物理概念和规律的理解，又锻炼了学生的逻辑推理和实验探究的能力，进一步促进了物理学科核心素养的发展。

(三)提升对科学本质的理解和社会责任感

科学态度与责任是物理学科核心素养内化成价值观和方法论的表现，关乎学生进入社会、成为公民后的科学素养，以及对社会的责任和贡献。因而高中物理教学不仅要使学生具备一定的物理学科知识和科学研究方法，还应培养学生逐渐形成科学态度、理解科学的本质、树立社会责任感。

认识科学本质、培养科学态度与责任不是通过说教来达成的，也不是通过学生的顿悟自发形成的，而应是在教学中通过整合教学内容、转变教学方式和策略，引导学生逐步提升的。例如，实事求是、严谨认真的科学态度可以通过实验中的规范操作、对实验误差的认真分析来培养，也可以通过重现科学家一丝不苟、不惧权威的艰辛研究过程来加深学生的体会。对社会责任感的培养，可以通过了解科学、技术进步对人类认识自然、发展文明的巨大贡献，激发学生热爱科学、研究科学的理想。同时也要通过工业文明化的迅速发展带来的能源、环境的危机来培养学生的科学道德意识和可持续发展的社会责任感。例如在学习完热力学定律后，可以让学生调查各种热机、制冷机的工作效率，或者汽车行驶中的能量转化和耗散情况。这种源于调查和实证的感受，比硬性的要求和空洞的说教更能让学生自觉地理解节约能源、开发能源和保护环境的重要性，并在实际行动中自觉践行。

二、整合提升的教学内容

整合提升能有效地促进学生物理学科核心素养的发展，但在实施中也要注意可能发生的错误倾向。例如，不考虑学生的需求和接受能力，强行地或生硬地在教学中加入过难、过繁的学习内容或学习任务，把整合提升理解为讲得更难、练得更多。这样的整合提升是加重负担的应试教育，与我们改进课堂教学结构，促进核心素养发展的初衷是相左的。整合提升应该基于课程目标，随着课堂教学的进程和学生认知发展的需求自然地进行，应该是视野的拓展、观念的发展和能力的提升。具体的教学内容，可以围绕以下几个方面展开。

(一)以整合促进概念、规律的结构化，形成物理观念

《普通高中物理课程标准(2017 年版)》认为，“物理观念”主要包括物质观念、运动与相互作用观念、能量观念等要素。可以看出，这些观念涉及的物理教学内容分布在教材的各个章节。以能量观念的发展为例，在高中物理中有机械能、电势能、电磁能、内能、光能、原子能、核能等各种形式的能量，还有动能定理、

机械能守恒定律、焦耳定律、热力学第一定律和第二定律、能量转化和守恒定律、光电效应方程、玻尔氢原子理论、质能方程等物理过程中能量转化的规律，以及涉及这些理论的一些具体的概念和科技应用实例。这些内容分布在必修和选择性必修的各个模块中，从现行教材结构和学生认知顺序看，也不太可能按照每个物理观念的建构过程重新安排教学内容的顺序。因此更需要以物理观念统摄的物理知识的整合提升。

以能量观念中的一个具体概念“电势能”为例，从具体的概念角度它反映了静电场的一种能量特征，但从“能量”这一物理观念的理解发展角度，电势能是非常重要的一环，起着承上启下、整合研究方法、建构概念体系的重要作用，因而教学中要注意前后能量概念的整合。例如，可以引导学生通过与重力做功和重力势能变化的类比建立电势能概念，研究电势能和其他形式能量转化的规律，即将以前学过的概念、规律和研究方法整合到新的课题中，拓展到更大的范围。同时通过这种类比，可以进一步提炼出势能概念建立的条件，归纳出保守力与非保守力的概念以及做功和能量转化规律，深化能量转化和守恒思想的认识。而这对后面进一步研究各种力的做功与能量转化，例如电路中的能量转化、电磁感应中的能量转化、内能与其他形式能量的转化等奠定了基础。另外，还可促进场与能量关系的理解，为后面学习电磁场奠定基础。由以上分析可见，电势能概念教学的整合提升，对学生建构和发展能量观念起到了重要作用。

从上例可以看出，在讲授具体的物理知识的同时，要通过教学整合引导学生思考其在核心概念、物理观念发展中的地位。注意与其他概念间的承接、发展或类比与对比等联系。随着教学的进展，逐步建立起科学的概念体系，促进物理观念的发展。需要注意的是，物理观念的建构不是一朝一夕的事，物理观念的教学整合也不可能在某节课上毕其功于一役，而是要在教学中以落实核心概念的进阶理解为目标，整合每个具体概念教学时概念间关联、衔接的关键教学环节，整合新的内容，发现新的联系。通过这样系列的整合课程，加深学生的体验，逐步使其形成自觉的整合意识，内化成自己的物理观念。

例如物质观念，具体可包括分子、原子、原子核、电子、电子云、质子、中子、基本粒子等物质结构组成的基本概念和模型，也包括物态及物态变化、原子和原子核结构、核反应、质能方程等物理现象和规律。这些分散的内容要通过系列的衔接课程整合形成物质观念的建构。例如在研究固体、液体的性质时，需整合物质分子结构、分子力、分子势能和内能、温度等概念和规律进行分析，才能让学生真正理解物态形成和变化的原因，将物质宏观性质与微观统计分析联系在一起，发展物质观念。

(二)以整合促进跨学科概念的深入理解，提升科学素养

每个学科的教学目标都是发展学科核心素养。教学的对象是学生，学生通过各门学科的学习，要形成全面的核心素养，成为全面发展的人。这就需要我们在学科教学中培养学生物理核心素养的同时，还要不断促进学生综合科学素养的提升。这个目标可以通过在教学中进行跨学科概念的整合学习来达成。

跨学科概念的教学整合，需要在具体课题的教学中，进行跨学科概念与课题内容有机结合的设计，并通过教学整合实现跨学科概念的深入理解。以热力学第二定律为例，分析其跨学科概念教学的内容及教学设计思路，如表 7-2 所示。

表 7-2　热力学第二定律跨学科概念分析及教学建议

跨学科概念要素	相关教学内容	教学建议
模式	孤立系统自发的热现象的方向性、热力学第二定律的两种表述及其等效性证明。	引导学生通过实验、视频等观测现象、总结归纳。
因果	热力学第二定律的微观解释。	以气体分子扩散为例，从统计学角度分析不同宏观状态的热力学几率，发现孤立系统自发的热现象的方向有热力学几率不变小的特点。分析绝对零度是否能达到。
规模、比例和数量	气体扩散的统计学分析。	以少数分子为例，推广到大量分子体系的定量分析。

续表

跨学科概念要素	相关教学内容	教学建议
系统和系统模型	孤立系统与开放系统。	热力学宏观过程在孤立系统和开放系统中分别具有的特点。
能量与物质	熵是能量品质降低的量度。能量在转化过程中虽然总量守恒，但自发过程中能的品质衰减，因此要节约能源、开发新能源、保护环境。	熵增加原理及具体的实例分析；绝热自由膨胀的能量退化推导；汽车能量消耗流程及能耗效率等。
稳定与变化	能量和物质总量的守恒和稳定，形式的变化，能量品质的衰减等。	结合热力学第一、第二定律，总结能量的守恒和转化过程、方向，及分析自然现象或科技应用中的能量转化与守恒。

从上例中可以看到，跨学科概念中有很多与物理观念等物理学科核心素养相关的要素，例如："能量与物质""稳定与变化"等涵盖物理学科核心素养的"物质观念""能量观念"等，而"因果""系统和系统模型""规模、比例和数量等"又体现了物理学科模型建构、推理论证、定量分析的研究方法。因而更应将跨学科概念的教学整合与物理观念的教学整合结合起来，在促进物理观念深化的同时，提升学生的科学素养，促进学生全面发展。

(三)以整合促进科学思维能力的提升

科学思维作为物理学科核心素养的要素，具有双重地位。一方面它是核心素养培养要达成的目标；另一方面它又是培养核心素养的物理研究方法。科学思维的培养和提升要通过应用科学思维进行物理学习的过程达成。因而科学思维的整合提升表现在教学时引导学生主动应用模型建构、推理论证的方法深入研究客观事物的本质规律和内在联系，勇于用严谨的逻辑推理和数理证明质疑权威，提出创造性见解。

例如在研究阴极射线是什么物质时，学生通过阴极射线管的实验很容易判断出阴极射线带负电，但教材上却提出了赫兹认为阴极射线是电磁波的观点。学生不禁要问，赫兹是伟大的物理学家，物理实验方面也非常权威，为什么却得出这个错误结论？此时教师要抓住机会，引导学生深入推理分析。教学可参考如下案例。

【案例】论证阴极射线不是电磁波

师：赫兹认为阴极射线是电磁波，说明他可能看到了什么现象？

生：阴极射线在电磁场中没有发生偏转。

师：那可能是什么原因造成的？

生：电场或磁场与阴极射线运动方向一致，带电粒子不受洛伦兹力，而电场力与其速度方向共线，不会产生偏转。

师：赫兹有可能想不到这一点吗？

生：好像不太可能……

师：那是什么原因造成赫兹观察不到阴极射线的偏转呢？

生：(经启发)可能是有什么力与电磁偏转力平衡了。

师：在阴极射线管中可能是什么造成的呢？重力？

生：不可能是重力，我们研究过带电粒子的重力一般比电场力小得多。再说重力的方向是一定的，只要改变电场或磁场的方向就不会总是与重力平衡。

师：那什么力才会总阻碍物体粒子运动呢？

生：(经启发)可能是空气阻力。

师：大家分析得有道理。赫兹看不到阴极射线的偏转，是由于阴极射线管的真空度不够，粒子在偏转中被空气分子碰撞，显现不出明显的偏转。汤姆孙意识到这个问题，提高了阴极射线管的真空度，看到了阴极射线的偏转，证明了它是带负电的粒子流。可见，研究物理问题时如果考虑不全面，同学们能研究出的问题物理大师也可能被思维定式所局限。以后我们研究问题一定要考虑到各种可能性，逐一加以求证，不能主观臆断。

上例将物体受力与运动的分析整合到电性判断中，学生在重温物理学家研究过程的艰辛的同时，也运用逻辑推理进行了分析判断，锻炼了科学思维能力。教学中就是要不断引导学生大胆质疑，思考“为什么”以及“会怎样”等问题，然后再严谨地分析求证。例如教材中的一段话："由实验测得的阴极射线粒子的比荷是氢离子比荷的近两千倍。他认为，这可能表示阴极射线粒子电荷量的大小与一个氢离子一样，而质量比氢离子小得多。"学生会提出为什么汤姆孙会认为阴极射线粒子电荷量的大小与一个氢离子一样，而质量比氢离子小得多，为什么不是阴极射线粒子质量的大小与一个氢离子一样，而电荷量比氢离子大得多？或电荷量大一些，质量小一些？教师此时不必急于回答，而应引导学生从原子结构、实验现象等角度去分析论证，自己得出结论。总之，物理的特点就是要"讲理"，也就是基于科学事实的科学推理，因而教学中要特别注意科学思维的整合提升。

(四)以整合促进科学探究能力的提升

同科学思维类似，科学探究能力也是物理学科核心素养的培养目标，而学生的物理学习过程也始终伴随着科学探究的学习和实践。物理概念、规律的建立离不开针对科学问题的探索过程，可以说物理学的形成和发展过程就是一个不断进行科学探究的过程。我们在教学中如果只把科学家探究的结果呈现给学生而不锻炼学生自主探究得出结论，则会像很多学生说的，使物理变成"无理"。因此我们需要在"授人以鱼"的同时更注重"授人以渔"，培养学生科学探究的意识、兴趣、方法和能力，使学生逐步掌握提出、研究和解决科学问题的方法并自觉用于学习和实践工作。

科学探究能力的提升需要一个持续的过程，要不断使学生体验和实践发现问题、猜想假设、实验探究、推理论证、得出结论、交流反思的过程。这就需要我们不仅要通过课程规定的学生实验来进行探究教学，更要把探究学习与日常教学有机整合起来，在"学中做""做中学"，提升学生的探究意识和能力。例如磁感应强度的概念，就可以通过让学生探究磁场强弱的描述方法来建立。

【案例】探究磁感应强度概念的建立

整合探究教学的思路：学生以解决问题为目标，通过实验逐步探索适当的物理量来表示磁场的强弱和方向。经历问题确定、方案选择、实验观察、测量和分析等过程，得出结论。

问题的提出：磁场各处的强弱和方向相同吗？如何描述磁场的强弱和方向？

学生的探究：用实验方法证明一般磁场各处的强弱和方向不同。例如可以用小磁针或通电导线的受力大小和方向来证明。

问题的确定：如何描述磁场的强弱和方向。

方案的设计与选择：类比于电场强度概念的建立，想到可以用“试探元”的办法来探究磁场作用的强弱和方向。例如用小磁针、带电粒子流（如图 7-5）或载流导线（如图 7-6），探究它们在磁场中的受力大小和方向。

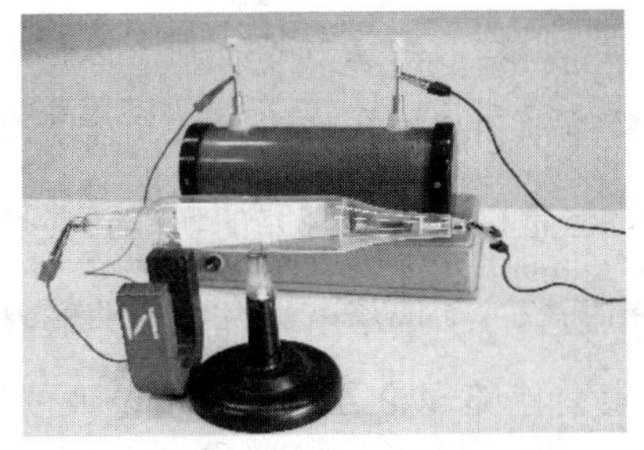

图 7-5

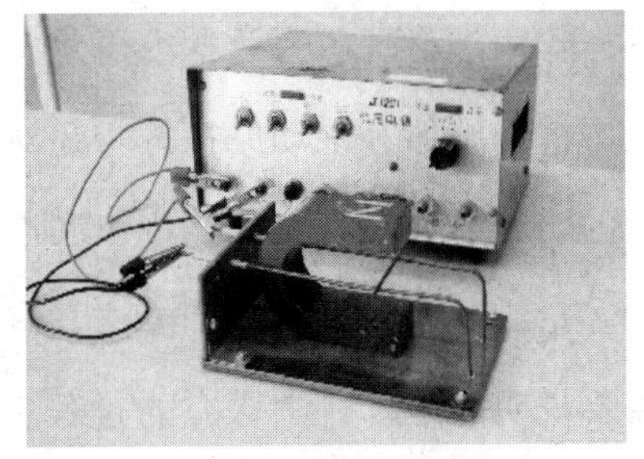

图 7-6

在实践中发现，小磁针的磁性强弱不好定量分析，且没有磁单极子来类比试探电荷；带电粒子流的速度大小和方向不便于定量分析，所以选择用载流导线作为“试探元”进行研究。

定性探究载流导线受磁场力的影响因素：这一步是类比改变试探电荷的电量探究电荷受电场力的变化。学生探究后会发现影响因素比较多：电流大小、载流导线长度、载流导线放置方向等。其中其他条件不变时，载流导线放置方向与磁场垂直时受力最大，所以下面的研究基于这个前提。

定量探究磁场力大小与电流大小、导线长短的关系：例如可以用电流天平或力的传感器进行研究。

通过探究结果建立磁感应强度概念：得出载流导线放置方向与磁场垂直时，F/IL 是一个与导线信息无关的量，可以表征磁场某处的强弱，因此定义了磁感应强度 B。

学生自主地对学习内容深入探究，是科学探究整合提升教学的重要组成部分。例如学生在研究气体等温变化规律时，发现不同小组选取不同量和不同温度的气体来进行实验研究时，气体压强和体积的乘积是不同的，因而提出要探究气体压强和体积的乘积与气体的质量和温度有什么关系。此时教师就可以鼓励学生自主设计实验方案进行探究，得出结论。在这样的探究过程中，不仅深化了对知识的理解，更重要的是激励了学生的探究热情，锻炼了探究的方法和能力。

科学探究的整合提升，不仅局限于课内学习的内容，学生也可以对生活实践中发现的问题进行探究。例如学生在学完“摩擦力”一节后，对摩擦力在汽车行驶中的具体作用进行了研究，探究了汽车启动、换挡、匀速行驶、刹车等过程中的静摩擦、滑动摩擦和滚动摩擦等，还对四轮驱动和防抱死功能进行了研究等。虽然学生的研究不会像专家那么规范和准确，但是这种自主探究的实践，教师应多鼓励、多指导。学到的知识和方法只有用诸实践，才能逐渐提升自己的能力。

需要说明的是，科学探究的过程中一定会伴随理论分析、推理论证的过程，所以科学思维和科学探究的整合提升是紧密联系、相辅相成的。

(五)以整合促进科学态度和责任的培养

科学态度是学生通过物理学习理解科学本质、科学精神的内涵，以此来进行学习工作实践，并以科学的视角理解社会和谐发展的意义，承担起对社会的责任。

将科学态度与责任的培养整合到教学中不能简单说教，而是要通过切实的体验式学习，使学生产生真实的感受，内化成自己的思想方式和行为准则。例如在学生进行实验时，对待与预测结论不符的情况，不应简单地归结为实验误差，而是要认真地进行归因分析。学习物理规律时沿着科学家的足迹进行思考和探索，体会科学研究的艰辛和科学家不惧权威、敢于质疑、勇于创新的信念与智慧。

科学态度与责任意识的提升还要落实在实践中，要培养学生在研究问题时严谨细致，在实验探究时实事求是，在教师讲解时勇于质疑，在生活学习中承担起科学责任。

物理教学中整合提升的内容非常丰富，不仅限于上面谈到的内容。同时，各部分内容在实际教学中也不能面面俱到或割裂开来，而要根据教学内容、学生核心素养发展的需求等有所侧重或将其有机结合，在深化科学探究的过程中提升科学思维，促进物理观念的发展和科学态度的形成。

三、整合提升的教学方法和策略

整合提升的教学并没有一定之规，一般教学中的各种方法与策略，在教学整合中都可以灵活地应用。但是基于教学整合的内容特点和教学目标，也有一些教学建议供教师们参考。

(一)以提出问题引导整合提升

整合提升教学可以采取教师统一讲解的教学形式，把教师设计的整合提升内容呈现在学生面前。但是，我们更希望整合提升是源于学生的思考和需求。这就需要鼓励学生积极思考概念的含义和作用是否清晰，规律的论证是否严谨，论据是否充分，应用是否有条件等，从这些思考中发现问题，在探寻答案中整合更深入的探究、推理以得出更科学全面的论断。

刚开始进行教学整合时，问题可以由教师提出，例如：要描述清楚物体的运动，需要哪些物理量？引发学生对描述物体运动问题的思考，从而将质点、参考系、位移、时间、速度、加速度等概念整合到对问题的研究中。而后逐步过渡到引导学生发现问题、提出问题。例如，学生在学习中会提出：为什么同一地点自由落体的加速度都一样，与物体质量无关？而不同地点的重力加速度却可能略有差异？为什么说电磁力是可以不接触而相互作用的，弹力、摩擦力是电磁相互作用，但却需要接触才可能产生力的作用？为什么机械波发生明显衍射的条件是障碍物或孔的尺寸小于或约等于波长，而用激光做光源，光波发生明显衍射时的缝宽却可以是波长的上百倍？为什么能量守恒却还说有能源危机？……教师在肯定学生提问的同时，也应鼓励学生探索问题的答案。这个探索过程，就是将相关知识方法整合，进行研究的过程，也是学生努力自主解决问题的过程。可见，基于学生问题的整合提升教学，更易达成有针对性的学习效果，有利于将整合提升的教学行为转变为学生主动的学习习惯和方法。

(二)以合作交流促进整合提升

整合提升的教学环节目的是促进学生物理学科核心素养的进一步发展。因此，应让学生更多地主动参与到整合学习中。上文提到要由学生自主提出整合和深入研究的问题，那么分析和解决问题的过程也要尽量采用适当的教学方法，鼓励学生独立地探求答案。其中以小组形式进行合作学习，通过组内、组间的交流讨论来整合和深化学习，不失为一种有效的教学整合方式。

例如在进行“机械振动”一章关于简谐运动的前几节内容教学时，可以不按照教材学习顺序，而整合成研究“简谐运动的规律”的教学内容，采用学生分组研究、汇报交流的学习方式。

【案例】小组合作研究“简谐运动的规律”

学生的研究方法大体可分为运动学方法和动力学方法两类。

第一类以研究描述简谐运动物体的运动规律为主，几个组的具体方案又分为：

一、拍摄弹簧振子的频闪照片，研究弹簧振子的位置随时间变化的规律；

二、采用位移传感器和计算机软件测量和绘制弹簧振子的位置—时间图像和速度—时间图像，寻找运动规律；

三、采用与圆周运动类比的思路，用参考圆实验探究简谐运动规律。

第二类以动力学方法为主，几个组的具体方案又分为：

四、分析弹簧振子的受力，列出牛顿定律(微分)方程并求解；

五、分析弹簧振子的能量转化，列出机械能守恒定律方程(微分方程)并求解。

各小组在自己探究实验、理论学习和教师引导帮助的基础上，分别从运动学和动力学角度发现了简谐运动的规律：回复力与位移成正比，但方向相反；位移、速度、加速度随时间变化的规律都符合正弦型函数规律；简谐运动的周期与振幅无关，但与振动系统固有的属性——例如振子的质量和弹簧的劲度系数有关；简谐运动中机械能守恒等。

随着小组的汇报交流，学生更深入地理解了简谐运动的内在受力特点和外在运动规律；因与匀速圆周运动的类比更加理解了简谐运动的周期性特征，如位移、速度、加速度的周期变化规律以及它们之间的联系；进一步提升了学生对运动描述方法及运动与力的关系的理解和应用能力；促进了运动与相互作用观念、能量观念等物理观念的发展，也加强了对系统和系统模型、因果等跨学科概念的理解。同时学生的自主学习、合作交流的能力也得到了锻炼，较好地实现了知识与能力的整合提升。

(三)以探究学习探索整合提升

以教学整合促进学生物理核心素养的提升是通过教学使核心素养逐步内化的过程，学生只有自己亲身经历从困惑到探索再到解决问题的探究学习过程，才能对研究的问题有更深的理解。所以教学整合应特别注意通过探究式教学来落实学生的整合学习过程。

例如学生在学习光电效应时，通过实验已得出：对同一种频率的入射光，光强越大，饱和光电流越大。学生自然想到一个问题，若是入射光强度相同，但频率不同，饱和光电流大小关系如何呢？有的同学认为既然入射光强度一定，则饱和光电流大小也应该相同。而有的同学则认为入射光强度一定，频率越高，饱和光电流越小。因为对一定的光强而言，频率高则每个光子的能量大，单位时间入射的光子数少，则光电子数就少，所以饱和光电流小。还有同学认为入射光频率越高，光子能量越大，则光电子的能量也越大，所以入射光频率越高，饱和光电流越大。学生们的分析都有一定的道理，但是显然是互相矛盾的。实际情况如何？不能只靠推理猜测，要通过实验来探究。在实验探究中，又会发现仪器选择、变量控制、测量精度、数据处理、结果分析、理论研究等很多实际的问题，这又促进了对实验探究能力和推理论证能力的培养。

学生自主探究过程中，教师也要注意及时了解和引导，避免学生遇到困境半途而废，或方法不当，得出不可信服的结果。

(四)以专题研究巩固整合提升

通过分析高中物理课程的内容和教学进度安排可以看出，物理课程对核心概念和能力的培养是循序渐进的。形成物理核心概念或能力的教学内容分布在各个模块中，从现行教材结构和学生认知顺序看，也不太可能按照某个物理概念的建构过程重新安排教学内容的顺序。因此除了在日常教学中注重知识和能力的整合提升外，就某个核心概念、规律等适时地进行物理专题研究，是进一步落实和巩固整合提升教学效果，促进物理学科核心素养发展的有效教学方法。

以“力和运动的关系”这一核心概念为例，在物理必修 1 中是按照运动学、相互作用、牛顿定律几个章节分别展开的。学生所学的知识相对孤立，不利于运动与相互作用观念的形成。因此在这个模块学习结束后，可以引导学生进行力和运动关系的专题研究，引导学生自觉地将前面所学的知识以“运动与相互作用”这一物理观念进行归纳和分析，找到概念、规律之间的联系，建构知识体系。同时，这个专题分析还是开放的，随着研究的运动形式不断丰富(抛体运动、圆周运动、简谐运动等)，力的种类不断增加(万有引力、静电力、安培力、洛伦兹力等)，学生对力与运动关系的认识也不断提升(包括从能量角度和动量角度的联系和规律等)。因此，专题研究打破了教材的限制，可以形成纵贯整个高中物理教学的研究过程，比较充分地培养学生的整合学习意识和能力。

专题研究可以是以重要的物理概念为研究对象进行整合探索，将物理研究方法贯穿其中。例如“温度”这一热学核心概念的专题探究中，在论证为什么温度是分子热运动平均动能的标志时，应用的是科学思维的推理论证过程；而在研究温度与布朗运动的关系，气体的温度与压强、体积的关系时，应用的是实验探究的研究方法。

专题研究也可以以科学思维或科学探究能力的整合提升为目标，结合知识的学习展开研究。例如，可以让学生在学完必修 1 以后研究该模块中科学推理、科学论证等科学思维方法的应用，体会物理学研究中科学思维的重要作用，在今后的学习中自觉运用逻辑推理、论证和质疑等方法进行研究。还可以打破具体实验的界限，让学生以实验探究的方案设计（如等效替代还是控制变量）、实验操作（操作步骤和操作技巧）、数据处理（如何找到规律得出实验结论）、误差分析（系统误差还是偶然误差，如何减小）等为专题进行整合分析和研究，提升科学探究的能力。

第三节　促进巩固活化的应用训练

考查学生是否掌握了所学的物理概念规律，需要在真实的问题情境中考查学生是否能够准确地辨析、应用，正确地分析和解决问题，而不是靠死记硬背概念规律的内容。要达到这样的目标，离不开习题教学，也就是在课堂上，要应用所学知识进行问题解决的应用训练。课堂上的应用训练不能是题海战术，也不能一味追求偏、难、怪、繁。而应通过应用训练，巩固学习的重难点，加强对概念规律的深入理解，提升科学思维与科学探究能力，促进学生物理学科核心素养的发展。

一、应用训练的目的

物理教学目标应围绕着学生知识和能力的发展，课堂上的应用训练也应以促进学生掌握所学概念规律、发展对物理核心概念的理解和应用、提高研究物理问题的能力为宗旨。

（一）巩固学习重难点

物理学习的重点包括重要概念、重要规律，是物理知识体系的核心组成部分，与物理基础概念联系紧密。物理学习的困难点，一般分为共性困难和个体性困难。共性困难是指“在物理学习的特定阶段或特定章节，学生普遍感到物理难学，出现大面积的学习效果下降或明显分化的现象”。个体性困难是指“智力发展正常，但没有充分发挥自己的智力因素和非智力因素而使得物理学习效率低下，物理学习效果长期落后于全体学生的现象”。两种困难都会让学生面对物理时，出现情绪低落、不自信的情况。本节的学习困难主要指共性困难。

1. 巩固学习重点

重点一般是与其他知识联系紧密的内容，具有一定的复杂性，也是后续学习的基础。通过应用训练巩固重点内容，有利于学生掌握物理的核心内容，构建完整的知识体系。物理学习的重点包括概念、规律、物理模型、典型的思想方法、认识方式等内容。

可以通过针对建构物理概念的应用训练，让学生经历物理概念的建构过程和物理规律的形成过程，发展学生的思维能力，掌握建构模型等科学思维方式。例如学习电场强度时，创设情境比较不同检验电荷先后在电场中同一位置受到的电场力大小，让学生比较电场力大小与检验电荷的电荷量关系，通过比较电场力大小和检验电荷带电量的比值，让学生概括出该比值与检验电荷无关的特征，促进学生理解这种特征可以描述场的性质，加深对场强的理解。处理这些问题需要学生经历“比较－概括－抽象”的过程，使学生的思维得到发展。

还可以通过对典型运动情境的应用训练，促进学生从不同角度认识物理现象，提升学生的思维能力。

【例题】一个物体从光滑斜面顶端由静止开始下滑，斜面的高为 1 m，长为 2 m，不计空气阻力，物体滑到斜面底端时的速度是多大？（分别用三种方法求解）

方法一：用牛顿定律和运动学公式求解。

方法二：用动能定理求解。

方法三：用机械能守恒定律求解。

通过训练，让学生认识到动力学问题既遵循牛顿运动定律，又遵循能量守恒定律，还可以从功能转化角度认识，拓宽学生的认识方式，促进思维能力的发展。

2. 巩固学习难点

概念规律的深层理解和复杂应用不是通过一次学习就可以达成的，往往是学生的难点，需要随着学习的深入逐步化解。通过应用训练精确诊断学生的困难所在，及时采取措施，可以解决造成学生学习困难的原因，如知识结构不完善，包括知识储备量不足、知识组织零散、理解不深等。通过应用训练，还可以让学生熟练解决问题的程序性知识，提高解决问题的能力。通过综合复杂问题的应用，不断构建物理知识体系，完善物理认知结构。

【例题】导体切割磁感线的运动可以从宏观和微观两个角度来认识。如图 7-7 所示，固定于水平面的 U 形导体框处于竖直向下的匀强磁场中，金属直导线 MN 在与其垂直的水平恒力 F 作用下，在导体框上以速度 v 做匀速运动，速度 v 与恒力 F 方向相同；导线 MN 始终与导线框形成闭合电路。导线 MN 长度 L 恰好等于平行导轨间距，磁场的磁感应强度为 B。(忽略摩擦力)

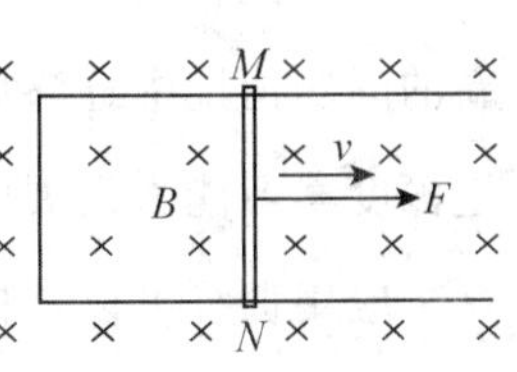

图 7-7

(1)如果导体棒 MN 的电阻可以忽略不计，与 MN 平行轨道的外电阻为 R_1，其他电阻忽略不计。请从动力学角度分析 MN 棒内电子沿棒方向受到哪几个力的作用?

(2)若导线 MN 电阻为 R，忽略导线框的电阻。请从动力学角度分析，求出导线 MN 中金属离子对一个自由电子沿导线长度方向的平均作用力 F 的表达式。

本题是导体切割磁感线产生电动势的变式问题，从宏观和微观两个角度考查学生的认识和概念体系的建立情况，可以巩固学生对全电路欧姆定律、电动势、路端电压、电流等概念间联系的认识，提升学生建模能力、分析、推理、论证的思维能力。

需要说明的是，影响学习效果的非智力因素主要是相关情绪记忆，学习困难点触发的学生情感记忆多数与情绪低落、沮丧、失败有关。教师引导学生进行应用训练或者学生团队解决问题的过程比独自解决要顺畅很多，容易形成愉悦和成功的体验，在应用过程中使学生不断修正自己的情绪记忆，建立解决困难的自信。

(二)促进对概念规律的深层理解

为适应新时期的要求，丰富学生学习方式、改进学习方法成为高中课程改革的基本理念。学会学习、学会思维和转变学生传统的浅层学习方式是新一轮课程改革的重要目标和任务。深层理解是理解性的学习，包括对学习内容进行批判性学习，并能将它们与原有的认知相融合，将众多概念联系起来，将已有的知识在新的问题情境中迁移应用，作出决策并解决问题。对概念、规律的深入研究是促进深度学习能力发展的有效途径。

应用训练可以从概念建构、概念关联、反省认知策略、大概念理解等角度促进学生深层理解。例如加速度概念，不仅是联系相互作用和运动关系的桥梁，也涉及变化率等跨学科概念的理解，需要通过应用训练促进学生深度理解。通过应用训练，可以检查学生是通过记忆解决问题，还是在理解的基础上解决。

【例题】对瞬时速度和平均速度的应用训练题：一质点沿直线 Ox 方向做变速运动，它离开 O 点的距离随时间变化的关系为 $x=5+2t^3$(m)，它的速度随时间 t 变化的关系为 $v=6t^2$(m/s)。该质点在 $t=2$ s 时的瞬时速度和 $t=0$ 到 $t=2$s 间的平均速度分别为(　　)。

A. 8 m/s，24 m/s　　B. 24 m/s，12 m/s

C. 12 m/s，24 m/s　　D. 24 m/s，8 m/s

本题直接以函数表达式的形式呈现位置和速度随时间变化的关系，与通常直接描述运动情况不同。并且从函数形式也不易直接看出运动规律，学生不能依靠记忆解决问题。只能根据平均速度和瞬时速度的定义，结合题目信息分析解答。这道题目的应用训练改变了呈现信息的方式，促使学生进一步深入理解速度概念。

(三)促进物理认识方式的发展

认识方式指从物理学视角对客观事物的本质属性、内在规律及相互关系的认识过程中，倾向于使用某种思维模式(路径)或者信息处理对策，是基于经验事实建构物理模型的抽象概括过程；是分析综合、推理论证等方法在科学领域的具体运用；是基于事实证据和科学推理对不同观点和结论提出质疑、批判、检验和修正，进而提出创造性见解的能力与品格。

认识方式与物理知识紧密联系，在不断学习物理知识和应用训练过程中逐渐发展，是可迁移的，不同于一般的方法和技巧，具有综合性和可替代性，同一问题可以用不同方式来认识。例如安培力可以从宏观角度认识，也可以从微观角度认识。认识方式是学生内化了的带有物理学科品质的一种素养，是伴随人终身学习和发展的一种能力。通过认识方式的丰富可以提高学生的物理学科核心素养、科学素养、个人综合素养。

通过精选习题的应用训练，可引导学生从认识对象、认识角度、认识思路三个方面来发展学生的认识方式，提高学生物理学科核心素养。例如通过应用训练可以帮助学生形成从运动和相互作用角度，从瞬时和积累的认识思路出发，分析群体(大量粒子)作用的认识方式。

【例题 1】正方体密闭容器中有大量运动粒子，每个粒子质量为 m，单位体积内粒子数量 n 为恒量。为简化问题，我们假定：粒子大小可以忽略；其速率均为 v，且与器壁各面碰撞的机会均等；与器壁碰撞前后瞬间，粒子速度方向都与器壁垂直，且速率不变。利用所学力学知识，导出器壁单位面积所受粒子压力 f 与 m 、n 和 v 的关系。

【例题 2】某游乐园入口旁有一喷泉，喷出的水柱将一质量为 M 的卡通玩具稳定地悬停在空中。为计算方便起见，假设水柱从横截面积为 S 的喷口持续以速度 v 竖直向上喷出；玩具底部为平板(面积略大于 S)；水柱冲击到玩具底板后，在竖直方向水的速度变为零，在水平方向朝四周均匀散开。忽略空气阻力，已知水的密度为 ρ，重力加速度大小为 g，求：

(i)喷泉单位时间内喷出的水的质量；

(ii)玩具在空中悬停时，其底面相对于喷口的高度。

这两道题的描述方法、涉及的物理过程并不类似，但是从认识方式上看，涉及的认识对象、认识角度和认识思路是相同的。不同的内容，可以用同样的方式来认识。

也可以通过对应用训练题的比较分析，促进学生认识方式的发展。表 7-3 呈现的两道训练题难度不同，但认识方式有相同之处，因此可以从认识方式角度，以题组的形式训练学生解决问题的能力。

表 7-3　两个动量习题的对比分析

	习题 1	习题 2
题目描述	一个质量为 m 的鸡蛋从高处自由下落，不考虑空气阻力，鸡蛋与桌面撞击前的速度为 v，假设鸡蛋落在桌面上不反弹，鸡蛋与桌面的作用时间为 Δt，求在这段时间内桌面对鸡蛋的平均作用力大小。	大量而密集的雨滴接连不断地打在睡莲上，就对睡莲产生持续的压力。设在无风的天气条件下雨滴以收尾速度匀速竖直下落的空间，单位体积内的雨滴个数为 n(数量足够多)，雨滴落在地面上不反弹，雨滴撞击地面时其所受重力可忽略不计，求水平地面单位面积上受到的由于雨滴对其撞击所产生的压力大小。
研究对象	研究对象明确，是鸡蛋，并且可以看作质点。	题目没有明确研究对象，需要自己选择。取 Δt 时间内下落到睡莲上的一段高度内的雨滴为研究对象，属于多个质点。
运动模型	以速度 v 碰撞，末速度为零。	以速度 v 碰撞，末速度为零。
规律	动量定理。	动量定理。

从表 7-3 可以看出，从物理问题的角度看，除了研究对象发生了变化(一个是单个质点，一个是质点组)，物理情境和规律是相同的。但两道题目呈现的实际情境是不同的，睡莲问题要复杂很多。通过比较，可以让学生建立从认识方式角度看问题的意识，有利于解决复杂问题。

二、应用训练的内容

(一)加强基础知识、基本技能学习的应用训练

基础知识是组成概念体系的最基本元素，是最基础的内容，也是初学者比较容易学习和掌握的内容。应用训练首先要加强基础知识、基本技能的学习。

【例题】地球绕太阳近似做匀速圆周运动，物理量间的关系可以用下式表示，$\frac{GMm}{r^2}=m\frac{4\pi^2}{T^2}r$，请你说说表达式左右的 r 的含义相同吗？如果不同，分别是什么？

通过对表达式中字母准确含义的分析，促进学生知识掌握的准确性，做到概念清晰。在处理双星问题时，不会出现将天体间距离和轨道半径混为一谈的情况。

基本技能是形成高级技能、熟练技能的必备条件。实验方案的设计、实验中仪器的基本操作和使用、解决物理问题过程中的程序性知识都是高中物理基本技能的一部分，是后续学习和灵活解决物理问题、提高个人能力的基石。保证实验方案的可操作性是实验设计的重要元素之一，也是实验设计的基本技能。

例如探究“加速度与力、质量的关系”实验中，如何为运动的物体提供一个恒定的可测量的外力？为什么把木板的一端垫高后，小车运动过程中所受外力可视为对车的拉力？这也是学生学习过程中容易忽视的地方，教学中往往只强调轨道倾斜对摩擦力的平衡作用，忽视这么做的真正原因——使外力形式简洁。这个问题把实验装置的摆放、实验情境对应的物理规律、实验设计的要素结合起来，通过基本问题的综合处理提高学生的认知复杂性。

(二)促进知识关联、大概念理解的应用训练

将概念规律进行关联学习可以促进学生对概念温故而知新，从而促进学生对概念规律的深层理解。围绕大概念、核心概念建立知识的联系，形成良好的认知结构，提高知识掌握的灵活性，有助于提高学生解决问题的能力。在建构的过程中，需要透过表象寻找概念规律间的深层次联系，促进学生科学推理能力的发展。例如表7-4呈现了部分应用训练及对应分析。

表7-4　应用训练题及其作用

序号	应用训练	分析
1	电势和电场强度可以从不同侧面描述电场的性质。它们描述电场的角度分别是什么？在研究力学问题中，是否有类似的例子？请说明。	这道题目第一步需要从描述场的性质的角度识别“电势”“电场强度”的区别与联系，其次将电场与重力场进行关联，建立它们之间的联系。这对学生进一步认识场的性质和描述很有益处。

续表

序号	应用训练	分析
2	如图所示，一个U形导轨 $PMNQ$，水平固定在一个竖直向下的匀强磁场中，轨上跨放一根质量为 m 的金属棒 ab，导轨的 MN 边和金属棒 ab 平行，它们的电阻分别是 R 和 r，导轨的其余部分电阻不计。若沿着 MP 方向作用在金属棒上一个水平冲量，使 ab 在很短时间内由静止得到速度 v_0，设导轨足够长。求金属棒 ab 在运动过程中产生的热量。	这道题目涉及"运动和相互作用观念"及"能量观念"，通过分析力和运动关系得出导体棒的运动情况，确定运动情境。再从能量角度分析过程中动能的转化去向，最后用能量守恒的思想解决问题。这道题很好地促进了学生对运动和相互作用观念和能量观念的应用和理解。
3	光电效应实验中，如图所示用频率为 7.5×10^{14} Hz 的光照射金属 K，当电压表示数减为 0.91 V 时，灵敏电流表上才有电流出现。(普朗克常量 $h=6.63\times10^{-34}$ J·s，电子的电量为 1.6×10^{-19} C) (1)求该金属的逸出功； (2)若将电路中电源正负极对调，调节滑动变阻器滑片，使电压表的示数为 2 V 时，光电子到达阳极 A 的最大动能为多少？	该题涉及的知识有带电粒子在电场中的运动、电路知识、逸出功，是一道比较综合的题目，是"运动和相互作用观念""能量观念"在具体问题中的体现。 该题涉及的运动模型是带电粒子在电场中的加速/减速运动。通过具体问题的训练，提升学生的建模能力，并进一步培养学生的运动与相互作用观念和能量观念。

(三)提升科学思维的应用训练

发展学生的科学思维能力是重要的教学目标之一。模型建构、科学推理、科学论证、质疑创新都是重要的科学思维能力。应用训练促使学生把课程学习中形成的科学思维用于分析、解决各种问题，在解决问题的过程中进一步提高学生的建模、推理、论证、质疑创新能力，如表 7-5 所示。

表 7-5　解决问题中的科学思维训练

题目描述	分析	策略
在研究电荷之间作用力时，引入电场模型解释电荷之间的作用力，并引入电场强度概念描述电场的强弱，再具体研究点电荷产生的电场的电场强度，即 $E=\frac{kQ}{R^2}$。上述研究思路可以简要概括为“电场→电场强度→点电荷电场强度”。如果采用类似的研究思路研究万有引力场，研究思路可以概括为： A. 万有引力→引力场强度→地球附近的引力场强度 B. 万有引力场→万有引力→地球附近的万有引力 C. 万有引力场→万有引力场强度→地球附近的引力场强度 D. 万有引力场→万有引力→地球附近的引力	在回顾认识静电场的研究思路基础上，和引力场类比，推测引力场中认识力的性质的研究思路，很好地训练了学生的推理论证能力。	通过类比认识研究问题的思路，提升分析论证能力。

三、应用训练的方式与策略

(一)通过建模呈现物理图景，提升将实际问题转化成物理问题的能力

运用物理知识解决问题能力的高低，往往取决于学生将情境与知识相联系的水平。把实际情境中的一个阶段转化成一个物理过程，把描述的语言转化为物理现象，提取文字中的物理量，从而把实际问题转化成物理问题，这是提高学生用物理观念思考物理问题、用物理知识分析解决问题能力的有效途径。

实际问题比物理问题复杂得多，需要经历简化和建立物理模型、提炼出明确的物理问题等步骤，才能进一步求解。

【例题】工人沿着斜靠在墙上的梯子向上攀登时，会出现梯子向远离墙的方向滑动的情况，请你建立合理模型研究梯子安全倾角的大小与动摩擦因数的关系。

解决这个问题需要对实际情境进行抽象建模，建立理想化模型。建模过程可以把人抽象成质点，忽略梯子的质量、梯子上端与墙之间的摩擦力等次要因素。

形成结论时，再结合实际情况进一步考虑梯子质量、梯子上端摩擦等因素。学生在解决问题的过程中，体会实际问题和模型问题的差异与联系，提高了将情境与知识相联系的能力，增强了实践意识。

侧重描绘物理图景的训练能提升学生将实际问题转化成物理问题的能力。首先将实际问题用图景表示出来，再将实际图景抽象成物理图景，最后转化成物理问题，如图 7-8 所示。表 7-6 列举了通过描绘图景将实际问题转化成物理问题的实例。

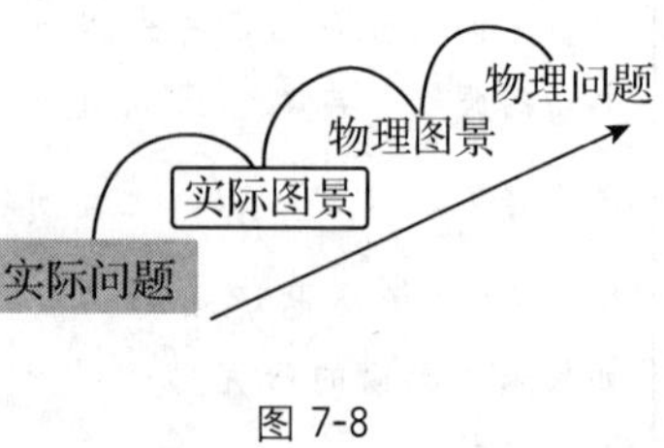

图 7-8

表 7-6　将实际问题转化成物理问题

实际问题	一列火车从静止开始做匀加速直线运动，一人站在第一节车厢的前端观察，第一节车厢通过他历时 $t_1=2$ s，全部车厢通过他历时 $t=6$ s，设各节车厢长度相等，不计车厢间距离。试问：这列火车共有几节车厢？
实际图景	0 s 2 s …… 6 s 几节车厢？
物理图景	$v_0=0$　6 s 2 s
物理问题	一质点从静止开始做匀加速直线运动，求前 6 s 和前 2 s 内的位移之比。

(二)通过从不同角度理解概念的应用训练促进深层理解

从不同角度对概念进行分析，建立概念与其他知识的联系，可以促进学生对概念知识的深层理解。

【例题】加速度是描述速度随时间变化率的物理量，变化率在描述变化过程中有着非常重要的作用，你能说出两个用变化率表示的其他物理量或者生活中的概念吗？

这个问题通过让学生反思对变化率的认识过程，在知识的迁移应用过程中促进学生对加速度和变化率的深入理解。再如 2015 年北京高考理综试卷第 19 题。

【例题】如图 7-9 所示，其中电流表 A 的量程为 0.6 A，表盘均匀划分为 30 个小格，每一小格表示 0.02 A；R_1的阻值等于电流表内阻的 $\frac{1}{2}$；R_2的阻值等于电流表内阻的 2 倍。若用电流表 A 的表盘刻度表示流过接线柱 1 的电流值，则下列分析正确的是（　　）。

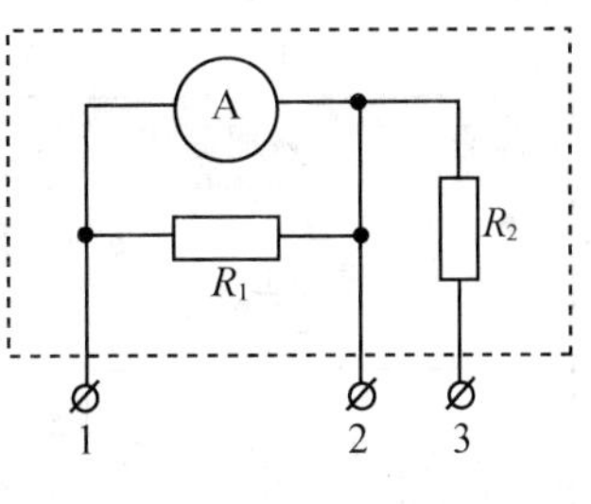

图 7-9

A. 将接线柱 1、2 接入电路时，每一小格表示 0.04 A

B. 将接线柱 1、2 接入电路时，每一小格表示 0.02 A

C. 将接线柱 1、3 接入电路时，每一小格表示 0.06 A

D. 将接线柱 1、3 接入电路时，每一小格表示 0.01 A

电流表的改装和改变量程是学生熟悉的内容，这道题体现了综合性和应用性、创新精神和实践能力，考查物理概念与规律的深入理解及灵活应用。解决这道题的过程也是深入理解电表改装原理和应用的过程。表 7-7 列举了部分物理量及其理解角度。

表 7-7　物理概念及其理解角度举例

序号	物理量	理解角度举例
1	加速度	(1)速度变化快慢的物理量； (2)表示速度对时间的变化率； (3)速度—时间图像中切线的斜率； (4)表示力瞬时作用效果的物理量。
2	功率	(1)表示做功快慢的物理量； (2)可以表示能量变化的快慢(例如，抛体运动中，重力的功率可以表示动能的变化率和重力势能的变化率)。
3	电场强度	(1)描述电场强弱和方向的物理量； (2)表示沿着电场方向的电势梯度，指向电势降落最快的方向。

续表

序号	物理量	理解角度举例
4	磁感应强度	(1)表示磁场的强弱和方向； (2)等于垂直穿过单位面积的磁通量。
5	力	(1)物体间的相互作用； (2)合力还可以表示动量随时间的变化率。

(三)通过专题应用训练提升科学思维能力

可根据科学思维的要素，将应用训练分成若干专题。例如模型建构是一种重要的科学思维方式，质点、点电荷、匀强电场等物理概念和匀变速直线运动等物理过程都是物理学家建构的理想模型，蕴含着发展学生建模能力的重要价值。对理想模型应用的考查，唤醒学生建立模型的科学思维过程，使之在迁移应用的过程中得到更好的发展。应用训练可以将体现同一模型的不同主题的问题集中形成专题，强化模型建构能力的提升。

以追击模型为例，下面两道题目分别属于运动学主题和电场主题，但涉及对象的运动情况都可以用追击模型进行分析。

【例题 1】如图 7-10 所示，质量 $M=8.0\ \text{kg}$ 的小车停放在光滑水平面上。在小车右端施加一个 $F=8.0\ \text{N}$ 的水平恒力。当小车向右运动的速度达到 $3.0\ \text{m/s}$ 时，在其右端轻轻放上一个质量 $m=2.0\ \text{kg}$ 的小物块(初速度为零)，物块与小车间的动摩擦因数 $\mu=0.20$，假定小车足够长。经多长时间物块与小车相对静止？(取 $g=10\ \text{m/s}^2$)

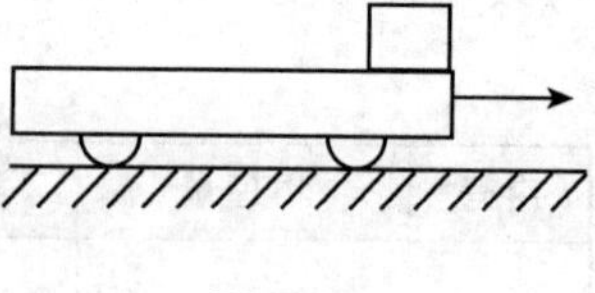

图 7-10

【例题 2】匀强电场的方向沿 x 轴正方向，电场强度 E 随 x 的分布如图 7-11 所示，图中 E_0 和 d 均为已知量。将带正电的质点 A 在 O 点由静止释放。A 离开电场足够远后，再将另一带正电的质点 B 放在 O 点也由静止释放。当 B 在电场中运动时，A、B 间的相互作用力及相互作用能均为零；B 离开电场后，A、B 间的相互作用视为静电作用。已知 A 的电荷量为

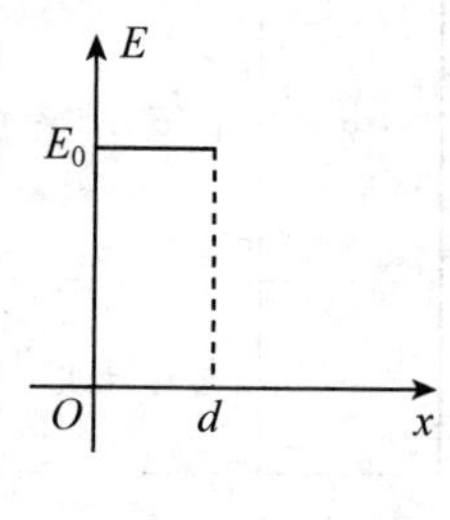

图 7-11

Q，A 和 B 的质量分别为 m 和 $m/4$，不计重力。若 B 的电荷量为 $q=4Q/9$，求两质点相互作用能的最大值 E_{pm}。

跨主题的模型训练，不仅可以锻炼学生建构模型的能力，提高学生应用模型解决问题的能力，还可以促进学生认识方式和科学思维能力的发展。

(四)通过变式促进学生认识发展

变式，可以是针对同一物理情境从不同角度进行分析，有助于促进学生对物理过程的全面认识，拓展学生认识问题的思路，提高认识问题的水平。

【例题】请阅读下述文字，完成下列问题。

竹蜻蜓是一种中国传统的民间儿童玩具，流传甚广。如图 7-12 所示，竹蜻蜓由竹柄和“翅膀”两部分组成。玩竹蜻蜓时，双手一搓竹柄，然后双手松开，竹蜻蜓就会旋转着飞上天空，过一会儿落下来。

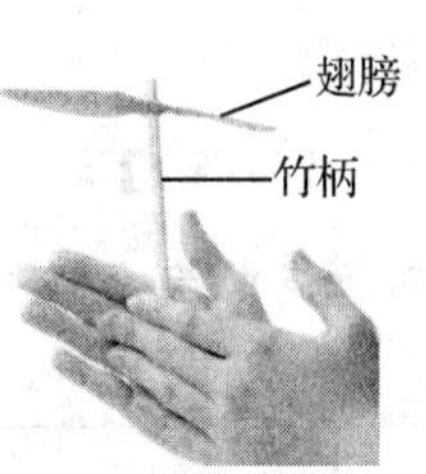

图 7-12

(1)松手后，关于竹蜻蜓和空气间的相互作用力，下列说法正确的是(　　)。

A. 竹蜻蜓对空气的作用力大于空气对竹蜻蜓的作用力

B. 竹蜻蜓对空气的作用力小于空气对竹蜻蜓的作用力

C. 竹蜻蜓对空气的作用力等于空气对竹蜻蜓的作用力

D. 竹蜻蜓对空气的作用力与空气对竹蜻蜓的作用力方向相同

(2)若竹蜻蜓离开双手后，恰好沿竖直方向向上运动，则竹蜻蜓在上升过程中(　　)。

A. 做匀速运动

B. 做减速运动

C. 先做加速运动，后做匀速运动

D. 先做加速运动，后做减速运动

(3)竹蜻蜓从最高点下落到地面的过程中，若空气阻力不可忽略，则它的机械能(　　)。

A. 守恒　　B. 增大　　C. 减小　　D. 先减小后增大

对于竹蜻蜓这一传统游戏，题干对竹蜻蜓的运动过程做了简要描述，再让学生从物理学角度进行认识、分析。三个小问题分别从相互作用、相互作用和运动的关系、能量角度进行考查，使学生体验用不同认识思路分析问题的过程，提高学生的认识水平。

变式，也可以是以题组形式从多方位对同一概念进行训练，促进学生认识的发展。例如对电场强度与其他物理量关系的考查，可以用下面两个问题进行应用训练。

【例题 1】请在横线上写出相应的表达式。电场强度的定义式：________，孤立点电荷的表达式：________，匀强电场中场强和电势差的关系式：________。

【例题 2】请模仿下面的例子，在表中列举四个与“电场强度”相联系的物理知识(知识可以是物理现象、事实、规律等)，并简要说明它们之间的关系。

表 7-8　与“电场强度”相联系的物理知识

与“电场强度”相联系的知识	该知识与“电场强度”的简要关系
电场力 F	点电荷 q 受到的电场力 F 的大小与电场强度 E 的关系为 $F=Eq$，电场力的方向可以由电荷的电性和场强 E 的方向确定。

这两道题考查的知识点基本相同，呈现形式也差不多，都是填空方式。但例题 2 对学生的认识要求明显要高于例题 1，也更具有发散性。对于电场强度认识深入的学生来说，两道题目没有明显的难易差别，但对于认识停留在记忆层面的学生来说，例题 2 的难度明显大于例题 1，例题 2 需要对电场有深入的理解，同时需要完整的与场强有关的概念体系。

(五)通过设计有梯度的习题促进学生深度理解

重要概念、核心概念需要深度理解，新授课学习过程中学生往往达不到深度理解的层次。为了促进学生深层次学习，可以根据学习内容，在对学习者的知识储备、思维方法、理解水平要求分析的基础上，制订出分阶段学习目标，在不同学习阶级设置有梯度的训练题。例如，对矢量运算的考查，下面两道题目的难易程度是不同的。

【例题 1】根据定义，用作图法表示位移。如图 7-13 所示，从 A 地出发，第一天到 B 地，第二天从 B 地到 C 地。用图像法表示每天的位移和两天内的总位移。

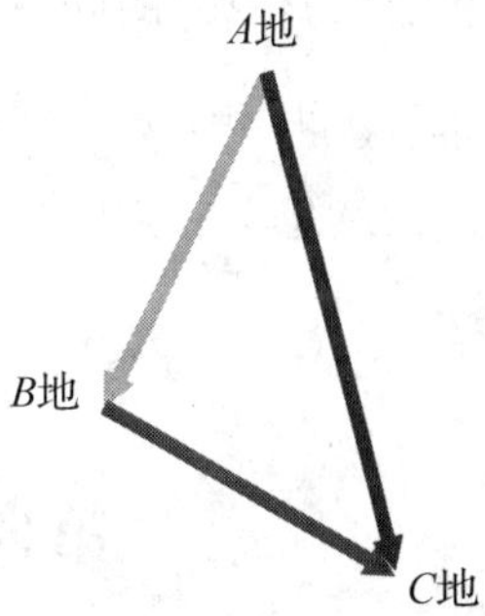

【例题 2】如图 7-14 所示为探究求合力方法的实验，OC 方向和 OF 方向中，哪个方向一定与 OG 相反？为什么？

图 7-13

例题 1 的解决方法有两个，一个是学习矢量运算后，用矢量求和画出总位移；另一个是根据位移的定义直接作图。第二种方法并不涉及矢量运算的概念，考查难度相对较小，也比较形象。例题 2 也是以图形方式呈现，从作用效果角度考查矢量求和过程中的误差，综合性很强，难度较大。例题 1 可以用于课前学习诊断，例题 2 建议放在课堂学习之后，或者复习课中。通过例题 1 和例题 2 的组合训练，促进学生对矢量运算法则的深度理解。

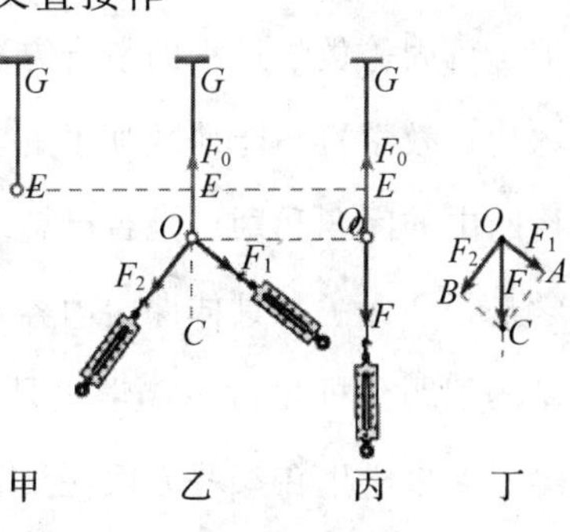

图 7-14

(六)通过与认知水平相符的应用训练提高学习的针对性

应用训练需要根据学生实际认知水平，对学生能力进行分层，设计符合不同层次需求的针对训练，考查范围与当时学习内容一致。例如对于重力做功特点的认识，下面三道题分别对应不同层次的学生。

【例题 1】重力做功的特点是什么？

【例题 2】重力做功的特点是什么？还有哪些力做功有同样的特点？

【例题 3】当高度足够大时，重力做功与路径无关的结论还成立吗？为什么？

例题 1 考查记忆，学生未真正理解也不影响其写出正确答案；例题 2 需要与其他力进行关联，找出具有共同做功特点的力，学生在回答问题的过程中会自发生成“为什么”的问题，引发学生思考；例题 3 对学生要求很高，高度很高时重力不再是恒力了，力的表达式中出现了距离平方的倒数，这在很大程度上影响学生的后续思考和判断，对概念特别清晰、推理严密的学生才能得出正确结论。

第四节　指向反馈矫正的课堂评价

本章前几节分析了基于课前学习诊断的课堂教学中的答疑解惑、整合提升、训练巩固等教学过程的整合方法。经过这几个环节的教学后，还要进行教学检测评价。教学检测能使教师了解学生是否达到了预期的教学目标，例如：课前学习诊断中的问题和疑惑是否已解决，对教学内容是否有了比较清晰的认识？通过教学是否加深了与具体课题内容相关的物理核心概念及跨学科概念的理解？通过课堂的例题分析和讨论，学生是否掌握了所学知识并能应用其解决相关问题？等等。如果学生在某些方面还没有达成目标，则应该有针对性地指导他们进行改进学习，以逐步达到教学目标。这就需要我们在教学中，不仅有针对教学目标的检测环节，还要基于检测结果进行分析诊断，并及时反馈给学生指导其进行矫正改进的学习。

一、课堂评价的目的

课堂评价的目的不是单纯评价学生的掌握情况，而是要作为学生改进学习的反馈依据。也就是说课堂评价并不是学习结束时的一个终结性评价，而是作为下一步矫正师生教与学的起点，以更好地落实教学目标和提升学生的核心素养。

(一)促进教学目标更充分地达成

传统的教学评价比较注重对学习结果的诊断评价，这种评价又称为终结性评价。教师通过某种形式的测试了解和判断学生对某个教学内容的掌握情况。针对这种目的的评价一般包括期中、期末考试或升学考试等。它是对学习结果的评价，用来划分学生的等级和排名，评价结果对学生将来的毕业、升学等有直接的影响。这种评价方式在以往的教学评价中占到较大的比重，主要起到评定学习结果的作用。一般得到检测结果后，这次评价也就结束了。可以看出，这样的评价方式对学生改进学习过程的指导作用不够，不利于学生自主和发展性的学习。因而如果只有这种单一的评价方式，难免产生人们所诟病的“一考定终身”和“唯分数论”的教育弊病。

我国近 20 年的课程改革逐步注意到评价对指导和改进学生学习的意义。在新的课程标准中提出了对评价改革的明确要求，特别是强调了形成性评价和日常教学评价。形成性评价发生在学习的全过程，评价的目的是多方面和及时地为学生与教师提供反馈信息，使他们不断调整教与学的步伐，共同努力达到教学目标。

与终结性评价相比，过程性评价在学生学习的过程中进行，这样就可以及时反馈学生的学习状况，其结果促进学生及时了解自己的学习状况，进而调整自己学习方法上存在的问题，补习知识上的漏洞，提高能力上的不足。

指向反馈矫正的结果检测正是要达成以上目标的评价方式。教师在检测的基础上反馈学生存在的问题，指导其补习或改进学习，并对改进学习效果再次进行检测。这样的检测→反馈→改进→再检测的循环过程，可以促进学生逐步地、更充分地达到教学目标。

(二)促使教师改进教学

评价的结果反映学生学习效果的同时，也反映了教师教学中存在的问题。例如在关于加速度的检测中，对于“匀变速圆周运动是否存在加速度”这一检测题目，学生的回答情况可反映出教师教学中，对速度、速度改变量及加速度等概念理解的指导与实施策略是否恰当。可见，教师也同样需要分析检测结果反映出的教学问题，以便从教学内容、教学进度、教学策略等方面加以调整和改进。

(三)促进学生物理学科核心素养的发展

物理学科核心素养的发展不能一蹴而就，需要在物理学习过程中不断应用科学思维和科学探究方法，思考、体悟物理概念、规律的内涵和联系，以形成自己的科学观点和研究方法。这就需要教师将核心素养的培养融入教学过程，渗透到评价检测中。基于检测结果的反馈矫正学习正是引导学生不断经历这样的学习和评价过程，逐步建立物理观念，反复训练科学思维、科学探究的应用，促成科学态度及责任感的树立。

(四)促进学生的个性化学习

课堂评价反映出学生的问题往往是各不相同的，如果像传统教学那样，只进行统一的试卷讲评，则学生的个体问题得不到彻底的指导。学生往往带着疑问进行下一项内容的学习，久而久之，漏洞越存越多，学习也就越来越吃力。因此，及时的检测以及对学生检测结果进行有针对性的及时反馈，并指导其改进学习，是改变这种被动局面的有效教学方法。对学生个性化的学习发展能起到积极作用。

二、课堂评价的内容与流程

既然课堂评价的目的是为了给学生改进学习提供反馈和指导意见，那么课堂评价就不能只是一次性的测试，而是应该通过对测试结果的分析，将学生存在的问题以及改进学习的方法和内容反馈给学生，在学生自主学习后再次检测，直到较好地达成教学目标。所以这种测评→反馈→改进学习→再次测评的评价模式应是一种循环过程。下面以一轮评价过程对课堂评价的流程和内容加以说明。

(一)对教学目标的检测评价

指向反馈矫正的课堂评价的第一项重要内容，是根据教学的目标，进行教学结果的检测。针对不同的教学目标，检测的方式可以是多种多样的。例如，对概念的深入理解和整合提升的情况可以通过适当的测验问题进行；对学生学习状况的了解可以通过调查问卷或访谈的方式进行。设置试题或问题时，一定要针对某个明确的教学目标，这样测评的结果才能提供明确的反馈依据。下面以案例进行说明。

【案例】加速度概念教学课堂评价

试题1：由表格中汽车和飞机的启动过程，分别求二者的加速度。由数据说明：谁速度变化快？

表7-9 汽车和飞机相关数据

	$v_0/(\mathrm{km\cdot h^{-1}})$	$v_t/(\mathrm{km\cdot h^{-1}})$	t/s
汽车	0	100	20
飞机	0	300	30

试题2：从质点的速度—时间图像（如图7-15所示），下列说法正确的是（　　）。

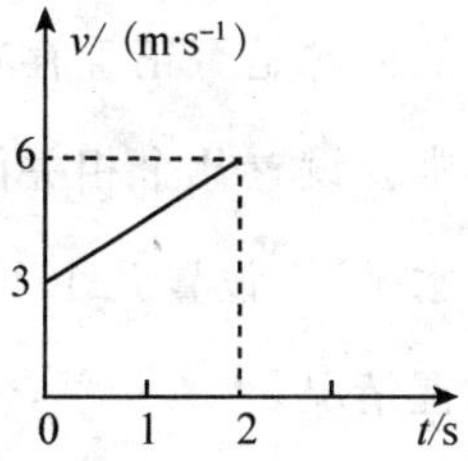

A. 质点的初速度为3 m/s

B. 质点的速度在增加

C. 质点的加速度为2 $\mathrm{m/s^2}$

D. 图像的倾斜程度反映速度变化的快慢——加速度

图7-15

试题3：一个质点的速度—时间图像如图7-16所示，请在图中画出两条直线，这两条直线的斜率分别代表0到t_2这段时间的平均加速度和t_1时刻的瞬时加速度。

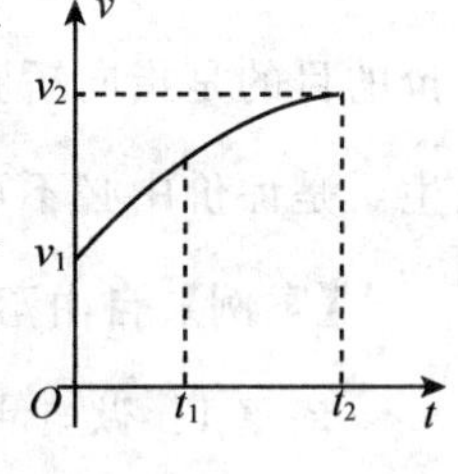

图7-16

试题4：思考下列各物理量中，影响物体加速度的因素是什么？如何验证你的想法？

A. 物体的速度　　B. 物体受的力

C. 物体的质量　　D. 物体的密度

试题5：最近几年，国内房价飙升，在国家宏观政策调控下，房价上涨出现减缓趋势。王强同学将房价的“上涨”类比成运动学中的“加速”，将房价的“下跌”类比成运动学中的“减速”，据此，你认为“房价上涨出现减缓趋势”可以类比成运动学中的(　　)。

A. 速度增加，加速度减小　　　　B. 速度增加，加速度增大

C. 速度减小，加速度增大　　　　D. 速度减小，加速度减小

试题1和试题2是从考查学生对加速度概念的理解角度命制的。其中试题1侧重考查从表格中获取信息的能力，试题2侧重考查从图像中获取信息的能力。

试题3、4、5是从大概念建构和深入理解角度考查学生对加速度概念的掌握情况。试题3、4侧重从“力和相互作用”这个核心概念考查学生对教学目标的达成情况。试题3主要考查运动学概念及研究方法的理解和迁移应用能力；试题4考查学生对力与运动关系的思考和探究能力。而试题5主要是从跨学科概念理解的角度考查“规模、比例和数量”等概念的含义和实际应用。

需要说明的是，对一个教学目标或知识要点，如果只设置一个问题，学生的回答是否正确存在相当大的偶然性，因而难以准确判断学生的学习情况。通常要设置几个相关问题进行考查，类似检查视力的“视力表”，在同一个“视力水平”下设置几个不同的问题，以更全面和有效地评价学生对这个知识点的掌握情况。

(二)对检测结果的分析和反馈

经过测评环节，教师了解到学生对教学目标达成的大致情况。如果是终结性评价，那么教师给出学生相应的分数或等级，评价到此就可以结束了。但我们评价的目的是指向矫正，因此认真分析学生在测评中出现的问题并及时反馈给学生，是评价中必不可少的环节。

【案例】“自由落体运动”的理解和应用的检测(部分)

试题1：做自由落体运动的物体，当物体刚开始被释放时(　　)。

A. 速度为零，加速度为零　　　　B. 速度为零，加速度不为零

C. 有竖直向下的速度和加速度　　　　D. 物体处于平衡状态

试题2：为了求得楼房的高度，在不计空气阻力的情况下，让一个石块从楼顶自由落下，测出下列哪个物理量就能计算出楼房的高度？(　　)

A. 石块下落到地面的总时间　　　　B. 石块落地前的瞬时速度

C. 石块落地前最后 1 s 内的位移　　D. 石块通过最后 1 m 位移的时间

第 1 题侧重于考查对自由落体运动概念的理解；第 2 题侧重于考查自由落体运动规律的应用。对学生出现的问题，可作如下分析：

表 7-10　学生检测分析

问题	分析反馈
试题 1：选 A 或 C	不明确自由落体运动的特点，对运动学参量间的关系理解不足。
试题 1：选 D	不明确运动状态和运动学参量间的关系。
试题 2：只选 A	掌握了自由落体下落高度：$h=\frac{1}{2}gt^2$，但对其与其他规律的联系和推论没有熟练掌握。
试题 2：只选 A 和 B	掌握了自由落体运动的基本规律，但还欠缺深入理解和应用的能力，特别是平均速度与时间中点瞬时速度的关系的理解。

如表 7-10，针对测评中学生回答所反映的情况，教师及时给出相应的问题反馈，使学生明确自己的欠缺所在，以便针对问题进行补习、改进等。这样比较具体和深入的反馈信息，在改进学生学习效果上具有很强的实效性和可操作性。

(三)针对问题的矫正建议和再检验

针对学生在测评中反映出的问题，教师应制订进一步矫正改进的教学策略。如果学生反映出的问题比较集中，那么矫正改进的教学环节可以由教师统一在课堂上完成；如果学生反映的问题差异较大，也可以由教师指导学生进行个性化学习。也就是教师针对不同学生提出不同的矫正学习建议。要注意改进建议和策略应具有针对性，内容要具体，可操作性要强。学习后应配有反馈验收题目，以检测学生的改进学习效果。下面仍以自由落体运动的测评为例，说明如何实施针对学生的矫正建议。

【案例】针对自由落体运动测评的矫正改进建议

表 7-11 学生检测矫正建议

问题	分析反馈	矫正建议
试题 1：选 A 或 C	同表 7-10	明确速度和加速度的关系，掌握自由落体运动的特征。完成反馈题组一。
试题 1：选 D	同表 7-10	明确物体运动状态指物体的速度大小和方向。完成反馈题组二。
试题 2：只选 A	同表 7-10	根据匀变速运动规律深入探究自由落体运动的规律，并将探究结果用于分析和解决相关问题。完成反馈题组三。
试题 2：只选 A 和 B	同表 7-10	

反馈题组一：

1. 下列说法正确的是(　　)。

A. 加速度增大，速度一定增大

B. 速度改变量 Δv 越大，加速度就越大

C. 物体有加速度，速度一定不为零

D. 速度很大的物体，其加速度可以为零

2. 甲物体的重力是乙物体的 3 倍，它们在同一高度处同时自由下落，则下列说法正确的是(　　)。

A. 甲比乙的初速度大，甲先着地

B. 甲比乙的加速度大，甲先着地

C. 甲比乙的质量大，甲先着地

D. 甲、乙运动情况相同，同时着地

反馈题组二：

1. 一个做变速直线运动的物体，加速度逐渐减小，直至为零，那么该物体运动的情况可能是(　　)。

A. 速度不断增大，加速度为零时，速度最大，此后运动状态保持不变

B. 速度不断减小，加速度为零时，速度最小，此后运动状态保持不变

C. 速度的变化率越来越小，变化率为零时处于平衡状态

D. 因加速度逐渐减小，速度肯定是越来越小的

2. 关于物体的运动，下列说法正确的是(　　)。

A. 自由下落的物体，加速度恒定，所以运动状态不变

B. 自由下落的物体，开始时速度为零，此时处于平衡状态

C. 做匀速运动的物体，加速度为零，处于平衡状态

D. 做匀速圆周运动的物体，速度不变，处于平衡状态

反馈题组三：

1. 自由下落的物体，当它落到全程的一半和全程所用时间的比是(　　)。

A. 1/2　　B. 2/1　　C. $\sqrt{2}/2$　　D. $\sqrt{2}/1$

2. 自由下落的物体，从 H 高处自由落下，当物体的运动速度是着地速度的一半时，距地面的高度为__________。

3. 物体由屋顶自由下落，经过最后 2 m 所用时间是 0.15 s，则屋顶高度约为(　　)。

A. 10 m　　B. 12 m　　C. 14 m　　D. 15 m

4. 从高处释放一粒小石子，经过 1 s，从同一地点再释放一粒小石子，在落地之前，两粒石子之间的距离(　　)。

A. 保持不变　　B. 不断增大

C. 不断减小　　D. 有时增大，有时减小

注意反馈题要与原来的问题相关，且要有适当的变化和深化，要能考查学生是否通过矫正学习，达到相应的教学目标。如果仍然不能很好地解决相关问题，可以再次重复上述学习过程，直至达到学习目标。

再有，因为课堂教学的课时有一定的限制要求，课上难以针对个别学生进行多次改进教学，因而建议这种“测评—矫正反馈—改进学习—再次测评”的循环过程，可以借助网络信息系统，在课下完成。这样学生能比较及时地获得反馈信息，随时在教师指导下进行自主学习。这种方式有点像玩电脑游戏的“过关”，把一个个知识和能力要求变成一个个“关口”，学生可以多次尝试，直到“通关”。这样的测评设置，更容易激起学生战胜困难、解决问题的决心，通过自身努力，达

到教学目标。

可以看出，指向反馈矫正的课堂评价，其目的不是单纯的评价，而更是为了“诊断病因、对症下药”——帮助学生改进学习中的困难。因此学生从心理上更容易接受，会更主动地进行测评和其后的改进学习。而且如果实现了测评过程信息化，学生可以在课上或课下更灵活地针对自己的问题进行比较个性化的矫正学习，避免了课堂教学中时间、空间、师资等限制带来的教学个性化不足的缺点。

(四)教师的自我反思和教学改进

值得注意的是，指向反馈矫正的课堂评价不仅仅是针对学生的，同时也是教师改进教学的重要参考依据。因此应针对测评设置师生双向的反馈及建议，这样更有助于师生在教学中相互沟通和了解，共同调整和改进教与学的策略，改变传统的师生对立关系，形成教学共同体，一起为达成教学目标努力。例如前面关于自由落体运动测评的案例中，可以在“分析反馈”和“矫正建议”间加入学生的“问题分析”，由学生自己从教与学两方面分析造成错误的原因。具体反馈内容可如表 7-12 所示。

表 7-12　师生共同填写的反馈矫正表

测评存在的问题(教师填写)	分析反馈(教师填写)	成因分析(学生填写、从教与学两方面分析)	矫正建议(教师填写)

如果教师发现学生普遍在某个测试题中出现相似的错误，而且在学生反馈意见时都表示这个问题课上或课下没有深入讨论或研究过，这就表明教师在教学指导中存在不足和疏漏，应该及时弥补和改进。例如可以采取课堂教学的方法集体讲授或通过学习资料、微课等形式指导学生课下自学。

三、课堂评价的教学策略

(一)测评问题针对明确和细化的教学目标

为诊断出学生在达成教学目标的过程中，具体在哪个知识或能力上出现了问题，测评问题的设置应有较强的针对性，即明确每个问题分别考查什么具体教学目标。

【案例】竖直面内圆周运动的能量转化与受力分析

过山车是一项刺激性很强的游戏。某种类型的过山车的运动类似于图 7-17 中轨道上小球的运动。设圆形轨道的半径为 R，不计车厢与轨道间的摩擦及空气阻力。

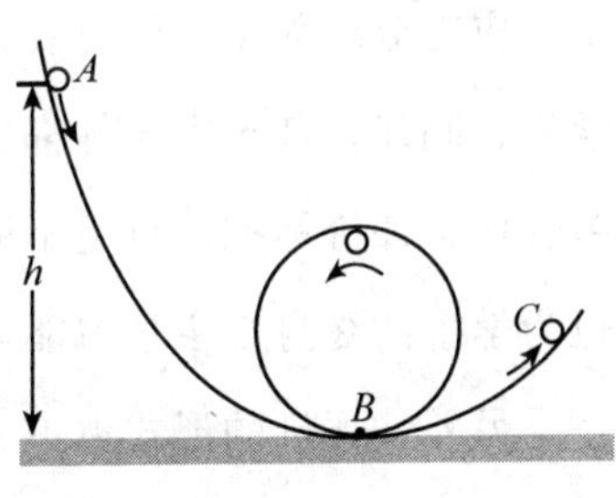

图 7-17

(1)请描述过山车由最高点 A 到最低点 B ，以及由 B 运动到 C 的过程中，其能量的相互转化情况，并说明过山车的机械能是否守恒，为什么？

(2)若过山车的起点与圆形轨道的最高点等高，且无初速度，那么请问过山车能否通过最高点？为什么？

(3)若要过山车无初速释放后可以安全通过最高点，则它的起始高度 h 距圆形轨道的最低点至少应是多少？

(4)过山车从第(3)问中高 h 处无初速滑下运动到 B 点时，人将感受几个“mg”的压力？此时人的大脑是感到“充血”，还是“缺血”？

(5)要获得更大的刺激，又要保证乘客的安全，可采用怎样的措施？

这是一个常见的问题情境，一般的题目多为直接考查第三问。但本题情境中包含的概念和能力要求比较多，如果只提出其中的第三问，学生的概念和能力在哪里出现了问题就不好诊断，也不宜提出具体的矫正意见。因此通过五个问题分别考查学生在做功与能量转化、机械能守恒条件的判断、机械能守恒定律的应用、竖直面内做圆周运动的物体受力与运动的关系、超失重概念及其实际应用，以及应用理论解决实际问题的能力等方面比较细致地分别进行了测评。这样针对学生的回答情况就可以比较明确地发现存在的问题，便于提出明确的矫正策略。

(二)评价主体多元化，评价方式多样化

传统的教学评价主体一般是教师，而学生处于被评价的地位。在这种评价形式中，学生是被动参与者，难以发挥学习的主动性。在指向反馈矫正的课堂评价中，应充分培养学生的自我评价能力和自主矫正能力。这就需要除了教师以外，学生、同伴，甚至家长等都作为评价主体参与到评价中，使学生更深入地了解学习目标、评价标准，也更了解自己的现状和不足，从而主动寻求改进的方法。这也为学生的终身自主学习能力奠定了基础。

另外，评价的形式也不一定都是习题测试。习题测试比较简单、客观，易于操作和评判，但是相对缺乏对学习态度、兴趣、能力等主观因素的评价。因此，评价可以将多种方式结合起来，如问卷调查、访谈交流等。除了表 7-12 提到的学生在测评反馈中的归因分析外，还应通过自我评价或小组评价等方式提升学生的自我反馈和矫正能力。下面以两个案例进行说明。

【案例】学生在探究学习中的自我评价

表 7-13　自我评价表

评价内容	完成情况自我评价					困难原因分析	解决策略
	好	较好	一般	有困难	很困难		
从预设情境中独立找到合适的探究选题							
运用逻辑推理及想象力等对问题的结果作出合理假设							
搜集相关资料，初步形成探究思路							
设计实验或理论探究方案、确定探究步骤							

续表

评价内容	完成情况自我评价					困难原因分析	解决策略
	好	较好	一般	有困难	很困难		
实验操作、记录数据或进行理论研究、推导							
分析实验数据或理论推导过程，形成解释或结论							
与他人交流探究结果，能明确表达自己的观点和论据							
认真听取别人的观点和证据，并有根据地坚持自己的观点或接受别人的观点							
对探究过程的反思、改进							
应用探究的结果进一步分析、解决相关问题							

学生在探究学习后通过自评表评价自己的探究能力和结果，并分析问题的原因及改进策略。这让学生更加了解探究学习的方法和目标要求，以及自己的具体改进措施，对提高学生的自主性、责任心等学习能力都起到了积极作用。

除了自我评价，还可加入学生间互评的评价方式，这是使学生明确学习目标，互相学习，提升沟通协作能力的有效途径。

很多教师采用过小组合作的教学方法，即由学生分组自主合作学习研究某课题，然后汇报交流。这是一种很好的培养学生自主学习和协作交流能力的教学方法。但是在实际教学中却发现，很多小组只注重自己组的研究和汇报，在听其他组汇报时却不够专心，结果不仅导致交流协作学习的目标没有达到，从教学内容掌握的角度看，每个组的学生都不甚了解别的组的内容，因而存在较大欠缺。要想达到小组合作学习的教学目标，可以采用互评和自评相结合的方式。以下案例给出了学生对小组汇报的记录和评价表。可以看出，只有认真听取每个组的汇报，才能较好地完成表中各项目的内容并作出合理的评价。这样汇报就起到了交流学习的作用，而不是表演、走过场。

表 7-14　分组探究汇报评价表

第一组汇报题目	
汇报人及组内成员	
内容记录(要求分别记录每个成员的汇报内容，包括知识与实验、例题)	
我的最大收获	
对汇报不足之处的补充及建议	
对该组的汇报，我的评价及理由(每人 0～2 分，小组配合 1 分，按照研究的科学性、实验的针对性、表达的清晰度、答辩的应变能力和正确率评分，扣分处请写明理由)	
第二组汇报题目	
……	
对我自己的小组的评价(每人 0～2 分，小组配合 1 分，含分工情况、研究过程、汇报及答辩的情况)	

除了用上表的方式落实小组合作学习的目标外，还可以让学生自主命制测评题目互相检测。学生在命制题目的过程中，要进一步了解教学内容的要求和测评的重点；在评价同学的过程中了解大家学习的状况和问题；在反馈和矫正建议中，基于同伴的视角给出改进学习的建议。此时，命题的学生已承担起教师的职责。这样的测评方式，一方面可以增加挑战性和趣味性，更重要的是能增强学生的责任心和自主评价能力。教师指导学生轮流承担命题任务，可逐步起到提升全体学生测评及矫正能力的效果。

(三)实现检测与矫正的良性循环

上文提到，学生在第一次检测中未必都能全部通过，而是要根据反馈的意见作出改进，那么改进的结果如何而知呢？这就需要进一步的检测和反馈。所以，指向反馈矫正的课堂评价是一个检测与矫正的循环过程，直到学生达到学习目标。举例来说，一次测试可能有10个目标的检测(假设每个10分)。一位同学第一次通过了7个(得到70分)，通过反馈学习，第二次通过了两个(又得到20分)，经过再次矫正，通过了剩下的一个(再得到10分)，也就是经过三次检测与矫正的循环，全部落实了学习目标(100分)。与以往的考试相比不难发现，以前的考试通过6个目标检测(60分)就已经及格，该同学第一次就得了70分，已经合格。如不经历后续矫正和检测的循环学习过程，那么有三个教学目标就没有进一步地学习和评价，很可能依然没有掌握。长此以往，就会形成恶性循环，产生较大的漏洞，这显然是不利于学生的学习和进步的。而指向反馈矫正的课堂评价引导学生不断地调整和改进，追求更好地达成教学目标。这就形成了学习过程与目标达成的良性循环。

(四)以测评和矫正促进学生的发展性学习

即便是学习成绩优异的学生，也不大可能在所有评价中都毫无问题，而一般考试止于作出评价，并不给学生改进的机会，是不利于学生在学习过程中的进步和发展的。指向反馈矫正的结果检测，其目的是通过检测，为学生进一步学习提供方向和方法，是一种发展性评价。因而教师在评价学生学习情况时，不仅要肯定那些在首次测评中就取得好成绩的学生，还特别要鼓励那些通过反馈矫正学习后达成了学习目标的学生；不仅要有语言上的鼓励，还应在评价成绩中予以体现。从而让学生充分体会到评价的目的是为了自我发展和进步，让学生从对考试的恐惧中解放出来，真正为了自我的学习目标去主动迎接学习效果的检验。

(五)以测评和矫正促进学生的个性化学习

由于每个学生的学习基础和能力的差异，学生学习新知识的过程和时间是有很大差异的。但课堂教学一般只能针对一定水平的学生群体进行统一教学，很难照顾到全体学生的学习基础和速度，久而久之就会造成学生的分化。指向反馈矫正的课堂评价在一定程度上缓解了这个矛盾，特别是对于学习上存在一定差距的学生，可及时得到个性化的学习指导，及时补救漏洞以达到统一的学习目标。这是由课堂教学的整齐划一逐步过渡到个性化学习与发展的学习方式的转变，也是教育改革的发展方向。

四、课堂评价的实施建议

(一)建设便于检测和反馈教学的题库

每个教师手中都不缺乏考题，但是这些题目如何用于测评呢？例如，一次测验，甲、乙两位同学都得到了70分，这70分后面存在的问题是一样的吗？他们需要相同的试卷分析和讲评吗？答案恐怕是否定的。因此，我们需要明确每个试题的命题意图，要明确每个错误反映出的问题，以便给出有针对性的反馈矫正意见。同时由于检测和矫正的循环性，针对某个检测目标需要有一定数量的问题用于多次检测。为达到这个目的，建设检测题库是有必要的。不管我们考查的是某个知识点还是多个知识点，都可以从题库中选取相应的题目，而学生出现的问题也有了明确的指向。题库建设可参考下例。

【案例】题库建设参考样例

表7-15　题库样例

知识点及其教学要求描述：……		
问题	考核要点	细化要求
1. 如图所示为甲、乙两物体在同一直线上运动的图像，由图可知(　　)。 A. 甲做匀减速运动，乙做匀加速运动 B. 甲、乙两物体相向运动 C. 5 s末两物体速度相同 D. 5 s末两物体相遇 （图：x/m，甲，乙，0 1 2 3 4 5 6，t/s）	位移—时间图像的理解和应用	A：图像斜率的含义 B：图线走向的含义 C，D：图线交点的含义
2. ……		

(二)信息化检测系统的开发

通过前面的介绍可以看出，教师要实施指向反馈矫正的课堂评价，工作量很大，特别是分析检测结果和提出矫正建议的环节。同时，我们希望了解和记录学生的学习过程，以便进一步指导学生，这样记录的工作又十分繁重。因而开发信息化的检测学习系统是很有必要的。其大致流程如图 7-18 所示。

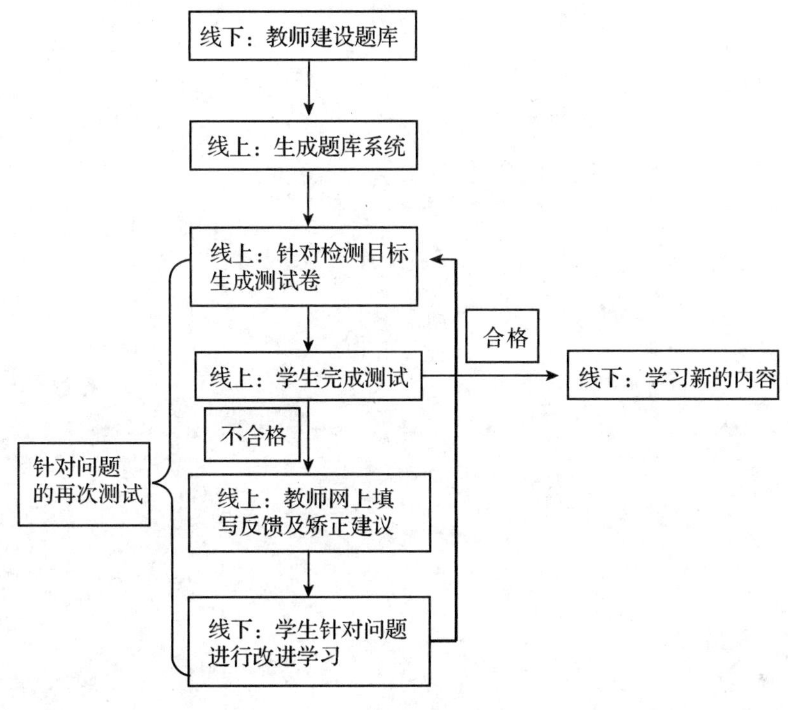

图 7-18

线上的系统可以由学校自己开发，也可以应用一些现有的网络应用软件。测试系统正常运行后，学生和教师都会及时得到相关的信息并按照要求及时处理——指导学生或改进学习等，从而进入比较高效的自主学习和评价检测流程。

第八章

几类重要课型 教学设计案例

不同教学内容对发展学生的物理学科核心素养具有不同的价值和功能，因此教学设计中应注意分析不同教学内容的特点，挖掘不同教学内容的功能，采取不同的教学方式并在不同方面进行教学内容整合。尽管针对不同内容的教学在课前学习指导、学习诊断、内容整合与方式整合等方面具有共性，但也有其个性。因此，有必要根据不同教学内容进行有针对性的教学设计。本章主要选择物理概念、物理规律、物理实验、物理应用四个方面的教学内容进行教学设计实践。

其实，物理规律是物理概念之间的关联，两者之间并没有本质的区别，但两者的建构过程有些差异，例如物理概念更侧重对事物的物理属性和本质特征的抽象概括，而物理规律则更侧重面对问题的科学探究过程。因此，本章前两节分别讨论物理概念和物理规律的教学设计。

第一节　概念课教学设计案例:《加速度》

物理概念是在认识客观世界的过程中，对客观物理现象、物理过程的本质属性和共有特征的一种表述，是在事实经验基础上经过建构模型、推理、论证等思维过程得出的，通常被认为是一种抽象思维形式。

物理概念课教学中要明确建立物理概念的事实依据和科学思维方法。事实依据包括日常生活中观察到的物理现象、典型的各种事实和必要的实验。科学思维方法包括分析、比较、综合、概括、抽象等。建立概念的一般路径为，在大量感性事实经验的基础上，抽象概括其本质属性，并用文字表达出来，或者用数学关系式来描述，进一步明确其物理意义及适用范围，形成与其他概念的区别。

概念课教学要明确建立概念的必要性，通过教学环节让学生经历建立概念的过程，知道概念的不同表述方法，理解不同表述间的关联，了解概念在物理知识体系中的地位及其与其他概念的关联。概念课的教学设计除了关注建立概念的过程本身和概念的内涵外延，更要关注概念与其他知识的关联，注重在整合的基础上形成概念体系。

一、内容分析与整合策略

加速度是力学中的重要概念之一，是联系运动和相互作用的桥梁。加速度概念的定义过程体现了物理学描述变化快慢的一般思想，用单位时间内的变化量来描述，是跨学科思想方法，具有普遍意义。

(一)教学内容分析

《普通高中物理课程标准(2017 年版)》对加速度的要求是“理解加速度”。关于加速度概念，可以从以下五个方面来理解。

第一，加速度的意义。从机械运动描述角度看，加速度是描述速度变化快慢的物理量。随着质点运动的复杂程度增加，为了更加精细、准确地描述其运动的变化，引入了加速度概念。从相互作用角度看，加速度是建立质点运动与受力关系桥梁的物理量，描述了力对物体的作用效果(产生加速度)。

第二，加速度的内涵。加速度等于速度的变化率，即 $a=\dfrac{\Delta v}{\Delta t}$。加速度是矢量，方向与速度变化量方向一致。建立加速度概念采用了与建立速度概念相同的方法。

第三，加速度的外延。加速度的适用对象是质点的运动和刚体的平动。

第四，加速度的关联。加速度是力学中很重要的概念，应该围绕"运动与相互作用"这一核心概念建立。从运动描述的角度看，加速度更加清晰地描述了质点的机械运动。加速度是在位移、时间、速度等概念基础上对机械运动描述的进一步细化，与速度、速度变化量既有区别又有联系。从运动与相互作用角度看，加速度可以用来定量描述力的作用效果，加速度是连接机械运动与相互作用的桥梁。因此，加速度概念有助于促进对"运动与相互作用"这一核心概念的深入理解。图 8-1 呈现了加速度与运动学其他概念的联系。

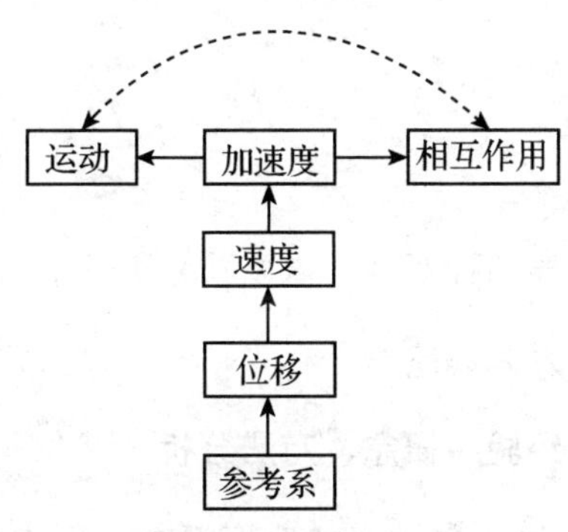

图 8-1　加速度的关联

第五，加速度概念的发展。加速度概念的学习一般经历三个阶段，在高中力学中通过匀变速直线运动、牛顿运动定律、圆周运动和机械振动四个部分不断发展。第一阶段从机械运动的角度看，加速度是描述物体速度变化快慢及方向的物理量。在学习匀变速直线运动中建立加速度的概念，明确了加速度的定义。第二阶段从相互作用的角度看，加速度是描述力对质点作用效果(产生加速度)的物理量。在学习牛顿运动定律中明确产生加速度的原因，强化对加速度的矢量性、瞬时性的认识。第三阶段从运动与相互作用关联的角度看，加速度是联系运动和相互作用的桥梁。在圆周运动中学习向心加速度和向心力，在简谐运动中学习周期性变化的加速度和回复力。随着学习的深入，学生对加速度概念的理解逐步完善和深入。

(二)概念整合

加速度概念的整合可以从三个角度展开。一是从物理知识结构的角度，加速度是基于对运动描述的精细化而建立的，有了加速度概念，就可以描述更加复杂的运动，对学生运动观的建立有很大帮助。加速度的产生原因与力有关，通过加速度概念，建立运动学概念与力的联系。二是从物理思想方法的角度，加速度的大小用单位时间内的速度变化量来描述，这也是物理学描述变化快慢的一般方法，是物理学常见思想方法。三是从跨学科概念的角度，加速度的定义是变化率的具体形式，可以与存款利率、身高变化率对比整合，用变化率统一描述一个量随另一个量变化的快慢。

二、课前学习指导

为了提高课前学习指导的针对性，需要在分析学生的学习基础、课前学习目标的基础上确定课前指导方案。

(一)学生已经储备的经验、概念、方法分析

从生活经验角度看，生活中没有加速度概念，但学生知道与加速度相关的很多现象，例如加速、减速现象。学生知道加速意味着速度增加，减速意味着速度减小；知道赛车比普通汽车起步快是指相同时间内赛车速度增加得多；知道汽车加速要踩油门，减速要刹车。也有学生认为加速度与加速或者增加的速度是一个概念。这些生活经验有的对理解加速度概念有促进作用，有的有阻碍作用。

从概念规律角度看，在学习加速度概念之前，学生已经学习了速度概念，知道速度是矢量。学生已经有了速度变化的认识，对变化率的概念有初步的了解。学生有变化、平均变化率、瞬时变化率的概念。

从物理方法角度看，学习速度概念后，学生对比值定义法有了一定认识。在学习瞬时速度、平均速度过程中，学生已经有了用极限思想研究物理问题的初步认识。在建立质点、速度概念的过程中，学生对物理中的抽象思维有了初步认识。对矢量运算有一定基础，知道同一直线上矢量运算方法和平面内矢量作图法。

(二)课前学习目标

核心素养背景下的物理教学应以培养学生终身发展能力为核心，国际21世纪教育委员会指出："终身学习是21世纪人的通行证。"学会学习是人终身发展的基石。

课前学习目标的制订以促进学生学习能力发展、物理学科核心素养的生成为依据。加速度概念的课前学习目标侧重从运动观念的形成、科学思维的发展、概念的深层理解三个角度确定。具体如下：(1)通过阅读教材，理解建立加速度概念的必要性。(2)通过类比速度的定义，认识物理学中比较变化快慢的一般方法。(3)通过与位移、速度概念建立过程的比较，认识到加速度是对运动变化更精细的描述。(4)能够建立速度—时间图像与加速度的联系，会从图像中找出表征加速度的量。

(三)课前学习重点和难点

课前学习的重难点与课堂教学的重难点不同，课前学习侧重于知识性的、涉及简单思维的内容，是学生可以通过自主学习达成的。

加速度课前学习的重点：能理解建立加速度概念的必要性；能区分速度大、速度变化大、速度变化得快；知道加速度的定义、矢量性；知道通过速度—时间图像求解加速度的方法。难点在于对瞬时加速度的理解。

(四)课前学习资源和策略

课前学习资源包括文字材料和视频、网络材料。教材是很好的课前学习资源，如果需要，概念课的课前学习资源还可以补充一些事实性材料，可以是文字性的，也可以是视频。

《加速度》课前学习资源主要是教材和问题清单。采用任务驱动式的学习方式，通过问题清单引起学生思考。学生带着问题阅读教材，对教材信息进行整理，然后以文字等方式整理成课前学习笔记，并回答问题清单中的问题。

三、课前学习诊断

本节课的课前学习诊断中，教师根据课前学习目标和教学经验编制课前学习问题清单。通过问题回答情况和学生课前学习反馈，对学生的学习基础、困难等进行分析，确定学生的学习需求。

(一)诊断依据

学生课前学习笔记和问题清单的作答情况，学生阅读教材时作的批注，以及和学生的谈话都可以作为课前学习诊断的依据。

《加速度》这节课诊断的主要依据是学生的课前学习笔记和问题清单的作答情况。

【问题清单】

(1)为什么要引入加速度概念?

(2)速度大，速度变化大，速度变化得快，描述的是三种不同情况吗?请举例说明。

(3)加速度的定义式 $a=\dfrac{\Delta v}{\Delta t}$，既可以求平均加速度，又可以求瞬时加速度，你赞同吗?请说出你的理由。

(4)加速度是矢量，它的方向与哪个量的方向一定相同?加速度与速度方向的关系如何呢?

(5)根据速度—时间图像怎么求加速度?

(6)生活中也经常用变化率来描述变化的快慢，你能说出生活中关于变化率的实例吗?

(二)学生课前学习结果分析

通过分析学生的课前学习笔记和问题清单作答情况，判断学生通过课前学习达成的共识有：(1)知道为什么要引入加速度概念。(2)知道“速度大”“速度变化大”“速度变化得快”是三个不同的概念，能举例说明。(3)知道加速度的定义式为 $a=\frac{\Delta v}{\Delta t}$，知道可以根据 $a=\frac{\Delta v}{\Delta t}=\frac{v_2-v_1}{t_2-t_1}$ 求平均加速度。(4)知道加速度是矢量，知道它的方向与速度变化量的方向一定相同。(5)会根据速度—时间图像求加速度。

同时也诊断出学生课前学习后存在的一些共性问题：(1)处理实际问题时，有时候不能将生活语言与“速度大(运动得快)”“速度变化大”“速度变化得快”建立对应关系。(2)对加速度的定义式 $a=\frac{\Delta v}{\Delta t}$ 理解不够深入，很多学生不能准确理解“当 Δt 趋近于零时，$\frac{\Delta v}{\Delta t}$ 表示物体的瞬时加速度”这句话。有学生会认为 Δt 趋近于零时，$\frac{\Delta v}{\Delta t}$ 趋近于无穷大。(3)对加速度与速度方向的关系认识不全面，认为两者方向不是相同就是相反。没有考虑到平面运动中，加速度方向与速度方向可以成其他角度。(4)对计算结果中加速度为负的含义理解不准确。(5)能根据速度—时间图像计算加速度，但不能说出计算的依据。(6)对变化率的理解不够深入，不能列举除速度变化率以外的其他变化率的实例。

进一步对学生学习困难的形成原因作如下分析：(1)有时候生活语言与物理学术语言中同一词语的含义不同。生活中常用“快”字描述运动，不同语言场景中，“快”的含义不同，例如“飞得快”与“起步快”，学生区分起来有难度。“速度变化快慢”“速度变化率”“速度变化量”这几个概念不仅有内在联系，名称中也有相同的词语，增加了学生辨别的难度。同时出现这几个概念时，学生往往不能灵活辨析。学生头脑中的错误前概念，容易干扰对加速度概念的理解，如加速度就是增加的速度，只有加速运动才有加速度，不接受减速运动中也有加速度。(2)学生没有系统学习过变化率概念，不能将变化率的代数运算式和图像的几何意义结合起来理解，不理解图像切线的几何意义，导致问题(2)(5)(6)的出现。(3)加速度是矢量，其方向与速度矢量的差(速度变化量)这个矢量一致。求矢量变化量与求矢量和(差)在表述上的差异使得学生有陌生感，不能将力的矢量运算法则顺利迁移到加速度矢量运算中，处理问题过程中容易忽视或者弄错加速度的方向。根据加速度的正负来描述速度变化情况，是逆向运用，对初学者来讲也是有难度的。

四、教学目标设计与分析

诊断后的课堂教学目标，围绕学生的学习需求展开。在学生现有认知基础和教学要求之间设置恰当的、可以量化和评价的教学目标。

(一)教学目标

在课前学习诊断的基础上，结合学生的实际情况和课标的教学要求，确定加速度这节课的课堂教学目标：

(1)了解加速度的矢量性，会根据速度与加速度方向的关系判断直线运动的性质。

(2)会利用匀变速运动的速度—时间图像计算加速度的大小，会利用非匀变速直线运动的速度—时间图像定性判断加速度大小变化。

(3)通过加速度与实际生产生活的联系，理解科学·技术·社会·环境的关系。

(4)经历建立加速度概念的过程，感受物理学中的抽象思维。知道加速度和速度变化率的关系，在变化率基础上理解平均加速度概念，建立瞬时加速度概念，体会用极限思想研究物理问题的过程。

(5)初步建立曲线运动中加速度一定不为零，以及加速度与力有关的认识。

(二)教学重点

(1)通过反思讨论，巩固建立加速度概念的过程。

(2)通过小组讨论，深化对加速度定义的理解，体会加速度和速度、速度变化量的联系，理解曲线运动一定有加速度。

(3)通过与速度定义对比，学习用变化率来描述变化的快慢。

(4)通过生活经验、实验，建立同一物体加速度由力决定的感性认识。

(三)教学难点

(1)能正确判断加速度的方向，说出加速度方向与速度方向、速度变化量方向的关系。

(2)通过速度和加速度定义，抽象出变化率概念，在此基础上，理解瞬时加速度。

(四)教学重难点突破策略

概念的建构过程是在事实经验基础上经过建构模型、推理、论证等思维过程得出概念的过程。加速度教学重难点的突破采用增加对事实经验认识的策略，来促进对概念的理解。具体方法如下：

(1)结合汽车起步、刹车的实例，通过数据分析、小组讨论理解加速度正负的含义。

(2)通过对加速度定义式和速度—时间图像切线斜率计算式的比较，形成加速度是速度对时间变化率的认识，通过身高体重与时间关系图线的分析，帮助学生抽象出变化率的一般概念。

五、教学活动设计

根据学生的认知基础、认知特点和学习困难点，选择合适的教学策略，设计相应的学习活动。将概念学习分成几个小的主题，每个教学活动围绕一个主题展开，通过交流讨论，解决学生的学习困难，完成对概念的深入学习，进行整合提升。

(一)教学流程

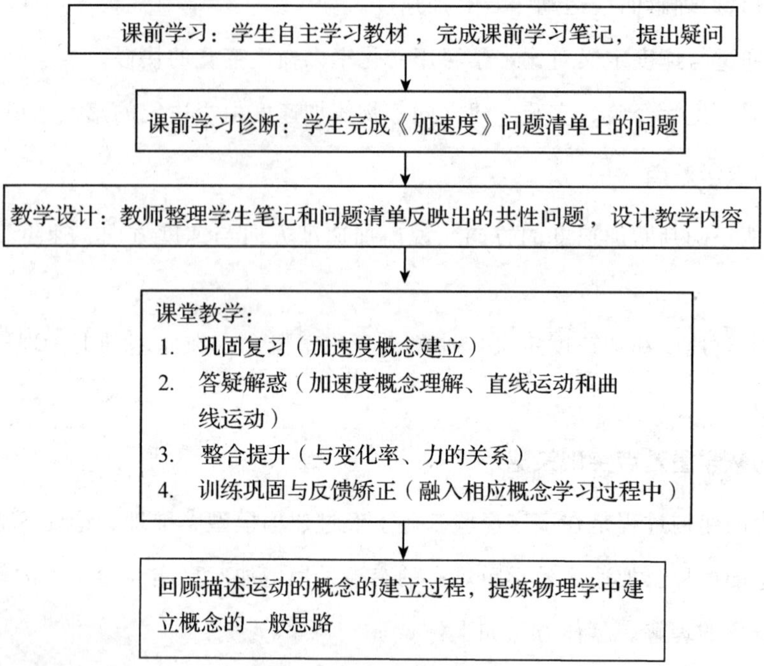

课前学习：学生自主学习教材，完成课前学习笔记，提出疑问

↓

课前学习诊断：学生完成《加速度》问题清单上的问题

↓

教学设计：教师整理学生笔记和问题清单反映出的共性问题，设计教学内容

↓

课堂教学：
1. 巩固复习（加速度概念建立）
2. 答疑解惑（加速度概念理解、直线运动和曲线运动）
3. 整合提升（与变化率、力的关系）
4. 训练巩固与反馈矫正（融入相应概念学习过程中）

↓

回顾描述运动的概念的建立过程，提炼物理学中建立概念的一般思路

图 8-2 《加速度》教学流程

(二)教学过程

教学活动分两部分展开，第一步交流课前学习收获，达成共识；第二步，通过五个教学小环节，师生交流学习，共同完成答疑解惑、整合提升。

【教学任务一】解决问题“为什么要建立加速度概念”

教师活动：出示问题和备用资料。

问题 1：为什么要引入加速度概念？

问题 2：不定义加速度概念能不能比较速度变化的快慢？举例说明。

备用资料：解读新闻标题“全球 100 公里加速最快排名出炉：最快 1.5 秒破百”中是怎么比较速度变化快慢的。

问题 3：通过比较$\frac{\Delta t}{\Delta v}$来比较速度变化快慢，好不好？

学生活动：小组讨论，解决问题。

以提问和小组讨论的方式，师生共同得出如下结论：

(1)加速度是为了描述速度变化快慢而引入的必要的物理量。

(2)不定义加速度也能比较速度变化的快慢。生活中很多时候比较速度变化快慢就没有用加速度定义，但是如果比较不同物体的加速度，例如比较猎豹和飞机起步的加速度就得通过计算，比较单位时间内的速度变化。数学计算方法是：用速度变化量除以对应的时间 $a=\dfrac{\Delta v}{\Delta t}$。

(3)用$\dfrac{\Delta t}{\Delta v}$也可以比出大小，其结果越大加速度越小，不太符合我们的习惯，一般我们不这么定义物理量。

【教学任务二】讨论加速度概念的表示方法及不同方法间的联系

教师活动 1：提问和引导。

提问：请学生说一下预习后对加速度概念的认识，包括定义、理解等。

学生活动 1：汇报学习收获，互相补充。

通过学生交流讨论和教师引导，达成下列认识。

(1)加速度定义式：$a=\dfrac{\Delta v}{\Delta t}$，$\Delta v$——速度变化量，$\Delta v=v_t-v_0$(矢量式)。

(2)Δv 的求解方法：(直线运动中)计算法，规定正方向后转化为代数运算；矢量图法。

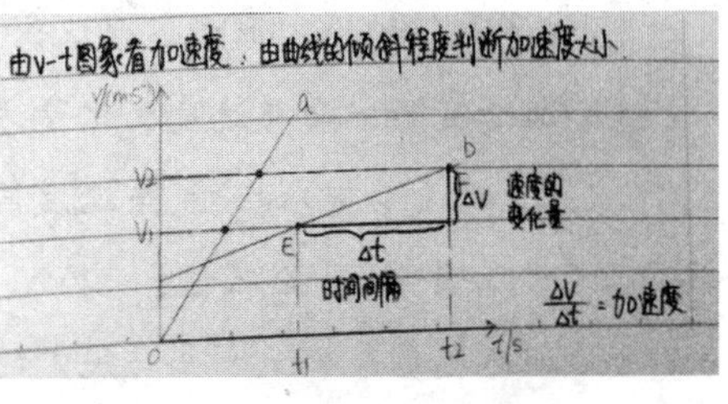

图 8-3

(3)可以用速度—时间图像的斜率表示加速度。

教师活动 2：反馈学生课前学习中的问题，提供素材并组织学生讨论

(1)反馈学生课前学习观点 1：

加速度若为负，则表示加速度方向与速度方向相反(减速)

图 8-4

提供素材：汽车起步过程中，速度在 1 s 内由 1 m/s 增加为 3 m/s；在急刹车过程中速度在 1 s 内由 3 m/s 减小为 1 m/s。

汽车加速：$a_1=\Delta v/\Delta t=2\ \mathrm{m/s^2}$；刹车：$a_2=\Delta v/\Delta t=-2\ \mathrm{m/s^2}$。

反馈学生课前学习观点 2：

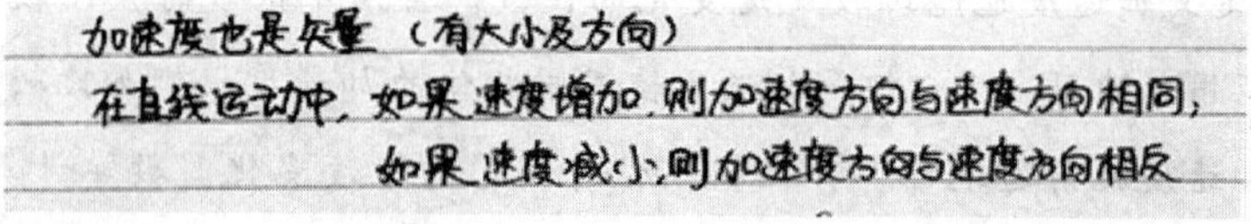

加速度也是矢量（有大小及方向）

在直线运动中，如果速度增加，则加速度方向与速度方向相同；

如果速度减小，则加速度方向与速度方向相反

图 8-5

组织学生讨论：逆命题是否正确？怎样判断是加速还是减速？

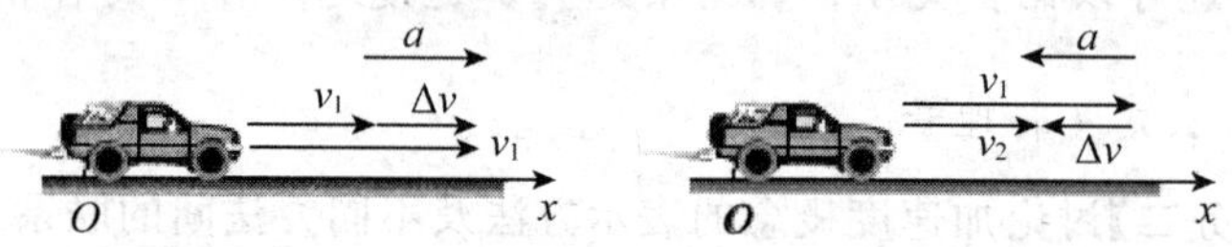

图 8-6

学生活动 2：

通过计算和讨论分析加速度符号的含义，及怎样判断加速还是减速运动。

通过计算和讨论，形成下列认识：

(1)加速度的方向与速度变化量方向相同。

(2)(直线运动中)加速度与速度同方向(a，v 同号)，则加速；加速度与速度反方向(a，v 异号)，则减速。

(3)加速度负号含义——与规定的正方向相反。

教师活动 3：组织学生讨论公式和图像，建立两种表示方法的联系。

提问：加速度可以用计算式表示，也可以用速度—时间图像切线斜率表示，两种表述应该具有一致性，具体联系是什么？

准备素材：

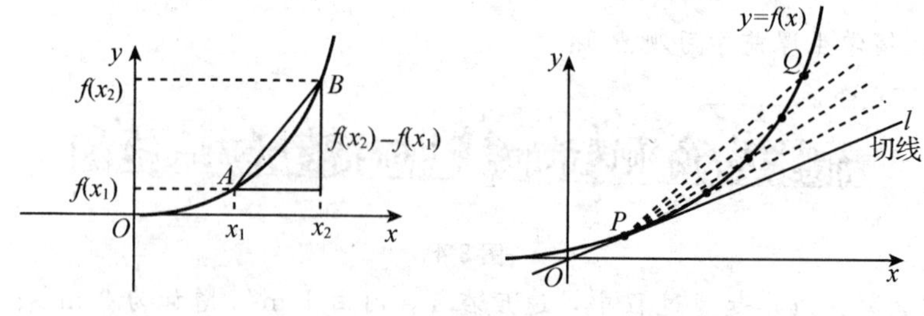

图 8-7

学生活动 3：小组讨论，建立$\dfrac{\Delta v}{\Delta t}$和斜率的联系。

通过学生小组交流、教师引导，达成下列认识：

(1)$\dfrac{\Delta v}{\Delta t}$实际上是一种变化率，表示速度对时间的变化率。

(2)用一个量的变化量(Δy)和另一个量的变化量(Δx)的比值来表示。这个比值 $\Delta y/\Delta x$，叫做 y 随 x 的变化率。

(3)数学中变化率的几何意义——对应图像切线的斜率。

(4)变化率有平均变化率和瞬时变化率之分。

【教学任务三】课堂检测对加速度的理解

教师活动：呈现问题和练习题。

问题 1：利息、利率哪个是变化率？表示哪个量随时间的变化快慢？

问题 2：展示身高(体重)随时间变化的曲线(图 8-8)，请找出身高增长比较快的阶段。

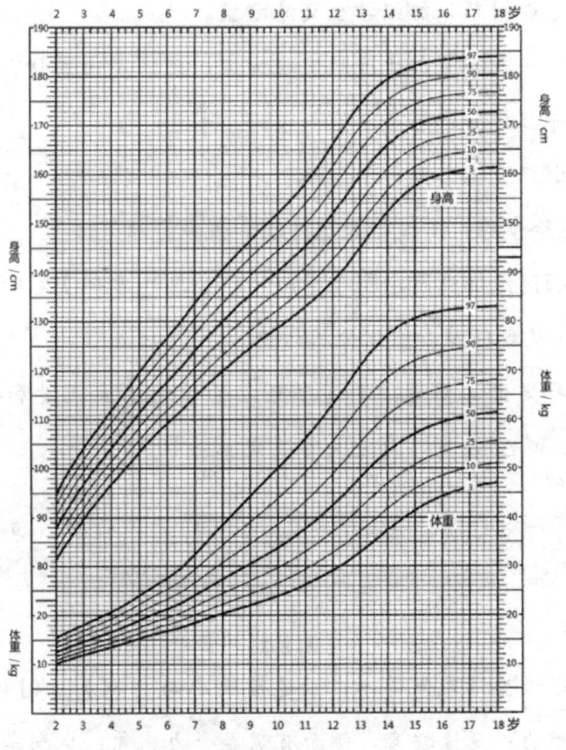

图 8-8

练习 1：根据图 8-9 所示电梯运行 v-t 图像，描述 0～8 s 内电梯加速度的变化。

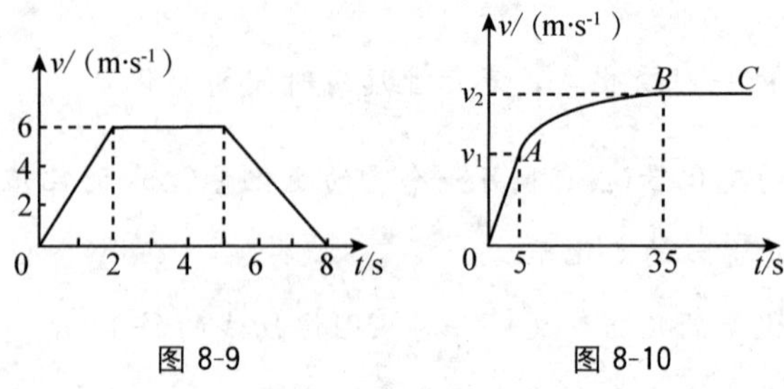

图 8-9　　图 8-10

练习 2：如图 8-10 所示，根据汽车启动 v-t 图像分析加速度的变化。

练习 3：“我国的新型战斗机歼-20 飞得很快。”“小轿车比高铁起步快。”这两句话中“快”的含义是什么？

学生活动：回答问题，完成练习题，并交流结果。

【教学任务四】设计测量加速度的实验

教师活动：呈现问题，组织学生交流方案。

问题：请设计一个测量加速度的实验方案，只需说出器材、测量哪些量及计算加速度的方法即可。

学生活动：小组交流方案。

（简要说出实验步骤，不进行数据处理和误差分析）

【教学任务五】讨论加速度由哪个量决定，及加速度在实际中的应用

教师活动 1：呈现问题和组织分析讨论。

学生课前学习提出的问题：加速度可以通过速度变化量和时间的比值来计算，但是不由 Δv 和 Δt 决定，那它由谁决定？

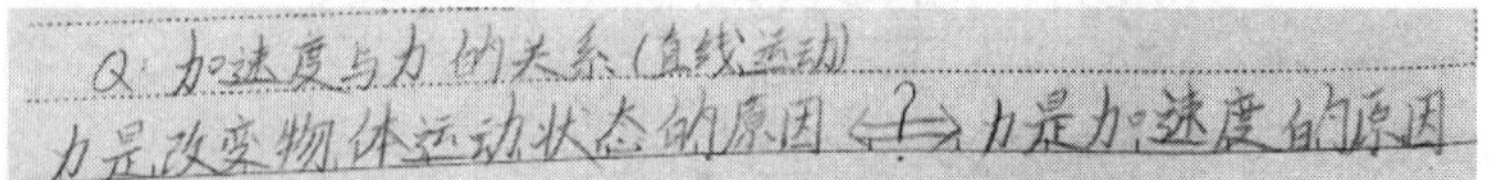

图 8-11

引导材料：通过生活现象举例，加速度大小与力有关。例如汽车突然启动，能感受到椅背的推力；急速拐弯，侧面有明显受力感觉；急刹车时，能明显感受

到安全带的作用力。

理论分析：力的作用效果之一是改变物体的运动状态，加速度是描述运动变化快慢的物理量。加速度和力之间有着某种联系。

学生活动 1：小组讨论，交流汇报。

教师活动 2：介绍实验器材，用传感器测同一物体在不同拉力下加速度大小的对比实验。

学生活动 2：学生代表完成实验操作，其他学生观察实验数据，进行分析、讨论。达成下列认识：用大小不同的拉力拉小车，通过传感器采集 v-t 图像，发现质量一定时，力越大，加速度越大。

教师活动 3：组织学生交流加速度在实际中的应用。

通过刚才的学习，我们发现加速度大小与力大小有正相关的关系，你能列举一下生活中通过力感知加速度大小的实例吗？例如，火车起步很平稳，加速度很小，我们感觉不到后背的推力，而飞机准备起飞的加速过程中，我们能明显感觉到后背的推力。

学生活动：举例。

【教学任务六】回顾本节课主要内容，进行概念建立过程检测

教师活动 1：呈现图 8-12，简述本节课围绕为什么建立加速度、加速度有哪些表述方法、不同表述方法间的联系进行重点学习，对加速度由谁决定、怎样测量，有了初步认识。

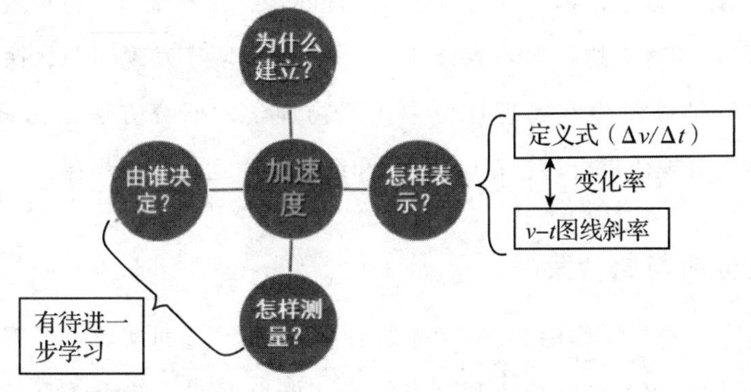

图 8-12

教师活动 2：呈现检测题(图 8-13)。

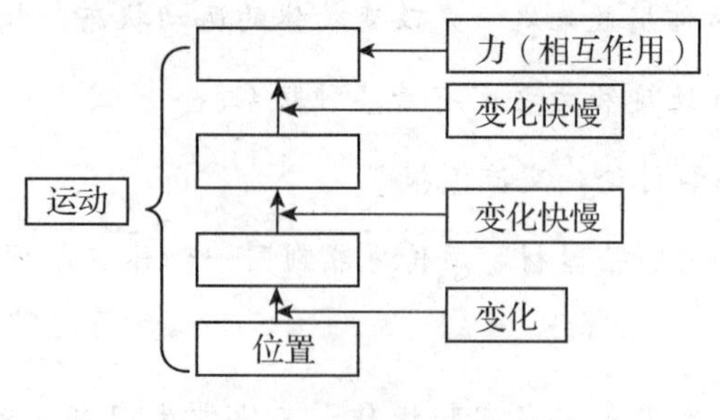

图 8-13

学生活动：完成检测题。

第二节　规律课教学设计案例：《光电效应》

物理规律是物理学揭示的物质结构和物质运动所遵循的规律，反映有关物理概念之间的必然联系，一般与人们认识物理世界的途径有关，是观察、实验、思维、想象和数学推理相结合的产物。

物理规律课教学有三个关键要素，即找准新旧知识间的联系，认清建立规律的事实依据，掌握研究规律的方法。物理规律课教学要让学生理解物理规律的物理意义、适用条件和范围，认清所研究的规律与有关概念的内在联系，并学会运用规律解决实际问题。

物理规律课教学过程一般可划分为发现问题、探索规律、讨论规律和运用规律四个阶段，其对应的教学环节分别为：(1)创设便于发现问题、探索规律的物理环境；(2)带领学生在物理环境中按照物理学的研究方法来探索物理规律；(3)引导学生对规律进行讨论；(4)引导和组织学生运用物理规律。

一、内容分析与整合策略

《普通高中物理课程标准(2017 年版)》中要求："通过实验，了解光电效应现象。知道爱因斯坦光电效应方程及其意义。"能根据实验结论说明光的波粒二象性。本课例重点放在光电效应规律中的发现问题、探索规律和讨论规律三个教学环节。

光电效应规律反映了光电效应、光电子、光强、饱和电流、遏止电压、截止频率和逸出功这些概念之间的必然联系。这些基本概念整合了光学和电学两个主题的核心概念，在学科核心概念中属于物质和能量。光电效应在物质上是光转换为电的过程，从能量上看是光能促使电子克服原子核的束缚而逃逸，并携带一定的初动能。在光电效应演示实验中光电子肉眼并不可见，但认识到光电子是一种物质，便可以用相应的手段对这种物质进行检测，从验电器进而拓展到灵敏电流表，教学过程中可以适当促进学生对光电子物质性这一物理观念的形成。饱和电流建立了宏观量和微观量的联系，同时在能量上也是光强的部分表现。遏止电压是反向电场这一物质形态的客观表现形式，同时也间接反映了光电子初动能。截止频率把光子的频率这一物质属性与金属的逸出功关联在一起。

光电效应在跨学科概念上主要有以下四种关系：因果、系统和系统模型、能量与物质、稳定与变化。本课例中重点体现的是因果、能量与物质。

1. 因果方面

光电效应一课中蕴含着大量的因果逻辑关系，在该课例中通过实验结果来分析原因是教学过程中的重点和难点。

典型的因果关系主要包括：如果光电效应有电子逸出，那么就可以用灵敏电流表进行检测；如果饱和电流增大，就说明光电子数密度增大；如果遏止电压增大，那说明光电子初动能增大；飞出的光电子数密度与光子数密度有关，或者说与光强有关，而光电子的最大初动能与光子能量有关，或者说与光的频率有关，如果光强增大而频率不变，那么饱和电流会相应增大而遏止电压不会变化，只有频率增大才能导致遏止电压的增大。

2. 能量与物质方面

《光电效应》一课中能量与物质的结合无处不在，光子作为一种物质携带了特定的能量，这种能量可以协助金属最外层电子克服逸出功成为自由的光电子。而光电子这一物质既可以被灵敏电流表所探测，又能与电场相互作用，进而可以出现在正向电场中的饱和电流和反向电场中的遏止电压两个关键概念。饱和电流是光强和光子数密度的重要体现，遏止电压是单个光子能量或者频率的体现。

基于科学探究的教学整合方面，规律课教学一般应该以问题、证据、解释、交流为整合点，进行内容的整合设计，按照发现问题、探索规律和讨论规律的物

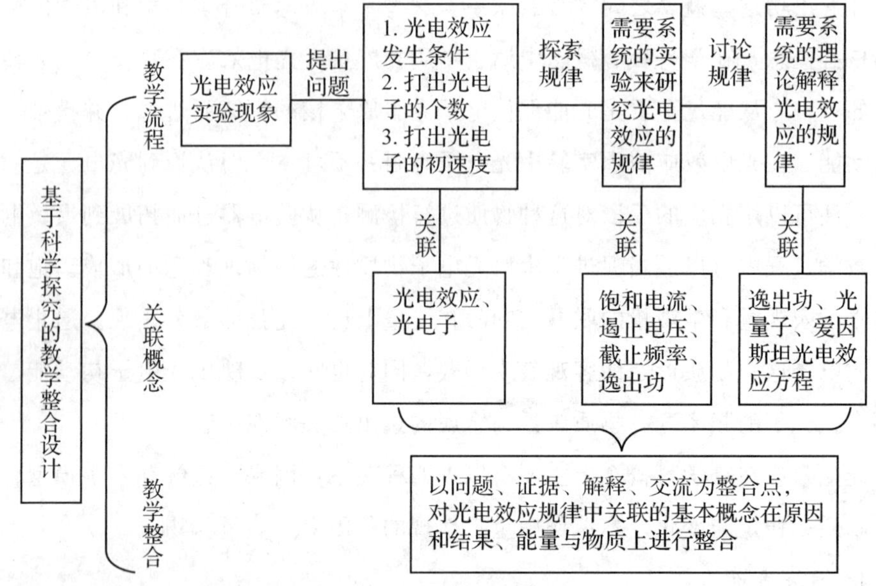

图 8-14　基于科学探究的教学整合设计

理规律课一般教学流程展开教学。本课例的具体整合设计如图 8-14 所示。

二、课前学习指导

物理规律是观察、实验、思维、想象和数学推理相结合的产物，同时又关联着很多物理概念，相应规律的课堂授课过程需要通过创设物理情境或通过实验带领学生探索物理规律，这对学生的观察、探究和分析能力提出了较高要求。为了让学生更好地理解和掌握规律，提升规律课教学质量，在充分分析学生学情的基础上进行课前学习指导是非常有必要的。

(一)学生的学习情况分析

从生活经验角度看，学生知道电流表有示数说明有电子通过；知道光强越强能量越高；知道电场会给电子加速或减速。

从物理知识角度看，学生学习了电流，知道电流的宏观和微观意义，学习了

电场和能量，能对场中运动电荷进行能量分析。

从物理能力角度看，会使用测量电路和分压电路，能进行电路分析和设计，会通过验电器的初始情况和张角变化分析验电器的带电情况，能进行 I-U 图像分析，能通过图像看出电流随电压的变化趋势，也可以看出其他因素对电流的影响。

(二)课前学习目标设定

本课例在学情分析的基础上，结合规律教学的特点，设定如下课前学习目标，希望学生通过课前自主学习能够观察描述出实验现象，掌握其中涉及的物理概念，并能进行简单的逻辑分析。

课前学习目标：

(1)了解光电效应现象。

(2)知道光电效应实验规律及其中涉及的概念。

(3)了解光电效应实验目的。

(4)解释光电效应实验规律。

(三)课前学习重点和难点

结合物理规律教学过程，以及本课例的整合分析和课前学习目标，本课例课前学习重点和难点在于对光电效应实验设计的理解以及对光电效应实验规律的解释。

(四)课前学习资源和策略

为便于学生自主开展课前学习，教师要以课前学习指导为依据精心准备课前学习资源，规律课教学常见的课前准备资源有教材、文字材料、视频、网络资源等。本课例提供的课前学习资源包括教材、文字材料(《赫兹——紫外线照射显示异常》《勒纳德——磁偏转法寻规律》《爱因斯坦——光子理论解难题》《密立根——精确实验作判决》《光电效应问题清单》等)，以及视频(《紫外线照射锌板实验》)。

【问题清单】

(1)什么是光电效应？

(2)什么是光电子？为什么叫光电子？

(3)请你描述一下光电效应实验过程。

(4)光电效应实验中的自变量是哪些?(自变量是指实验操作中人为改变的物理量)

(5)光电效应实验中的因变量是哪些?(因变量是指实验中随着自变量而变的物理量)

(6)什么是饱和电流?它与哪些因素有关?

(7)什么是遏制电压?它与哪些因素有关?

(8)什么是截止频率?它与哪些因素有关?

(9)光电效应实验规律是什么?

(10)实验测量的电流能够反映什么物理量?

(11)为何要在实验中加一个电压的可调变量?

(12)为什么存在饱和电流,饱和电流是否与光电子打出的速度有关?

(13)能否算出光电子的初动能?

(14)你觉得遏止电压会与哪些因素有关?

(15)你觉得光电效应的发生与哪些因素有关?

(16)你对《光电效应》一节还存在哪些问题?

本课例的课前学习策略主要有自主学习、探究策略和交流讨论。学生自主学习课前学习资源,结合视频和教材探究和讨论问题清单中的问题,形成对光电效应规律的初步认识。

三、课前学习诊断

结合物理规律的特点,规律课学习诊断的重点是学生对实验目的、规律,以及其中涉及的概念的认识和理解程度。常用的课前学习诊断工具有学生课前学习笔记、问题清单作答以及学生答疑。

本课例课前学习诊断的工具是问题清单,根据这一工具重点对学生在光电效应实验目的及实验规律两方面进行检测,了解学生课前学习的理解程度和存在的问题,从而制订最适合学生的教学设计。下面是学生课前学习结果分析。

1. 达成的认识

(1)光照射金属会发生光电效应。

(2)正向电压下，光电流随着电压增大而增大，最终达到饱和。

(3)反向电压下，光电流随电压增大而减小，存在遏止电压。

(4)对于金属而言，不是所有的光都能使其发生光电效应，光电效应的发生存在截止频率。

(5)光电效应具有瞬时性。

2. 存在的问题

(1)不理解光电效应实验目的，尤其是不能理解图 8-15 的设计目的。

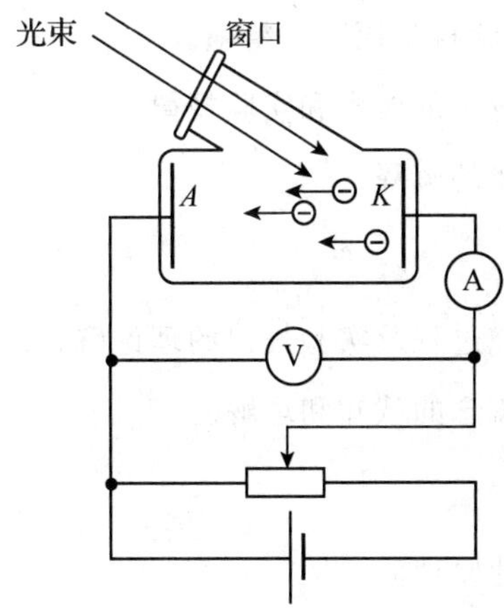

图 8-15　光电效应实验规律电路图

(2)对饱和电流的认识不到位，不能理解存在饱和电流的原因。学生可能会认为在正向电压下，电场对电子有加速的作用，电压增大电子加速更厉害，速度会更快，电流会不断增大，不会存在饱和电流。

(3)对遏止电压的影响因素认识有误。学生可能会认为光强越强能量越高，打出的电子初动能越大，遏止电压也应该越大。

(4)对逸出功和最大初动能的理解不够。学生可能会认识不到逸出功是电子脱离金属所需的最小能量。

3. 产生学习困难的原因分析

(1)实验操作复杂，得出的实验结论太多，每一个结论都需要深入分析。

(2)新概念较多，涉及饱和电流、遏止电压、截止频率和逸出功等，每个概念都很抽象，概念背后需要理解的东西很多、很深入。

(3)以往对光的认识与实验结论相悖。

(4)微观粒子性和量子化对于初学者是陌生的。

四、教学目标设计与分析

本课例基于上述学习诊断制订的课堂教学目标分析如下。

(一)教学目标

(1)了解光电效应及其实验规律，感受以实验为基础的科学研究和分析方法，使学生从科学家的角度体验科学探究的精髓。

(2)深入理解光电效应中的概念和实验规律。

(3)光电效应实验规律的解释。

(二)教学重点

(1)光电效应实验探究过程及实验规律的理论解释。

(2)光电效应中的新概念的认知和理解。

(三)教学难点

(1)光电效应实验设计原理。

(2)光电效应实验规律解释。

(3)光电效应中的新概念。

(四)教学重难点突破策略

(1)针对光电效应这一概念，建议采用实验策略和探究策略。结合实验探究，让学生自己动手做紫外线照锌板的实验，在探究中加深理解。

(2)针对光电效应实验的理解，建议采用探究策略和交流讨论。让学生参与实验设计、结果预测和记录实验结论，以主动者的姿态积极参与到实验中，加深对实验的认识。

(3)针对光电效应实验规律解释以及其中蕴含的概念(如饱和电流、遏止电压、截止频率等)的理解，可采取交流讨论策略。通过小组讨论，让学生利用量子化的光子和能量的观点自行解释四个实验规律，争取自洽。

五、教学活动设计

基于课前学习诊断的教学不仅需要整合教学内容，更要有基于课前学习设计和诊断基础上的教学过程、教学环节以及教学方式的整合，从而达到基于课前、高于课前的目的。教师应整合传统的和现代的教学方式，使之更好地为课堂教学服务，最终实现课堂结构的整合。常见的基于课前学习诊断的教学方式整合主要有偏重解惑的讲解、交流讨论、自主学习、探究学习等，结合规律课的特点来看，探究学习和交流讨论更适合规律课的课堂教学。以此为据，本课例采取了如下教学活动设计。

（一）教学流程

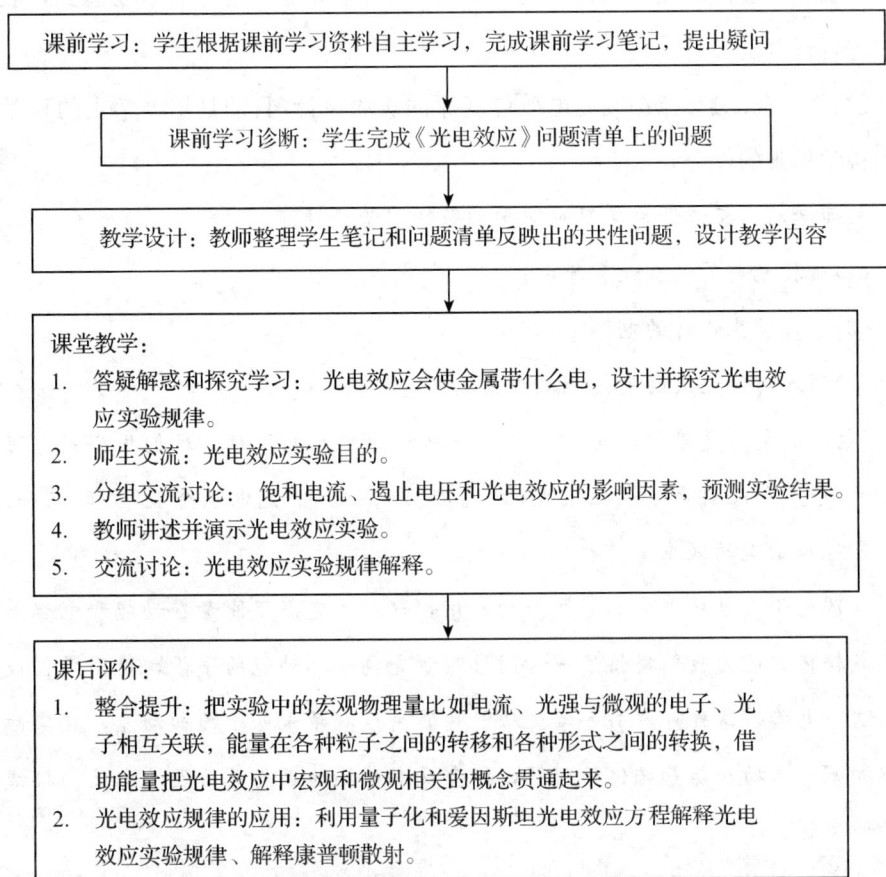

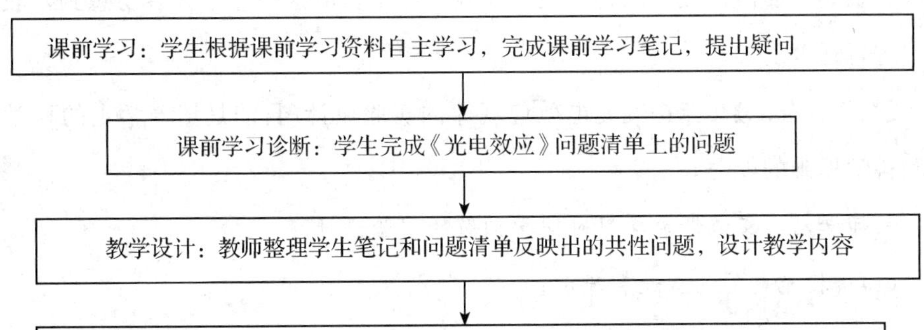

课前学习：学生根据课前学习资料自主学习，完成课前学习笔记，提出疑问
课前学习诊断：学生完成《光电效应》问题清单上的问题
教学设计：教师整理学生笔记和问题清单反映出的共性问题，设计教学内容

课堂教学：

1. 答疑解惑和探究学习：光电效应会使金属带什么电，设计并探究光电效应实验规律。
2. 师生交流：光电效应实验目的。
3. 分组交流讨论：饱和电流、遏止电压和光电效应的影响因素，预测实验结果。
4. 教师讲述并演示光电效应实验。
5. 交流讨论：光电效应实验规律解释。

课后评价：

1. 整合提升：把实验中的宏观物理量比如电流、光强与微观的电子、光子相互关联，能量在各种粒子之间的转移和各种形式之间的转换，借助能量把光电效应中宏观和微观相关的概念贯通起来。
2. 光电效应规律的应用：利用量子化和爱因斯坦光电效应方程解释光电效应实验规律、解释康普顿散射。

图 8-16　基于课前学习诊断及整合的《光电效应》教学流程

(二)教学片断

【教学任务一】探究光电效应实验——紫外线照射锌板(目的是强化建立光电效应概念，并给出光电子的概念)

教师活动：提出问题并组织学生进行实验探究。

问题：被紫外线照射的锌板带什么电？请同学们通过实验进行探究。提供的器材有锌板、紫外线、验电器、导线、毛皮、丝绸、玻璃棒、橡胶棒、砂纸。

学生活动：探究紫外线照射的锌板带什么电。

点评：这一实验如果直接用紫外线照射锌板其效果是不会让验电器张角张开的，而需把验电器先带上负电才可观察到现象。学生在探究过程中会考虑到光源强度、金属表面清洁度等问题，但先让验电器带负电这一点不太容易想到，教师可以进行适度引导。

【教学任务二】交流探究光电效应规律的实验设计(目的是培养学生的科学探究和科学思维的能力)

教师活动：交流课前学习时同学们做的实验设计。

(1)讲授光电管的构造和原理；

(2)点评学生设计的电路图；

(3)深入讨论电流的定义和微观意义。

“电流的定义是单位时间内通过某一横截面积的电子数，我们用公式即可以表示为……”如此引导学生把宏观的“电流”和微观的“光电子个数”关联在一起，加强宏观与微观的联系。

(4)“电子在电场中受到电场力的作用，这种力完成了能量在动能和电势能之间完成转化，这为我们提供了一种间接测量光电子初动能的手段，请同学们设计一下这个电路。”这样可以引导学生从能量的角度测量光电子的初动能，在实际运用中加深对电场和能量转化的理解，体会反向电场的思想进而设计出反向接线这一精妙实验。

学生活动：修正自己的设计，加深理解教材给出的实验电路图。

点评：这个环节虽然不在教学要求中，但却蕴含着十分丰富的科学思维，是加深学生知识运用能力和培养学生逻辑思维能力的绝好素材，同时也是学生对光电效应实验规律和相关概念深入理解的前提。

【教学任务三】分组讨论饱和电流、遏止电压和光电效应的影响因素，预测实验结果

教师活动：总结分析课前学习问题清单中学生给出的答案，针对几个重点、有争议的问题进行分组讨论。

(1)增大光强可以让光电效应更容易发生吗？

(2)为什么电压增大会出现电流饱和的现象？

(3)饱和电流与光强有关，结合来看光强对其中的哪个物理量有影响？

(4)遏止电压与光强是否有关，若无关还会与哪些因素有关？

学生活动：分组讨论上述问题，并预测实验结果。

【教学任务四】演示实验，观察光电效应实验规律

教师活动：操作演示探究光电效应规律的实验。

学生活动：观察并记录实验规律——饱和电流与光强有关，遏止电压与光强无关，只与入射光频率有关，光电效应的发生需要入射光达到一定的频率。

【教学任务五】实验结果解释

教师活动：对比实验最终结果和前期预测之间的不同，指出传统认识无法解释之处，激发学生创新的强烈意愿和动力，主动联系学过的能量与频率之间的关联。

请学生利用已经学过的知识梳理一套理论对实验规律进行解释。

(三)课后评价

本节课重点在于研究光电效应实验设计、实验规律及其解释，课上环节重在探究、交流和讨论，课后还需要学生梳理和总结。为此制订了课后评价方案如下。

(1)梳理实验结果，逐步建立微观图像。

(2)尝试利用爱因斯坦光电效应方程完善光电效应实验结果解释。

(3)在完善解释的过程中逐步完成对光强、饱和电流、遏止电压、截止频率、逸出功、最大初动能等概念的深入认识和理解。

第三节　实验课教学设计案例：《物体的加速度与物体受力、物体质量的关系》

中学物理教学的目的在于促进学生的全面发展，中学物理实验是其中重要的教学内容，有效的物理实验教学对促进学生各方面能力发展有着非常重要的作用。通过物理实验过程，一方面能够帮助学生理解和掌握理论知识，从而形成完整的知识体系；另一方面能够培养学生的动手能力、创新精神及实践能力。

一、内容分析与整合策略

“探究物体的加速度与物体受力、物体质量的关系”是力学中的重要实验，对高一学生而言，该实验是衔接初中物理知识和整合高中已学物理知识的重要实验，是将直线运动的知识和相互作用的知识进行衔接的重要枢纽。

(一)教学内容分析

1. 教学要求

《普通高中物理课程标准(2017 年版)》的要求是：“通过实验，探究物体运动的加速度与物体受力、物体质量的关系。”本条目要求学生通过实验，探究加速度、质量、力三者的关系，强调让学生经历实验探究过程。我们应该努力创设实验条件，通过实验测量加速度、力、质量，分别作出表示加速度与力、加速度与质量的关系的图像，根据图像写出加速度与力、质量的关系式，让学生体会探究过程中所用的科学方法。

2. 教学内容具体分析

在必修 1 前三章分别研究运动和相互作用的基础上，《牛顿运动定律》这一章将物体的受力和运动结合起来，属于质点动力学的内容。牛顿运动定律是动力学的核心内容，根据牛顿运动定律可以确定物体位置、速度变化的规律，本实验起到承前启后的作用。在教材的编排上，本节从探讨加速度相关因素入手，学生设计探究实验，对现象进行分析归纳，最后总结出加速度与力、质量的关系，符合学生的认知规律。实验中采用的控制变量法，是重要的物理研究方法，不仅让学生体会到科学方法的巧妙，而且让学生看到科学的严谨，也为将来学习其他物理规律提供思路。

(1)测量方法：如何用天平测量质量大小，如何用刻度尺测量纸带上计数点之间的距离，都是学生已经基本掌握的操作技能，要通过课堂和实验操作进一步科学强化。如测量数据时涉及的有效位数的问题，就是学生需要继续理解和强化的知识。

(2)实验器材：高一学生通过实验“用打点计时器测速度”和“探究小车速度随时间变化的规律”，知道如何用打点计时器测量小车的加速度。通过对匀变速直线运动的研究，学生对匀变速直线运动的性质有了较深刻的理解，知道如何分析纸带，知道如何算出小车运动的加速度。本实验是学生对新学器材和知识的应用和巩固，也是后续“验证机械能守恒”等实验的基础。同时，电火花和电磁打点计时器的原理，均可成为电和磁学习阶段学生的研究对象和拓展材料。

(3)控制变量的研究方法：控制变量是学生在初中物理实验中就很常见和熟悉的研究方法，即当一个物理量与几个因素都有关时，需要分别研究这个物理量与各个因素之间的关系，再综合分析得出结论。因此，必须在研究物理量同其中一个因素之间的关系时，将另外几个因素人为地保持不变，以便研究该物理量与这个因素之间的关系。例如，初中在“探究影响压力作用效果的因素”中的压力大小、受力面积的大小；“探究影响浮力大小的因素”中的液体密度、排开液体的体积；“探究影响电磁铁磁性强弱的因素”中的线圈匝数、电流大小等。

(4)数据处理的思想：实验中的几个物理量分别满足成正比和成反比的关系，为什么要将物理量的关系都处理成正比($a\propto F$、$a\propto 1/m$)的形式，可引导学生进行多方面的考虑，从图像法数据处理直观的角度，引导学生体会其思想。同时，可考虑用数学软件拟合实验数据，拓展学生数据处理的认识和能力。

(二)教学内容整合

从实验方法的角度，控制变量法是学生在初中阶段就很熟悉的科学研究方法，在本实验中运用该方法可以巩固学生对该方法的理解和认识，同时能够与物理学习中的其他方法进行对比。

从物理知识的角度，本实验串联了学生已知的加速度、力、质量等重要物理量，这几个物理量涉及初中和高中物理知识，彻底揭开了相互作用和运动的关系，让学生对物理量的认识实现从定性到定量的转变。既实现了对已学知识的串联整合，同时为研究力在空间和时间上的累积做好了铺垫，为将思维认识进一步向能量和动量概念和规律的深化提供了基础。

从物理思想的角度，让学生认识到世界是相互联系的，能够有助于学生运动与相互作用观念的形成，同时为能量观念萌芽的出现做了必需的铺垫。

二、课前学习指导

为了提高课前学习指导的有效性和针对性，在分析学生的学习基础、课前学习目标的基础上确定了课前学习指导方案。初中阶段的学习，使得学生对科学探究已经有了较为深刻的印象，高中阶段需要进一步让学生体会科学探究的实质。牛顿第二定律是在实验基础上建立起来的重要规律，它是动力学的核心规律，也是学习其他动力学规律的基础。

学生已经学会位移、速度和加速度的概念，会使用打点计时器测量加速度，会用天平测质量，会对物体进行正确的受力分析。学生已知牛顿第一定律的内容，知道物体的运动状态及其改变是由它所受的力决定的，而不是其他的因素；而运动状态改变的难易程度又与其自身的质量有关。探究加速度与力、质量的定量关系是自然而又十分必要的。学生已学习和使用过光电门和气垫导轨等实验器材，而且在初中常用控制变量法研究物理问题，为学习的整合拓展做了适当的铺垫。

(一)学生已经储备的经验、知识、方法分析

1. 生活经验储备

学生已经具备了进行本探究实验的基本知识和技能储备，结合生活经验、观察、常识和适度推理，对力与加速度、质量的关系已经有了初步的认识和感知，能够正确判断影响物体加速度的可能相关因素。

2. 物理知识储备

学生对实验探究涉及的几个物理量的认识程度不同，对小车的质量、加速度的物理意义和测量方法有着较为直观的认识。经过课前学习，对为什么需要提供一个外力 F 认识到位，但是对于如何提供一个恒力 F 还没有形成清晰准确的认识。

3. 操作技能储备

该阶段学生已经具备了如何测量质量和长度的一般操作方法：

(1)能够利用天平称得质量；

(2)能够利用打点计时器获得运动小车的纸带；

(3)能够利用刻度尺测量计数点之间的位移大小；

(4)能够进行受力分析。

4. 物理方法储备

(1)对于匀加速直线运动的性质有了准确的认识，能够通过 $\Delta s = aT^2$ 分析纸带点迹，求出加速度的大小。

(2)学生已经对控制变量法研究物理问题有了较为深刻的印象，经过课前学习阶段对实验原理和实验目标的学习，前测题中关于实验方法的基本思路分析，能够调动涉及该研究方法的典型初中物理实验，能够较好地确定控制变量的研究方法。

(二)课前学习目标

本实验的课前学习目标，以物理学科核心素养的科学探究为主体，结合科学思维和物理观念，在实验原理和实验操作探讨探究的过程中，让学生逐渐形成相

互作用和运动观念，通过相关运动规律和概念的探究，发展物理学科的科学思维，同时对概念和规律进行过程性与深层理解。

(1)知道提出关于加速度与力、质量之间关系的假设的依据；

(2)知道可以利用打点计时器测量物体的加速度，可以用天平测量物体的质量，在满足一定的条件时可以用钩码的重力替代物体所受的合力；

(3)知道可以利用图像处理加速度与力、质量的关系；

(4)知道牛顿第二定律的内容。

(三)课前学习重点和难点

实验课课前学习的重难点与课堂的重难点具有很大的相关性，但课前学习侧重于实验原理的初步了解和实验方案的初步设计，是较为浅显的内容，保证大部分学生可以通过自主学习和思考达成。课前学习更为关注对原理和操作方面的宏观把握，但对实验细节、知识和能力进阶方面也提出了引发学生继续思考的问题。

本实验课前学习的重点是实验的基本原理、实验的基础装置、实验的基本操作；难点在于对本实验原理和各个环节的综合理解。

(四)课前学习资源和策略

本实验的课前学习资源包括实验器材实物、实验微视频、前测题材料和相关文本材料等。教材就是最好的课前学习资源和导学案，需充分利用。

本节实验课采用任务、问题驱动式学习的策略，通过前测题的形式布置学习任务，同时注重引起学生的思考，层层设问激发兴趣，以实验原理的理解和实验方案的设计为主线，然后结合对实验器材的初步了解和使用，回答前测题中的问题。

三、课前学习诊断

实验课是综合性很强的课程，课前学习诊断可以围绕实验原理、实验方案、实验器材及操作步骤等内容展开。需要说明的是，具体实践过程中可以根据每个实验的特点，有针对性地选择一部分内容进行诊断，不用面面俱到。

(一)诊断依据

学生课前学习笔记、前测题的作答、学生去实验室了解实验器材的情况、学生与教师的交流等，都可以作为课前学习诊断的依据。

本实验课前诊断的主要依据是学生的课前学习笔记和前测题反馈。

【前测题】

1. 关于力与加速度、质量的关系

阅读人教版教材必修 1 第 71～74 页材料，回答以下问题：

(1)一辆小汽车起步时，20 s 内速度能达到 100 km/h，而一列火车大约需要 500 s 才能达到 100 km/h，为什么两者的加速度会相差这么大呢？

(2)一辆竞赛用的赛车，质量与一般的小汽车相仿，只要四五秒钟的时间，就可以由静止加速到 100 km/h，赛车与普通的小汽车有什么不同吗？

(3)你觉得物体的加速度可能与什么因素有关？

2. 实验方法的基本思路

很多事实告诉我们：物体质量一定时，受力越大，加速度________；物体的受力一定时，质量越大，加速度________。这是它们之间的定性关系。它们之间有什么定量的关系呢？我们需要通过实验探究获得。

(1)探究加速度与力的关系的基本思路

保持物体的质量不变，测量物体在________的作用下的运动，分析________与________的关系。

(2)探究加速度与质量的关系的基本思路

保持物体所受的力相同，测量________的物体在同一个力作用下的运动，分析________与________的关系。

(3)关于研究方法

在上述实验过程中，我们采用的方法叫做控制变量法。我们为什么用控制变量法来分析 F、m、a 之间的关系？

3. 实验操作和实验原理

(1)同学们在实验室中做过物体做匀加速直线运动的实验：现在就要探究小车运动的加速度与力、质量的关系，质量、力、加速度，该如何测量呢？

(2)如图 8-17 所示是一条已经打出来的纸带，如何计算加速度？

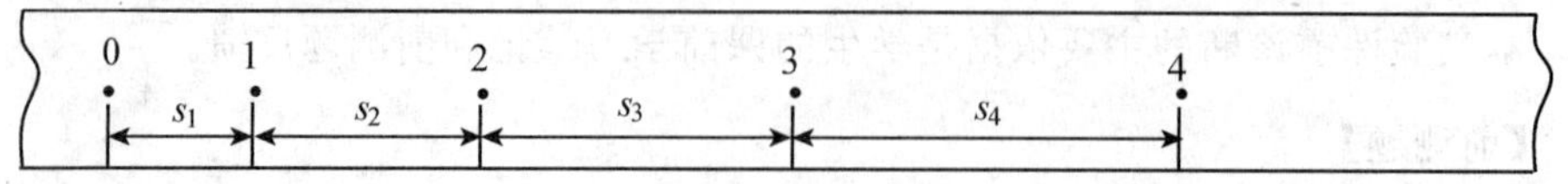

图 8-17

(3)实验操作：在实验“探究加速度与力、质量的关系”中用到的仪器有小桶和钩码，小车和砝码，带滑轮的长木板，打点计时器和纸带、复写纸片，除了以上器材外，还需要的器材有_________。

A. 秒表　　B. 弹簧测力计　　C. 毫米刻度尺　　D. 天平

E. 低压直流电源　　F. 低压交流电源

(4)在实验中，为什么要平衡摩擦力？怎样平衡摩擦力？如图 8-18 所示，平衡好摩擦力后小车受的力是一个吗？请画出受力图。

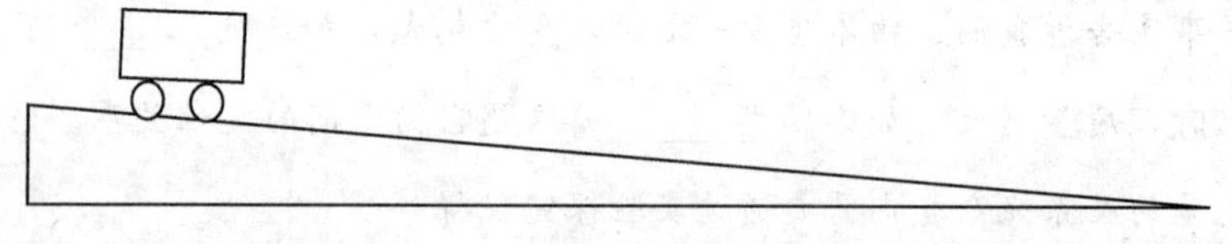

图 8-18

(5)我们在本实验中将采用的方法叫做控制变量法，在学初中物理时什么地方用过该研究方法？获得实验数据后该如何处理实验数据？

(二)学生课前学习结果分析

诊断工具：课前学习笔记和前测题。

1. 达成的认识

(1)已经了解了加速度与物体受力、物体质量的定性关系；

(2)知道本实验的基本操作和基本原理；

(3)能够根据实验原理，进行基本的实验设计，进行常规实验器材的选择；

(4)在分析平衡摩擦力环节中，知道平衡摩擦力的原因和基本操作。

2. 存在的问题

(1)对于平衡摩擦力的规范操作步骤细节并不明确，认为逐渐增加斜面的角度，小车开始向下运动就是平衡好摩擦力的标志。

(2)部分学生对于平衡摩擦力时是否连接钩码，是否需要连接纸带不是很明确，同时对平衡摩擦力时是否应该让纸带穿过限位孔，让打点计时器工作也不是很明确。

(3)在讨论处理实验数据时，不明白为什么要将反比例函数表示成正比例函数。

(4)对于类似力学传感器的拓展应用并不是特别了解，对于气垫导轨等其他实验器材的关联还不是很直接。

3. 产生学习困难的原因分析

(1)平衡摩擦力时逐渐增加斜面的角度，当轻轻推一下小车，小车能够匀速运动，打出的纸带点迹均匀时，意味着平衡摩擦力成功。若是在逐渐增大倾角的过程中，小车自己开始运动，实际上意味着平衡摩擦力过度了。这是由于学生对于力和运动的关系还不是很了解，特别是对牛顿第二定律的理解不到位，这是知识进阶过程中遇到的问题。

(2)打点计时器工作时，限位孔等会产生阻力，学生认识不到位是由课前学习还没有直接接触实验器材所致。

(3)对于气垫导轨和力传感器等的拓展应用并不是特别了解，是由于本实验的综合性要求较高导致，并非每位学生都能想到。

(4)在讨论处理实验数据时，不明白为什么要将反比例函数表示成正比例函数，更多的认为是数据处理手段，而没有作为研究手段和研究思想来看待。

四、教学目标设计与分析

实验因其综合性强、复杂程度高、不可控因素多等特点，一直是学生学习的难点。教学目标设定一定要结合学生的实际情况，细化教学目标，分散学习难点，降低学习难度。

(一)教学目标

(1) 会设计实验探究加速度与物体受力、物体质量的定量关系。

(2) 会用控制变量法来研究三个物理量之间的关系。

(3) 在教师指导下会根据原理设计实验，处理实验数据；会分析实验数据表格，利用图像法寻求物理规律；体验如何平衡摩擦力、减小系统误差(钩码重力大小不等于小车的拉力等)的办法。

(4) 通过设计实验激发求知欲和创新精神，体验探究过程，养成实事求是的科学态度。

(二)教学重点

重点：加速度的测量，对 $a\propto F$、$a\propto 1/m$ 的探究。

(1)怎样提供和测量物体所受的力，怎样测量物体的加速度。

(2)理解平衡摩擦力。

(3)控制变量法的使用。

(4)怎样处理实验数据，得出正确的结论。

(三)教学难点

难点：实验操作的具体细节，实验数据的处理(包括实验的图像和误差分析)。

(四)教学重难点突破策略

关联已学知识，为认识和能力的进阶搭设台阶，综合分析解决问题：引导学生围绕实验原理、设计和操作问题进行讨论和分析；进行实验操作，获得数据，处理数据和分析误差，得出实验结论；在整个教学过程中关联已学知识，降低进阶的梯度，联系物体受力情况与加速度，体会物体运动和受力的关系，整合已学的知识体系，为后续知识和能力的进阶做好铺垫。

五、教学活动设计

通过课前学习让学生对实验有初步认识，课堂教学中针对学生的课前学习情况，将学习内容分成几个小的学习主题，如研究的物理量及其测量方法、实验原理及操作、数据处理及误差分析。经过主题内容的学习讨论，完成答疑解惑和整合提升。

(一)教学流程

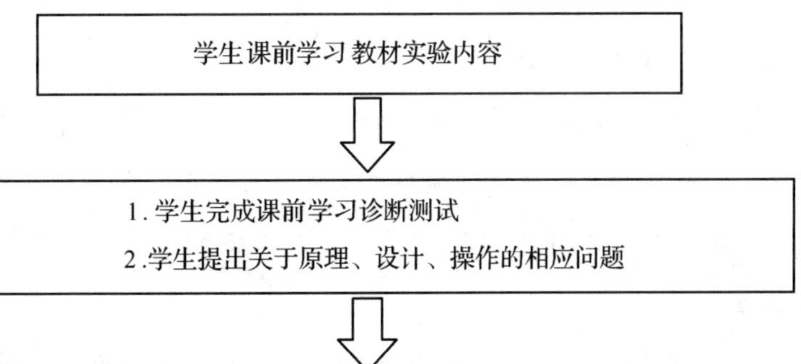
学生课前学习教材实验内容
1. 学生完成课前学习诊断测试
2. 学生提出关于原理、设计、操作的相应问题

1.概述实验（教师简述）
2.答疑解惑（基于学生课前学习和前测内容）
3. 明晰实验（围绕实验原理、设计和操作问题进行的讨论和分析，提升认识）
4. 操作实验（实验操作，获得数据，处理数据和分析误差，得出实验结论）
5. 整合体系（在整个教学过程中关联已学知识，联系物体受力情况与加速度，初步体会物体运动和受力的关系，整合知识体系）

1.训练巩固（本实验误差分析等课前学习中没有涉及的知识、物体受力情况与加速度关系等新提升的知识、平衡摩擦力细节等需强化知识的巩固练习）
2.反馈矫正（对误差分析、平衡摩擦力等巩固练习作业的反馈分析）

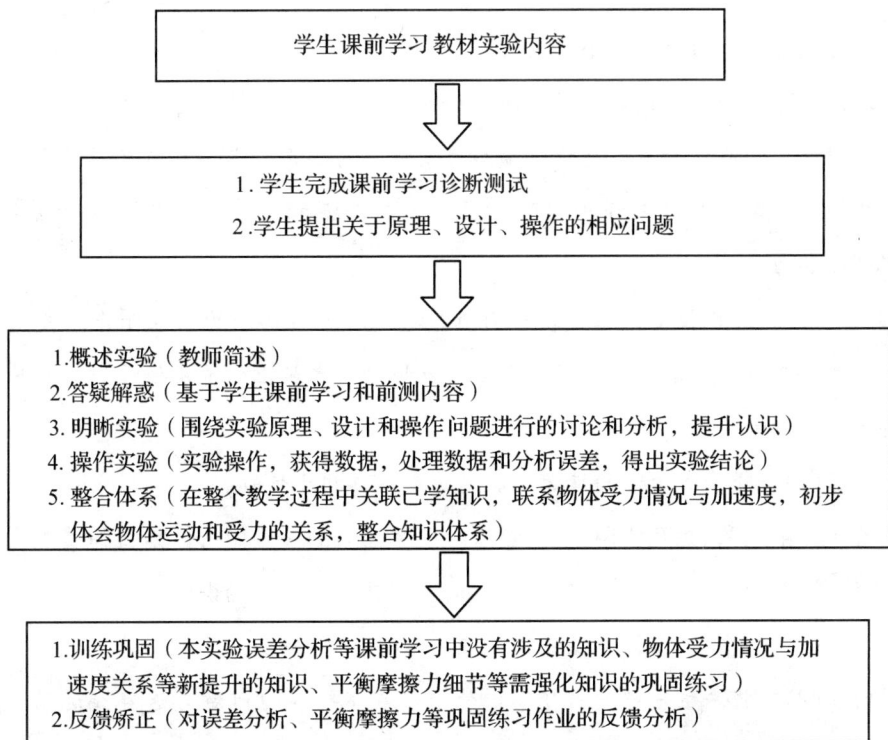

图 8-19 《物体的加速度与物体受力、物体质量的关系》教学流程图

(二)教学过程

【教学任务一】确定研究对象和探究方法

教师简述：由牛顿第一定律，我们知道改变物体运动状态的难易程度是由物体质量决定的。加速度是描述速度变化快慢的物理量，物体的运动状态发生了变

化即物体的速度发生了变化，物体就有了加速度。那么加速度的大小与什么因素相关呢？课前学习中，同学们都定性知道了加速度大小与物体的受力和质量有关。而且是受力越大，加速度越大；质量越大，加速度越小。定量的结论需要通过实验获得。

问题：问题中涉及一个物理量随两个变量的变化而变化，我们采取什么方法来验证自己的猜想是否正确呢？

回答：控制变量法。我们初中就学过，如"探究影响压力作用效果的因素"中研究压力大小、受力面积大小等因素。

【教学任务二】实验设计和操作讨论

教师简述：要定量地研究加速度与力及质量的关系，我们参照教材里小车后面连接纸带的实验装置来分析实验方案。我们用将木板一端适当垫高的办法来"平衡"摩擦力。

问题(1)：关于恒定的拉力，我们用悬挂钩码产生的拉力代表小车所受的拉力。如果不是挂上重物，而是用弹簧测力计拖动长木板上的滑块使其做匀加速直线运动，可以吗？

回答(1)：弹簧测力计的读数可能不稳定，不利于读数。

备注：第三章《相互作用》中，测量滑动摩擦力的一般做法，是将弹簧测力计(或力传感器)固定，水平拉物块下的木板。此处串联已学知识。

问题(2)："平衡"摩擦力操作过程中要不要挂钩码呢？

回答(2)：将木板一端适当垫高，使小车在不受拉力时做匀速直线运动，这时不应该挂着钩码。

问题(3)：那么如何判断平衡摩擦力成功了呢？(学生思考)是不断增大角度，当小车开始运动的时候吗？

回答(3)：(思考)应该是轻轻推动小车，以小车能够匀速运动、打出一条点迹均匀的纸带为准。

备注：引导学生思考，教师根据学生反馈点评。启发学生思考物体运动状态改变与受力的关系。联系第三章《相互作用》中最大静摩擦力和滑动摩擦力的大小关系，整合串联已学知识，提升认识。

问题(4)：拉小车的细线在方向上应该有什么要求？若不平行会怎么样？

回答(4)：调节木板上的滑轮，要与长木板平行。

备注：整合串联第三章《相互作用》中受力分析知识。

问题(5)：实验时，应先开电源还是先释放纸带？释放纸带前小车应处于什么位置？为什么？

回答(5)：先开电源，因为打点计时器刚刚工作时往往不稳定；小车要靠近打点计时器的位置，这样会提高纸带利用率。

备注：串联第一章《运动的描述》中打点计时器的使用知识。

问题(6)：用打点计时器探究这个实验时，你想到过用气垫导轨和数字计数器来代替打点计时器吗？如何求出滑块的加速度？

回答(6)：略(教师根据回答点评)。

备注：整合串联第一、第二章气垫导轨和数字计数器的使用知识。

【教学任务三】数据处理和分析

说明：前面问题的解答，说明学生对实验的原理、实验方法、实验的注意事项已经明确。用控制变量法进行分组实验，组织学生进行实验操作：组装器材，安装打点计时器，连接纸带，开始实验并列出两个表格记录数据。教师补充说明，在改变小车受力时，要保持盘和钩码的总质量远小于小车质量。教师对实验中出现的问题及时观察和解决，等学生记录好两个表格的数据后继续交流。

问题(1)：小车做匀加速直线运动，每条纸带能算出一个加速度。很多同学是用公式 $\Delta s=aT^2$ 来计算加速度的，还有什么别的办法吗？

回答(1)：用平均速度、图像法、逐差法等，它们也有各自的优缺点。

问题(2)：请同学们分析以下图像(图 8-20)。

回答(2)：

图 8-20 甲中三个图线都有共同的特点：F 逐渐增大，a 也逐渐________，最简单的关系是图线②，a 与 F 成________。

图 8-20 乙中图线的共同特点是：m 逐渐增大，a 逐渐________。

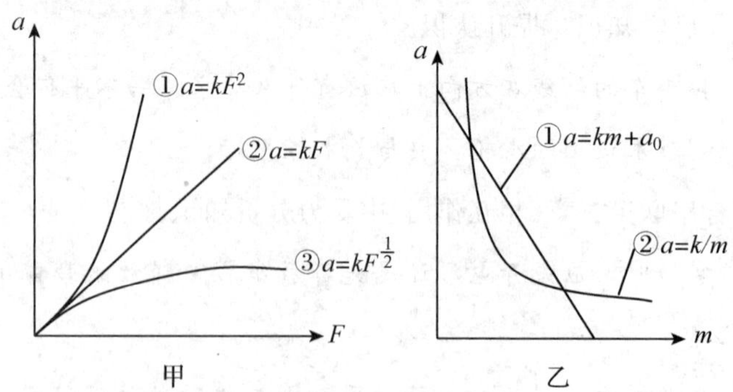

图 8-20

（若实验数据画出如图 8-21 甲所示的图像，你一定能说 $a \propto F^2$ 吗？）

如果要继续证明 $a \propto F^2$，可以以 F^2 为横轴，画出 $a\text{-}F^2$ 图像，若图像是一条________，得出结论：$a \propto F^2$，若图像是一条________，得出结论：a 不是$\propto F^2$。再尝试 $a\text{-}F^3$ 图像……直到得出结论。如果 a 与 F 成正比，则 $a\text{-}F$ 图像是一条________________。

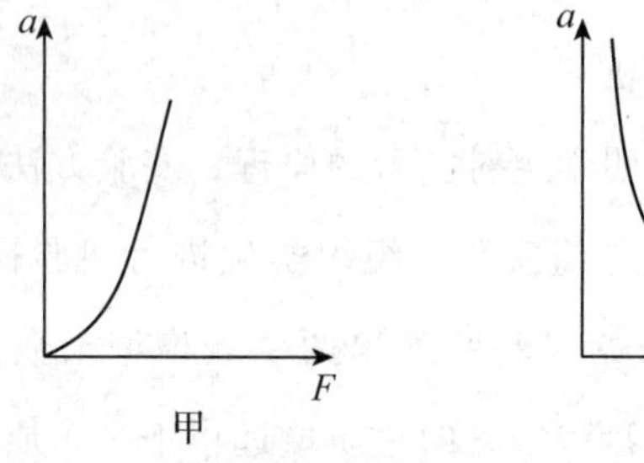

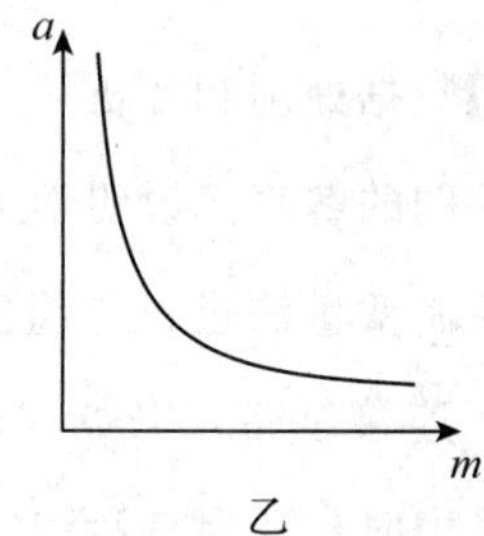

图 8-21

（若实验数据画出如图 8-21 乙的图像，一定能说 $a \propto \frac{1}{m}$ 吗？）

如果要继续证明 $a \propto \frac{1}{m}$，可以以 $\frac{1}{m}$ 为横轴，画出 $a\text{-}\frac{1}{m}$ 图像，若图像是一条________，得出结论：$a \propto \frac{1}{m}$，若图像是一条________，得出结论：a 与 $\frac{1}{m}$ 不成正比。再尝试 $a\text{-}\frac{1}{m^2}$ 图像……直到得出结论。如果 a 与 m 成反比，实际上 a 与 $\frac{1}{m}$ 成正比，则 $a\text{-}\frac{1}{m}$ 图像是一条______________。

教师简述：根据实验中测量的数据，验证猜想是否正确，可以作出不同横坐标的图像，将横坐标换成质量倒数即可，并可得出结论。若是对实验数据的函数分析结合 Origin、Mathematica 等数学计算软件进行拟合，也是我们可以尝试的方法。

问题(3)：结合两次实验，可得出怎样的结论？

回答(3)：物体的加速度与物体所受外力成正比，与物体的质量成反比。

教师简述：这就意味着加速度 a 与受力有直接关系，根据受力可以得出加速度。反之，有了加速度也可以知道受力情况。我们是不是就可以把前几章学的运动学和受力分析用加速度 a 给联系到一起了呢？再想想，我们在研究自由落体运动时，想到过加速度为什么是 9.8 m/s^2 吗？为什么 9.8 m/s^2 和 9.8 N/kg 这两个数大小相等呢？

备注：整合串联第二章《匀变速直线运动的研究》中关于自由落体运动研究的知识。

问题(4)：小车做加速运动时悬挂沙桶和沙的重力是真的严格等于运动小车的拉力吗？还记得我们分析滑动摩擦力和最大静摩擦力时的情景吗？

回答(4)：(学生思考)若悬挂重力等于拉力，则小车将做匀速运动，因此不是。

问题(5)：这个实验要求“重物的质量远小于小车的质量”，这是为什么？我们可参考有些小组的数据，为什么他们的 a-$\frac{1}{m}$ 图像不再是一条直线了呢？

回答(5)：(学生思考)略。

备注：根据学生反应直接拓展或留下后续学习的接口，这个问题也可以在学完本章知识后再来解决。

问题(6)：“重物的质量远小于小车的质量”，除了满足上述这一实验条件外，你有想到什么别的办法可以解决这个问题吗？

回答(6)：(学生思考)略。

备注：引导学生采用传感器等其他器材，或采用整体法等研究方式，从实验器材和思维方法等不同方面进行拓展。给学生留下思考的空间和后续学习的接口。

第四节　应用课教学设计案例:《带电粒子在场中的运动》

应用课在物理教学中占有较为重要的地位，它不仅可以帮助学生巩固活化基础知识，检验学生对知识掌握的程度，深化对所学概念、规律的理解，归纳整理物理知识体系，而且对提升学生的认知能力水平、培养学生的思维品质、提高学生分析处理问题的能力等方面都具有不可替代的作用。

在应用课教学过程中，首先是要“温故”，让学生对所学知识逐渐系统化和条理化，达到巩固、理解的目的；其次是要“知新”，在课堂教学中尽可能增加学生自己探索知识的活动，培养学生良好的学习习惯和学习能力；再次，还要注意将物理知识与实际生产生活中的应用紧密联系起来，提高学生的应用能力，培养学生的创新意识。

一、内容分析与整合策略

场是除实物以外物质存在的另一种形式。高中物理涉及的场主要包括重力场、电场和磁场。带电粒子在场中的运动这部分知识与生产生活、现代科技联系较为密切。如何分析带电粒子在场中的运动是电磁学和力学知识的综合应用，对学生的理解能力、分析问题能力和应用数学解决问题的能力要求较高。

本课例的内容是在学生分别学习了带电粒子在电场、磁场中的运动规律后的应用课，是使学生进一步理解、掌握、巩固和运用所学知识的系统化整合过程。学生在解决实际问题的过程中，快速准确地建立起与问题相符合的物理模型是至关重要的。而在解决具体物理问题时，学生能建立物理过程的清晰的图景则是解决此类物理问题的关键和保证。

本课例着重从运动与相互作用的角度，研究带电粒子在不同场力作用下所做的不同运动形式，加深对“力是改变物体运动状态的原因”的理解，促成力与运动观念的进一步建构。由于本课例的内容与生产生活、现代科技密切相关，通过列举、分析、比较生产生活中的科技应用实例的过程，让学生经历模型建构的过程，培养学生在科学探究中形成“解释”“交流”和“反思”的能力，让学生感受科学本质，培养热爱科学、致力于科学研究的价值观，形成探究真理的科学态度，发展学生对科学的好奇心与求知欲，引导学生关注物理学与科学·技术·社会·环境的关系。

二、课前学习指导

学生在前面的学习过程中，相关知识的学习是分离的，知识点之间的联系不够清晰。为了提高课前学习指导的实效性，让学生关注知识之间的联系，需要精心设计问题情境。本课例通过课前学习问题清单创设的问题情境，引导学生依据所学的知识，初步建立带电粒子不同的运动形式与不同场的模型，并将其与科技应用实例相关联。

(一)学生已经储备的概念、方法、能力分析

从学生已有的概念储备分析，学生通过物理必修内容的学习，知道物体所受合外力及初始条件的情况决定了该物体的运动状态。学生通过物理选修内容的学习，掌握了带电粒子在电场和磁场中运动的基本规律。然而这部分内容分别处于教材中的不同章节，知识比较零散，学生课下又缺乏相关内容的主动整合意识，所以学生在分析带电粒子在多种场并存情况下的运动情况时常常感到困难。

从学生的方法储备分析，学生知道处理一般曲线问题时常常利用运动的合成和分解的方法以及微元法，掌握了匀速直线运动、匀变速直线运动、匀变速曲线运动和圆周运动等运动形式的特点，学生会利用类比的方法研究物理问题。

从学生的能力储备分析，学生在学习中偏向于物理模型的研究，解决模型化问题的能力比较强，但利用所学的物理知识解决实际问题的能力比较弱。除此之外，学生解决现实生活中的实际物理问题时，构建模型的能力，尤其是对研究对象建立清晰物理图景的能力比较弱。

(二)课前学习目标

本课例在对学生学习情况分析的基础上，为了在课前有效指导学生逐渐发现

所学知识点之间的关系，实现对相关物理概念和规律进行整体感知，并初步形成系统的知识框架，结合应用课教学的特点，制订了以下课前学习目标。

(1)知道已学过的场的类型及其对带电粒子的作用效果。

(2)知道常见的运动形式。

(3)结合带电粒子在场中的不同运动形式，能列举出与之相对应的实际应用的例子。

(三)课前学习重点和难点

在新课教学中，由于知识点相对分散，学生学习到的概念、规律联系不够紧密，所以应用课课前学习的重点是进行知识的关联。在关联的过程中不仅要进行知识的区分和归纳，同时更应该关注知识与实际生产生活的联系，这是学生课前学习的难点。

本课例的课前学习重点和难点是列举带电粒子不同的运动形式与不同场的模型，及其科技应用实例。

(四)课前学习资源和策略

本课例的课前学习资源主要包括：教材，互联网资源，洛伦兹力演示仪、示波器、阴极射线管等实验仪器，学生课前学习问题清单。

本课例的课前学习主要采用问题驱动式的策略，让学生根据问题清单上的问题，结合教材和生活中的应用实例，自主学习带电粒子在场中运动的相关问题，初步建立知识之间的联系。

三、课前学习诊断

应用课的课前学习诊断主要检测学生对已有知识的掌握程度和熟悉程度，课前学习问题清单围绕课堂教学涉及的知识储备、方法储备设置问题。

(一)诊断依据

应用课是在学生学习了一定的概念、规律后进行的，课前对学生已有知识的掌握和熟悉程度的诊断，将直接关系着课堂学习的有效性。本节应用课课前诊断的主要依据是学生的课前学习笔记和课前问题清单的作答情况。

【问题清单】

结合教材内容，复习带电粒子在电场和磁场中运动的相关内容并回答以下问题：

(1)我们已经学习过了哪些场？这些场对置于其中的物体分别有什么作用效果？

(2)我们已经学习过了哪些基本的运动形式？请在下面列举出来。

(3)利用“场”能否使带电粒子(不计重力)呈现你所列举的不同运动形式？如果利用“场”的组合还能使带电粒子(不计重力)呈现怎样的运动形式？与之相对应的实际应用仪器或设备有哪些？将你的想法整理在表 8-1 中。

表 8-1　带电粒子在电场和磁场中运动相关知识梳理

运动形式	场的模型	实际应用仪器	仪器原理图

(二)学生课前学习结果分析

依据学生对问题清单的作答情况，了解学生现状，整理学生课前学习过程中出现的问题和疑惑，从而进一步开展循序渐进的课堂教学活动设计。

1. 达成的认识

(1)知道已学过的场的类型和对带电粒子的作用效果。

(2)知道常见的运动形式。

(3)结合带电粒子在场中的不同运动形式，能列举出与之相对应的一些简单的实际应用的例子。

2. 存在的问题和原因分析

存在的问题主要有：常见的运动形式列举不全；除了教材中出现的实例外，学生列举出的其他生活中的实例比较少。反映了学生课下缺少对已经学过的知识及时进行归纳整理的意识，以及缺乏从生活中积累与所学内容相关的物理材料的意识。

四、教学目标设计与分析

应用课的教学目标围绕两个要点设置，一是在应用中促进学生对概念规律的深层理解、从新的角度认识概念间的联系；二是通过概念规律的应用，提高学生建立物理模型问题与实际问题的关联的能力，发展学生的科学思维能力，提高学生解决实际问题的能力。

（一）教学目标

依据学生课前学习的诊断结果，制订本课例的教学目标如下。

(1)通过具体的科技应用实例，知道与带电粒子在场中运动相关的应用领域，能尝试用有关的物理知识和技能解释一些生活中的问题。

(2)掌握分析带电粒子在场中运动的基本方法，会根据物体受到的合外力与初速度的关系，确定粒子的运动性质。

(3)通过建立日常生产生活中的应用实例与场模型之间的关联，培养学生信息收集和分析、处理问题的能力，发展学生对科学的好奇心与求知欲，有将物理知识应用于生产生活实践的意识。

（二）教学重难点

教学重点：掌握带电粒子在场中运动图景的分析策略。

教学难点：带电粒子的不同运动形式所对应的场的分布特点。

（三）教学重难点突破策略

教师通过对学生课前学习结果的分析，在课堂上有针对性地创设物理情境，引导学生进行分析、讨论、归纳、总结，使学生亲身参与知识整合的过程，逐步建构物理知识与现实应用之间的关联。具体策略如下。

首先，在课堂环境上，通过在教室周围摆放洛伦兹力演示仪、示波器、阴极射线管等实验仪器，优化课堂的教学环境，增加学生的感性认识，使学生建立仪器与粒子运动形式之间的关联，增强学生的应用意识。

其次，在课堂教学的组织过程中，充分利用学生的认知冲突，利用力和运动的关系，激发学生进行独立探究、合作交流，逐步发现带电粒子在场中新的运动形式，并寻找与之对应的应用实例。本课例学生的认知冲突主要包括：

(1)使带电粒子做匀速圆周运动，学生通常只会想到利用匀强磁场，而不认为电场可以使带电粒子做匀速圆周运动。这是学生在学习了带电粒子在电场中的运动特点后，思维局限于电场的作用效果是使带电粒子做匀加速直线运动或做类平抛运动，为此，提出了能否利用电场实现带电粒子做匀速圆周运动的问题。

(2)学生通过学习已经知道匀强磁场不能改变带电粒子的速度大小，那么磁场是不是一定不能改变带电粒子速度的大小呢？为此，提出了能否利用磁场使带电粒子做加速圆周运动的问题。

(3)学生已经知道如果带电粒子的初速度与磁场平行时，粒子将做匀速直线运动；如果初速度与匀强磁场垂直时，带电粒子将做匀速圆周运动，对于既不垂直、也不平行的情况，讨论较少。为了体现从特殊到一般的教学策略，设计了粒子做螺旋线运动的相关问题，并引入了磁聚焦的概念和相应的应用，让学生体会物理规律的普遍性和实用性。

再次，在教学过程中，注意引导学生整合知识内容，注重建构物理知识与日常生产生活应用之间的关联，提高学生运用所学知识解决实际问题的能力。

五、教学活动设计

应用课的教学过程主要包括两个环节，一是通过答疑解惑巩固对概念规律的基本认识，达成共识；二是创设真实问题情境展开教学活动，在解决真实问题的过程中进行整合提升，促使知识结构的重组和解决问题能力的提升。

(一)教学流程

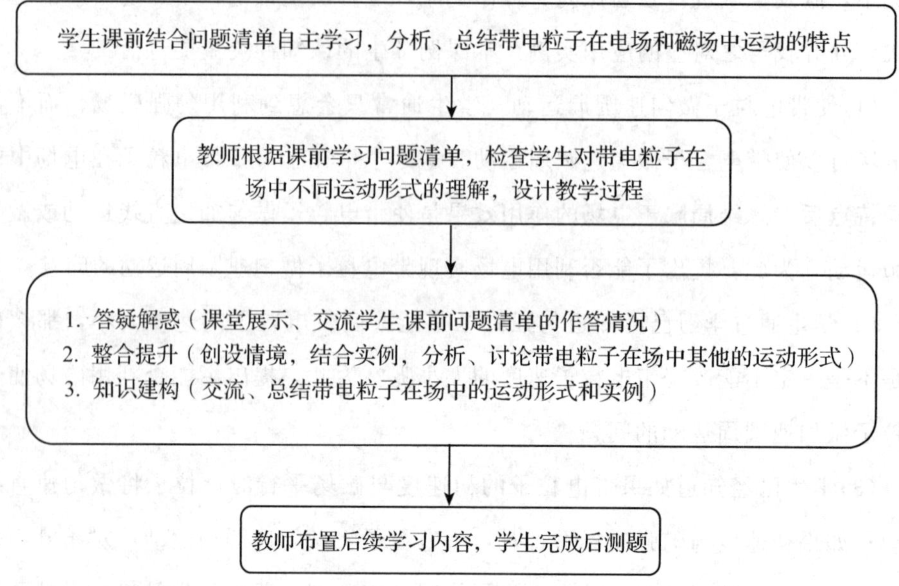

学生课前结合问题清单自主学习，分析、总结带电粒子在电场和磁场中运动的特点
教师根据课前学习问题清单，检查学生对带电粒子在场中不同运动形式的理解，设计教学过程
1. 答疑解惑（课堂展示、交流学生课前问题清单的作答情况）
2. 整合提升（创设情境，结合实例，分析、讨论带电粒子在场中其他的运动形式）
3. 知识建构（交流、总结带电粒子在场中的运动形式和实例）
教师布置后续学习内容，学生完成后测题

图 8-22 《带电粒子在场中的运动》教学流程图

(二)课堂教学活动设计

基于对学生的诊断，课堂上师生通过互动交流，先解决学生在自主学习时出现的问题；然后通过创设能给学生提供支撑性的事实经验的真实情境，进行相关知识扩展，引导学生经历前后相关知识整合的完整过程，促进学生对知识的深层次理解。在整个教学环节中，紧密联系日常生产生活的应用实例，让学生解决真实的物理问题，从中认识物理学的价值和与生活、社会、科技的联系，体现生活化的教学。

【教学环节一】答疑解惑

教师提问：我们已经学习过了哪些场？这些场对置于其中的物体分别有什么作用效果？

根据对学生前测题的分析，选择 3 位具有代表性的同学汇报带电粒子在场中不同的运动形式，学生在汇报时，在 PPT 中呈现相应学生的作答。

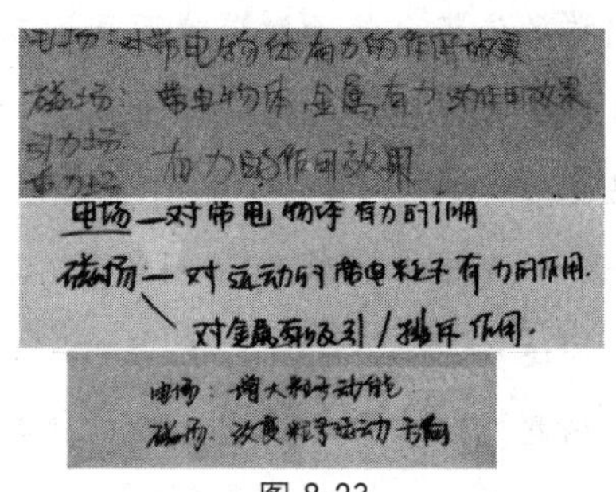

图 8-23

师：到目前为止，我们已经学习过了哪些基本的运动形式？

依次选择不同的学生进行汇报，在 PPT 中呈现学生的作答。逐步将高中阶段常见的运动形式展示出来。

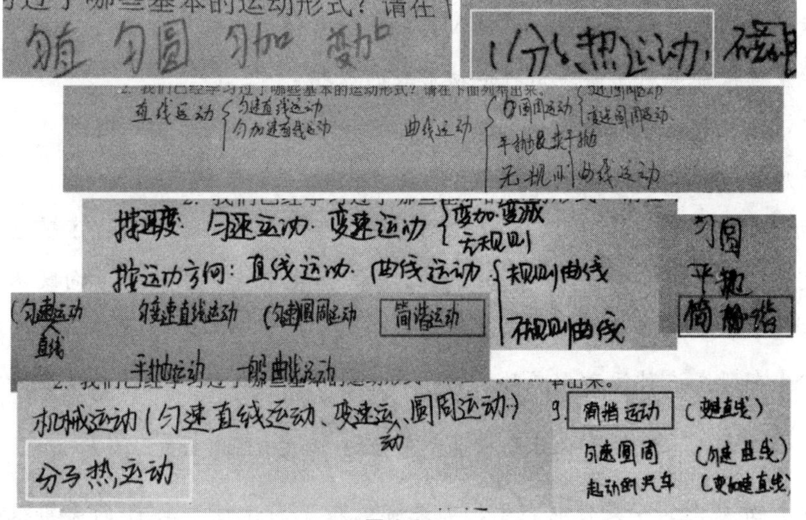

图 8-24

师：为了简化研究的问题，在不计重力的情况下，利用“场”可以使带电粒子呈现哪些不同的运动形式，并举出对应的实例。

生：通过课前学习整理的实例主要包括：

匀速直线运动→速度选择器、电磁流量计、磁流体发电机；

匀变速直线运动→直线加速器；

匀变速曲线运动→示波器；

匀速圆周运动→质谱仪、回旋加速器、电视机显像管。

【教学环节二】整合提升

师：我注意到大家列举的使带电粒子做匀速圆周运动的例子中，利用的是匀强磁场，那么电场可不可以使带电粒子也做匀速圆周运动？小组讨论一下，如果可以，画出示意图；如果不可以，说明理由。

生：展示电场的示意图，描述带电粒子的运动情况，论证仅利用辐向电场也可以使带电粒子做匀速圆周运动。

师：是的，这样的电场在实际生活中也有应用，这就是径向静电分析器。

教师展示静电分析器的图片。

师：我们已经知道带电粒子在电场和磁场中都可以做匀速圆周运动，那么带电粒子能不能做半径不变的变速圆周运动，比如速度越来越大的圆周运动？

教师引导学生结合电场和磁场对带电粒子的不同作用效果进行讨论，分析变化的磁场周围产生的涡旋电场对放入其中的带电粒子的作用效果。

学生领悟带电粒子实现这种运动形式的原理。

师：这就是电子感应加速器。

教师展示电子感应加速器的照片和原理动画。

师：我们学习带电粒子在匀强磁场中的运动规律时，主要研究了带电粒子的初速度平行于磁场和垂直于磁场的情况。如果带电粒子的初速度方向既不平行于磁场，也不垂直于磁场，带电粒子的运动情况是怎样的？有没有实际的应用？

学生在研究这种运动形式时，教师注意引导学生从运动分解的角度分析这种运动形式的特点，即带电粒子的回转周期 T 与速度无关$\left(T=\dfrac{2\pi m}{qB}\right)$，而且对于从同一点 P 处射出的一束带电粒子，如果带电粒子的速度 v 与 B 的夹角很小，各粒子速率 v 大致相同，这些粒子具有相同的螺距。经一个回转周期后，他们各自经过不同的螺距轨道重新会聚到 P' 点。

教师利用洛伦兹力演示仪向学生展示这种情况下带电粒子在匀强磁场中的螺旋线运动，指出它与光束经光学透镜聚焦相类似，被称为磁聚焦。

接着让学生结合这种运动的特点，联想实际生活中的例子。给学生展示电视机显像管的原理图，指出其中的磁聚焦系统。

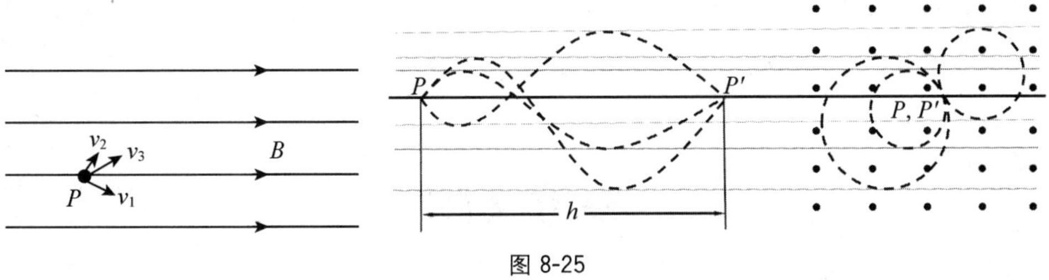

图 8-25

师：如果上述实例中的磁场为非匀强磁场，带电粒子的运动情况又将会是怎样的呢？

学生讨论这种情况下带电粒子的运动情况。

教师展示范艾伦辐射带的图片和视频资料，留给学生课下继续思考和讨论。（范艾伦辐射带为环绕地球的高能粒子辐射带，由科学家詹姆斯·范艾伦于 1958 年发现。）

【教学环节三】知识建构

师：回顾一下，通过本节课内容的学习，你学到了什么？

生：主要是结合实例，从力和运动关系的角度分析了带电粒子在电场和磁场中的不同运动形式。在分析的过程中，注意电场力和洛伦兹力的作用特点以及带电粒子的初始条件。

当带电粒子所受合外力为零时，该物体处于匀速直线运动或静止状态。

当带电粒子所受到的合外力不为零时：

(1)当合外力为恒力，且合外力的方向和物体的初速度方向在一条直线上，物体做匀变速直线运动；

(2)当合外力为恒力且合外力的方向与物体初速度方向存在一定的夹角时(不在一条直线上)，物体做匀变速曲线运动；

(3)当物体所受合外力为变力时，物体做变速运动，这种情况更加复杂。

【教学环节四】教师布置后续任务

师：本节课讨论的内容没有涉及重力对粒子的作用，下一节课将进一步分析带电粒子在受到其他力作用时的运动情况，以及利用运动学的观点，或能量、动量的观点来分析和解决相关的实际问题。

参考文献

[1]ALONZO A C,STEEDLE J T. 2009. Developing and assessing a force and motion learning progression[J]. Science Education, 93 (3) :389—421.

[2]BLYTHE T. 1998. The teaching for understanding guide[M]. San Francisco: Jossey-Bass, Inc.

[3]BRANDT R. 1993. On teaching for understanding: A conversation with Howard Gardner[J]. Educational Leadership,50 (10) :1508—1513.

[4]CATLEY K,LEHRER R,REISER B. 2005. Tracing a prospective learning progression for developing understanding of evolution[R]. Washington D. C. : National Academy of Sciences.

[5]CORCORAN T,MOSHER FREDERIC A,ROGAT A. 2009. Learning progressions in science: An evidence-based approach to reform[R]. Consortium for Policy Research in Education.

[6]DUNCAN R, HMELO-SILVER C. 2009. Learning Progressions: Aligning Curriculum,Instruction, and Assessment[J]. Journal of Research in Science Teaching,46(6):606—609.

[7]FULMER G W, Liang L L,Liu X. 2014. Applying a force and motion learning progression over an extended time span using the Force Concept Inventory [J]. International Journal of Science Education,36 (17) :2918—2936.

[8]IOWA Department of Education. 2012. Characteristics of effective instruction [EB/OL]. [2013-05-16]. http://educateiowa. gov/index. php? option=com content&view=article&id=2102#tu.

[9]KENNEDY C A, WILSON M. 2007. Using progress variables to interpret student achievement and progress. BEAR Technical Report No. 2006-12-01, 0119790.

[10]MCCOMAS W F (Ed.) . 1998. The nature of science in science education: Rationales and strategies[C]. Kluwer Academic Publishers:73—82.

[11]MOHAN L, CHEN J, ANDERSON C W. 2009. Developing a multi-year learning progression for carbon cycling in socio-ecological systems[J]. Journal of Research in Science Teaching, 46(6):675—698.

[12]NEUMANN K, VIERING T, Boone W J, et al. 2013. Towards a learning progression of energy. Journal of Research in Science Teaching, 50 (2) : 162—188.

[13]NGSS Leading States. 2013. The next generation science standards[S]. Washington D. C. :National Academies Press.

[14]NRC. 2007. Taking Science to School: Learning and teaching science in grades K—8[M]. Washington, D. C. :National Academies Press.

[15]NRC. 2012. A framework for K—12 science education: Practices, crosscutting concepts, and core ideas [EB/OL]. https://www.nap.edu/read/13165/chapter/2.

[16]POSNER G J, STRIKE K A, HEWSON P W, et al. 1982. Accommodation of a scientific conception: Toward a theory of conceptual change[J]. Science Education, 66(2): 211—227.

[17]ROSEMAN J E, CALDWELL A, GOGOS A, et al. 2006. Mapping a coherent learning progression for the molecular basis of heredity[C]. San Francisco, CA: Annual Meeting of the National Association for Research in Science Teaching.

[18]SALINAS I. 2009. Learning progressions in science education: Two approaches for development[C]. Consortium for Policy Research in Education.

[19]SMITH C L, WISER M, ANDERSON C W, et al. 2006. Implications of research on children's learning for standards and assessment: A proposed

learning progression for matter and the atomic-molecular theory. Measurement:Interdisciplinary Research and Perspectives,4(1—2):1—98.

[20]SONGER N B,KELCEY B,GOTWALS A W. 2009. How and when does complex reasoning occur? Empirically driven development of a learning progression focused on complex reasoning about biodiversity[J]. Journal of Research in Science Teaching, 46 (6) :610—631.

[21]STOCKLMAYER S,ZADNIK M, TREAGUST, D. 1993. Teaching electricity: Is there a gender problem? [R]. Paper presented at the annual conference of the Western Australian Science Education Association,Perth.

[22]DONALD R, CRUICKSHANK,DEBORAH L,et al. 2003. 教学行为指导[M]. 时绮等译．北京:中国轻工业出版社．

[23]薄延娣,公丽云,李聪聪,等. 2014. 高一学生物理课前预习现状及应对策略[J]. 教师(11):62—62.

[24]北京教育考试院．2012. 普通高等学校招生全国统一考试北京卷考试说明[M]. 北京：开明出版社．

[25]毕凌霄. 2011. 论学习诊断的意义、内容和方法[J]. 广东第二师范学院学报，31(6):57—60.

[26]边辉. 2017. 高中物理翻转课堂教学模式探究——以沪科版“力的分解”教学为例[J]. 物理教学(9):8—9.

[27]陈帝昌. 2007. 高中生对加速度的理解及教学设计的研究[D]. 南宁:广西师范大学.

[28]陈红艳. 2010. 自主学习. http://www.pep.com.cn/xgjy/xlyj/xskj/yyxl/201008/t20100827_784336.htm.

[29]陈佩莹．2013. 中学物理课程中“力和运动”主题的核心概念进阶研究[D]. 北京:北京师范大学．

[30]陈瑞安．2017. 培养高中生物理预习习惯的研究[J]. 中学物理教学参考(2):90—91.

[31]陈勇．2006. 高中物理多种教学方式整合的研究与实践[D]. 兰州:西北师范大学．

[32]褚宏启．2017. 核心素养是否过时:关键能力能否取代核心素养[J]. 中小学管理 (10):58—58.

[33]崔允漷．2010. 促进学习:学业评价的新范式[J]. 教育科学研究(3) :11—15.

[34]代天真,李如密．2014. 课堂教学诊断:价值、内容及策略[J]. 全球教育展望(4):41—43.

[35]范佳午．2012. 科学探究能力的结构模型及其在科学课程文件中的表征研究[D]. 北京:北京师范大学．

[36]傅道春,齐晓东．2003. 新课程中教学技能的变化[M]. 北京:首都师范大学出版社．

[37]高建霞．2017. 翻转课堂让学生真正成为学习的主人——初中物理翻转课堂实践探析[J]. 中学物理教学参考(2):20—21.

[38]龚林泉,方永根．2011. 基于自主评价改善高中学生物理学习行为的研究[J]. 物理教师(11):1—3.

[39]顾泠沅,王洁．2003. 教师在教育行动中成长——以课例为载体的教师教育模式研究(上)[J]. 课程・教材・教法(1):9—15.

[40]郭玉英,姚建欣,张静．2013. 整合与发展——科学课程中概念体系的建构及其学习进阶[J]. 课程・教材・教法(2):44—49.

[41]郭玉英,姚建欣．2016. 基于核心素养学习进阶的科学教学设计[J]. 课程・教材・教法(11):64—71.

[42]郭玉英,姚建新,张玉峰等．2017. 基于学生核心素养的物理学科能力研究[M]. 北京:北京师范大学出版社．

[43]何克抗．2014. 从“翻转课堂”的本质看“翻转课堂”在我国的未来发展[J]. 电化教育研究(7):5—16.

[44]和晓东,张军朋．2015. 物理微课的概念特点及分类[J]. 物理通报，34(11):95—97.

[45]洪明,余文森．2011. “先学后教”教学模式的理念与实施条件——基于杜郎口中学、洋思中学和东庐中学教学改革的思考[J]. 中国教育学刊(3):47—50.

[46]胡久华,支瑶．2006. 促进学生科学概念理解的教学设计[J]. 中国教育学刊

(9) :52—55.

[47]胡孝栋. 2004. 用科学探究思想指导物理教学改革[J]. 福建教育学院学报(12):13—14.

[48]黄冠,盛建国. 2013. 正确处理初中物理教学中的“预习”环节[J]. 中学物理(初中版), 31 (8) :50—51.

[49]黄娇. 2016. 基于翻转课堂的中学物理教学设计研究[D]. 成都:四川师范大学.

[50]姜连国. 2015. 发展性课堂即时评价案例的视频分析[J]. 物理教师, 36 (9) :17—21.

[51]姜连国. 2017. 课堂合作与生成的艺术[M]. 北京:现代教育出版社.

[52]李宝华,白学刚. 2012. 新课标背景下提高初中生物理预习有效性的研究[J]. 中学物理,30 (24) :1—2.

[53]李国秘. 2015. 洋思中学与杜郎口中学课堂教学模式的共性分析[J]. 新课程(下)(4) :27—27.

[54]李佳,吴维宁. 2009. SOLO 分类理论及其教学评价观[J]. 教育测量与评价:理论版(2) :16—19.

[55]李响. 2015. 高中物理课前预习现状调查与实践研究[D]. 长沙:湖南师范大学.

[56]李月霞. 2012. 课前预习是提高课堂教学有效性的基本策略[J]. 长三角(教育)(2) :88—89.

[57]梁光平. 2014. 浅谈学生预习习惯的培养——以中学物理课程为例[J]. 教育理论与实践(35):56—57.

[58]梁树森. 1999. 物理学习论[M]. 南宁:广西教育出版社.

[59]刘彬. 2015. 基于学业成就诊断的初中物理教学改进研究[D]. 长春:东北师范大学.

[60]刘海涛. 2017.《认识压强》翻转课堂自主学习任务单[J]. 湖南中学物理(9):35—38.

[61]刘健智,毛婷. 2013. 高中生学习评价现状及改进策略——基于对湖南省高中物理教师的调查[J]. 教育测量与评价(9):56—60.

[62]刘晟,刘恩山．2012. 学习进阶:关注学生认知发展和生活经验[J]. 教育学报(2)：81—87.

[63]刘洋洋．2016. 课程教学的整合性质及其应用研究[D]. 成都:四川师范大学.

[64]罗伯特·J·玛扎诺,黛布拉·J· 皮克林,塔米·赫夫尔鲍尔,著．2012. 学习目标、形成性评估和高效课堂[M]．邵钦瑜,冯蕾,译．北京:中国书籍出版社．

[65]美国科学促进协会．2008. 科学素养的导航图[M]. 中国科学技术协会,译．北京：科学普及出版社．

[66]庞婧．2015. 微视频支持下的课前预习质量提升研究[D]. 兰州:西北师范大学.

[67]裴新宁,刘新阳．2013. 为21世纪重建教育——欧盟“核心素养”框架的确立[J]. 全球教育展望,42 (12) :89—102.

[68]曲志敏．2015. 浅谈初中物理前置性学案的编写和实施[J]. 中学物理,33 (12) :27—28.

[69]上海市青浦实验研究所．2014. 教师“行动教育”青浦实验新世纪探索[J]. 课程·教材·教法(3):3—12.

[70]邵瑞珍,罗黎辉．1988. 掌握学习策略简介(转载)[J]. 学科教育(4):29—38.

[71]沈健美,王祖浩．2014. 面向教学实践的学习进程:西方实证研究综述[J]. 外国教育研究(5) :107—114.

[72]施良方．1994. 学习论[M]. 北京:人民教育出版社．

[73]史宁中．2016. 推进基于学科核心素养的教学改革[J]. 中小学管理(2)：19—21.

[74]斯海霞．2013. 学习进程研究方法述评[J]. 外国教育研究(11):21—28.

[75]宋净霖．2016. 翻转课堂模式下物理专题学习网站设计研究[D]. 南京:南京师范大学．

[76]苏景华．2011. 浅谈高中物理多种教学方式整合[J]. 科技创新导报(35)：169—169.

[77]孙绍斗．2014. 重视课前预习 培养学生自主学习能力[C]//国家教师科研专项基金科研成果集．

[78]唐建华．2014.“翻转课堂”在物理实验探究课中的尝试[J]. 中国信息技术教育（15）:74－75.

[79]唐建华．2016. 初中物理实施“翻转课堂”容易出现的问题及对策[J]. 湖南中学物理(9):31－33.

[80]王枫．2014.“评促进学”的实践探索——基于东庐中学教学改革经验的述评[J]. 课程教学研究(7):85－88.

[81]王磊,黄鸣春．2014. 科学教育的新兴研究领域:学习进阶研究[J]. 课程·教材·教法（1）:112－118.

[82]王新民．2010. 学习评价的类型及其特征分析[J]. 内江师范学院学报，25(12):77－80.

[83]王中南．2013. 学习评价:评价领域的哥白尼式转向[J]. 教育理论与实践(34):56－60.

[84]韦斯林．2011. 应用Rasch模型构建基于计算机建模的中学生物质结构认知测量的研究[D]. 上海:华东师范大学.

[85]韦钰．2016. 以大概念的理念进行科学教育[J]. 人民教育(1):41－45.

[86]魏昕．2014. 中学物理“能量”概念的学习进阶研究[D]. 北京:北京师范大学.

[87]吴兴付．2012. 浅谈如何在教学中培养学生提问能力[J]. 中国校外教育(11):115－115.

[88]吴志敏．2000. 教学生学会预习—教学生学会学习的研究之一[J]. 教育探索(11):44－45.

[89]邢红军,胡扬洋．2015. 高中物理“速度”概念的高端备课[J]. 物理之友(11):1－3.

[90]阎金铎,郭玉英．2009. 中学物理教学概论(第三版)[M]. 北京:高等教育出版社.

[91]杨海艳．2012. 基于认知模型的学习评价分析及应用[D]. 成都:电子科技大学.

[92]杨宏．2014. 中学物理学习评价研究[D]. 苏州:苏州大学.

[93]姚建欣．2016. 中学物理课程中能量理解与科学解释的学习进阶及其教学应

用[D]. 北京:北京师范大学.

[94]业蓓蓓,谢小明,罗全. 2013. 杜郎口教学模式的回顾与述评[J]. 广西教育(21):16—18.

[95]易进. 2013. 建构促进教与学的课堂学习评价[J]. 教育学报(5):61—67.

[96]易立铁. 2014. 翻转课堂课前学习的思考[J]. 教育科学论坛(25):24—26.

[97]于晶明. 2000. 试论化学教学中 STSE 教育的实施[J]. 广西师范大学学报(S2):196—199.

[98]约翰·D·布兰斯福特,等编著. 2013. 人是如何学习的(扩展版)[M]. 程可拉,等译. 上海:华东师范大学出版社.

[99]约瑟夫·科瑞柴科. 2013. 革命性的变化:美国确立新一代科学教育框架[J]. 基础教育课程(Z1):82—85.

[100]云美厚. 2013. "应用地球物理学"课程整合教学尝试[J]. 中国地质教育,22(3):44—47.

[101]翟小铭,郭玉英,李敏. 2015. 构建学习进阶:本质问题与教学实践策略[J]. 教育科学,31(2):47—51.

[102]张华,周并举. 2014. 中学物理研究性学习课前预习探析[J]. 当代教育理论与实践(4):16—18.

[103]张华. 2016. 论核心素养的内涵[J]. 全球教育展望, 45 (4) :10—24.

[104]张继宏. 2009. 物理教学中"自主、合作、探究"学习方式的现状与对策[J]. 湖南中学物理(3):6—7.

[105]张静. 2014. 基于学生心智模型进阶发展的建模教学研究——以大学物理中的静电学为例[D]. 北京:北京师范大学.

[106]张敏. 2012. 高中生化学概念学习的诊断研究[D]. 石家庄:河北师范大学.

[107]张萍,涂清云,齐薇,等. 2013. 基于同伴教学法的多元化评价模式研究——以大学物理课程为例[J]. 中国大学教学(9):60—62.8

[108]张颖之. 2009. 对中学生物学核心概念的研究——以遗传学内容为例[D]. 北京:北京师范大学.

[109]张宇姣. 2017. 如何利用思维导图辅助学生进行课前预习[J]. 西部素质教育,3 (3) :193—195.

[110]张玉峰. 2016. 高中物理概念学习进阶及其教学应用研究——以静电场为例[D]. 北京:北京师范大学.

[111]张玉峰. 2018. 基于概念理解测试的科学概念教学策略[J]. 教育科学研究(5):58-62.

[112]郑金洲. 2001. 重构课堂(上)[J]. 华东师范大学学报(教育科学报)(11):26-28.

[113]中华人民共和国教育部. 2003. 普通高中物理课程标准(实验)[S]. 北京:人民教育出版社.

[114]中华人民共和国教育部. 2018. 普通高中物理课程标准(2017年版)[S]. 北京:人民教育出版社.

[115]周久璘. 2011. 课堂提问:促进动态生成的教学艺术[J]. 中学物理教学参考(9):2-5.

[116]朱宁宁. 2015. 高中生静电场主题核心概念的学习进阶研究——以北京市高中生为研究样本[D]. 北京:北京师范大学.

后　记

自2015年开始，我们在“以整合促发展”理念的引领下，以加强课前学习及其诊断、教学整合为具体策略，先后在北京八中、北京四中、北京景山学校、北京市潞河中学、北京市顺义区牛栏山一中等学校开展了一系列高中物理课堂教学研讨会。在这个过程中，我们还申请了北京教育科学研究院“基于课前学习诊断的教学整合策略研究”的院级课题。通过市级教学研讨会的备课、研讨、改进等一系列行动研究和系统、深入的课题研究，我们逐步建构、完善并实践了“基于课前学习诊断的教学整合模型”。本书详细呈现了模型建构过程中的理论思考和模型应用探索中的实践智慧。本书是集体智慧的结晶，凝结了参与教学研讨会的指导教师、北京市高中物理教学核心组的智慧，也是探索落实物理学科核心素养的阶段性总结。

本书的写作分工如下：北京教科院的张玉峰负责本书的整体架构，并完成绪论，第一章的第五、第六节，第二章；北京第二十中学的朱宁宁完成第一章的前四节；北京大学附属中学的姜民完成第三章的第一节和第七章；北京市海淀区教师进修学校的马朝华完成第三章的第二、第三节和第五章；北京景山学校的朱亚平完成第四章和第八章第一节；北京第八十中学姜连国完成第六章；中国人民大学附属中学的刘娜和陈伟孟，北京市顺义区牛栏山一中的陈振分别完成第八章的第二、第三、第四节。最后，全书由张玉峰统一修改并定稿，朱亚平做了大量文字校对、收集稿件等具体工作。

本书得以出版来自各方面人士和团队的鼓励与支持。特别感谢北京师范大学的郭玉英教授，本书的精髓来自我在跟随郭老师读博期间研究视野的拓展和郭老师的启迪，在写作前也曾多次与郭老师交流讨论全书的架构。特别感谢北京师范大学出版社的邓丽平博士，邓博士无私帮助我们选题策划并最终出版，更可贵的是，在模型的表达方式、章节顺序等方面也都提出了建设性意见，起到了画龙点睛的效果，为本书增色不少。还要特别感谢我的单位——北京教育科学研究院，不仅为我们课题立项提供支持，还有来自各位领导、专家的具体研究思路的指点。

由于我们水平所限，书中的错误和不足之处在所难免，恳请读者批评指正！

张玉峰

2018 年 6 月于北京教育科学研究院